LEGAL PRINCIPLE AND PRACTICE
ON MEDICAL DISPUTES

医疗纠纷

法理与实务

白 松　许学敏
/ 编著

中国法制出版社
CHINA LEGAL PUBLISHING HOUSE

编委会名单

主　编　白　松（北京市第二中级人民法院）

　　　　许学敏（首都医科大学附属北京安贞医院）

编　委（以姓氏笔画为序）

邓利强（中国医院协会医疗法制专业委员会）

叶　林（中国人民大学）

刘　方（北京市医疗纠纷人民调解委员会）

刘立飞（北京市医院管理中心）

刘　艳（北京市卫生健康委公众权益保障处）

闫　荣（北京盛唐司法鉴定中心）

孙建国（中国人民财产保险股份有限公司北京市分公司）

李文斌（中国人民财产保险股份有限公司北京市分公司）

张　斌（北京市卫健委疾控处）

陈　伟（北京市积水潭医院）

陈晓东（北京市朝阳法院执行局）

金姬善（北京天平司法鉴定中心）

郑雪倩（中国医院协会医疗法制专业委员会）

韩玉胜（中国人民大学）

谢和平（北京中天司法鉴定中心）

医学点评专家（以姓氏笔画为序）

庄红雨（首都医科大学附属北京安贞医院泌尿外科）

李　青（首都医科大学附属北京安贞医院泌尿外科）
张　军（首都医科大学附属北京安贞医院妇产科）
胡三保（首都医科大学附属北京安贞医院骨科）
阚志生（首都医科大学附属北京安贞医院神经外科）

撰稿

中国人民大学（以姓氏笔画为序）

王　琦　叶冬影　叶　翔　张丽君　罗　帅
徐经纬　唐　聪　焦　超　鲁　胜　谭　畅

首都医科大学附属北京安贞医院（以姓氏笔画为序）

王　娜　田雪迪　赵铁夫　彭　洁

文稿整理及校对

王　娜

序 言

随着我国社会主义市场经济体制改革的不断深入，特别是医疗改革的深化，医患纠纷的数量也在大幅度上升。法律是维护公平正义的最后一道防线，医疗纠纷案件不同于普通的民事案件。法官审理普通民事案件时，普遍可以通过审查认定证据从而确立案件的法律事实、准确地适用法律，对纠纷作出裁判。而法官在审理医疗纠纷案件时，由于缺乏专业医学知识，对案件基本事实及责任认定往往均难以把握，加之现有医疗鉴定存在的诸多问题，也直接影响法官对此类纠纷的正确判断和处理，以致医患双方对案件的裁判结果均不满意。如何准确地定性以判定责任、计算赔偿，使医患双方对医疗纠纷案件裁判结果都认可，胜败皆服，是医疗纠纷案件审理追求的目标，也是本书编著的意义。

首都医科大学附属北京安贞医院，作为中国人民大学法学院与律师学院的教学实践基地，充分利用专业的医学和法律知识相结合，不断地在实践中总结积累经验，使医疗纠纷处理逐步形成法治化的模式。本书主编白松法官，是全国法院优秀法官和办案标兵，在医疗纠纷案件的审理中具有丰富的实践经验，书中所述的医疗纠纷典型案例，很大部分是白松法官在司法实践当中的成功案例；本书首次由医学专家有针对性地对纠纷案件进行医学点评，展示医学专家对医疗纠纷的意见；此外，中国人民大学的法学专家对纠纷案例进行了法理学术的阐释，构成医学学术、法理学术及司法实务三个层面对典型案例进行回顾整理。本书编写的目的并非向社会提供示范性案例，而是希望通过总结，能够为今后医疗纠纷案件的处理提供参考，对今后即将出台的医疗纠纷领域示范案例起到抛砖引玉的作用。本书涵盖了医疗纠纷处理中的关键内容，包括医疗损害赔偿的制度变迁、责任主体、构成要件和裁判、医疗机构与医生资质、医疗服务合同、医疗机构告知义务、病历的证据法意义、医疗鉴定、保险等。

医学是一门实践科学，是在实践中不断发展的，现代医学的发展推进了医疗水平的提高，但同时也为医疗纠纷的解决增加了难度。医学始终存在局限性，目前发达国家在处理医疗纠纷时，开始逐步淡化医疗侵权责任，按损害结果进行赔偿，这使得医患双方能够共同认识医疗存在风险，尽可能避免了由于医疗损害所造成的医患纠纷矛盾的激化，这是一种医疗风险分担的较新的理念，具体表现为医疗意外险（包括手术意外险）在医疗过程中的运用，值得借鉴。由中华人民共和国国务院颁发的《医疗纠纷预防和处理条例》已于 2018 年 10 月 1 日施行。其中第 7 条规定：国家建立完善医疗风险分担机制，发挥保险机制在医疗纠纷处理中的第三方赔付和医疗风险社会化分担的作用，鼓励医疗机构参加医疗责任保险，鼓励患者参加医疗意外保险。说明随着我国社会的进步，医疗纠纷的司法实践也在不断地总结和进步。本书第十一章特别介绍了中国人民财产保险公司北京市分公司开展的手术意外险，该险种不仅使患方了解了医疗的风险，并为损害提供赔偿，同时也为医方在医院管理上提供了宝贵的数据。

由于编者的专业水平等因素，书中存在的不足和错误之处，恳请读者批评指正。

白松　许学敏

2019 年 7 月

法律、司法解释等缩略语对照表

全　称	简　称
《中华人民共和国民法通则》	《民法通则》
《中华人民共和国民法总则》	《民法总则》
《中华人民共和国侵权责任法》	《侵权责任法》
《中华人民共和国民事诉讼法》	《民事诉讼法》
《中华人民共和国执业医师法》	《执业医师法》
《中华人民共和国药品管理法》	《药品管理法》
《中华人民共和国合同法》	《合同法》
《中华人民共和国消费者权益保护法》	《消费者权益保护法》
《中华人民共和国产品质量法》	《产品质量法》
《中华人民共和国社会保险法》	《社会保险法》
《中华人民共和国保险法》	《保险法》
《全国人民代表大会常务委员会关于司法鉴定管理问题的决定》	《关于司法鉴定管理问题的决定》
《最高人民法院关于适用〈中华人民共和国民事诉讼法〉的解释》	《民事诉讼法司法解释》
《最高人民法院关于审理人身损害赔偿案件适用法律若干问题的解释》	《人身损害司法解释》
《最高人民法院关于确定民事侵权精神损害赔偿责任若干问题的解释》	《精神损害司法解释》

续表

全　称	简　称
《最高人民法院关于民事诉讼证据的若干规定》	《证据规定》
《最高人民法院关于参照〈医疗事故处理条例〉审理医疗纠纷民事案件的通知》	《通知》
《北京市高级人民法院关于审理医疗损害赔偿纠纷案件若干问题的指导意见（试行）》	《北京高院指导意见》
《江苏省高级人民法院、江苏省卫生厅关于医疗损害鉴定工作的若干意见（试行）》	《江苏高院若干意见》
《上海市高级人民法院关于委托医疗损害司法鉴定若干问题的暂行规定》	《上海高院暂行规定》
《浙江省高级人民法院民事审判第一庭关于审理医疗纠纷案件若干问题的意见（试行）》	《浙江高院若干意见》
《上海市高级人民法院医疗过失赔偿纠纷案件办案指南》	《办案指南》
《浙江省高级人民法院关于依法审理医疗纠纷案件促进和谐医患关系的意见》	《浙江高院促进和谐医患关系意见》

目录
CONTENTS

第一章　医疗损害赔偿的制度变迁

案例思考

2006年6月，李某因腹痛到被诉医院就诊，并于当日接受剖腹探查术，术中被确诊为急性阑尾炎、右输卵管积液伴感染，医院遂为其实施阑尾切除术及右附件切除术。同年8月22日，李某出院。后其母亲以被诉医院未对李某进行妇科检查和妇科会诊的情况下，盲目手术，存在医疗过错；且治疗不精心，费用高，自己经济困难为由，多次找被诉医院及上级单位要求解决。经协调，李某母亲代表李某与被诉医院签订了协议书，约定：由被诉医院退还李某500元，双方的纠纷一次性了结。后李某仍认为被诉医院对其诊疗存在过错，起诉要求该医院赔偿各项费用近17万元。诉前，被诉医院为李某复印病历20页。

被诉医院则认为其诊疗行为不存在过错。李某出院后，其母代表李某与自己已经就纠纷达成一次性了结的协议。现李某的请求没有事实依据，故不同意其诉讼请求。

一审期间，被诉医院出示了李某的病历原件。李某质证时表示，该病历比其复印的病历多了3页，且内容有改动；手术同意书上签字之上的大部分文字内容系被诉医院后添加的，不予认可，并申请进行医疗过错司法鉴定。被诉医院申请进行医疗事故鉴定，当庭再次提供了李某的原始病历，以供鉴定之用。李某看过后，表示没有意见，同意封存病历。一审法院封存了病历，并由双方当事人在骑缝处签字确认。后法院将病历及卷宗材料送至医学会进行医疗事故鉴定。后医学会出具鉴定意见，认为：医方诊疗符合常规，履行了告知义务，未对李某造成伤害。结论为：本病例不属于医疗事故。李某表示医学会篡改病历，对鉴定程序有异议，不同意鉴定结论，申请进行司法鉴定。被诉医院同意医学会的鉴定结论，也同意进行司法鉴定。双方当庭确认了司法鉴定机构，查阅了病历原件，均表示无异议，当庭将该病历予以封存。在鉴定过程中，李某对封存病历的真实性不予认可，致司法鉴定程序中止。李某表示病历被篡改，要求对病历进行鉴定，并选择另一鉴定机构进行鉴定。被诉医院则表示，自己提供的是原始的完整病历，李某起诉前自己给其复印的只是部分病历。因李某申请鉴定病历中的医师签字，经法院随机确定了鉴定机构。李某向该鉴定机构表示对整本病历进行鉴定。后李某再次对病历提出异议。经法院随机确定了新的鉴定单位进行司法过错鉴定。

这次鉴定中，鉴定机构函告一审法院因李某对其持有的复印病历中的相关材料持有异议，恳请法院对病历材料质证后，移交完整材料，并函告鉴定依据的材料。一审法院再次组织双方对病历质证。李某对其复印的20页病历也表示不认可，但表示自己没有证据，也不同意鉴定，并要求一审法院直接推定被诉医院存在医疗过错，承担赔偿责任。诉讼中，李某母亲多次找一审法院。经法院做工作，被诉医院前后分三次给了李某1万余元。

一审法院认为：李某认为被诉医院存在医疗过错，但经医疗事故鉴定，本病例不构成医疗事故。李某对此不接受，并申请进行医疗过错鉴定。鉴定中，其对被诉医院提供的病历不予认可，并对自己提供的在起诉前由被诉医院为其复印的20页病历亦改变态度，不予认可。经法院反复释明，李某表示不同意用现有病历进行医疗过错司法鉴定。因被诉医院坚持认为自己无责，而李某对其坚持的意见不能举证证明，故法院对其诉讼请求，不予支持。但是被诉医院提供的病历中，关于李某入院前后记述不一致；病历中尚未取得医师资格的人在医师签名栏中签字；被诉医院为李某复印的病历页数与其在诉讼中提交的病历页数不一致等，相关行为确有不规范之处，这也是李某对病历不予认可的主要原因，属于被诉医院管理不善。李某虽不能举证证明此不规范行为与自己的后果之间存在因果关系，但考虑到被诉医院的工作存在瑕疵，其也给了李某一定的钱款，以及李某现在的实际情况，应由被诉医院给予其适当的经济补偿。据此，判决：驳回李某要求被诉医院赔偿损失的诉讼请求；被诉医院一次性给付李某经济补偿5万元。

判决后，李某不服并提起上诉。被诉医院也有意见，但未上诉。

二审法院认为：李某在被诉医院接受手术，自认为产生损害，时间早于2010年7月1日，故本案应该适用当时的法律法规。根据《最高人民法院关于民事诉讼证据的若干规定》（本书以下简称《证据规定》）第4条第1款第8项之规定，因医疗行为引起的侵权诉讼，由医疗机构就医疗行为与损害后果之间不存在因果关系及不存在医疗过错承担举证责任。现李某主张被诉医院在对其的诊疗过程中存在过错，并给其造成损害。但经过鉴定后，确认本病例不构成医疗事故。被诉医院已一定程度完成了自己的举证责任。另外，对于李某对病历不予认可、认为鉴定程序违法，由被诉医院提供病历的行为存在不足，对此引发诉讼有一定责任。二审法院支持了一审法院的意见，判决驳回上诉，维持原判。

法律评析

本案的核心问题和难点在于：一是法律适用的问题。原告遭受的损害发生于2010年《中华人民共和国侵权责任法》（本书以下简称《侵权责任法》）实施之前，而二审程序已经延续到2010年之后。在《侵权责任法》实施之前，我国医疗损害领域存在三个“双轨制”或称“二元化”问题——即诉因、赔偿标准、鉴定的双轨制，或是《医疗事故处理条例》与《中华人民共和国民法通则》（本书以下简称《民法通则》）等民事侵权法律法规并行适用。《侵权责任法》改变了上述法律适用不统一的状况，并且对举证责任进行了调整。因此，如何适用法律是本案的关键。二是医院在病历的管理方面存在瑕疵，在不能通过现有证据认定被诉医院在病历书写方面存在的不足与患者的损害后果之间存在因果关系的情况下，医院是否还应承担赔偿责任？本案审理的思路是，被诉医院向患者提供病历环节确实存在不规范之处，但根据现有证据，并不能直接认定该医院的诊疗行为造成患者发生损害，但由于提供给患者的病历确实不全，从而直接导致患者对病历持有异议，这是医院工作的瑕疵，酌定由医院给予患者一定的经济补偿，一方面体现了公平的原则，另一方面促使医院在工作中加强管理，积极改进，对其起到了教育鞭策作用，同时对广大医疗机构起到了一定的警示作用，对于医院处理医患关系，在相应环节预防纠纷的产生及发展，有积极的推动、示范效应。

第一节 医疗损害责任的界定

一、对医疗损害责任概念的不同表述

改革开放之初，我国司法实践和民法理论对医疗机构过错导致患者伤害的称谓，一直都是医疗事故或医疗事故责任，法院受理的这类案件则称为医疗事故赔偿纠纷。在 1986 年 6 月 29 日发布、1987 年 1 月 1 日实施的《医疗事故处理办法》（现已失效）中，就采用了当时最为普遍的称谓，将医疗损害直接称之为医疗事故和医疗事故责任，此后在司法实践中普遍使用。①

在最高人民法院 2001 年 12 月 21 日出台、2002 年 4 月 1 日生效的《证据规定》中，使用了一个新的称谓，即医疗侵权纠纷。这个概念究竟是医疗事故的替代概念，还是比医疗事故更为宽泛的概念，该司法解释没有说明。这种说法给司法实践带来很大影响。一般认为，医疗事故责任是医疗侵权纠纷，医疗过错责任纠纷也是医疗侵权纠纷。在 2008 年 2 月 4 日公布、2008 年 4 月 1 日生效的最高人民法院《民事案件案由的规定》中，使用的是“医疗损害赔偿案件纠纷”，与以前的做法完全不同。②

2002 年 4 月 4 日公布、2002 年 9 月 1 日实施的《医疗事故处理条例》代替了《医疗事故处理办法》。《医疗事故处理条例》确实在很多方面都比《医疗事故处理办法》有了较大的进步，但是，在医疗事故的赔偿责任方面的规

---

① 杨立新著:《医疗损害责任研究》，法律出版社 2009 年版，第 32 页。

② 《民事案件案由规定》已于 2011 年 2 月 18 日修订，2011 年 4 月 1 日施行，该种案件的案由已经改为“医疗损害责任纠纷”。

定却仍不尽如人意。[①] 最高人民法院 2003 年 1 月 6 日发布《关于参照〈医疗事故处理条例〉审理医疗纠纷民事案件的通知》(本书以下简称《通知》)[②]，同年 12 月底公布的《最高人民法院关于审理人身损害赔偿案件适用法律若干问题的解释》(本书以下简称《人身损害司法解释》)，使得该司法解释与《医疗事故处理条例》的关系变得复杂。基于《医疗事故处理条例》和《人身损害司法解释》的规定，在司法实践中，除了使用医疗事故的概念之外，医疗过失或者医疗过错的概念被广泛使用，并将其与医疗事故概念对立起来。

二、地方法院对医疗损害责任的界定

地方法院对医疗损害多称为“医疗纠纷”或“医疗损害赔偿纠纷”，但是对医疗损害具体的内涵有不同的认识。比如，2003 年 12 月 31 日实施的《安徽省高级人民法院关于审理医疗赔偿纠纷民事案件的若干意见(试行)》(皖字法〔2004〕11 号)认为，“医疗赔偿纠纷民事案件包括医疗事故赔偿纠纷民事案件和医疗事故以外的其他医疗赔偿纠纷民事案件”。2011 年颁行的《安徽省高级人民法院关于审理医疗纠纷案件若干问题的指导意见》(皖高法〔2011〕431 号)对此作出了修正，通过明确“诊疗行为”的方式来界定医疗纠纷。该意见第 1 条规定：“医疗纠纷，是指医患双方就医疗机构的诊疗行为产生争议而引发的医疗损害责任纠纷和医疗服务合同纠纷……”同时，该意见明确下列行为为非诊疗行为：“(一)与诊疗行为无关的医疗设施有瑕疵导致患者损害的行为；(二)与诊疗行为无关的医疗机构管理有瑕疵导致患者损害行为；(三)医务人员非因履行医疗职务行为导致患者损害的行为；(四)非法行医行为；(五)其他与诊疗行为无关导致医患双方或一方损害的行为。对于非诊疗行为所产生的损害赔偿，适用法律关于人身损害赔偿的一

---

① 杨立新著:《医疗损害责任法》，法律出版社 2012 年第 1 版，第 4 页。

② 本文件被《最高人民法院关于废止 1997 年 7 月 1 日至 2011 年 12 月 31 日期间发布的部分司法解释和司法解释性质文件(第十批)的决定》(2013 年 2 月 26 日发布；2013 年 4 月 8 日实施)废止。

般规定。”由此可见，安徽省高级人民法院认为医疗损害责任纠纷是医疗纠纷的一种，在某种意义上而言，仅指因承担侵权责任而引起的纠纷。

与此相类似，《北京市高级人民法院关于审理医疗损害赔偿纠纷案件若干问题的指导意见（试行）》（京高法发〔2010〕第400号）指出：“本指导意见所称医疗损害赔偿纠纷，是指患者一方认为在诊疗活动中受到损害，要求医疗机构承担侵权责任而引起的民事纠纷……”

《陕西省高级人民法院关于审理医疗损害赔偿纠纷案件的指导意见（试行）》（2008年1月1日起施行）第1条指出：“本意见所称医疗赔偿纠纷，是指患者一方认为医疗机构在医疗活动中因医疗侵权行为受到损害，要求医疗机构赔偿损失而引起的民事纠纷。包括医疗事故损害赔偿纠纷和一般医疗损害赔偿纠纷……”

2005年9月20日公布的《上海市高级人民法院医疗过失赔偿纠纷案件办案指南》（本书以下简称《办案指南》）指出：“本章所指的医疗纠纷，是指患方认为医方在诊疗护理过程中存在医疗过失，并导致不良后果的发生，要求医方承担违约赔偿责任或侵权赔偿责任而产生的纠纷。”该《办案指南》的“条文说明”则区分了“医疗纠纷”与“医患纠纷”等的区别。其“说明”指出：医疗纠纷与医患纠纷是两个不同的概念，医患纠纷指一切与医疗行为有关的民事纠纷，包括医疗纠纷和医患之间其他民事纠纷。医患纠纷、医疗纠纷中医方的医疗行为是指具有执业资格的医务人员在其执业地点（包括医疗、预防、保健机构）进行的诊疗护理服务活动。如医生晚上下班在医院不慎撞到患者，导致该患者骨折，既不属于医疗纠纷，也不属于医患纠纷，是一般的民事纠纷。不具有执业资格的人以及执业医师在非执业地点行医其主体不受医疗卫生法律法规调整，属于非法行医，与患者发生纠纷也不属于医疗纠纷及医患纠纷。医患之间的其他民事纠纷，亦称非医疗纠纷，是指医患双方对诊疗护理服务活动即医疗行为本身没有争议，但发生与相关的其他民事纠纷，主要有医疗欠费纠纷、医方侵犯名誉权、肖像权的医患纠纷、因产品不合格产生的医患纠纷（如某医院使用了具有合格证书且使用前经过检测正常的不合格心脏起搏器致人损害就不是医疗纠纷）等，它们的案由分别属于债务纠纷、名誉权纠纷、肖像权纠纷和产品质量纠纷，适用不同的法律规定。

上海市高级人民法院《办案指南》将医疗损害责任称之为“医疗过失责任”。《办案指南》第2条规定：“因医方的医疗过失行为导致患者损害发生的，医方应当承担赔偿责任。”其条文“说明”对此的解释是：医疗纠纷主要源于医患双方对医疗后果及其原因在认识上的不同而产生，它可能发生于就医、医疗、护理、保健、医院管理等各个环节，经过客观、科学的医学鉴定，医疗纠纷可能是医方之过，也可能是非医方之过。据此，根据医方是否尽专家注意义务，是否存在医疗过失，分为医疗过失纠纷和非医疗过失纠纷。医疗过失纠纷包括医疗事故和医疗差错（也称医疗事故以外的过失）纠纷，指引起纠纷的原因来自医疗机构和医务人员的过失行为，严格意义上讲，这应称作医疗过错，包括医疗过失和故意，由于故意致人伤害或死亡，属刑法调整范围，其民事赔偿依据一般过错侵权责任处理，不适用本指南；非医疗过失纠纷，主要有医疗意外、不可避免的医疗并发症和疾病的自然转归。医方未尽其应尽的注意义务，可以认定为存在医疗过失，如因此导致损害发生的，应承担赔偿责任。医方履行了相应的专家注意义务，不存在医疗过失，患者遭受的损失就不能认为是医疗过失所致，医方不需要承担赔偿责任。

由上述各地不同规定可知，医患纠纷、医疗纠纷、医疗损害赔偿（责任）纠纷、医疗事故（责任）纠纷均是不同的概念。总体而言，其关系如下：医患纠纷指一切与医疗行为有关的民事纠纷，包括医疗纠纷和医患之间其他民事纠纷；而医疗纠纷一般仅指因诊疗行为引起的纠纷，包括医疗合同纠纷和医疗损害赔偿纠纷。医疗损害赔偿纠纷则是仅指因请求医疗机构承担侵权责任而发生的纠纷，在《侵权责任法》颁行之前，医疗损害责任纠纷又包括医疗事故纠纷和医疗过错纠纷。

在全国人大法工委民法室于2008年7月2日召开的“侵权责任法座谈会”以及2008年9月24日至27日全国人大法工委召开的“侵权责任法草案研讨会”上，与会专家、法官和医疗工作者都赞同《侵权责任法》“医疗损害责任”的概念。[①] 因此，最后通过的《侵权责任法》第七章使用了“医疗损害责任”的表述。据此，医疗损害责任是指医疗机构及医务人员在医疗过程

---

① 杨立新著：《侵权法分则》，人民法院出版社2009年版，第278页。

中因过失，或者在法律规定的情况下无论有无过失，造成患者人身损害或者其他损害，应当承担的以损害赔偿为主要方式的侵权责任。[①]

三、医疗损害责任的特征和外延

医疗损害责任的基本特征如下[②]：

第一，医疗损害责任的责任主体是医疗机构。医疗损害责任的责任主体是医疗机构，且须为合法的医疗机构，其他主体不构成医疗侵权责任。

第二，医疗损害责任的行为主体是医务人员。医疗损害责任的行为主体是医务人员，而不是其他人员。医务人员包括医师和其他医务人员。按照《中华人民共和国执业医师法》（本书以下简称《执业医师法》）第 2 条的规定，医师包括执业医师和执业助理医师，是指依法取得执业医师资格或者执业助理医师资格，经注册在医疗、预防、保健机构中执业的专业医务人员。尚未取得执业医师或者执业助理医师资格，经注册在村医疗卫生机构从事预防、保健和一般医疗服务的乡村医生，也视为医务人员。

第三，医疗损害责任发生在医疗活动之中。医疗损害责任发生的场合是医疗活动，在其他场合不能发生这种侵权责任。凡是医疗机构组织的医治、救助患者的活动，都应当视为诊疗活动，也包括与医疗活动有关的医疗机构的其他活动。

第四，医疗损害责任是因患者人身等权益损害的过失行为而发生的责任。医疗损害责任主要因患者身体、健康、生命权损害的人身损害行为而发生的责任。在一般情况下，构成医疗损害责任必须有过失，但医疗产品造成损害的医疗损害责任，在归责原则上并不要求医疗机构必须有过失。

根据《侵权责任法》的规定，医疗损害责任的外延大致包含以下 4 种类型，即医疗伦理损害责任、医疗技术损害责任、医疗产品损害责任和医疗管理损害责任。[③]

---

① 杨立新著:《侵权责任法》，法律出版社 2015 年版，第 284 页。

② 参见杨立新著:《医疗损害责任法》，法律出版社 2012 年版，第 11—12 页。

③ 杨立新著:《侵权责任法》，法律出版社 2015 年版，第 284 页。

第二节　医疗损害适用法律问题的研究

一、《医疗事故处理条例》实施之前的法律适用问题

改革开放之初，规制医疗损害纠纷并没有统一的法律和法规。我国于 1986 年 4 月 12 日颁布了《民法通则》，并于 1987 年 1 月 1 日起开始实施。《民法通则》成了这一阶段人民法院审理侵权案件所依据的最重要的法律。1990 年 12 月 5 日，最高人民法院颁行《最高人民法院关于贯彻执行〈民法通则〉若干问题的意见》，这也成为人民法院审理侵权案件的重要法律渊源。1986 年 6 月 29 日，国务院发布了《医疗事故处理办法》，并于 1987 年 1 月 1 日实施。在司法实践中，考虑到该办法在我国法律体系中的地位仅是行政法规，行政色彩浓重，人民法院很少直接适用该办法作为审理侵权案件的依据。虽然如此，该办法将医疗侵权行为称为医疗事故和医疗事故责任，此后在司法实践中被普遍使用；从而影响了 2002 年公布的《医疗事故处理条例》术语的使用，对后来三个“双轨制”的形成产生重要影响。《民法通则》第 106 条第 2 款规定：“……公民、法人由于过错侵害国家的、集体的财产，侵害他人财产、人身的，应当承担民事责任……”该条确立了侵权责任的过错归责原则。据此，在举证责任方面，人民法院普遍按照证明责任分配的一般理论，由原告就存在侵权事实、损害结果、侵权行为与损害结果间的因果关系以及加害人过错承担举证责任。

二、《医疗事故处理条例》实施之后至《侵权责任法》实施前的法律适用：三个“双轨制”

（一）三个“双轨制”形成的简要过程

2002 年 4 月 4 日国务院公布的《医疗事故处理条例》代替了《医疗事故处理办法》。如前所述，《医疗事故处理条例》确实在很多方面都比《医疗事

故处理办法》有了较大的进步，但是在赔偿责任等方面不尽如人意。《医疗事故处理条例》的颁行使得人们对医疗损害纠纷适用《民法通则》还是《医疗事故处理条例》产生了不同认识、带来了一些分歧，于是最高人民法院于2003年1月6日出台《通知》，明确了相关法律适用的问题。《通知》规定，“条例实施后，人民法院审理因医疗事故引起的医疗赔偿纠纷民事案件，在确定医疗事故赔偿责任时，参照条例第四十九条、第五十条、第五十一条和第五十二条的规定办理”。就法理而言，“参照……规定执行或者办理”的含义是对某些规范性文件，特别是效力级别较低的部门规章、地方政府规章等，人民法院不是必须适用和执行的，是有条件的适用，甚至在某些情况下法院在审判实践中可以拒绝适用。2003年12月26日，最高人民法院公布《人身损害司法解释》。由于之前《通知》关于法律适用问题的规定，《医疗事故处理条例》与该司法解释在赔偿责任和标准方面产生了冲突。具体而言，一方面《人身损害司法解释》规定了全国统一的赔偿项目和赔偿标准，大大高于《医疗事故处理条例》规定的赔偿标准；另一方面《通知》认为因医疗事故产生的民事责任可以参照《医疗事故处理条例》执行，虽然最高人民法院的上述《通知》并未要求法院必须适用《医疗事故处理条例》的规定，但是适用《医疗事故处理条例》的规定处理案件导致了一种“倒挂”现象：一个较为严重的医疗损害，如果能够鉴定为医疗事故，就要适用《医疗事故处理条例》规定的赔偿标准，医疗机构承担较轻的赔偿责任；反之，如果受害人损害较轻，或者较重的损害也不请求进行医疗事故责任鉴定，而是到司法鉴定机构申请医疗过错责任鉴定，诉讼到法院，法院基于医疗过错的诉讼请求适用《人身损害司法解释》，因此受害人能够得到较高的赔偿。[①] 这种法律规定的不统一，既导致了司法实践中法律适用的混乱，也在一定程度上加剧了医患矛盾，增加了社会不和谐因素，促使理论界和司法实务界进行反思。

在《医疗事故处理条例》和《人身损害司法解释》的影响之下，各地大多对此种区分予以确认。比如，云南省《医疗损害事件处理规定》[②] 将医疗损

---

① 参见杨立新著:《医疗损害责任研究》，法律出版社2009年版，第32—33页。

② 该规定于1998年9月16日发布，1999年1月1日生效，2015年7月17日修订。

害事件分为下列三类：一是医疗事故，指国务院发布的《医疗事故处理条例》所规定的医疗事故以及在诊疗护理工作中，因医务人员的过失，直接造成病员毁容的事件。二是医疗差错，指在诊疗护理工作中，因医务人员的过失，直接造成病员机体损害，但未构成医疗事故的事件。医疗差错分为医疗责任差错和医疗技术差错。三是医疗意外，指医务人员无过失行为，由于病员病情重笃或者体质特殊而发生难以预料和防范的不良后果或者在应用经批准的新技术、新药物过程中发生意外造成不良后果的事件。再如，2008 年 1 月 1 日施行的《陕西省高级人民法院关于审理医疗损害赔偿纠纷案件的指导意见（试行）》认为医疗损害纠纷包括医疗事故损害赔偿纠纷和一般医疗损害赔偿纠纷。其第 1 条第 2 款规定，“一般医疗损害赔偿纠纷指因医疗事故以外的原因引起的医疗损害赔偿纠纷，包括:（1）因医疗故意行为引起的赔偿纠纷；（2）因医疗机构的诊疗、护理行为造成患者伤害虽不构成医疗事故，但却因其诊疗、护理行为存在过失引起的赔偿纠纷;（3）其他违反医疗方面的法律、法规引起的赔偿纠纷”。

需要说明的是，2001 年 12 月 6 日，最高人民法院发布《证据规定》。该《证据规定》第 4 条规定:“下列侵权诉讼，按照以下规定承担举证责任……（八）因医疗行为引起的侵权诉讼，由医疗机构就医疗行为与损害结果之间不存在因果关系及不存在医疗过错承担举证责任。”由此可见，该条规定改变了原来《民法通则》和审判实践中由原告（受害人）对因果关系和加害人（医疗机构）过错承担举证责任的做法，而采取举证责任倒置的做法，产生了重要影响。

（二）三个双轨制

三个双轨制的具体内容是:

1. 医疗损害责任诉因的双轨制

医疗损害责任的诉因，是医疗损害责任纠纷的案由，也就是医疗损害责任的概念。由于上述《医疗事故处理条例》和《人身损害司法解释》的不同规定，从而将医疗损害责任区分为医疗事故责任和医疗过错责任。这导致在司法实践中，当事人选择适用《侵权责任法》作为请求权法律基础的医疗损害责任纠纷中，案件的案由或诉因也被刻意区分为医疗事故责任和医疗过错责任。[①] 这样的双轨制并没有事实与法律（狭义的法律，即仅指全国人大及其常委会制定的法律）的依据，同时也缺乏理论上正当性的支持，但是却为司法实践所认可，这不仅造成法律适用的混乱，更重要的是决定了法院适用不同的法律。

诉因的双轨制为多地法院所确认。比如，《广东省高级人民法院关于审理医疗损害赔偿纠纷案件若干问题的指导意见》（粤高法发〔2007〕29 号）第 2 条规定："发生医疗损害时，患者一方可选择以医疗事故损害赔偿为由或以医疗过错损害赔偿为由起诉。医疗机构的医疗行为已经鉴定构成医疗事故的，该医疗损害赔偿纠纷应属于医疗事故损害赔偿纠纷。患者一方以医疗事故为由起诉要求医疗损害赔偿，经鉴定不构成医疗事故的，患者一方在案件一审辩论终结前可以变更诉因为医疗过错损害赔偿纠纷。"同时，第 3 条规定："当事人的诉讼请求不明确的，人民法院应在释明后要求其进一步明确诉讼请求。当事人拒不明确其诉讼请求的，可先按医疗事故损害赔偿纠纷处理。"

同样，2008 年 1 月 1 日起施行的《陕西省高级人民法院关于审理医疗损害赔偿纠纷案件的指导意见（试行）》规定："发生医疗损害时，患者可以医疗事故损害赔偿纠纷为由起诉，也可以一般医疗损害赔偿纠纷为由起诉。患者一方起诉时没有明确是要求医疗事故损害赔偿还是一般医疗损害赔偿的，应要求其予以明确。"

2. 医疗损害赔偿标准的双轨制

医疗损害赔偿诉因的双轨制，其根源在于医疗损害赔偿责任标准的双轨制。在《侵权责任法》颁行之前，国家行政法规始终坚持医疗损害赔偿标准的限制原则，而不适用统一的人身损害赔偿标准。如前所述，由于最高人民法院司法解释所规定的人身损害赔偿标准高于《医疗事故处理条例》规定的标准，同时最高人民法院又在司法解释中明确规定对医疗事故纠纷参照条例

---

① 卫生部医疗事故处理条例在实践中存在问题的研究课题组:《医疗事故处理条例应上升为法律》，载《中国医院法治》2007 年第 3 期；转引自杨立新著:《医疗损害责任研究》，法律出版社 2009 年版，第 7 页。

的标准赔偿，因此形成了医疗事故赔偿责任与医疗过错损害赔偿责任的二元分野，并确立了不同的赔偿标准，造成了赔偿标准双轨制的畸形法律适用现象。

3. 医疗损害责任鉴定的双轨制

与前述两个双轨制相适应，在医疗损害责任的鉴定中也同样存在着双轨制。在一段时间里，医疗事故责任鉴定是独家的医学鉴定，由医疗机构的行政主管机关或者医学研究机构独家垄断，并且法官无权对医疗事故鉴定结论进行司法审查。[①] 但是在司法实践中，多数法院和法官默许、接受受害者一方所提供的司法鉴定机构作出的医疗过错鉴定，对于不申请医疗事故责任鉴定和鉴定为不属于医疗事故责任的案件，会将法医学的医疗过错鉴定结论作为认定事实的依据，从而形成了医疗损害责任的双轨制。[②]

三、《侵权责任法》实施之后的法律适用

2010 年起开始实施的《侵权责任法》以第七章专章对“医疗损害责任”进行了较为系统、全面的规定，从而结束了上述法律适用的混乱状况，形成了以《侵权责任法》《民法通则》为核心，以其他法律、法规、司法解释为补充的医疗损害赔偿责任体系。

（一）侵权责任法

《侵权责任法》第七章专门规定了“医疗损害责任”，涉及该法第 54 条至第 64 条 11 个条文。《侵权责任法》主要从医疗损害责任的一般条款、医疗机构的告知义务、注意义务、保密义务、医疗损害责任的类型、举证责任等方面进行了比较全面的规定，成为医疗损害赔偿责任最主要的渊源。另外，《侵权责任法》的一般性规定，也是医疗损害责任法律适用的依据。

---

① 杨立新著:《医疗损害责任法》，法律出版社 2012 年版，第 32 页。

② 参见张益鹄主编:《医疗纠纷、医疗事故与法医学》，科学出版社 2006 年版，第 7—9 页。

（二）《民法通则》

《民法通则》是我国的基本民事法律。该法关于保护公民人身权和财产权的规定，特别是关于民事责任的一般规定，以及民事诉讼时效的规定，都是医疗损害责任法的渊源。

（三）其他法律、行政法规及司法解释

在这些法律渊源中，一是法律。比如，《中华人民共和国药品管理法》（本书以下简称《药品管理法》）、《执业医师法》等法律中关于医疗损害责任的规范，都是医疗损害责任适用的法律渊源。二是行政法规。比如，《医疗机构管理条例》《医疗事故处理条例》等行政法规。三是司法解释。比如，《最高人民法院关于确定民事侵权精神损害赔偿责任若干问题的解释》（本书以下简称《精神损害司法解释》）、《人身损害司法解释》等。

需要强调的是，"《侵权责任法》摒弃了医疗事故责任和医疗过错责任两个不同概念，使用统一的医疗损害责任的概念。这不仅仅是《侵权责任法》概念的统一，更重要的是结束了医疗损害责任分割的法制不统一现状，统一法律适用规则"。[①] 比如，《安徽省高级人民法院关于审理医疗纠纷案件若干问题的指导意见》（2015 年修订）则改变了 2003 年实施的《安徽省高级人民法院关于审理医疗赔偿纠纷民事案件的若干意见》的规定，不再将强调医疗事故责任纠纷和医疗事故责任以外纠纷的区别，而是笼统地规定医疗纠纷的类型。该意见规定："本意见所称医疗纠纷，是指医患双方就医疗机构的诊疗行为产生争议而引发的医疗损害责任纠纷和医疗服务合同纠纷，非法行医和其他非诊疗行为导致患者损害的纠纷除外。"

另外，并不是《侵权责任法》实施之后所有的侵权行为都当然适用《侵权责任法》。《侵权责任法》颁布之后，最高人民法院曾就该法的法律适用问题作出通知。《最高人民法院关于适用〈中华人民共和国侵权责任法〉若干问题的通知》（法发〔2010〕23 号）指出："一、侵权责任法施行后发生的侵

---

① 杨立新著：《侵权责任法》，法律出版社 2015 年版，第 284 页。

权行为引起的民事纠纷案件，适用侵权责任法的规定。侵权责任法施行前发生的侵权行为引起的民事纠纷案件，适用当时的法律规定。二、侵权行为发生在侵权责任法施行前，但损害后果出现在侵权责任法施行后的民事纠纷案件，适用侵权责任法的规定。三、人民法院适用侵权责任法审理民事纠纷案件，根据当事人的申请或者依职权决定进行医疗损害鉴定的，按照《全国人民代表大会常务委员会关于司法鉴定管理问题的决定》(本书以下简称《关于司法鉴定问题的决定》)、《人民法院对外委托司法鉴定管理规定》及国家有关部门的规定组织鉴定。四、人民法院适用侵权责任法审理民事纠纷案件，如受害人有被抚养人的，应当依据《最高人民法院关于审理人身损害赔偿案件适用法律若干问题的解释》第二十八条的规定，将被抚养人生活费计入残疾赔偿金或死亡赔偿金。"

同时，对于医疗损害的证明责任问题，《侵权责任法》向《民法通则》进行了一定程度上的回归。《侵权责任法》第54条规定："患者在诊疗活动中受到损害，医疗机构及其医务人员有过错的，由医疗机构承担赔偿责任。"第58条规定："患者有损害，因下列情形之一的，推定医疗机构有过错：(一)违反法律、行政法规、规章以及其他有关诊疗规范的规定；(二)隐匿或者拒绝提供与纠纷有关的病历资料；(三)伪造、篡改或者销毁病历资料。"对这三条进行体系解释，可以发现对医疗损害责任的归责原则，《侵权责任法》采取了以过错责任为一般规则，特定情形下的过错推定的规则。基于此规定，在一般情形下，原告(受害人)仍应当就医疗机构的侵权行为与损害结果之间具有因果关系以及医疗机构存在过错承担举证责任，只是在存在第58条规定的情形时才推定医疗机构有过错。但是，这种推定同样可以由医疗机构提出的相反证据加以推翻。

四、医疗损害赔偿责任是否适用《中华人民共和国消费者权益保护法》

近年来，随着医疗机构改革的深入进行，部分医疗机构市场化经营，社会医疗美容整形机构不断增多，患者在医疗机构医疗过程中受损害的情形越来越多。但是对于医疗损害赔偿纠纷是否应当纳入《中华人民共和国消费者权益保护法》（本书以下简称《消费者权益保护法》）的适用范围，对此认识并不一致。一些地方性法规将医疗纠纷纳入《消费者权益保护法》的调整范围。例如，《浙江省实施〈中华人民共和国消费者权益保护法〉办法》规定了患者的知情权、隐私权及医疗机构诊疗过错造成患者人身伤害的民事责任，明确把医患关系纳入了《消费者权益保护法》的调整范围。2005年6月2日，福建省第十届人大常委会经过激烈讨论，几易其稿，最终通过了《福建省实施〈中华人民共和国消费者权益保护法〉办法（修订）》，将医患关系明确纳入其调整范围。[①] 但绝大多数省份对此问题并未作出明确规定。[②]

对此，理论界也有不同的认识。一种观点认为医疗纠纷不能适用《消费者权益保护法》。其理由主要在于我国卫生事业是政府实行的具有一定福利政策的社会公益事业、患者不是普通的消费者、医疗消费实行政府指导定价等方面。[③] 另一种观点则与之相反，认为医疗机构所提供的服务和医疗产品都是等价有偿的，因此没有理由豁免适用《消费者权益保护法》。还有一种折中的观点认为总体上医患关系应适用《消费者权益保护法》的规定，但同时也应当考虑我国医疗机构的市场化改革还不彻底，也应适用其他专项法律或有关法规。[④]

笔者认为，考虑到医患关系的复杂性和特殊性，总体上而言医疗损害赔偿责任不宜适用《消费者权益保护法》。医疗消费不同于普通消费行为的特殊性体现在：一是医疗机构与患者之间以生命健康为代价建立起来的高度协作信任关系，不能简单地用一般消费合同来衡量，医疗纠纷也不适用《消费者权益保护法》。[⑤] 二是消费者权益保护法核心条款在调整医患关系时将失灵。知情权和反欺诈条款是消费者进行自我保护时不可或缺的法律武器。但在医患关系中，这两个核心条款却无法适用。由于患者的知识水平及心理素质存在

---

① 赖红梅著：《医疗损害法律问题研究》，法律出版社2014年版，第9页。

② 参见王毓莹：《论〈消费者权益保护法〉的适用范围》，载《法律适用》2013年第2期。

③ 陈栓青、王松芳：《对用〈消费者权益保护法〉处理医疗纠纷的不同见解》，载《中华医学院管理杂志》1999年第12期。

④ 王利明：《消费者法的概念及消费者权益保护法的适用范围》，载《政治与法律》2002年第2期。

⑤ 参见康炜、董静：《医疗纠纷与消费者权益保护法的适用》，载《大连大学学报》2004年第5期。

差异，医生不可能将真实病情病因告诉每个患者。医患关系中的一些隐瞒与欺骗是为法律和道德所容许的，不具有可罚性。三是医学的不确定性使诊疗义务缺乏量化标准。

另外还应考虑到医疗纠纷适用《消费者权益保护法》的社会效果。对此，第一，将医患关系纳入《消费者权益保护法》不利于司法统一。在《侵权责任法》出台前，医患关系一直处于法律适用上的混乱状态，法律与行政法规、一般法与特别法诸法并存。《侵权责任法》的施行使医患关系的法律适用从分立逐渐走向统一。《侵权责任法》与之前的法相比，对患者权益的保护力度已经大大加强。《消费者权益保护法》与《侵权责任法》相比，无非是多了一个反欺诈条款的救济，但正如前文所述，反欺诈条款在医患纠纷中基本上处于失灵状态，那么将《消费者权益保护法》加入医患纠纷的法律适用序列又有何意义呢？反而会重新造成法律适用上的混乱，不利于司法统一。第二，适用消费者权益保护法可能进一步加剧医患矛盾。[①]

但是，对于医学美容、健体（保健）服务等医疗行为，系患者出于美化容貌、健康体形的目的而主动接受医疗行为，具有较强的生活消费目的。此类医疗服务关系适用《消费者权益保护法》是适当的。比如，医学美容等对诊疗效果有明确承诺的，可以适用《消费者权益保护法》。

第三节 侵权责任与违约责任的竞合

案例思考

原告吴某于2011年12月28日因摔伤致左上臂肿痛、畸形，就诊于被告某医院处，被诊断为左肱骨中下段粉碎性骨折，全身多发性外伤。该院为吴某行切复内固定术＋人工骨植入术。病历显示，被告为吴某左

① 参见熊理思、李鹏：《医患关系的法律调整路径选择——以医患纠纷适用消费者权益保护法的非正当性为视角》，载《人民司法》2014年第5期。

侧肱骨干骨折使用的金属接骨板（内固定）为某医疗器械有限公司生产，规格为 8 孔（锥形孔）。吴某于 2012 年 1 月 14 日出院，复查 X 线片示左肱骨骨折术后，对位对线良好。病历记载“术后两月之间复查显示内固定位置良好，后一直未予复查”。2013 年 6 月 12 日，原告因“左侧肱骨骨干骨折术后内固定断裂”就诊于某省级医院，2013 年 6 月 13 日 X 线片提示左肱骨中段陈旧性骨折，内固定 10 孔钢板在位，钢板断裂，左肱骨骨干骨折术后骨不连。2013 年 6 月 28 日，原告出院，共计花费医疗费 31083.05 元。2014 年 5 月 22 日，司法鉴定机构作出了医学鉴定意见书，认为：吴某左肱骨骨折内固定钢板断裂，与被告的医疗行为有关，为吴某使用内固定钢板无合格证，使用医疗器械存在缺陷，被告的医疗行为违反相关规定，存在医疗过错。2015 年 1 月 28 日，经另一司法鉴定中心重新鉴定，作出新的医学鉴定意见书，该意见书的鉴定意见：（一）难以排除被告在为吴某的诊疗过程中，采用内固定不确切，未进行有效的内固定，履行注意义务不充分，未尽到与其医疗水平相应的诊疗义务，其诊疗行为存在过错。该诊疗过程行为与吴某左侧肱骨干骨折术后骨不连，内固定断裂的损害后果之间存在因果关系，参与度建议在 56%—70% 为宜。（二）被告的病历记载与实际情况不符，存在过错。该诊疗过错行为与吴某左侧肱骨干骨折术后骨不连，内固定断裂的损害后果之间存在直接因果关系的依据不足。2015 年 6 月 10 日，司法鉴定所作出医学鉴定意见书，认为：被鉴定人吴某因摔伤致左肱骨中段骨折，现遗有左肩、左肘关节活动受限，造成左上肢功能丧失程度达 10% 以上属 X（十）级伤残。

原告起诉称：自己因信任被告医院，受伤后选择到被告处住院，但是被告为自己进行治疗时，却使用无合格证的存在缺陷的医疗器械，致使自己的伤情一直难以好转且遭受二次伤害，给自己造成极大的精神损害和身体伤害，且被告拒绝与自己沟通。因此，为维护合法权益，特向人民法院起诉，要求被告赔偿各项损失。其中原告的一项诉讼请求是要求“钢板退一赔三费用”，即适用《消费者权益保护法》第 55 条关于反欺诈的规定，要求被告赔偿各项损失 12 万余元及庭审中增加的伤残赔偿金5万元，并承担本案的诉讼费用。

被告则辩称：2011年12月28日，原告因摔伤入住被告处，被告诊断其为左肱骨中下段粉碎性骨折和全身多发性外伤。被告予行切复内固定术＋人工骨植入术，手术成功完成。2012年1月14日，原告出院。出院前X片复查，原告术后对位对线良好。术后两个月内复查X片，内固定位置仍然良好。术后一年六个月零十天，原告仍一切正常。原告出院时，被告特别医嘱，每4周复查一次，持续3个月。非医嘱患者，不能干活，否则后果自负。2013年6月，原告突然以上臂疼痛为由，入住医院治疗。上述事实足以说明，被告对原告诊断正确，对其手术符合一般的诊疗原则，术后一年半没有出现任何异常，手术是成功的。原告出院时，被告明确告知术后有关事项，履行了告知义务。被告对原告的医疗行为没有任何过错。现原告不良后果是因为原告不遵医嘱，不配合治疗造成，和医疗行为没有关系，且无任何证据证明被告存在医疗过错，故依法驳回原告的全部诉请。

一审法院认为：被告在治疗过程中，不但要保证自身诊疗行为没有过错，而且要证明其提供的医疗器械不存在质量缺陷。而是否属于缺陷产品，不仅取决于产品是否符号国家标准、行业标准等强制性规定，还要看是否存在潜在的不合格危险。本案中，被告提供的钢板在植入原告体内发生断裂，使用期限远未达到被告医院在出院医嘱上载明的时间，且被告医院提供的钢板合格证标明的是8孔而植入原告体内的钢板是10孔，两者不符，被告显然存在过错。患者吴某体内的钢板，其质量要求要远高于其他产品的质量安全要求。被告未提供因原告自己过错而造成钢板断裂的相关证据，应视为其提供的钢板存在质量缺陷，依法应承担相应的赔偿责任。被告承担赔偿责任后，有权向负有责任的钢板生产商追偿。第二次委托的司法鉴定中心作出的鉴定意见书，认定被告诊疗过错行为与吴某左侧肱骨骨干骨折术后骨不连，内固定断裂的损害后果之间存在因果关系，参与度建议在56%—70%为宜。根据上述鉴定意见及本案查明的事实，法院酌定医疗过错行为与原告损害后果之参与度为65%。被告承担后有权向钢板的生产商予以追偿。关于原告主张的“钢板退一赔三费用”24000元，根据《中华人民共和国合同法》(本书以下简称《合同法》)第122条规定，因当事人一方的违约行为，侵害对方人身、财产权益的，受损害方有权选择依照本法要求其承担违约责任或者依照其他法律要求其承担侵权责任。本案侵权责任与违约责任竞合，因本案原告已经选择要求被告承担侵权责任，再依据同一行为要求被告承担违约责任，本院不予支持。

法律评析

本案的一个关键问题在于能否适用《消费者权益保护法》。当时的医疗损害赔偿是否适用《消费者权益保护法》存有较大争议，并且缺乏法律的明确规定。对此，法院的审理思路是适用《消费者权益保护法》的前提是当事人之间存在消费合同，并且原告应当以合同纠纷提起诉讼。但是根据《合同法》的规定，本案构成侵权责任与违约责任的竞合，原告只能择一主张自己的权益，而不能同时主张。既然原告已经请求被告承担侵权责任，则不能再向被告提起违约之诉，也不能依照消费合同请求惩罚性赔偿。因此法院没有支持原告对于钢板退一赔三的主张。

一、我国现行法律法规关于医疗纠纷中两种责任竞合的规定

(一)医疗损害违约责任与侵权责任竞合概述

违约责任与侵权责任是两类基本的民事责任，由于民事关系的复杂性、民事违法行为的性质的多重性，这两类责任时常发生竞合。责任竞合是医疗民事责任的一个重要特点。在医疗活动中，患方有权要求医方按照医疗科学和行业惯例、规定的要求，合理、谨慎地对就诊人诊断、治疗、护理；医方有向患方索取相应的医疗费用的权利，故医患双方之间存在互为对待给付的义务，双方构成合同关系。医方未履行法定或合同约定的义务，即构成违约，应当承担违约责任。在疾病治疗过程中，医方负专家之注意义务，如违反此

注意义务，并产生损害结果，对患方负有侵权责任。此时，便产生医疗过失中的违约责任与侵权责任的竞合。但实际上医疗纠纷中，违约行为与侵权行为的指向为同一事物，即医方未履行其应尽的注意义务，存在医疗过失，故医疗纠纷按一般侵权原则处理，但不排除当事人选择合同之诉。

国际上对侵权责任和违约责任的竞合立法主要有三种，禁止竞合、允许竞合、限制竞合。我国《合同法》第122条及《中华人民共和国民法总则》(本书以下简称《民法总则》)均采用限制竞合的做法，医疗纠纷中因医疗过失产生违约责任与侵权责任竞合时，同样采用限制竞合论，主要原因是由于违约之诉与侵权之诉在案件管辖、诉讼时效、举证责任、责任承担范围等方面都有不同，受害人提起何种之诉对案件的审理结果会产生重大影响。禁止竞合理论认为合同履行过程中，只能适用合同法提起违约之诉，这无疑剥夺了受害人提起侵权之诉的可能。允许竞合不加限制赋予当事人选择权，给予了当事人投机的机会，增加了法院的讼累。本着平衡当事人利益和减轻法院讼累的目的，防止受害人就同一事实提起两次诉讼，限制受害人的双重请求权，采用限制竞合是较为合理的。

（二）我国司法实务对责任竞合的规定

我国司法实务界和理论界对于医疗损害中违约责任和侵权责任的竞合多持肯定的态度，许多地方法院对此多作出明确规定。比如，《浙江省高级人民法院关于审理医疗纠纷案件若干问题的意见（试行）》第3条规定："患者一方因医疗行为而遭受损害，有权提起侵权责任之诉或违约责任之诉。患者一方主张医疗机构承担侵权责任的，案由为'医疗损害赔偿纠纷'；患者一方主张医疗机构承担违约责任的，案由为'医疗服务合同纠纷'。患者一方对侵权责任之诉与违约责任之诉未做出明确选择的，人民法院应当向其释明并要求其予以明确。释明后患者一方仍未明确选择的，应根据最有利于纠纷解决的原则依职权确定其请求权基础；但确因当事人不明确请求权基础而导致案件无法处理的，可裁定驳回起诉。"

再如，《安徽省高级人民法院关于审理医疗纠纷案件若干问题的指导意见》（皖高法〔2011〕431号）第2条规定，患者因诊疗行为而遭受损害，患者主张侵权损害责任赔偿的，案由为“医疗损害责任纠纷”；患者主张违约责任赔偿的，案由为“医疗服务合同纠纷”。患者对侵权责任之诉或违约责任之诉未作出明确选择的，人民法院应当向患者释明并要求患者作出明确选择。《安徽省高级人民法院关于审理医疗纠纷案件若干问题的指导意见》（2015年修订）第2条对此作出了类似规定。

2005年实施的上海市高级人民法院《办案指南》第4条指出，医疗纠纷中患者一方对因医疗过失产生损害的，有权选择要求他方承担违约责任或者侵权责任。患方经选择确定以其中一个请求权基础提起诉讼后，不得在诉讼终结后再以另一请求权基础提起诉讼，但允许其在举证期限届满前变更请求权基础。

《广东省高级人民法院关于审理医疗损害赔偿纠纷案件若干问题的指导意见》（粤高法发〔2007〕29号）第4条规定：“患者一方对同一医疗行为，针对相同的赔偿项目，以医疗违约赔偿纠纷或医疗损害赔偿纠纷中的一种诉因起诉并经人民法院处理后，再以另一种诉因提起诉讼的，人民法院不予受理。但人民法院以当事人诉因选择错误为由驳回起诉或不予受理的除外。”“患者因同一医疗行为发生新的损失，人民法院生效裁判对此也未作处理的，当事人可参照最高人民法院《关于审理人身损害赔偿案件适用法律若干问题的解释》第十九条第二款的规定，另行起诉。”

二、侵权责任与违约责任的区别

（一）归责原则不同

许多国家的法律规定，违约责任适用严格责任或过错推定责任，也就是说，只要当事人未按约定履行义务，且不具有有效的抗辩事由，就必须承担违约责任。侵权责任在各国法律中通常以过错责任为归责的一般原则，对某些特殊的侵权行为实行严格责任原则。因此，违约责任与侵权责任在归责原则方面具有明显的不同。在医疗损害赔偿责任中，如果受害人（患者方）以医方不适当履行合同为由，提出违约责任的请求权，医疗损害作为特殊侵权行为的一种，依据我国《合同法》采用严格责任原则，因为医疗合同性质的特殊性，决定了诊疗债务是一种手段债务，而不是结果债务。因此，只要认定医师在诊疗过程中，没有认真履行其注意义务，就可以认定其违约，就要承担违约责任的不利后果。我国《侵权责任法》第54条规定，“患者在诊疗活动中受到损害，医疗机构及其医务人员有过错的，由医疗机构承担赔偿责任”。从而确立了我国医疗损害赔偿责任的过错原则。如果受害人（患者方）以医方侵犯其身体健康权为由，提出侵权责任的请求权，那么，依《侵权责任法》应采用过错责任原则。[①]

（二）构成要件不同

违约责任构成要件可分为一般构成要件和特殊构成要件。所谓一般构成要件，是指违约当事人承担任何违约责任形式都必须具备的要件，如违约行为。所谓特殊构成要件，是指各种具体的违约责任形式所要求的责任构成要件，如损害赔偿责任的构成要件不仅包括违约行为，还须有损害事实、违约行为与损害事实之间的因果关系。因此，医疗损害违约责任的构成要件为医务人员的违约行为、损害及二者之间的因果关系。而医疗损害侵权责任的构成要件为医疗过失、医疗损害及二者之间的因果关系。可见，医疗损害的违约责任和侵权责任的构成要件不同之处仅仅在于医务人员的违约和医疗过失的不同。[②]

（三）赔偿范围不同

违约损害赔偿通常依当事人的事先约定，赔偿范围不得超过订立合同时应当预见到的违反合同可能造成的损失。此外，违约责任主要是财产损失的赔偿，不包括对人身伤害的赔偿和精神损害的赔偿责任；而侵权责任的赔偿

---

① 参见艾尔肯：《论医疗损害赔偿中违约责任与侵权责任竞合问题》，载《新疆大学学报》（哲学·人文社会科学版）2005年第4期。

② 朱秀恩：《论违约责任与侵权责任的竞合——以医疗损害责任为中心》，载《法律与医学杂志》2004年第1期。

范围不仅应包括直接损失，还应包括间接损失。损害赔偿不仅包括财产损失的赔偿，而且包括人身伤害和精神损害的赔偿。在医疗损害赔偿责任中，如果受害人（患者方）以违约损害赔偿行使请求权，而这一请求权的标的主要是人身伤害，则难以享受到违约责任中应当预见到的财产利益。如果受害人（患者方）以侵权损害赔偿行使请求权，加害人在承担财产损失的同时，还要承担因其医疗损害行为给患者方造成的精神损害赔偿。相对而言，以侵权责任处理医疗损害赔偿比较符合对受害人利益的保护。当然，在这两种责任之间应当允许当事人自由选择。[①]

（四）举证责任不同

因为违约行为实行严格责任，即只要有违约行为就应当承担违约责任，而不考虑违约方是否有过错。所以违约责任的一般情况是，受害方不负过错举证责任，而只需证明违约方有违约行为即可；违约方必须证明其不存在过错，如果不能证明，法律推定违约方有过错而要求他承担民事责任。[②]《证据规定》规定，“因医疗行为引起的侵权诉讼，由医疗机构就医疗行为与损害结果之间不存在因果关系及不存在医疗过错承担举证责任”，对医疗损害责任中的因果关系和医疗机构过错实行“举证责任倒置”。由于2010年施行的《侵权责任法》明确规定了医疗损害的归责原则是过错原则，故而对此作了调整。该法第58条规定：“患者有损害，因下列情形之一的，推定医疗机构有过错：（一）违反法律、行政法规、规章以及其他有关诊疗规范的规定；（二）隐匿或者拒绝提供与纠纷有关的病历资料；（三）伪造、篡改或者销毁病历资料。”因此在《侵权责任法》实施之后，受害人除了该条规定的上述情形以外，仍应就医疗机构存在过错承担举证责任。

---

① 艾尔肯：《论医疗损害赔偿中违约责任与侵权责任竞合问题》，载《新疆大学学报》（哲学·人文社会科学版）2005年第4期。

② 曾予：《论违约责任与侵权责任在医疗损害中的竞合》，载《法制与社会》2008年第6期。

（五）免责事由的适用不同

免责事由，是指对法律规定或者当事人约定的对当事人应负担的责任予以特别免除或减轻的约定。当合同当事人对法律上禁止免责的事项及违反公序良俗的事项之外的内容规定免责时，法律一般认定有效。合同法和侵权行为法对免责条款的规定有所不同。在违约责任中，行为人只要实施了违约行为，且不具有有效的抗辩事由，就应当承担违约责任。除了法定的免责条件以外，合同当事人可以事先对有故意或重大过失责任以外的事项约定不承担责任。而在侵权责任中，在当事人之间不存在权利义务关系的约定，也就不承认免责条款的效力。侵权行为法中的免责条件或原因一般只能是法定的，当事人不能事先约定免责条件，也不能对不可抗力的范围事先约定。[①]

（六）请求权主体不同

在医疗损害赔偿上按照合同的相对性原则，只有合同双方当事人可以享有合同所产生的权利义务，合同的损害赔偿请求权只能由当事人本人享有，其亲属不能成为请求权人。在侵权行为法上受害人的亲属则有权行使损害赔偿请求权。例如，《北京市高级人民法院关于审理医疗损害赔偿纠纷案件若干问题的指导意见（试行）》（京高法发〔2010〕第400号）明确规定：“患者一方，是指直接遭受人身损害的患者、依法由患者承担扶养义务的被扶养人以及死亡患者的近亲属。”

（七）诉讼时效不同

多数国家或地区的民法对违约之诉和侵权之诉规定了不同的时效期间，一般侵权之诉适用短期时效，而违约之诉适用长期时效。如在日本民法中，违约责任的时效期间为10年，而侵权责任的时效期间为从被害人或其法定

---

① 艾尔肯：《论医疗损害赔偿中违约责任与侵权责任竞合问题》，载《新疆大学学报》（哲学·人文社会科学版）2005年第4期。

代理人知道侵权行为发生时起3年，并规定了20年的除斥期间。在我国台湾地区所谓“民法”中，违约责任的时效期间为15年；侵权责任的时效期间为2年，同时规定了10年的除斥期间。我国《民法通则》对违约之诉与侵权之诉规定了相同的时效期间，即2年，只是对一些特殊的侵权行为规定了不同的时效期间，如对身体受到伤害要求赔偿的情形，其时效期间为1年。医疗过失一般是造成人身伤害，因此在医疗侵权责任中，其时效期间为1年，而在医疗违约责任中为2年。[①] 但是，《民法总则》将违约之诉及侵权之诉的诉讼时效均改为3年。《最高人民法院关于适用〈中华人民共和国民法总则〉诉讼时效制度若干问题的解释》则规定，“民法总则施行之日，诉讼时效期间尚未满民法通则规定的二年或者一年，当事人主张适用民法总则关于三年诉讼时效期间规定的，人民法院应予支持。”因此，民法总则施行后，医疗侵权责任与医疗违约责任的诉讼时效均为3年。

当然在司法实践中，侵权责任与违约责任竞合的具体适用方面还存在一些问题，本书第三章对此有专门、详细的阐述，此处从略。

第四节 行政责任与民事责任的并存

在发生医疗纠纷时，由于我国《医疗事故处理条例》仍现行有效，因此在医疗机构承担医疗纠纷的民事责任——不论是依据医疗服务合同承担的违约责任，还是依据《侵权责任法》承担医疗损害责任的同时，患者或者医疗行政主管机关可以启动行政程序，追究医疗机构的行政责任。也就是医疗机构承担民事责任并不影响其承担行政责任；反之亦然。由于本章前述内容已经就医疗损害的民事责任作出概括性论述，本节主要就医疗机构应承担的行政责任以及相关行政程序作出简要介绍。

---

① 朱秀恩：《论违约责任与侵权责任的竞合——以医疗损害责任为中心》，载《法律与医学杂志》2004年第1期。

一、医疗机构及其责任人员承担的行政责任

《医疗事故处理条例》第55条规定：“医疗机构发生医疗事故的，由卫生行政部门根据医疗事故等级和情节，给予警告；情节严重的，责令限期停业整顿直至由原发证部门吊销执业许可证……”依据《医疗事故处理条例》的上述规定，卫生行政部门可以根据医疗事故的等级和情节轻重的不同，对其采取以下行政处罚：

（一）警告

这是一种轻微的行政处罚措施，适用于对医疗事故等级较低、情节轻微的医疗机构进行的处罚。一般而言，警告既具有教育性又具有强制性，是最常被使用的行政处罚方式。

（二）责令限期停业整顿

这种处罚方式主要适用于规章制度不健全、医疗机构内部管理混乱的情况。

（三）吊销执业许可证

此项行政处罚是卫生行政部门对发生医疗事故的医疗机构所采取的最为严厉的强制性处罚方式。因为该处罚方式直接关系到医疗机构能否继续营业，处罚程度是非常严厉的。所以其适用范围有严格的限制，只有对那些拒不进行限期停业整顿或经过整顿仍然达不到规定标准的医疗机构，卫生行政部门才能采取该处罚措施。

在规定医疗机构承担的行政责任的同时，《医疗事故处理条例》也规定了若干情形下，医疗机构负有责任的主管人员和其他责任人员所应承担的行政责任。《医疗事故处理条例》第56条规定：“医疗机构违反本条例的规定，有下列情形之一的，由卫生行政部门责令改正；情节严重的，对负有责任的主管人员和其他直接责任人员依法给予行政处分或者纪律处分：（一）未如实告知患者病情、医疗措施和医疗风险的；（二）没有正当理由，拒绝为患者

提供复印或者复制病历资料服务的；（三）未按照国务院卫生行政部门规定的要求书写和妥善保管病历资料的；（四）未在规定时间内补记抢救工作病历内容的；（五）未按照本条例的规定封存、保管和启封病历资料和实物的；（六）未设置医疗服务质量监控部门或者配备专（兼）职人员的；（七）未制定有关医疗事故防范和处理预案的；（八）未在规定时间内向卫生行政部门报告重大医疗过失行为的；（九）未按照本条例的规定向卫生行政部门报告医疗事故的；（十）未按照规定进行尸检和保存、处理尸体的。”

二、医疗损害行政处理的程序

（一）受理机关

根据《医疗事故处理条例》第 35 条、第 38 条的规定：卫生行政部门应当依照本条例和有关法律、行政法规、部门规章的规定，对发生医疗事故的医疗机构和医务人员作出行政处理。发生医疗事故争议，当事人申请卫生行政部门处理的，由医疗机构所在地的县级人民政府卫生行政部门受理。医疗机构所在地是直辖市的，由医疗机构所在地的区、县人民政府卫生行政部门受理。有下列情形之一的，县级人民政府卫生行政部门应当自接到医疗机构的报告或者当事人提出医疗事故争议处理申请之日起 7 日内移送上一级人民政府卫生行政部门处理：（一）患者死亡；（二）可能为二级以上的医疗事故；（三）国务院卫生行政部门和省、自治区、直辖市人民政府卫生行政部门规定的其他情形。

（二）启动程序

《医疗事故处理条例》第 37 条规定，发生医疗事故争议，当事人申请卫生行政部门处理的，应当提出书面申请。申请书应当载明申请人的基本情况、有关事实、具体请求及理由等。

当事人自知道或者应当知道其身体健康受到损害之日起 1 年内，可以向卫生行政部门提出医疗事故争议处理申请。

（三）受理及审查的期限

根据《医疗事故处理条例》第 39 条第 1 款之规定，卫生行政部门应当自收到医疗事故争议处理申请之日起 10 日内进行审查，作出是否受理的决定。对符合本条例规定，予以受理，需要进行医疗事故技术鉴定的，应当自作出受理决定之日起 5 日内将有关材料交由负责医疗事故技术鉴定工作的医学会组织鉴定并书面通知申请人；对不符合本条例规定，不予受理的，应当书面通知申请人并说明理由。

（四）鉴定的相关程序

由上述第 39 条之规定可知，医疗事故鉴定程序在卫生行政部门认为需要进行鉴定的情况下启动。同时，该条第 2 款规定，当事人对首次医疗事故技术鉴定结论有异议，申请再次鉴定的，卫生行政部门应当自收到申请之日起 7 日内交由省、自治区、直辖市地方医学会组织再次鉴定。《医疗事故处理条例》第 41 条规定，卫生行政部门收到负责组织医疗事故技术鉴定工作的医学会出具的医疗事故技术鉴定书后，应当对参加鉴定的人员资格和专业类别、鉴定程序进行审核；必要时，可以组织调查，听取医疗事故争议双方当事人的意见。第 42 条规定，卫生行政部门经审核，对符合本条例规定作出的医疗事故技术鉴定结论，应当作为对发生医疗事故的医疗机构和医务人员作出行政处理以及进行医疗事故赔偿调解的依据；经审核，发现医疗事故技术鉴定不符合本条例规定的，应当要求重新鉴定。

（五）行政程序与司法程序的交叉问题

《医疗事故处理条例》同样对司法程序和行政程序交叉时的处理作出了规定。《医疗事故处理条例》第 40 条规定，当事人既向卫生行政部门提出医疗事故争议处理申请，又向人民法院提起诉讼的，卫生行政部门不予受理；卫生行政部门已经受理的，应当终止处理。第 44 条规定，医疗事故争议经人民法院调解或者判决解决的，医疗机构应当自收到生效的人民法院的调解书或者判决书之日起 7 日内向所在地卫生行政部门作出书面报告，并附具调解书或者判决书。

第二章　医疗机构与医生的资质

第一节　医护人员的资质说明

案例思考

王某因髋关节不适于2008年4月至某医院康复理疗科治疗，该医院为其开具了5次脉冲短波（进口）和中频电疗（1000赫—100千赫）的治疗单，并收取180元治疗费。某医院先后为王某进行了两次脉冲短波和一次中频电疗理疗。

2010年，王某曾因收费问题将某医院诉至法院，法院审理后作出裁定书，裁定驳回其起诉。该裁定已生效。2012年2月，王某以医疗服务合同纠纷案由再次将某医院起诉至原审法院，称：我因右髋关节不适至某医院就诊，曾多次就相关操作人员的身份、资质对医院进行询问，其均拒绝答复，还否认给我进行理疗的黄某为理疗科人员，谎称西医护理专业的护士杨某是为我做理疗的人员，亦未在病历上注明给我做中频电疗的原因，侵害了我的知情权。故我起诉要求某医院出示给我进行短波电疗的操作人员的身份、资质，还我知情权，并承担本案诉讼费。

医院辩称：我院已在上次诉讼中提交过医师资质的证书，故王某要求出示操作人员的身份证明亦属于违反一事不再理的原则。

法院经审理认为：王某以本次诉讼相同的事实和理由，曾提起过诉讼，被法院裁定驳回起诉，但前案的诉讼请求并不完全涵盖本次诉讼请求，故王某仍以相同的事实理由再次提起诉讼，并不违反“一事不再理”的诉讼原则。某医院认为王某再次起诉属于“一事不再理”的意见，法院不予采纳。关于某医院医护人员行医资质问题，该问题属行政管理问题，不属民事案件审理范围，王某可向有关部门要求处理。据此，判决驳回王某诉讼请求。

法律评析

本案涉及的医疗行为发生在2010年《侵权责任法》实施之前，系王某以医疗服务合同纠纷提起诉讼。此类纠纷在民事诉讼中举证责任的分配上应当适用一般规则，即“谁主张，谁举证”。值得一提的是王某主张的某医院理疗科为其实施理疗的人员不具有医技身份[①]，其提供的相关文件，要求理疗科操作机器的人员要有相应资质。据了解，各医院理疗科从业人员资质管理多存在一些问题，有关部门应加强管理或修改相应规范。

本案中，关于王某针对的医院对医护人员行医资质不予告知提出的质疑，两审法院给出的结论皆为该问题属行政机关管理范畴，不属民事案件审理范围，王某可向有关部门要求处理。根据现行立法和知情同意权理论，至少有三点论证支撑着法院判决结果的合法性和合理性。

---

① 医院人员职务类别根据其组织机构、体制、任务、职能，大体分为卫生技术人员、工程技术人员、行政政工人员和工勤人员。卫生技术人员根据业务性质分为五类：(1) 医疗防疫人员：包括中医、西医、卫生防疫、妇幼保健、职业病预防等专业。其专业技术职务有主任医师、副主任医师、主治医师、医师、卫生防疫员、妇幼保健员。(2) 药剂人员：包括中药、西药。其专业技术职务有主任药师、副主任药师、主管药师、药师、药剂士、药剂员。(3) 护理人员：专业技术职务有主任护师、副主任护师、主管护师、护师、护士、护理员。(4) 康复人员：专业技术职务有康复主任医师、康复副主任医师、康复医师和作业治疗师、理疗学医师、言语治疗师。(5) 其他技术人员：包括检验、理疗、放射、病理、口腔、特诊、核医学诊断、营养、生物制品生产等。

一、现行立法角度看医疗说明范围

（一）《侵权责任法》颁布之前

在《侵权责任法》颁布之前，下列规范性法律文件就已经对医疗告知的范围作出了规定：

1. 国务院于1994年实施的《医疗机构管理条例》仅就手术和特殊治疗等诊疗过程中重大诊疗措施的告知作出了规制，该条例第33条规定："医疗机构施行手术、特殊检查或者特殊治疗[①]时，必须征得患者同意，并应当取得其家属或者关系人同意并签字；无法取得患者意见时，应当取得家属或者关系人同意并签字；无法取得患者意见又无家属或者关系人在场，或者遇到其他特殊情况时，经治医师应当提出医疗处置方案，在取得医疗机构负责人或者被授权负责人员的批准后实施。"这是我国最早在立法层面对患者知情同意权的表述。紧随其后的原卫生部《医疗机构管理条例实施细则》第62条规定："医疗机构应当尊重患者对自己的病情、诊断、治疗的知情权利……因实施保护性医疗措施不宜向患者说明情况的，应当将有关情况通知患者家属。"后半句仅针对诊疗活动中发生的伦理难题[②]作出制度设计上的修葺，并未作出告知范围的扩充。

2. 全国人大常委会于1999年颁布的《执业医师法》第26条规定，医师应当如实向患者或者其家属介绍病情，但应注意避免对患者产生不利后果。医师进行实验性临床医疗，应当经医院批准并征得患者本人或者其家属同意。《执业医师法》旨在规范执业医师和执业助理医师资格，开宗明义就对

---

① 根据《医疗机构管理条例实施细则》第88条规定，"特殊检查和特殊治疗"的情形有：（一）有一定的危险性，可能产生不良后果的检查和治疗；（二）由于患者体质特殊或者病情危笃，可能对患者产生不良后果和危险的检查和治疗；（三）临床试验性检查和治疗；（四）收费可能对患者造成较大经济负担的检查和治疗。

② "如果加以说明可能给患者造成不良影响"段匡语；"保护性医疗的实质是该对病人说什么，不该对病人说什么，并非什么都对病人如实告知"高也陶语。参见段匡等：《医生的告知义务和患者的承诺》，载梁慧星主编：《民商法论丛》（第12卷），法律出版社1999年版，第162页；高也陶等著：《中美医疗纠纷法律法规及专业规范比较研究》，南京大学出版社2003年版，第270页。

医师资格的考试、申请、取得、考核进行了说明，但面临医护人员资质不足应负法律责任问题却选择了回避态度，其告知义务条文也仅仅是对《医疗机构管理条例》的转述而已。

3. 国务院 2002 年《医疗事故处理条例》第 11 条规定：“在医疗活动中，医疗机构及其医务人员应当将患者的病情、医疗措施、医疗风险等如实告知患者，及时解答其咨询；但是，应当避免对患者产生不利后果。”该条较前者创新之处在于突出了“医疗风险”的告知义务，但针对医护人员资质问题，却依旧没有赋予患者咨询要求解答的权利。

4. 原卫生部 2002 年发布《病历书写基本规范》第 10 条规定：“对需取得患者书面同意方可进行的医疗活动，应当由患者本人签署知情同意书。患者不具备完全民事行为能力时，应当由其法定代理人签字；患者因病无法签字时，应当由其授权的人员签字；为抢救患者，在法定代理人或被授权人无法及时签字的情况下，可由医疗机构负责人或者授权的负责人签字。因实施保护性医疗措施不宜向患者说明情况的，应当将有关情况告知患者近亲属，由患者近亲属签署知情同意书，并及时记录。患者无近亲属的或者患者近亲属无法签署同意书的，由患者的法定代理人或者关系人签署同意书。”

（二）《侵权责任法》颁布之后

《侵权责任法》颁布之后，第七章专章对医疗侵权作出规制，其中第 55 条规定，医务人员在诊疗活动中应当向患者说明病情和医疗措施。需要实施手术、特殊检查、特殊治疗的，医务人员应当及时向患者说明医疗风险、替代医疗方案等情况，并取得其书面同意；不宜向患者说明的，应当向患者的近亲属说明，并取得其书面同意。医务人员未尽到前款义务，造成患者损害的，医疗机构应当承担赔偿责任。第 56 条规定，因抢救生命垂危的患者等紧急情况，不能取得患者或者其近亲属意见的[①]，经医疗机构负责人或者授权

① “不能取得患者或者其近亲属意见”是指患者不能表达意志，也无近亲属陪伴，又联系不到近亲属的情况，不包括患者或者近亲属明确表示拒绝采取医疗措施的情况。参见王胜明主编：《中华人民共和国侵权责任法释义》（第二版），法律出版社 2013 年版，第 316 页。

的负责人批准，可以立即实施相应的医疗措施。两个条款都是关于患者知情同意权和医师说明义务的规定，侵权责任法针对医疗说明的范围采封闭性的观点，即只规定两种信息的说明，一为手术等医疗手段的风险，二为手术等医疗手段的替代医疗方案。在这种严格限定告知内容的情形下，立法者没有提供一个开放性的判断标准，王某的诉求也就无从保护。

二、知情同意理论角度看医疗说明范围

“知情同意（Informed Consent）”是指患者在取得医生提供其医疗决定所必需的足够信息的基础上，作出医疗同意的过程[①]。这一理念缘起于“二战”后的纽伦堡审判，在第二次世界大战中惨无人道的人体试验丑闻令人发指，对于患者“自愿同意接受”的呼声越发强烈，最终人类受试者自愿同意原则写进《纽伦堡法典》（Nuremberg Code）。世界医学会于1948年通过《世界医师协会日内瓦宣言》（World Medical Association Declaration of Geneva），1949年通过《关于医师伦理的国际纲领》（WMA International Code of Medical Ethics），正式确立患者同意原则，结束了自古希腊希波克拉底誓言以降延续两千余年的“医疗父权主义（Paternalism）”[②]思想。“说明与同意”这一用语最终由世界医学会于1964年提出。患者的知情同意彻底与获取政府信息的知情权[③]以

① 刘鑫、王岳、李大平著:《医事法学》，中国人民大学出版社2009年版，第20页。

② “医病对话之间，仍强调医师的主控性，甚至于强调医师的对话，既不真诚又不失欺骗性，‘说谎’也成了父权思想下的医师共有的特点。永远都不要告知病患医学上的一切情况，尤其那些没有确诊的病情，因为他们根本就无法理解。”黄丁全语。参见黄丁全著:《医事法新论》，法律出版社2013年版，第154页。

③ “公法上的知情权由美国新闻编辑肯特库伯于1945年提出，是指公民知悉、获取信息的自由与权利。而患者知情权则是知情权从公法领域到私法领域、知情权内容从公共信息到个人信息的发展过程中随着知情权主体不断扩展而出现的。”参见程玲、武小欣:《论患者知情权的法律保障》，载《河北法学》2005年第10期。

及消费知情权[①]划分开来。

在本案中，如何确定医护人员医疗告知和患者知情同意的范围，是王某能否实现诉求的关键。根据学者研究观点，告知范围大体可分以下几个方面：

（一）患者应当知晓医疗机构的医疗水平、设备技术[②]

我国的医疗机构的医疗水平和设备技术是通过医院分级制度来实现的。医院分级管理标准是我国医院实现标准化管理的客观依据，根据任务和功能的不同，把医院分为三级，即一级医院[③]、二级医院[④]和三级医院[⑤]。还根据各级医院的技术水平、质量水平和管理水平的高低，并参照必要的设施条

① 有学者认为，医疗知情权和消费知情权的区别可以大致归纳为三点：其一，二者损害结果性质不同，一为财产损失为主，二为生命健康损害；其二，二者损害结果认定的难度不同，医疗知情权往往难以认定，因为即便医护人员给患者的诊疗活动达到了预期目的，诊疗方案未被患者同意亦构成知情权的侵犯；其三，知情同意权的权利主体具有特殊性。此外，就医过程是否能认定为消费过程仍存在争议。参见孙东东主编：《医疗告知手册》，中国法制出版社2007年版，第70页。刘鑫：《医疗纠纷与医疗事故》，载马军、温勇、刘鑫著：《医疗侵权案件认定与处理实务》，中国检察出版社2006年版，第47—50页。

② 杨立新、袁雪石：《论医疗机构违反告知义务的医疗侵权责任》，载《河北法学》2006年第12期。

③ 一级医院应承担本社区的各项医疗卫生服务和一定的卫生行政管理工作。医院应对其建设、管理、技术水平、工作质量、文明服务、成本效益等定期进行自我评价，并制定改进措施。地（市）医院评审委员会对医院质量按本标准进行院外评价。根据评审结果将一级医院分为甲、乙、丙三个等次。

④ 二级医院对社区能提供全面、连续的医疗护理、预防保健和康复服务。如承担地区（地、市、县）内的常见病、多发病和较疑难病症诊治任务；抢救急危重症；接受一级医疗卫生机构的转诊。开展日常院前急救；承担灾害事故的现场急救，迅速组织配套的急救队伍接收成批病员进行院内急救。二级医院承担基层医疗单位中各类卫生技术人员的进修、培训和本院职工的在职教育。承担中等卫生学校临床教学及中等以上医学卫生学校学生的临床实习任务。承担省或市级科研项目。

⑤ 三级医院要具有与其功能相适应的医、教、研全面发展的基础水平。能接受二级以上医院的转诊，能正确处理复杂疑难病症，有两个以上重点专科水平进入国内或国际先进行列。医院应对其建设、管理、技术水平、工作质量、文明服务、成本效益等定期进行自我评价，并制定改进措施。省（市）医院评审委员会对医院质量水准按标准进行院外评价。根据评审结果将三级医院分为特、甲、乙、丙四个等次。

件，分别划分为甲、乙、丙等，三级医院增设特等。我们认为，医疗机构分级制度设计的初衷在于，各级别医疗机构依照不同医疗条件，承担不同医疗任务，共同对社会公众分工负责提供高效便民的医疗服务。故有必要在诊疗过程中，根据患者的提问甚至医方主动告知医院等级、医疗机构类别①，以保证患者享受到与之疾病状况匹配的医疗服务和医疗方案。并由此派生出另一告知义务，即转诊告知，该告知义务主要发生在以下情形：（1）患者的疾病不属于医生专门领域；（2）医生对患者的诊疗能力不充分或不具备；（3）对患者存在更适当的诊疗方法且该方法用于患者比不转移发生非常明显的改善效果②。

（二）患者应当知晓疾病的名称、病情、治疗方案、预后情形③

这是知情同意权最核心部分的内容，亦即制度设计的目的所在。由于医学是高度专业化的学科，需要长期的理论积累与临床实践，在医护人员与患者之间天然地就形成了一道不可逾越的“信息不对称”鸿沟。医护人员之间形成职业共同体，在商议治疗方案时使用的是共同的话语体系，而精深的术语将患者排除在方案决策者之外，故医方对患者疾病的说明义务要求用平实的语句与患者进行有效沟通，旨在让患者真正享有对自己生命健康的自主权。我们认为，医师需要向患者告知的有关疾病的信息包括：治疗选择方案、手术原因、手术成功率、并发症、用药方法等。

---

① 根据《医疗机构管理条例》和《医疗机构管理条例实施细则》的规定，医疗机构共分12个类别，分别为：（1）综合医院、中医医院、中西医结合医院、民族医医院、专科医院、康复医院；（2）妇幼保健院；（3）中心卫生院、乡（镇）卫生院、街道卫生院；（4）疗养院；（5）综合门诊部、专科门诊部、中医门诊部、中西医结合门诊部、民族医门诊部；（6）诊所、中医诊所、民族医诊所、卫生所、医务室、卫生保健所、卫生站；（7）村卫生室（所）；（8）急救中心、急救站；（9）临床检验中心；（10）专科疾病防治院、专科疾病防治所、专科疾病防治站；（11）护理院、护理站；（12）其他诊疗机构。

② ［日］松山横昭：《转医义务（2）》，载根本久编：《裁判实务大系：17医疗过误法》，第227页。转引自王敬毅：《医疗过失责任研究》，载梁慧星主编：《民商法论丛》（第9卷），法律出版社1998年版，第734页。

③ 刘鑫、王岳、李大平著：《医事法学》，中国人民大学出版社2009年版，第21页。

（三）患者应当知晓医疗收费标准

医疗机构具有社会公益性，是政府实行一定福利政策的社会公益事业单位，是国家建设卫生事业的主要形式。需正确处理社会效益和经济效益的关系，坚持提高人民健康水平为中心，把社会效益放在首位，防止片面追求经济效益，故医疗收费标准应当合理且公开。本案中，医院对诊疗活动收取费用不符合《北京市统一医疗服务收费标准》的相关规定，王某针对院方多收医疗费提出的退费诉求，根据在于此。

此三方面告知内容几乎成学界通说，但本案面临的诊疗资质是否为告知对象，现有研究成果并未给出明确的答案。

三、法律救济角度看资质告知缺失

现行医护人员资质管理制度侧重于事先规范医师资质的取得，而疏于事后对医师资质的监督。对于医护人员的资质管理着重在严格准入程序，具体而言，包括资格考试、资格注册、执业规则三方面。

（一）医师资格考试制度

国家实行医师资格考试制度。医师资格考试分为执业医师资格考试和执业助理医师资格考试。医师资格考试由省级以上人民政府卫生行政部门组织实施。医师资格考试成绩合格，取得执业医师资格或者执业助理医师资格。

（二）医师资格注册制度

国家实行医师执业注册制度。取得医师资格的，可以向所在地县级以上人民政府卫生行政部门申请注册。受理申请的卫生行政部门应当自收到申请之日起三十日内准予注册，并发给由国务院卫生行政部门统一印制的医师执业证书。注册执业医师资格需要具备两个条件，一为申请人已经取得医师资格；二为申请人必须向有关机关提出申请。经注册后，可以在医疗、预防、保健机构中按照注册的执业地点、执业类别、执业范围执业，从事相应的医疗、预防、保健业务。未经医师注册取得执业证书，不得从事医师执业活动。由于医师职业的特殊性，我国对医师执业注册还设置了一些消极条件，满足此类情形不予注册。

（三）医师执业规则

1. 医师实施医疗、预防、保健措施，签署有关医学证明文件，必须亲自诊查、调查，并按照规定及时填写医学文书，不得隐匿、伪造或者销毁医学文书及有关资料。医师不得出具与自己执业范围无关或者与执业类别不相符的医学证明文件。

2. 对急危患者，医师应当采取紧急措施进行诊治；不得拒绝急救处置。

3. 医师应当使用经国家有关部门批准使用的药品、消毒药剂和医疗器械。除正当诊断治疗外，不得使用麻醉药品、医疗用毒性药品、精神药品和放射性药品。

4. 医师应当如实向患者或者其家属介绍病情，但应注意避免对患者产生不利后果。医师进行实验性临床医疗，应当经医院批准并征得患者本人或者其家属同意。

5. 医师不得利用职务之便，索取、非法收受患者财物或者牟取其他不正当利益。

6. 遇有自然灾害、传染病流行、突发重大伤亡事故及其他严重威胁人民生命健康的紧急情况时，医师应当服从县级以上人民政府卫生行政部门的调遣。

7. 医师发生医疗事故或者发现传染病疫情时，应当按照有关规定及时向所在机构或者卫生行政部门报告。

8. 医师发现患者涉嫌伤害事件或者非正常死亡时，应当按照有关规定向有关部门报告。

9. 执业助理医师应当在执业医师的指导下，在医疗、预防、保健机构中按照其执业类别执业。在乡、民族乡、镇的医疗、预防、保健机构中工作的执业助理医师，可以根据医疗诊治的情况和需要，独立从事一般的执业活动。

与之严格的准入程序相对，事后监督则略显单薄，尤其在本案王某要求知晓医护人员资质的案情下，面临无法可依的尴尬境地。《执业医师法》

第37条规定："医师在执业活动中，违反本法规定，有下列行为之一的，由县级以上人民政府卫生行政部门给予警告或者责令暂停六个月以上一年以下执业活动；情节严重的，吊销其执业证书；构成犯罪的，依法追究刑事责任：……（1）未经患者或者其家属同意，对患者进行实验性临床医疗的……"《侵权责任法》第55条第2款规定了医务人员未说明医疗风险、替代医疗方案等情况，造成患者损害的，医疗机构应当承担赔偿责任。较之《执业医师法》只能对未充分告知追究行政责任，《侵权责任法》的进步之处在于利用民事责任干预。遗憾的是未充分告知中不包括诊疗资质的告知，即便在本案中是否具备资质已经事实上构成了"医疗风险"。

四、将诊疗资质纳入告知范围之可能性

医疗活动的高度复杂性决定了立法者很难将告知范围简单类型化地写入规范性法律文件。一方面，患者的疾病状况多种多样，随着诊疗的深入及病情的变化，医护人员需要运用专业知识因人而异、因时制宜、辨证施治，机械地查阅法典明确告知范围显然行不通。另一方面，患者由于与医生信息不对等，即便赋予患者积极询问病情内容的权利，患者也无从开口，不知如何行使该项权利。告知范围的封闭性更是加大了患者知情权受到侵害时的维权成本。我们认为，对医疗告知的范围规定，应当采取一定的开放性，通过列举法将常见的告知内容予以规制，此外借助理论工具来确定未列举而应告知内容的标准。按照美国实务上的理论成果，可以将判断标准分成理性医师标准说、理性患者标准说、具体病患标准说[①]。

（一）理性医师标准说（reasonable physician standard）

该标准是指医疗告知的范围，交由医师根据医疗惯性而决定，由于医师掌握医疗关系中的主动权，他们根据专业知识来判断哪些信息患者可以知晓而其他信息患者无须知晓。这一标准由1960年美国堪萨斯州审理的

---

① 黄丁全著:《医事法新论》，法律出版社2013年版，第167页。

Natanson 案[①]确立，在本案中医师未告知患者术后照射钴放射线的风险，导致患者 Natanson 经射线照射后左手手臂无法活动的损害结果。堪萨斯州最高法院在本案中认定医疗告知的范围应当以一位理性执业医师在相同或类似情形下的说明范围为准，此后的 Williams 案[②]中，堪萨斯州法院更是将合理的告知规则向医师群体作出倾斜，医师在诊疗过程中并非需要对患者作出完全的告知（acomplete disclosure），而是根据医师群体通行惯例来判断何为应当告知、何为选择性不告知。在开篇王某一案中，医疗机构和法院没有保护王某的医师资质知情权，即基于此说。因在诊疗过程中，医患双方大都将精力付诸于病情变化和诊疗方案之中，鲜有针对医师资质进行询问和说明的情况，故资质的告知不属于通行惯例，应当被选择性排除在告知范围之外。我们认为，这一标准立足于医师对于医疗信息的垄断，事实上代替了患者作出医疗方案的选择，剥夺了患者的自主权，难免落入“父权主义”模式的窠臼。该标准已与当下以患者为本位的医患关系模式不相符合，该说支持下的法院判决结果难以给出令人信服的解释。

（二）理性患者标准说（reasonable patient standard）

该标准是指医疗告知的范围，交由一般理性的患者，在相同或类似的情况下，患者都想知道的信息作为判定规则。这是在医患模式由医师本位转向患者本位之后的必然产物，由 1972 年 Canterbury 案[③]所确立，该案原告 Canterbury 因肩胛骨疼痛到华盛顿医学中心就医，医师 Spence 针对椎板切除术（laminectomy）的治疗方案风险未予以告知，导致原告半身瘫痪。哥伦比亚特区巡回法院在该案中主张医疗告知范围不应依医师的习惯为依据，而是应当基于患者的通常诉求来判定，以此来保护患者的知情同意权利。其后加州法院的 Cobbs 案[④]亦贯彻了这一判断标准。该标准旨在保护患者在医疗活

---

① Irma Natanson, Appellant v. John R. Kline and St. Francis Hospital and School of Nursing（1960）.

② Williams v. Menehan（1963）.

③ Canterbury v. Spence（1972）.

④ Cobbs v. Grant（1972）.

动中的自主决定权，鉴于患者在诊疗活动中，有可能对与治疗方案及风险无关的内容提出过多发问，故这一标准限于“理性患者”，即拟制出一个具备一般健康常识，且对错综复杂的医疗活动中的共性问题提出询问的“理性人”来实现，这事实上是混淆了医疗消费活动与一般消费活动的区别，后者是财产交易为主要特征的消费活动，而前者却以人的生命健康为指向对象，患者之间病情各不相同，施治方案和病情变化各有差异，理性人模型实际上是不可能也是不被允许构建的。即便如此，上述王某一案，原告基于此说亦不能实现诉求，因诊疗活动中患者对医生资质的询问并非常见惯例。

（三）具体病患标准说（subjective patient standard）

具体病患标准说的出发点在于每一个患者的自主权保障，一方面将确定告知范围的主动权交予患者手中，另一方面放弃了不切实际的“理性患者”假设，转而开始作为个体患者在诊疗过程中所关注到的问题。这一标准自1979年俄克拉荷马州法院审理的Scott案[①]确立，在1982年北卡罗来纳州法院审理的McPherson案[②]中亦坚持了此观点，McPherson经诊断疑似患有硬脑膜下血肿，需要经动脉X光像方能确诊，医师Ledbetter告知了患者治疗风险，但未告知有麻痹风险，治疗后患者全身出现肢体麻痹和丧失功能等损害。患者认为医师应当告知自己想知道的有关疾病的全部询问，遂以医师未充分告知诉至法院，法院最终支持了原告的诉讼请求。开篇王某一案与本案何其相似，如基于此说，王某的关于医师资质的疑问如无获得解答，也可在医疗损害结果发生后，以院方未充分告知信息为由，索取院方的赔偿。

笔者认为，此说在一定程度上是合理的，前者所述“理性医师标准说”与当下患者本位的医患观不符，固然不可取。“理性患者标准说”导致医师应当根据不同类型病症划分为不同“群体”的患者，以此来判定不同范围的告知，事实上也无法实现。而“具体病患标准说”则彻底将发问的主动权给予患方，医方只需做到有问必答、答合所问即可，而为了避免患者滥用发问

---

① Scott v. Bradford（1979）.

② McPherson v. Ellis（1982）.

权，对与病症无关的问题发问或者事后恶意以“未充分告知”追究院方责任，破坏医院正常诊疗秩序，则应在患者主张这一权利时，将举证责任亦加予患方，以此平衡双方利益。

第二节　医疗机构的超资质行医

案例思考

张某系肿瘤患者，术后发生骨不连，为治疗骨不连至某医院就诊。该院为其实施了两个疗程的生物疗法，没有治愈。第二个疗程的治疗属于三甲以上医院的具有高级职称的医生才可实施的治疗手段。该案经过司法鉴定，鉴定意见为：某医院在对张某的诊疗过程中对患者采取的“自体复合骨基质移植术”无明确适应证，手术方式选择不准确，手术操作存在不当，未达到手术预期效果。医方上述医疗过错行为与张某的损害后果之间存在一定的因果关系，医方负轻微责任，责任程度为 B 级（理论系数值 10%）。鉴定意见中没有考虑医疗机构不具有实施发生争议疗法的资质问题。

一审法院没有考虑鉴定意见书给出关于责任比例的意见，而是基于医院不具备实施 DC-CIK 治疗及自体复合骨基质移植术的资质，直接推定医院对于张某本案所诉的全部损害后果承担 80% 的赔偿责任。适用的法律依据是《侵权责任法》第 58 条第 1 款第 1 项医院“违反法律、行政法规、规章以及其他有关诊疗规范的规定，推定医疗机构有过错”的规定。

法律评析

本案涉及医疗机构超范围经营造成患者损害如何担责的问题。《侵权责任法》第 58 条规定患者存在损害，医疗机构有下列问题之一的，推定医疗机构有过错，其中之一是医疗机构的行为违反法律、法规的规定。医疗机构进行超范围、超资质的诊疗活动，违反相关法律法规的规定，应推定该医疗机构存在过错。显然该医疗机构系明知且故意违反相关规定，一旦发生损害，法院审理过程中在考虑医方主观过错程度时，一般会比在执业范围内行医造成患者损害的要适当加重，而通常鉴定机构会把此排除在鉴定考虑因素之外，所以法院在行使裁量权确定医院承担的责任比例时往往会高于鉴定结论给出的参与度。

本案中，法院运用《侵权责任法》第 58 条直接推定医疗机构存在过错，本条是在医疗侵权过错原则之下作出的例外规定。需要指出的是，第 58 条第 3 款规定内容并非过错推定原则的表现，而是推定过错，前者会发生举证责任的倒置，如作为被告方的医疗机构不能举证己方不存在过错才推定其存在医疗过失，而《侵权责任法》第 58 条则根本剥夺了医疗机构的举证申辩的机会，一旦出现下列情形则直接推定存在医疗过失。一般认为超范围行医会构成《侵权责任法》第 58 条第 1 款第 1 项的规定，但还需对超范围行医的不同情况做出分类讨论。

医学点评

骨不连又称为骨折不愈合，是骨折愈合功能停止，一般指超过 9 个月仍没有愈合，再连续观察 3 个月仍无愈合进展。

骨不连的原因：（1）全身性因素：病人的代谢和营养状况紊乱、吸烟、激素等药物、年龄、伴随其他消耗性疾病、术后过早负重活动、功能锻炼方法不正确等。（2）局部因素：感染、肿瘤、骨折端分离、骨缺损、骨折间隙嵌入软组织、骨折端血运破坏严重、固定不当等。

治疗骨不连，应当加强全身营养，补充钙、维生素 D、蛋白质及促进骨折愈合的中医药等，促进骨骼生长。局部治疗包括自体异体或人工骨移植、更换固定方式、自体骨髓移植。近年，富血小板血浆（PRP）的应用正在研究中。

关于生物疗法，由于多年来多家机构实验研究结果并不理想，DC-CIK 在美国不被允许作为临床治疗应用，仅有很少的医疗机构仍然在研究。虽然近年来 CAR-T 技术用于复发淋巴细胞白血病实验研究取得了较好的效果，但还未通过美国 FDA 批准。肿瘤治疗还应该以公认的手术、放疗、化疗或靶向治疗为主，生物治疗作为辅助治疗手段也应该慎重。国内一些商业行为对生物疗法效果的夸大情形值得监管部门关注。

点评专家

胡三保

首都医科大学附属北京安贞医院骨科副主任（主持工作），主任医师

1993年7月毕业于山西医科大学获医学学士学位，2006年7月获北京大学医学部硕士学位。曾在新加坡中央医院骨科及香港中文大学威尔士亲王医院骨科、香港大学玛丽医院关节外科进修学习，在脊柱四肢多发骨折急救及治疗方面有丰富经验，近10余年完成大量脊柱开放及微创手术、人工关节置换等手术。现任北京医学会创伤外科专业委员会委员；北京医学会骨科分会第一届青年委员；北京医学会骨科分会微创学组委员；北京医师协会全科医师专家委员会委员；北京医师协会疼痛专家委员会委员；北京医师协会疼痛专科医师分会常务理事；首都医科大学骨外科学系脊柱微创研究学组委员；首都医科大学骨外科学系颈椎研究学组委员；中国医药教育协会腰椎教育工作组委员；中国临床医生杂志编委；临床误诊误治杂志编委；中华骨与关节外科杂志通讯编委；国际内固定学会脊柱AOSpine会员；中华医学会医疗鉴定专家库成员；北京医学会医疗事故鉴定专家。

发表文章：《骨盆骨折60例报告》《颈椎骨折脱位合并完全性截瘫早期减压内固定2例分析》《老年髋部骨折治疗方法选择与预后探讨》《腰椎后路减压固定融合术治疗退变性腰椎侧凸症》《退变性腰椎侧凸的临床特点及其与影像学的关系》《距骨颈骨折并发症分析》《胫骨平台骨折手术治疗疗效观察》《Role of External Fixation in Early Treatment of Unstable Pelvic Fractures》《心脏机械瓣膜置换术后骨科手术患者围手术期抗凝治疗探讨》《低分子肝素钙联合气压式血液循环驱动器防治老年骨折患者术后下肢深静脉血栓的临床观察》。

一、超等级行医

超等级行医，即低级医疗机构未经批准实施高级医疗机构资质范围内的诊疗活动。根据我国立法现状，可以将超等级行医分为三类：

（一）低等级医院从事高等级医院医疗活动

我国医疗机构实行分级制度①，具体而言就是根据现代科学管理理论，依据医院功能的不同等级、任务、规模、技术、管理、医疗质量和设施条件，将医院分为不同级别和等次的标准化管理和目标管理，达到优化医疗服务系统整体结构，增强其整体功能，更好地为人民健康服务的根本目的②。根据原卫生部《综合医院分级管理标准（试行草案）》的界定，三级医院要具有与其功能相适应的医、教、研全面发展的基础水平。二级医院对社区能提供全面、连续的医疗护理、预防保健和康复服务。一级医院应承担本社区的各项医疗卫生服务和一定的卫生行政管理工作。由此可见，如果低等级医院从事高等级医院才能开展的医疗活动，则危及患者生命健康，即使医疗机构是经注册的正规医疗场所，事实上缺乏医疗资质。而高等级医院从事低等级医院主要医疗活动，虽然浪费了稀缺的医疗资源，但不构成医疗资质的缺乏，在实践中由于患者对大医院医疗条件的信任感和依赖性，往往造成较轻的疾病也会选择高等级医院就诊。

（二）没有相应医疗技术临床应用资格

医疗技术就是指医疗机构及其医务人员以诊断和治疗疾病为目的，

---

① 各级医院根据任务和功能的不同，分为三级，即一级医院、二级医院和三级医院。还根据各级医院的技术水平、质量水平和管理水平的高低，并参照必要的设施条件，分别划分为甲、乙、丙等，三级医院增设特等。分等标准在数学模型评分办法建立前暂采取千分制办法评定。在评审中，合格医院按所得总分的分数段来评定等次。甲等：分等标准考核须达 900 分以上；乙等：分等标准考核须达 750 分至 899 分；丙等：分等标准考核在 749 分以下。

② 梁万年主编：《卫生事业管理学》（第二版），人民卫生出版社 2011 年版，第 315 页。

对疾病作出判断和消除疾病、缓解病情、减轻痛苦、改善功能、延长生命、帮助患者恢复健康而采取的诊断、治疗措施。原卫生部于2009年发布《医疗技术临床应用管理办法》，其中第7条将医疗技术分为三类：第一类医疗技术是指安全性、有效性确切，医疗机构通过常规管理在临床应用中能确保其安全性、有效性的技术；第二类医疗技术是指安全性、有效性确切，涉及一定伦理问题或者风险较高，卫生行政部门应当加以控制管理的医疗技术；第三类医疗技术是指具有下列情形之一，需要卫生行政部门加以严格控制管理的医疗技术：一是涉及重大伦理问题；二是高风险；三是安全性、有效性尚需经规范的临床试验研究进一步验证；四是需要使用稀缺资源。

（三）不具有开展相应手术资质

手术是医疗技术的下位概念，但因其技术更加复杂、风险更高有着更为细化的分级标准。在2012年之前，手术分级援引的是医疗技术临床应用分类，而原卫生部办公厅于2012年发布的《医疗机构手术分级管理办法（试行）》则是将手术进行更为细致的划分，不同级别的手术分由不同级别医疗机构分担，架起了医疗主体于医疗行为的桥梁。该办法第9条规定，“……获得第二类、第三类医疗技术临床应用资格后，方可开展相应手术”。第7条规定，“根据风险性和难易程度不同，手术分为四级：一级手术是指风险较低、过程简单、技术难度低的手术；二级手术是指有一定风险、过程复杂程度一般、有一定技术难度的手术；三级手术是指风险较高、过程较复杂、难度较大的手术；四级手术是指风险高、过程复杂、难度大的手术[①]”。

---

① 三级医院重点开展三级、四级手术，二级医院重点开展二级、三级手术，一级医院、乡镇卫生院可以开展一级、二级手术，重点开展一级手术［《医疗机构手术分级管理办法（试行）》第10条］。

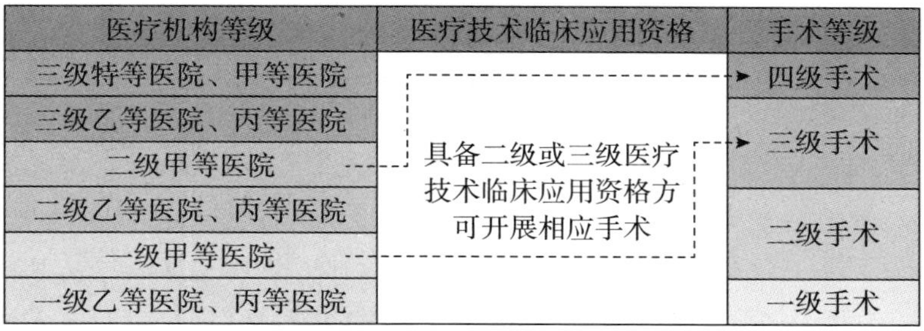

医疗机构等级与手术等级对应关系图

具体应用到本案中，四个级别的手术究竟包含何种手术，卫计委目前还没有正式发布统一的名目，但在实践中鉴定机构会根据手术的难度、风险、技术条件对手术进行分级，并依此作出医事案件的鉴定意见。本案鉴定机构给出的结论是自体复合骨基质移植术必须达到三级医院标准。而本案的被告医疗机构属于二级医院，理论上讲二级机构并非不能开展四级手术，但是需要满足以下两个条件：一为必须达到二级甲等医院标准，二为必须经过省级卫生行政部门批准[1]。就案件中所陈述的事实来看，被告医疗机构属于超出等级行医，当然构成《侵权责任法》第 58 条规定的推定过错的情形。

二、超范围行医

超范围行医，即医师根据各自的专业和门类被划分为临床、口腔、公共卫生和中医四大类，不同门类医师之间不能互相参与对方的诊疗行为。医学的高度复杂性决定了一个合格的医师很难做到精通不同门类的医术，故《执业医师法》规定，“医师进行执业注册的类别必须以取得医师资格的类别为依据。医师依法取得两个或两个类别以上医师资格的，只能选择一个类别及其中一个相应的专业作为执业范围进行注册，从事执业活动。医师不得从事执业注册范围以外其他专业的执业活动”。四个大门类中又划分出诸多专业，如

---

① 二级医院开展四级手术应当符合下列条件：（一）符合二级甲等医院的标准；（二）有重症医学科和与拟开展四级手术相适应的诊疗科目；（三）具备开展四级手术的人员、设备、设施等必要条件；（四）经省级卫生行政部门批准［《医疗机构手术分级管理办法（试行）》第 11 条］。

临床类别又可分为16个专业，分别为：1. 内科专业；2. 外科专业；3. 妇产科专业；4. 儿科专业；5. 眼耳鼻咽喉科专业；6. 皮肤病与性病专业；7. 精神卫生专业；8. 职业病专业；9. 医学影像和放射治疗专业；10. 医学检验、病理专业；11. 全科医学专业；12. 急救医学专业；13. 康复医学专业；14. 预防保健专业；15. 特种医学与军事医学专业；16. 计划生育技术服务专业。再如，中医类别（包括中医、民族医、中西医结合）又可分为：1. 中医专业；2. 中西医结合专业；3. 蒙医专业；4. 藏医专业；5. 维医专业；6. 傣医专业。根据《医疗机构管理条例》《医疗机构管理条例实施细则》的规定，无论是跨越大的不同类别还是跨出同一门类中的不同专业行医，都被认定为缺乏资质，这也体现了对患者高度负责的价值选择。但鉴于现实生活中可能在医疗场所外发生紧急状况，医师迫于形势只能施以自己专业之外的医疗手段救治，如果此时认定医师存在过错，则会面临巨大的伦理难题。基于此，《医疗机构管理条例实施细则》还是规定了三种例外情形：第一种是上述对病人实施紧急医疗救护的；第二种是临床医师依据《住院医师规范化培训规定》和《全科医师规范化培训试行办法》等，进行临床转科的；第三种是依据国家有关规定，经医疗、预防、保健机构批准的卫生支农、会诊、进修、学术交流、承担政府交办的任务和卫生行政部门批准的义诊等。此外，根据《执业医师法》规定，医师注册后有下列情形之一的，可以向原注册主管部门申请变更执业范围：一为取得注册执业范围以外、同一类别其他专业的高一层次的省级以上教育部门承认的学历，经所在执业机构同意，拟从事新的相应专业的；二为在省级以上卫生行政部门指定的业务培训机构，接受同一类别其他专业的系统培训两年或者专业进修满两年或系统培训和专业进修合计满两年，并持有省级以上卫生行政部门指定的业务考核机构出具的考核合格证明，经所在执业机构同意，拟从事所受培训专业的。跨类别变更专业，必须取得相应类别的医师资格。满足上述四类情形，作为超范围行医的免责事由，不认定为存在过错。

三、跨地域行医

跨地域行医，是指医师未在注册地执业，而是到注册地之外的医疗场所行医[①]。医师执业地点在注册时就业已确定，国家实行医师执业注册制度，如取得医师资格的，可以向所在地县级以上人民政府卫生行政部门申请注册。注册执业医师资格需要具备两个条件，其一为申请人已经取得医师资格；其二为申请人必须向有关机关提出申请。经注册后，可以在医疗、预防、保健机构中按照注册的执业地点、执业类别、执业范围执业，从事相应的医疗、预防、保健业务。由此，注册时申请执业地点旨在卫生行政部门管理上的便利，而跨地域行医容易造成管理上的困难，一般而言法律禁止跨地域行医，如《执业医师法》第 14 条第 1 款规定，“医师经注册后，可以在医疗、预防、保健机构中按照注册的执业地点、执业类别、执业范围执业，从事相应的医疗、预防、保健业务”。依此，执业医师不在规定的注册地点行医，而跨地域行医，可以认定为《侵权责任法》第 58 条第 1 款第 1 项的事由，推定医方存在过错。如原卫生部 2005 年发布《关于取得医师执业证书的医师在家中擅自诊疗病人造成死亡适用法律有关问题的批复》说明，“医师应当在注册的医疗机构内执业。任何单位和个人，未取得《医疗机构执业许可证》，不得开展诊疗活动。医师在家中擅自诊疗病人的行为违反了上述法律法规的规定”。应当注意的是，在家中擅自诊疗和前述在紧急情况下超范围诊疗是存在本质不同的，二者在形式上颇为相似，都是在医疗场所之外从事诊疗活动，都是为了积极救治不愿或无法到医疗场所就医的患者，在大多情形下都是不以盈利为目的的。但紧急情况下超范围救治实属法律无可奈何的默许，在紧急情形下，允许医师尽心尽责是当时当地最佳的选择，而医师在家中擅自诊疗，无论是卫生状况、消毒条件、医疗器具均无法达到医疗机构标准，很容易危及患者的生命健康，应当认定为

① 事实上，跨地域行医也成为非法行医的常见情形，如河北省各市 2008 年医疗服务市场违法违规行为抽查的结果来看，聘用非卫生技术人员有 574 例，占到 44.7%；医师未注册或未变更执业地点执业有 488 例，占到 38.0%；超诊疗科目执业有 149 例，占到 11.6%；其他违法行为有 73 例，占到 5.7%。跨地域行医已经排到了各类违法现象的第二位。参见程征涛、吴秋阁：《河北省 2008 年医疗服务市场非法行医现状分析》，载《河北医药》2009 年第 12 期。2009 年抽查有《医疗机构执业许可证》的医疗机构 146 家，检查 871 人，其中异地执业 19 人，占 2.21%。参见董振军等：《河北省部分医疗机构依法执业现状调查与对策》，载《现代预防医学》2009 年第 11 期。

禁止情形，推定医师存在过错。跨地域行医存在一个合法的例外，即水平较高的医师的会诊活动，原卫生部于2005年发布《医师外出会诊管理暂行规定》第4条规定，“医疗机构在诊疗过程中，根据患者的病情需要或者患者要求等原因，需要邀请其他医疗机构的医师会诊时，经治科室应当向患者说明会诊、费用等情况，征得患者同意后，报本单位医务管理部门批准”。这样的制度规制符合当下医疗资源和医学专家稀缺的现状，事实上此类跨地域行医也会给患者疾病诊治和健康带来百利无一害的影响。故此类跨地域行医应认定为合法，院方不应推定构成医疗过错。

四、无资质行医

无资质行医，是指没有经过医疗执业资格考试，没有经过注册成为执业医师的人员从事医疗活动，《执业医师法》第14条第2款规定，“未经医师注册取得执业证书，不得从事医师执业活动”。这是最典型的缺少资质行医的情形。但也存在两种例外情形，第一种情形为医学专业毕业生实习过程中从事医疗活动。我们认为，医学专业毕业生在实习过程中虽然缺少注册医师资格，但从事诊疗活动具有合法性和合理性。一方面，《执业医师法》第9条规定：“具有下列条件之一的，可以参加执业医师资格考试：……（一）具有高等学校医学专业本科以上学历，在执业医师指导下，在医疗、预防、保健机构中试用期满一年的”；第10条规定：“具有高等学校医学专科学历或者中等专业学校医学专业学历，在执业医师指导下，在医疗、预防、保健机构中试用期满一年的，可以参加执业助理医师资格考试。”再如，原卫生部2005年《关于医学生毕业后暂未取得医师资格从事诊疗活动有关问题的批复》说明，医学专业毕业生在毕业第一年后未取得医师资格的，可以在执业医师指导下进行临床实习，但不得独立从事临床活动，包括不得出具任何形式的医学证明文件和医学文书。另一方面，实习是医学生步入执业医师生涯必经一步，实习生缺乏经验，有可能在诊疗过程中发生种种差误，但这应当被看作社会为了医学传承与发展应付出的代价。故实习医生，凡在执业医师指导下完成医疗任务，是具有合法性和合理性的，不应认定为无资质行医而推定医方存在过错。第二种情形为乡村医生从事医疗活动，如国务院于2004年发布《乡村医生从业管理条例》第2条第1款规定，“本条例适用于尚未取得执业医师资格或者执业助理医师资格，经注册在村医疗卫生机构从事预防、保健和一般医疗服务的乡村医生”。该类乡村医生只需注册乡村医生执业资格，即可执业。在广大乡村地区，有限的医疗资源不能得到覆盖，而当地患者又对医疗服务存在巨大需求。为了处理这对矛盾，对乡村医生的规范与治理就存在必要性，《乡村医生从业管理条例》采取了较执业医师更低的注册门槛，如第10条规定，“本条例公布前的乡村医生，取得县级以上地方人民政府卫生行政主管部门颁发的乡村医生证书，并符合下列条件之一的，可以向县级人民政府卫生行政主管部门申请乡村医生执业注册，取得乡村医生执业证书后，继续在村医疗卫生机构执业：（一）已经取得中等以上医学专业学历的；（二）在村医疗卫生机构连续工作20年以上的；（三）按照省、自治区、直辖市人民政府卫生行政主管部门制定的培训规划，接受培训取得合格证书的”。而条例公布后申请乡村医生资格，则要参加培训和考试，经培训并考试合格的，可以申请乡村医生执业注册；经培训但考试不合格的，县级人民政府卫生行政主管部门应当组织对其再次培训和考试。不参加再次培训或者再次考试仍不合格的，不得申请乡村医生执业注册。乡村医生是当下中国医疗资源配置不平衡所导致的必然产物，是政策选择性的结果，不应当认定为资质缺失。

五、资质缺失行医的侵权责任

综观四种资质缺失的情形，本章开篇王某一案中的医疗机构已经构成第一类资质缺失，按照相关法律追究行政责任自不待言，如何运用《侵权责任法》第58条追究侵权责任是法院要解决的关键问题。要弄清楚资质缺失究竟构成何种医疗侵权责任，可以借用下列两个分析框架加以考量：

第一种是将《侵权责任法》第七章各条款做三分法，大致分为医疗技术损害责任、医疗伦理损害责任和医疗产品损害责任三类[①]。所谓医疗技术损害

① 参见杨立新著：《侵权责任法》，法律出版社2010年版，第419页。

责任，侧重对医疗机构和人员治疗方案的恰当性进行考察，利用“医疗水平论”[①]对治疗方案进行比对，如诊疗措施不符合当时当地的医疗水平，则认定医疗机构存在过失。而所谓医疗伦理损害责任，则是医疗机构在诊疗过程中没有尽到告知义务，或未提供对病患者及时有用的医疗建议，未保守与病情有关的各种秘密，或未取得病患者同意即采取某种医疗措施或停止继续治疗等，以及其他医疗违法行为，而违反医疗职业良知或职业伦理上应遵守的规则的过失行为[②]。而医疗产品责任是指在诊疗活动中使用存在缺陷的医疗器械、药品、消毒品或血液制品而对患者产生损害的责任，我们认为，医疗产品责任和产品质量责任并无差别，此处所说的“缺陷”就可以借助《产品质量法》第46条来理解，即“产品存在危及人身、他人财产安全的不合理的危险；产品有保障人体健康和人身、财产安全的国家标准、行业标准的，是指不符合该标准”。我们认为，按照此种框架分析，本案医疗机构缺乏资质可以被认定为医疗技术损害责任和医疗伦理损害责任的共同违反。一方面，在结果上患者不仅没有达到治疗效果，而且造成人身损害，是因为缺乏资质的医疗人员在诊治过程中没有达到当时当地的医疗水平所致，构成医疗技术损害责任。另一方面，根据现代知情同意权理论，患者享有对医疗机构的医疗水平、设备技术的知情权，低级医疗机构冒充有高级手术资质的行为也构成了对患者知情权的侵犯，应当负医疗伦理损害责任。

第二种是将《侵权责任法》第七章有关医疗机构应负侵权责任的条文剥离并加以归纳为三种形态。其中第55条“医务人员在诊疗活动中应当向患者说明病情和医疗措施。需要实施手术、特殊检查、特殊治疗的，医务人员应当及时向患者说明医疗风险、替代医疗方案等情况，并取得其书面同意；不宜向患者说明的，应当向患者的近亲属说明，并取得其书面同意”归纳为违反告知同意义务；第57条“医务人员在诊疗活动中未尽到与当时的医疗水

---

① 医疗水平论是取法日本用相对的医疗水平来确定是否构成医疗过失的标准。参见夏芸:《再考“医疗水平论”及医疗过失判断标准》，载《东方法学》2011年第5期；参见周江洪:《侵权法背景下的医疗水平论》，载《浙江社会科学》2010年第2期；参见曾见:《论“当时的医疗水平”的解释》，载《中国卫生事业管理》2015年第3期。

② 参见杨立新:《医疗损害责任概念研究》，载《政治与法律》2009年第3期。

平相应的诊疗义务，造成患者损害的，医疗机构应当承担赔偿责任”归纳为违反医疗机构的注意义务；第 58 条归纳为法定过错推定标准[①]。按照此种框架分析，本案中医疗机构缺乏资质更可以被认定为三种义务的同时违反，其中第 55 条和第 58 条规定的告知义务的违反以及推定过错前文已述，而第 57 条规定的医疗机构的注意义务是指“应当尽到与当时的医疗水平相当的诊疗义务”[②]，低等级医疗机构不具备相应资质，开展高等级手术，当然难以尽到与当时当地水平相当的诊疗义务。此外，在《侵权责任法》制定时的侵权责任法草案亦曾写到，“判断医务人员注意义务时，应当适当考虑地区、医疗机构资质、医务人员资质等因素”[③]，这些判断要素虽未写进侵权责任法正式文本，但也宜理解为条文中的应有之义，在案件的审理过程中，也应当作为判断医疗机构是否存在过错的考量因素。

我们认为，医疗资质的缺失应当被认定为医疗侵权中较严重的情形，或许很多人对此种结论难以接受，本案中医疗机构和医护人员主观上为患者的生命健康角度出发，客观上违反了医疗法律、法规规定，如认定较一般医疗过失更重的责任，是对医护人员尽心救护的否定与打击。然而医疗工作即蕴含了高度精密的技术和丰富的临床经验，又与患者的生命安危密切相关，健康所系、性命相托[④]，医疗机构及其从业人员都秉持较其他行业更为严格的职业伦理。在发生医疗损害时，医务人员不仅要承担法律责任，还承担了严重的伦理责任，医务人员的天职就是救死扶伤、弘扬人道主义。随着社会的发展，在价值理念多元化的背景下，医师在做出医疗决策时更应将职业伦理内化于心。本案中人民法院基于医院没有相应资质就为张某实施了涉案的两种治疗这一事实，让医疗机构承担较一般医疗侵权更重的赔偿责任，在鉴定结论确定的责任程度基础上，加重某医院的赔偿责任的做法，是值得肯定的。

---

① 参见张新宝著:《侵权责任法》(第二版)，中国人民大学出版社 2010 年版，第 235 页。

② 参考王胜明著:《侵权责任法释义》(第二版)，法律出版社 2013 年版，第 317 页；参考程啸著:《侵权责任法》(第二版)，法律出版社 2015 年版，第 564 页。

③ 王胜明著:《侵权责任法释义》(第二版)，法律出版社 2013 年版，第 318 页。

④ See Hippocrates, The Oath of Medicine, “... I will prescribe regimens for the good of my patients according to my ability and my judgment and never do harm to anyone ...”.

第三章　医疗服务合同纠纷

案例思考

李某因髋关节不适于2008年4月至某医院康复理疗科治疗，某医院为其开具了5次脉冲短波（进口）和中频电疗（1000赫—100千赫）的治疗单，并收取180元治疗费。其中脉冲短波（进口）单价10元，数量为10部位；中频电疗（1000赫—100千赫）单价4元，数量为20部位。某医院于2008年8月为李某进行了两次脉冲短波和一次中频电疗理疗。后李某曾因收费问题将某医院诉至法院，要求该院解释多收费的原因，并向其承诺今后不再多收费。法院审理后作出裁定书，裁定驳回其起诉。该裁定已生效。该案审理过程中，法院曾就李某主张中涉及的治疗项目价格问题向相关机构进行调查，被调查人予以答复并提供了相关文件。

原告主张：我以医疗服务合同纠纷起诉本案，我交付了5次电疗的治疗费共计180元。某医院未按发改委规定的标准收费，应将多收取的和未做的电疗治疗费一并予以退还。故我要求某医院退还多收的医疗费135元及剩余的医疗费22元，并出示其理疗时的理疗科收费标准、右髋短波电疗每次按2个部位收费的依据、中频电疗每次按4个部位收费的依据及右髋中频电疗每次使用4个电极的证据，承诺不再使用不具备操作能力的人给患者进行治疗，承诺不再欺骗我，并就使用不合格的仪器向我赔礼道歉，不再使用有障碍的仪器为我进行治疗，并承担本案诉讼费。

医院辩称：医院不存在多收医疗费的事实，但同意退还李某未做的理疗费用22元。医院已在上次诉讼中提交过医师资质的证书，对李某要求出示收费标准及收费依据的诉讼请求，医院可以证据形式出示；李某的其余诉讼请求，不属于法院的管辖范围，法院应予以驳回。

一审法院认为：本案李某主张双方的法律关系为医疗服务合同，此类纠纷在民事诉讼中举证责任的分配上应当适用一般规则，故与收费不合理相关的诉讼请求应由李某承担举证责任。李某及某医院均未对其各自提交的收费标准来源加以举证，法院对相关证据均不予认可。李某在本次诉讼中，以某医院对其多收费为由，主张返还医药费等多项诉讼请求。根据法院调取的证据，某医院对诊疗活动收取费用应适用《北京市统一医疗服务收费标准》（以下简称《统一标准》）的相关规定，李某进行理疗的收费标准为中频电疗（1000 赫—100 千赫）4 元 / 部位，脉冲短波 10 元 / 部位。故李某要求某医院以短波治疗费每次 5 元，中频电疗收费每次 4 元的标准向其退还多收医疗费的诉讼请求，法院不予支持。某医院辩称李某所做的中频电疗收费标准为每次 16 元，与李某的收费票据明显不符，亦不符合《统一标准》的有关规定，法院不予认可，且某医院对每次治疗的部位数量不能加以举证，故应按《统一标准》的规定退还李某相应费用。李某要求某医院出示收费标准及收费依据，并向其就相关问题做出承诺的多项诉讼请求存在瑕疵，不具有法律意义上的“具体的诉讼请求”的要求，法院难以支持。李某要求医院就使用不合格的仪器向其赔礼道歉的请求亦缺乏事实及法律依据，法院不予支持。据此，判决：一、医院返还李某医疗费 142 元；二、驳回李某的其他诉讼请求。

判决后，李某不服上诉。二审法院维持了一审判决。

法律评析

首先，值得明确的一个问题是：医疗关系的法律属性是什么？本案涉及的医疗行为发生在《侵权责任法》实施之前，我国医患关系的法律属性基本定位于民事合同关系。根据该理论的观点，患者到医疗机构求医，无论是否与医疗机构签订医疗服务合同，双方都成立事实上的医疗服务合同关系，双方的法律关系属于民事合同关系。[①] 但是，我们认为医疗服务合同不同于一般的民事合同，它是以诊断治疗疾病为目的的合同，但其债务并非达成某种特定结果的"结果债务"，而只能是尽力救治患者的"行为义务"。

其次，在处理医疗纠纷的时候，是认定为违约还是侵权？对此，法院内部亦有分歧。根据最高人民法院公布实施的《民事案件案由规定（试行）》等有关规定和司法实践，医疗纠纷的案由有三种：医疗损害赔偿纠纷、医疗事故损害赔偿纠纷和医疗服务合同纠纷。在我国司法实践中，患者选择提起医疗服务合同纠纷的情况较医疗损害赔偿纠纷、医疗事故损害赔偿纠纷少，法官也更多地倾向于认定为侵权而非违约。选择不同的路径无疑会带来不同的法律后果，但学界和司法界对如何选择路径以及会带来何种相应的后果的研究仍不够明晰。面对这种复杂的问题，我们不能要求当事人在起诉的时候就能准确地选择对己方最有利的案由，故应当规定法官的释明义务，由法官在了解案情后充分释明，在审理过程中确定起诉时的案由是否准确。李某以医疗服务合同纠纷诉讼，在民事诉讼中举证责任的分配上应当适用一般规则，"谁主张，谁举证"。此类诉讼不以医疗机构存在过错为前提，只要违反了医疗服务合同约定，患者即可主张权利，在很多时候更为便利。

第一节　医疗服务合同的基础理论

一、医疗服务合同的概念

医疗服务合同亦称为医疗契约、医疗合同，是指医疗机构或者医师与病人之间基于相互信任而签订的以诊疗护理为内容的合同。[②] 医患双方之间的合同法律关系是医患双方最基础的法律关系。医患纠纷中诸多相关问题的解

① 龚赛红著：《医疗损害赔偿立法研究》，法律出版社 2001 年版，第 16 页。

② 龚庆华、吴晓东：《医疗服务合同相关问题探讨》，载《社会科学家》2005 年 5 月增刊。

决，都以对医疗服务合同法律关系的准确定位为前提。在实践中多数的医疗损害都是医方在履行医疗服务合同的过程中发生的。因此，要准确认定医疗损害的损害赔偿责任，就必须先要了解和弄清医患关系中包含的医疗服务合同的成立、医疗服务合同的性质以及当事人双方各自享有的权利和承担的义务等基本问题。①

二、医疗服务合同的特点

医疗服务合同与其他民事合同都属于合同法领域，具有民事合同的一般特点，如合同依法成立即具有法律约束力；订立、履行合同应当遵守法律法规等。同时，由于医疗服务合同是发生在医患双方之间的具有特定内容的合同，与其他民事合同相比又有其特殊性。有学者认为，医疗服务合同的特点主要体现在以下几个方面：②

（一）医疗服务合同当事人的意思自治受到公法上的某些限制

私法自治乃是民法的精神所在，合同法更以契约自由为基本原则。依各国法律规定，合同当事人就订立合同而言，有选择合同当事人、决定合同内容及合同形式、变更合同、解除合同、约定责任承担等方面的自由。医疗服务合同作为私法上的一种合同形式，其当事人应享有这些意思自由。但由于医疗服务合同在意思自治原则的具体表现上有其特殊性即医疗行为的道德性，当事人尤其是医方的意思自治必须受到公法的约束。如依日本医事法、我国台湾地区所谓“医事法”规定，对于患者请求诊疗的要约，医师无正当理由不得拒绝，即使患者要求诊疗的疾病不属于该医师的专业领域，也不能拒绝。医师所负的社会诊疗义务，使其在缔结医疗服务合同时的缔结自由受到了限制。也就是说，日本和我国台湾地区都规定了医师的“强制承诺义务”。公法上不得拒绝义务的规定是立足于医师负有治病救人的社会职责，

---

① 艾尔肯：《论医疗合同关系》，载《河北法学》2006年第12期。

② 参见艾尔肯：《论医疗合同关系》，载《河北法学》2006年第12期。

以充分保护患者的生命健康权。我国《执业医师法》虽仅规定患者处于危急之际医方的“强制承诺义务”，但社会也普遍承认医方的人道主义救助义务，当其见死不救时将会受到社会舆论的谴责。另外，由于医疗服务合同具有强烈的人身属性，承诺过多也可能导致合同部分无效。

（二）医疗服务合同具有诊疗债务的抽象性和手段性

在医疗服务合同中，医师所履行的债务是对患者诊疗的本身，诊疗债务的抽象性表现为进行医学上认为是适当的诊疗。所谓适当的诊疗是指医师运用医学的知识和技术，在尽可能快地确诊了患者诉说的症状或伤情及原因后，进行适当的治疗过程。因此，要评价治疗行为是否适当，就不能只考虑各个诊疗行为本身，而必须是对诊疗行为的全过程进行考察和评价。由于患者个体差异和疾病的复杂性所导致的诊疗行为的不确定性，使得在诊疗全过程中所进行的各个具体的诊疗行为在一开始就都不是具体预定的。医师只能根据患者当时病情或伤情所发展的实际情况，选择和实施适当的诊疗行为。因此，在缔结合同时，医患双方就该合同所达成的意思表示仅限于进行诊疗这一抽象的内容，对于诊疗过程中具体的权利义务的内容则只能依患者的情况在诊疗过程中逐步明确，这就是医疗服务合同的抽象性特征。而诊疗债务的手段性是指虽然医疗服务合同是以诊断治疗疾病为目的的合同，但其债务并非达成某种特定结果的“结果债务”，而只能是作为治疗疾病的手段。债务是否如约履行的关键在于医师所实施的医疗行为是否适当，而不以疾病的完全治愈与否为判断标准，这是因为，一方面诊疗行为具有不确定性，另一方面现代医学还不能治愈所有的疾病。

（三）医疗服务合同的内容具有高度的专业性和双方当事人能力的不对等性

作为医疗服务合同基本内容的医疗行为具有高度的专业性，它是基于现代医学知识和技术、正确地探索病因，并施以适当的治疗，使病患恢复健康的合同。它以医师拥有的专业知识和医疗技术为条件，以医方具有的必要的技术设施为前提，这就决定了合同双方当事人能力上的不平等。作为医疗服务合同当事人一方的医方拥有的是医务上的专家或受过专业训练的护理人员，具有他人所不具备的业务技能。而作为医疗服务合同当事人另一方的患方，通常是对医学知识缺乏了解的普通人。所以，在医疗服务合同中医方与患方之间存在着很大程度的能力上的差异。

（四）医疗服务合同中医师应尊重患者是否接受其医疗性的决定权

由于医疗行为具有高度专业性的特点，医师在合同履行中具有高度的裁量权，医方通常不需要按照患者的要求和指示来履行义务，患者完全处于服从医师高度裁量权的地位。但是，近年来各国学者提出了对患者的决定权予以尊重的问题。他们认为，虽然医师作为专家对诊疗行为的实施具有决定权，但诊疗是以患者自身不可替代的生命、身体为对象进行的，而且通常会对患者的身体产生侵袭和痛苦，有时甚至可能造成生命危险，却不能约定治愈疾病的结果。如果完全忽略患者的主动性有可能造成不公。因此，在诊疗过程中，应最大限度地尊重患者对于自己命运的决定权，将其作为医疗服务合同的一项内容。它包括医师在实施医疗行为之前有向患者进行详细说明的义务，患者有在对医疗行为可能给他带来的后果有较为充分了解的前提下决定是否作出承诺的权利。只有经过患者的承诺，医师实施的重大的医疗行为才具有适法性。当然对患者的决定权的尊重并非绝对，它以调和医疗过程中权利义务的对等性为目的，以保护患者的权益为目标。在患者不具有意思表示能力的情形之下，医方如果采取了依医学通常标准而针对于患者的治疗行为，患者事后就不能以自己未作出承诺为由而向医方提出不合理的请求。

（五）医疗服务合同双方当事人之间对合同得以适当履行相互负有协助的义务

任何合同的履行都需要双方当事人之间的互相合作，在医疗服务合同中当事人之间的协力义务就体现得更为明显。一般而言，医患关系是建立在相互信赖基础之上的，医疗行为的实施只有靠医患双方互相配合的情况下才能达到其效果和目的。因此，医师在整个医疗过程中无法离开患者的密切配合，如要求患者在医师问诊时对病情、病史作出正确详细的回答，在治疗过程中患者在用药、检查、保养等方面遵从医嘱。患者还需要调整自己的情绪，结合医师的物理和病理疗法，注重用心理疗法加快自己的康复。如果患者在诊疗过程中不予协力，医师即使有再高的医术也无法实现合同的目的。因患者不配合而致治疗失败时，不能追究医方的医疗损害赔偿责任。

三、医疗服务合同的性质

医疗服务合同的性质是指医疗服务合同究竟属于哪一类型的合同，对此学界主要有以下几种观点：

（一）准委任合同说

该说认为医疗服务合同是运用医师所要求的临床医学的知识、技术，迅速、准确地诊断患者疾病的原因和痛苦之后，采取适当的治疗行为等事务处理为目的的合同，只要没有特别的约定，就不能将良好的结果的达成包含在债务的内容里。[①] 这是日本的通说。将医疗服务合同认为是准委任合同的学说与以结果债务为内容的合同不同，它是患者委托医师以医治伤病为目的，医师给予患者谨慎的注意义务及实施适当的诊疗行为为内容的手段债务的合同。

（二）委托合同说

该说认为医疗服务合同是劳务给付合同，医疗行为是事实行为，其不以有偿为必要，且以诊治的持续已无必要为合同的终止期。[②] 这是我国台湾地区的通说。日本学界之所以将医疗服务合同称为准委托合同，是因为日本民法将委任合同所处理的事务限于法律行为，对所处理的事务不是法律行为的，则另称准委任。由于医疗行为大多是事实行为，所以日本民法将医疗服务合同定性为准委任合同。但我国台湾地区的规范未作此区分，不论处理的事务是法律行为还是非法律行为均得以成立委任合同。故主张医疗服务合同

---

① 参见龚赛红著：《医疗损害赔偿立法研究》，法律出版社 2001 年版，第 29、39 页。
② 黄丁全著：《医事法》，中国政法大学出版社 2003 年版，第 164—165 页。

在一般情况下是委任合同，只有在患者与医师约定治愈疾病才给付报酬时，医疗服务合同才是承揽合同。①

（三）混合合同说

该说认为医疗服务合同包含准委任合同和承揽合同。一般情况下，是准委任合同，以手术等一定的明确事项完成为目的的医疗服务合同属于以完成该行为为目的的承揽合同。这种学说在日本学术界有一定的影响力。

（四）雇佣合同说

该说认为医疗服务合同是医方以医疗行为为患者提供服务，患者给付报酬的一种雇佣合同。此为德国通说。根据德国民法，委任合同是无偿合同，而医疗服务合同大部分是有偿合同，故无法涵盖在委任合同的范围内。同时，医疗服务合同并不以疾病的治愈为合同内容，故不适用承揽合同的规定。因此，德国法将绝大部分有偿的医疗服务合同视为雇佣合同。另外，英美法上将医疗服务合同看作雇佣合同的观点也占主导地位。

（五）无名合同说

一种观点认为从患者委托医师完成适当诊疗义务这一目的来看，将医疗服务合同视为准委任合同似乎是恰当的，但具体分析医疗服务合同的特征就会发现医疗服务合同与典型的准委任合同存在很大差异，因而将医疗服务合同视为无名合同更为恰当。②

另一种观点认为从表面上看，医师与患者之间的关系是一种委托合同关系，患者将有关身心健康的事务委托医师处理，并给付报酬；医师接受患者的委托尽其所知所能为患者治疗，并收取报酬。但从实际上看，我国合同法中有关委托合同的规定无法完全适用于医疗服务合同。医疗服务合同并非单纯的财产上的合同，必要的费用与医方的医疗债务并非为对价关系，在患者

---

① 梁慧星主编：《民商法论丛》（第9卷），法律出版社1998年版，第678页。

② 参见艾尔肯著：《医疗损害赔偿研究》，中国法制出版社2005年版，第35、41页。

支付费用时，医师不得主张同时履行抗辩权。委托合同中的委托人和受托人都可以随时解除委托合同，但是医疗行为涉及患者的生命和健康，医方不得随时终止合同而停止治疗，否则会造成患者生命、身体的伤害。如果患者自行终止合同，明知会造成生命、身体上的伤害而自愿承受这种不利后果，则属合同自由的范畴。因此，合同法中有关委托合同的规定不能完全适用于医疗服务合同关系，医疗服务合同作为一种无名合同，只是在委托处理事务这一点上与委托合同相似而已。[①]

值得注意的是，医疗服务合同不仅包括处理医疗事务的委任合同关系，而且还包括买卖、租赁、雇佣以及赠与等关系。即医疗服务合同是一种综合性合同，可以作为一种独立的合同在相关的法律、法规中加以规定，以此进一步界定医患双方当事人的责任承担问题。患者到医疗机构就诊即与医疗机构形成了合同关系，但这种合同关系是否为消费关系进而适用《消费者权益保护法》是理论界争论不休的一个问题。目前的《消费者权益保护法》并未就患者是否属于消费者加以明确，学界对此也尚无定论，形成了肯定说和否定说两种观点。反对者认为，因医院不以盈利为目的，不是经营者，故医疗服务合同不能适用《消费者权益保护法》[②]；但也有不少法学家呼吁将医患关系纳入《消费者权益保护法》的调整范围。因为将医院与患者之间的关系认定为消费关系，一方面，可明确患者作为消费者所应当享有的基本权利（如消费者的安全权、知悉权、选择权、索赔权、接受服务时其人格尊严受到尊重的权利等）。另一方面，患者作为消费者在其权利受到侵害以后，可以寻求消协等消费者团体的保护。[③]

此外，还涉及患者能否主张《消费者权益保护法》第 49 条所规定的“惩罚性赔偿”。我们认为只有对医疗服务合同的性质作出明确区分，才能解决医患关系是否属于消费关系的问题。也就是说，对于医疗事务处理如诊断、治疗、手术等属于委托合同，因这些医疗行为造成患者损害的不适用《消费

---

① 艾尔肯：《论医疗合同关系》，载《河北法学》2006 年第 12 期。

② 柳经纬：《保护患者权益不宜搭消费者权益保护法的便车——兼谈保护患者权益的立法问题》，载《经济法学、劳动法学》2005 年第 8 期。

③ 参见韩世远：《医疗服务合同的不完全履行及其救济》，载《法学研究》2005 年第 6 期。

者权益保护法》。因医疗器械、药品、其他日用品对患者及其家属造成的损害的，可以适用《消费者权益保护法》和《中华人民共和国产品质量法》（本书以下简称《产品质量法》）。

四、医疗服务合同的主体

医疗服务合同是医方与患方之间为实现诊治伤病或提供医疗服务为目的而成立的合同。因此其主体当然是医方和患方。由于医方组织形态的不同和患方行为能力上的差异与当时具体情形的不同，使得医疗服务合同的主体构成也有所不同。

（一）医疗服务合同中的医方

一般情况下，作为医疗服务合同当事人一方的医方，是指医疗机构，其具体表现形式为医院和个体医师（个体诊所）。

1. 医院

医院包括公共医院与诊所，通常而言，患者在医院的挂号窗口挂号之后，就已经与医院之间形成了医疗服务合同关系。与患者相对的当事人并不是办理具体挂号手续的工作人员，也不是患者心目中所希望就医的某位医师，而是挂号工作人员和医师所在的医疗机构即医院。

由于现行医院管理中，实行了医师指定制度或是专家门诊，此时究竟是该被指定的医师或专家为医疗服务合同中的一方当事人，还是仍以医院为一方当事人，学术界有两种不同的观点：一种观点认为，医院是合同的当事人，医师不是合同当事人，他处于医院的合同履行辅助人的地位。另一种观点认为，应将医院管理者与实施医疗行为的医师共同作为合同当事人。

2. 个体医师（个体诊所）

个体医师是依照法律规定取得医师资格与行医执照而自己从事医疗业务并进行独立核算的个体开业医师。1988 年 5 月 10 日卫生部发布的《关于〈医疗事故处理办法〉若干问题的说明》指出：“个体开业”是指包括经卫生部门批准，发给营业执照的联合医院、民办医院和具有这种合法身份的所有开业人员以及乡村医师等。个体医师对于前来求医的患者进行诊疗时，医疗服务合同就在患者与个体医师之间成立。针对非法行医造成患者人身损害是否赔偿的问题，2002 年 4 月由国务院公布的《医疗事故处理条例》第 61 条明确规定，“非法行医，造成患者人身损害，不属于医疗事故，触犯刑律的，依法追究刑事责任；有关赔偿，由受害人直接向人民法院提起诉讼”。

（二）医疗服务合同中的患方

根据《合同法》的规定，合同双方当在具备完全的行为能力时所订立的合同才为合法、有效。医疗服务合同是以专属的生命、身体健康为对象所订立的债权合同，因此以患者具备的自身的意思表示为合同成立原则。但是，如果患者并没有意思表示的能力或意思表示不完全时，医疗服务合同应以何人为合同当事人呢？对此，依据患者是否具备行为能力的不同情况而有所不同。具体表现在以下三个方面：

1. 患者有行为能力的情形

患者有行为能力的情形又可分为三种：（1）患者有行为能力时，通常是自己前往医院就诊而与医院缔结医疗服务合同，此时患者本人为医疗服务合同的当事人。（2）患者具有行为能力，但在丧失意识的昏迷状态被其配偶或其他亲友护送前往就诊时，应以其配偶或亲友为合同当事人，由他们决定医疗服务合同的具体内容并承担支付费用的义务。这时的医疗服务合同属于第三人利益的合同。当患者恢复意识后，他有权决定是否继续或改变治疗，此后的医疗费用支付义务也转由其承担。患者已经恢复意思能力就由他本人作为合同当事人行使医疗服务合同的权利义务，由其亲友缔结的合同视为附解除条件的合同。（3）患者具有行为能力，但在治疗过程中丧失意识。有些患者在缔结医疗服务合同时具备自己作为当事人履行合同权利义务的行为能力，但在医疗过程中因病情加重等原因而丧失了意识，从而难以继续行使权利和履行义务。此时应在尽量推认患者在医疗过程中一贯的意思的基础上，征询其近亲属的意见。这时患者的近亲属可作为其代理人代为行使合同权利和履行义务。这样一方面有利于合同关系的稳定，不至于在患者时而清醒时而昏迷的情形下频频变更合同关系当事人，另一方面也能对患者自己意思在最大限度上予以尊重，以实现对患者权益的保护。

2. 患者不具备行为能力的情形

患者不具备行为能力的情形又可分为两种：（1）当患者为婴幼儿或精神病患者而不具备行为能力，在父母或其他法定代理人带领下前往医院求诊时，父母或其他法定代理人为缔结医疗服务合同的患方当事人。此时的医疗服务合同属于第三人即患者利益签订的合同。（2）当患者不具备行为能力但具有意志能力时，应将患者本人作为医疗服务合同的当事人。因为医疗行为的结果是由患者本人承受的，这也体现了对患者意思的最大尊重原则。但在一定程度上应当听取其他法定代理人的意见，同时将其法定代理人作为医疗费支付债务的连带债务人。

3. 社会医疗保险中医疗服务合同的当事人

我国正在进行医疗卫生体制改革，有些地方已经建立了职工医疗保险制度。在社会医疗保险的情形下，作为被保险人的患者，应到医保机构指定的医疗机构进行治疗，这就出现了医保机构、医疗机构和患方三个方面的关系。此时就医疗服务合同来说，表面上似乎是由医保机构指定患方前往某个医疗机构就诊，但实际上医患关系仍是建立在医院与患方双方合意的基础之上。因为患方在一方面享有医保机构指定的几个医疗机构中任选其中一个的权利，另一方面也只有当患方前往该医疗机构求诊时方能成立医疗服务合同关系。所以在社会医疗保险情形下形成的医疗服务合同仍是在医院与患方之间缔结的合同关系。因此，医疗服务合同的当事人只能是医方和患方，医保机构不能成为合同的当事人。

五、医疗服务合同的内容

医疗服务合同属于双务有偿合同，由于一方当事人的义务即为对方当事人的权利。医患双方当事人的权利义务主要如下：

（一）医方的义务

医疗服务合同关系作为一种民事法律关系，医方的义务是正确地诊断患者所患的疾病，并对其实行尽可能妥当的医疗诊治行为，促使病人恢复身体健康。民法中的债权债务关系是建立在给付义务之上，而给付义务可分为主给付义务、从给付义务和附随义务，现将医疗服务合同中医方履行的义务也从这三个方面来予以说明。

1. 医方的主给付义务

医疗服务合同中的主给付义务是诊疗护理义务。所谓诊疗护理义务是指医师根据患者的要约，运用医学知识和技术，正确地诊断患者所患的疾病，并施以适当的治疗。它包括诊断、治疗、麻醉、手术、输血等具体的诊疗过程，对于具体的患者应给付什么样的诊疗护理义务，则是根据其病情或伤情而决定。在患者提出医院医疗义务范围之外的求诊要求时，应根据患者当时的情况和医院的医疗能力安排治疗，或者告知其转往有此项业务的其他医院，以免贻误病情，给患者带来更大的损害。

2. 医方的从给付义务

由于医疗服务合同内容的不确定性，基于善良管理人的注意义务，医师在诊疗疾病时，应对病情的变化、检查所见、鉴别诊断、施行特殊处理的方法和时间、上级医师对病情的分析及诊疗意见以及治疗过程和效果等作以详细记录。具体说，医方的这些从给付义务包括以下内容：

（1）为取得患者有效承诺的说明义务。此项义务是指当医师准备对患者实施带有侵袭性的医疗行为时，为取得患方的同意而对该医疗行为有关事项进行说明的义务。因为，“医师在进行治疗之前首先要取得患者的承诺，这是医疗侵袭行为取得正当事由而必须要做的，为此没有取得患者承诺而对其身体所进行的医疗侵袭行为不论其成功与否都具有违法性”。① 当然医师的说明义务的范围并非毫无界限，一般应以一个有理性之人处于与该患者相同或相似的状况下所期待被告知的事项作为范围，同时还要依个别情况具体判断。② 此种说明义务的对象是带有严重侵袭后果的医疗行为，即该医疗行为

---

① 段匡、何湘渝：《医生的告知义务和患者的承诺》，载《民商法论丛第12卷》，法律出版社1999年版，第161页。

② 参见赵中孚主编：《社会主义市场经济民商法律问题研究》，中国法制出版社2005年版，第267—268、277、278页。

可能带来危及生命、损害身体机能及对身体外观发生重大改变等后果时，医师对患者就该医疗行为的侵袭范围、程度以及危险发生的可能性等进行具体的说明，而对医疗过程中实施的如对疾病的检查、注射和用药等一般的医疗行为以及在法律特别规定或紧急状态下所采取的特殊医疗行为，医师可不履行此项说明义务。我国《医疗事故处理条例》第 11 条规定:“在医疗活动中，医疗机构及其医务人员应当将患者的病情、医疗措施、医疗风险等如实告知患者，及时解答其咨询;但是，应当避免对患者产生不利后果。”此条文就是我国现行立法中关于说明义务的具体规定。

（2）转诊指示说明义务。此项义务是指医师对于患有自己专门领域之外疾病的患者或依其病情超出自己治疗能力之外的患者负有作出转诊指示的说明义务。它包括医师对属于自己专门领域之外的患者劝说转诊，医师对本领域之内但本医院或本人无条件给予适当治疗的患者进行转诊劝说。为了使患者的生命健康权益受到最大限度的保护，医师应尽其所知加以说明。如果医师没有充分履行此项义务而使患者丧失得到更佳治疗机会时，就可认定违反了转诊指示说明义务。依据我国《医疗机构管理条例》第 31 条“医疗机构对危重病人应当立即抢救，对限于设备或者技术条件不能诊治的病人，应当及时转诊”的规定，可以认定转诊义务的履行只是针对危重的患者。

（3）转诊运送义务。此项义务是指医方对本领域之外的患者或超出本人治疗能力的患者进行安全、快速转运到有条件治疗的医院的义务。它要求转诊要经过患方的同意，具备将患者安全转诊的条件，在可能运送的距离之内，转诊后对患者使用的诊疗方法依当时的医疗水准已被确认等要件。这项义务主要是在患者的疾病属于医师专门领域之外，医师对患者诊疗的能力不充分或不具备，而将要转送的医院对患者存在更适当的诊疗方法，且该方法用于患者将比不转诊发生非常明显的改善效果等情形下发生。

（4）制作、保存病历的义务。由于医疗服务合同的特殊性，医师在诊疗疾病时，应对患者疾病诊断、病情变化、诊疗意见、治疗过程和效果、施行特殊处理的方法和时间等作以详细的记录。医院必须建立病案，收诊的患者必须有完整的病历。2002 年 4 月国务院公布的《医疗事故处理条例》第 10 条第 1 款规定："患者有权复印或者复制其门诊病历、住院志、体温单、医嘱单、化验单检验报告、医学影像检查报告、特殊检查同意书、手术同意书、手术及麻醉记录单、病理资料、护理记录以及国务院卫生行政部门规定的其他病历资料。"这条明确规定了患者享有复印、复制病历的权利。这一规定大大加强了对患者权益的保护。

3. 医方的附随义务

合同关系中的附随义务是指当事人除应当按照合同规定履行约定的义务外，也要履行合同未作约定但依照诚实信用原则也应当履行的协助、告知、保密、防止损失扩大等义务。在医疗服务合同中医方的附随义务主要有以下两点：

（1）保密义务。由于医患关系的特殊性，医方因工作关系而知悉患者的秘密及其不愿被他人知悉的情况，医方除履行法定义务而不得不说的情形外，对患者的这些情况或信息负有保密义务。如果医方违反了对患者所负有的保密义务，就应当承担损害赔偿责任。在美国法上，由于医患关系是基于信任关系而发生，所以医师对于患者负有保密的义务，对于此义务的违反可依侵权行为法或合同法请求损害赔偿。[①] 我国《合同法》第 60 条第 2 款规定："当事人应当遵循诚实信用原则，根据合同的性质、目的和交易习惯履行通知、协助、保密等义务。"《执业医师法》第 22 条第 3 项规定，"关心、爱护、尊重患者，保护患者的隐私"。这些规定不论是从诚实信用履行合同原则还是从职业规范，都要求医方严格履行对患者情况的保密义务。

（2）保护义务。此项义务主要是指在医疗过程中对患者继续治疗的义务和保护患者安全的义务。由于医方和患方所具有的医疗知识、技术、仪器设备等方面存在很大的差异，基于保护患者及维持公平，依据诚信原则医师不能单方面任意终止医疗服务合同关系。保护患者安全主要是指保护患者免于危险，如地板、楼梯或电梯的安全措施，使患者免除跌

---

① 参见龚赛红著:《医疗损害赔偿立法研究》，法律出版社 2001 年版，第 29、39 页。

倒的危险，避免患者遭受其他疾病的感染等。此外，保护义务还应包括患者死亡后对其遗体的保护义务，如未经患者生前遗嘱或亲属同意，不得解剖、摘取器官等。

（二）患方的义务

患方的义务是指在医疗服务合同中患者依法应当履行的职责。相关的法律、法规对于患方的义务少有明确规定，但从权利义务关系的相对性来说，患方在享有各种权利的同时，应当履行其各项义务，以配合医方正常实施医疗行为。具体说，在医疗服务合同中患方主要履行以下义务：

1. 支付医疗费用的义务

医疗服务合同是以有偿服务行为为标的的合同关系，患者理应支付相应的医疗费用。医疗费用包括诊疗、处方、检验、药品、手术、处置、住院等各种费用的总和。患者接受诊疗后，不论其效果如何，都应支付医疗费用，对于支付医疗费用的时间应根据相关的具体规定或约定俗成的习惯来决定。依据《合同法》关于同时履行抗辩权的规定，医方未对待给付前，患者于对方请求给付医疗费用时，得同时行使履行抗辩权。但若患者未给付诊疗报酬前，除有特约或另有习惯者，依劳务性合同报酬后付原则，医师有先行给付的义务，即医师不得因患者未付医疗费用而主张同时履行抗辩权。另外医师若有强制诊疗义务时，也不得主张患者未付报酬而拒绝治疗。[①]

2. 诊疗协力配合义务

医疗服务合同是医患之间相互意思表示趋于一致的特殊合同，其是以患者恢复健康、诊断治疗疾病为其结果。因此，这就要求患者应配合医师诊治的需要，在治疗过程中应如实陈述病史、病情，按医嘱进行各项检查并按指示接受治疗，力求达到治疗效果。如果患者不予协力，再高明的医术也无法实现合同的目的。因此而导致患者健康、人身方面的不利后果，医方不负责任。

---

① 柳经纬、李茂年著：《医患关系法论》，中信出版社2002年版，第39页。

3. 损害赔偿的义务

损害赔偿作为一种民事责任，是加害人侵犯他人人身或财产等民事权利所应承担的一种法律后果。依据我国《合同法》第 407 条“受托人处理委托事务时，因不可归责于自己的事由受到损失的，可以向委托人要求赔偿损失”的规定，在医疗服务合同的履行过程中医师不是因为自己的过失，从患者身上感染疾病的，如果患者有过失，应向医师承担损害赔偿责任。如果医师在给患者治疗过程中没有过失而受到损害时，不论患者是否有过失，都应由患者承担损害赔偿责任。例如，某男左臂被砍伤来医院急诊，值班医师见情况紧急，没等患者交费就立即为其诊治。可没有想到让其办理交费手续时，该患者破口大骂，并向该医师大腿捅了一刀，造成其重伤。[①] 在这起案件中，在追究该患者刑事责任的同时，还应当附带追究其损害赔偿的民事责任。

从国外规定看，英美对医疗服务合同均采取过失责任[②]，我国《合同法》对违约损害赔偿采取的是无过错责任与过错责任并行的原则。但对医疗服务合同的违约责任归责原则，学界少有论述。有学者认为，如果患方主张医疗机构承担继续履行、采取补救措施等违约责任，不以医疗机构有过错为条件。只要患方能够证明医疗机构违反了承诺，无论其是否具有过错，均应承担以上违约责任。但如果患方主张医疗机构承担损害赔偿的违约责任，则须医疗机构存在过错，但在举证责任上应当实行举证责任倒置的规则，由医疗机构证明自己没有过错。[③]

当然，在医疗合同理论高度成熟的法国，民法学界对医疗合同理论提出了诸多质疑，主要体现在：第一，医患关系并非纯粹的经济关系，而是具有相当程度的伦理性；第二，患者对诊疗行为的同意，并非对医疗合同的同意，而是属于每个人对其保有人身完整性之权利的固有要求；第三，合同标的具有特殊性，涉及人体本身；第四，医疗关系不再是约定关系，而是朝一种法定关系演进；第五，合同缔约能力在医疗关系中意义不大；第六，医疗合同

---

① 乔世明著：《医疗纠纷与法律责任》，人民军医出版社 1999 年版，第 205 页。

② 参见陈聪富著：《侵权归责原则与损害赔偿》，北京大学出版社 2005 年版，第 177—179 页。

③ 许冰梅著：《医疗过失损害赔偿制度研究》，人民法院出版社 2008 年版，第 79 页。

关系理论的包容性有限，无法容纳复杂的医疗关系。[①] 这对我国的立法和司法也具有一定的指导意义。

第二节　医疗服务合同的成立和变更：接诊和转诊

如果飞机上遭遇紧急医疗事件，你是医生，你怎么办？[②]

《新英格兰医学杂志》9 月 3 日发表的一篇综述演绎了医生在商务航班上遭遇的紧急医疗情况。文章阐述了医生需要知道飞机上常见的紧急情况有哪些，他们可以发挥的作用以及可能会承担的风险。作者指出不同国家的医生在面临这种紧急情况时所需承担的责任与法律后果是不同的。在欧洲和澳大利亚，医生必须提供医疗协助。而美国并没有强制要求，尽管如此，但大多数医生出于人道主义会给予援助；1998 年通过了航空医疗援助法案以保护医生的权益，除非“严重疏忽”（如酒后治疗病人）或故意伤害乘客外，医生不需要承担医疗后果。虽然，飞机上最终决策者并不是医生而是飞行员，但是需要医生充分解释病情以便飞行员可以做出明智的决策。

一、医疗服务合同的成立

依据合同法理论，合同的成立一般需要经过要约和承诺达成合意这两个阶段。所谓要约是指一方当事人以缔结合同为目的，向对方当事人提出合同条件，希望对方当事人接受的意思表示。[③] 所谓承诺是指受要约人作出

① 叶明怡：《医疗合同责任的衰落——以法国法的演变为分析对象》，载《甘肃政法学院学报》2012 年第 11 期。

② 参见网文：《如果飞机上遭遇紧急医疗事件，你是医生，你怎么办？》，http://www.elseviermed.cn/famous/detail/E355779，最后访问日期：2016 年 11 月 11 日。

③ 崔建远著：《合同法》，法律出版社 2000 年版，第 41 页。

的同意要约以成立合同的意思表示。[①]医疗服务合同作为民事合同的一种形式，其成立也同样经过要约和承诺达成合同的两个阶段，即患者提出诊疗的要约，医师接受要约即承诺，医疗服务合同关系便得以成立。其中医疗服务合同要约是患者及其家属所作出的一种意思表示，其内容应具体表示，从而使医师得以承诺。当然，只要患者将疾病的症状让医师了解，即可以认为患者已提出要约，并不要求患者对于本身疾病病因有清楚的认识，其内容为概括性地请求医师根据患者主诉的症状加以诊断和治疗，并不要求医师对患者所有的疾病加以诊断和治疗，医学上与该症状没有关系的其他疾病，并非要约的范围。对于不在要约范围之内的疾病，医师可以根据患者的要求顺便治疗，也可劝告其转诊。当患者到医院就诊时，在挂号时明确了就诊科室及级别时，就意味着患者的要约是明确的，其内在含义是患者希望获得符合治疗该科室疾病的较高水平的服务，假如医院接受了患者的挂号行为，并收取了相应费用后，即视为医院向患者发出了承诺，医疗服务合同成立。在患者为非急性病的状态下，医院有时可以拒绝承诺，如门诊医生已下班，或者专家门诊号发放完毕等，这就充分体现了私法自治上的契约自由原则。但是医院并非在任何情况下都有这种自由，在某些情况下医院必须对患者的要约作出承诺，这就是下面要讲到的强制缔约制度。值得注意的是，后续的诊疗护理过程从性质上可以视为医患双方对医疗服务合同的履行。至于医院在其营业场所公布药品价目表及各种收费明细表的行为，应当视其为要约邀请，而非要约。

二、急救行为

以上只是在正常状态下合同成立的情形，在另外一些情形下就不适用了，如“120”急救时的情形。患者在急性发病的情形下通常无法自行或者由家属运送到医院就医，当然也就无法实施挂号这种普通的要约行为，那么患者或其家属采用其他可以为医院知晓的方式向医院发出希望得到救治的信

---

① 《合同法》第21条规定：“承诺是受要约人同意要约的意思表示。”

息，如拨打“120”急救电话或者派人告知医院，此种行为可以视为患者或家属发出的要约，在医院收到消息作出愿意救治的意思表示后即视为承诺，由于我国对要约及承诺的生效时间皆采用“受信主义”原则[①]，患者的要约在到达医院后生效，同样在医院作出的承诺到达患方时承诺生效，合同同时即宣告成立。

对于急救行为，我国仅在《执业医师法》第24条[②]规定了执业医师对急救患者的强制承诺义务，对医师的普遍强制承诺义务并没有作出明确规定。对此，由于法律上没有统一的规定，对患者请求就诊的这一传统服务行业流于虚空，这在一定程度上不利于全面保护患者的利益。因此，根据我国《合同法》第22条规定，根据习惯或者要约表明可以通过行为作出承诺的，可不以通知的方式作出承诺的规定，在患者处于危急情形时，医方负有强制承诺的义务，医师见状应立即采取急救措施，不得主张无承诺的意思表示而拒绝患者的求诊。因为，急救行为本身就可推定为一种承诺。这也体现了医疗服务合同作为民事合同的一种形式其本身所具有的特殊性。

三、强制缔约

强制缔约，又称为强制契约、契约强制、强制性合同，有广义及狭义之分，广义的强制缔约不仅包括受要约人对要约人的要约有承诺的义务的情形，还包括特定的有向他人发出要约的义务的情形；狭义的要约仅指前者，同时也是实践中最为常见的类型。[③]狭义的强制缔约根据违反强制缔约义务的后果的不同，又可以分为直接的强制缔约（负有缔约义务的一方不接受他方要约时要约人的请求公权力强制受要约人为承诺的意思表示）与间接的强制缔约（负有缔约义务的一方不接受他方要约时要约人只能依民法关于侵权

---

① 参见江平著：《民法学》，中国政法大学出版社2000年版，第565—785页。

② 《执业医师法》第24条规定：“对急危患者，医师应当采取紧急措施进行诊治；不得拒绝急救处置。”

③ 参见易军、宁红丽著：《合同法分则研究》，人民法院出版社2003年版，第496—512页。

行为的规定请求损害赔偿)。由于医院职责的特殊性，决定了在患者处于危急的情况下向医院发出求治的要约时，医院不得以任何理由予以拒绝，这就是医生或医院基于其具有的特定身份或职业而负有的强制缔约义务，属于间接的强制缔约义务，假如医院拒绝承诺时，虽然在医院和患者之间没有形成合同之债，患者却可依医院侵权为由向法院提起侵权之诉。我国现行法规定了医生的强制缔约义务，如《执业医师法》第 24 条规定，“对急危患者，医师应当采取紧急措施进行诊治，不得拒绝急救处置”;《医疗机构管理条例》第 31 条规定，“医疗机构对危重病人应当立即抢救。对限于设备或者技术条件不能诊治的病人，应当及时转诊”，这两条所确立的就是医师的强制缔约义务。由此可见，强制缔约制度的创立意在形成公法对私法自治原则的限制，在此种情况下，医院负有公法上的义务。

四、转诊

案例思考

陈某于 2013 年年初某日晚 20 时 40 分带发热的父亲（以下简称患者）到甲医院急诊科就诊，经急诊分诊台护士告知医院发热门诊按消防局要求进行整顿，已暂停接诊，应到其他医院的发热门诊处就诊。患者于当天 21 时离开甲医院，40 分钟后到达乙医院，该院诊断：来时已死亡。医生进行了 40 分钟抢救，于 22 时 30 分宣布患者临床死亡。2 月 1 日，患者之子陈某向甲医院提出意见，医院出具《关于患者家属投诉的回复意见》。

陈某起诉至法院称：甲医院借故推诿、拒绝对患者进行及时施救，导致其死亡的不作为行为，违反《执业医师法》《医疗机构管理条例》《护士条例》等一系列法律、法规和规章等明文规定，应当按照《侵权责任法》的相关规定承担侵权赔偿责任。陈某要求甲医院赔偿自付部分医疗费、护理费、死亡赔偿金、丧葬费、就医交通费、丧葬交通费、误工费及精神损害抚慰金 30 万元。

医院辩称：没有患者的挂号记录，故我院无法确认死者曾来就诊。陈某所称的时间段，我院的发热门诊因被消防部门认定为存在严重火灾隐患要求进行整改而临时查封。查封期限是 2012 年 10 月 19 日 17 时到 2012 年 11 月 19 日 17 时。我院已就此向卫生局疾控处呈报，同时在网站、门诊大厅、大门外及急诊张贴了相关告示，告诉患者到其他发热门诊处就诊。根据上述情况，如果存在死者曾来医院就诊的情况，并不是我院拒诊，而是由于客观条件的特殊性决定的，我院的行为符合相关法律法规的规定，不应承担任何过错责任，故请求法院依法驳回陈某的诉讼请求。

一审法院认为，北京市高级人民法院《指导意见》第 7 条规定，在医疗损害赔偿纠纷诉讼中，患者一方应当首先证明其与医疗机构之间存在医疗关系并发生医疗损害。本案中，患者到甲医院就医，在医院无法挂号接诊的情况下，滞留十五分钟后选择相对较远的乙医院进行就医。患者未与甲医院形成医疗关系，且陈某亦无充分证据证明患者的死亡系甲医院未接诊造成，故对其各项诉讼请求，法院不予支持。据此，判决驳回陈某的诉讼请求。陈某不服上诉。二审法院以事实不清为由，裁定将本案发回重审。

法律评析

此案一方面涉及医疗机构如何履行首诊负责制，另一方面涉及发热病人就诊流程规范执行问题。如何确定责任，可能会影响一批案件的处理。笔者查阅了相关规范性文件：一是原北京市卫生局于 2003 年 9 月下发的《关于进一步规范发烧门诊等有关问题的通知》（京卫医字〔2003〕121 号）中对于“非发烧门诊定点医院病人就诊流程”规定：不能排除呼吸道传染病的发烧患者，要进入发烧病人诊断程序，通过辖区“120”转运系统，转至辖区内有发烧门诊的医院。二是原卫生部办公厅 2004 年 10 月下发《关于印发〈二级以上综合医院感染性疾病科工作制度和工作人员职责〉及〈感染性疾病病人就诊流程〉的通知》，其中《感染性疾病病人就诊流程》中提到“发热病人、感染性疾病病人由感染性疾病科门诊医生进行排查”。三是原卫生部 2004 年 12 月下发《急性呼吸道发热病人就诊规定》（卫办医发〔2004〕220 号）要求：

“医师在接诊过程中，对体温≥38℃，伴有呼吸道症状（鼻塞、流涕、咳嗽、咽喉肿痛、气促、呼吸困难等）的急性呼吸道发热病人，经诊断不能排除呼吸道传染病的，要将病人转至感染性疾病科进一步明确诊断。未成立感染性疾病科的，要将病人转至相对隔离的分诊点。”“对不能排除非典和人禽流感的病人，要就近将其转到建立感染性疾病科的二级综合医院或设有留观床位的三级医院作进一步排查。”

通常认为，首先，患者转诊应该具备转诊条件，即本院不具备诊疗技术或条件、病人的身体情况能够承受运送距离和条件。无论是否为发烧门诊定点医院，都应该坚持首诊负责制原则。第一个接诊的科室为首诊科室，接诊医生为首诊医师。接诊医生应该对患者有个初步判断，到底是疑似呼吸道传染病还是其他病症引起的发热，特别是危重病人，要看是否具备转诊条件，帮助联系并协助实施转院事宜。其次，患者身体条件是否能承受转诊应由医生进行判断。本案中被诉医院始终没有医生来看过病人，没有对病人危重状态作出正确评价和应急处理。最后，首诊医疗机构有协助转诊的义务。本案被诉医院没有履行协助转院义务。综上，被诉医院对于陈某之父死亡的后果不能说完全没有责任。

另外，认定医院在转诊的医疗行为过程中的责任大小时，一般应当综合考虑以下几个方面的因素：（1）医院的医疗水平和技术情况。医院的客观医疗水平和技术条件不符合患者的诊治需求才产生转诊治疗的必要，此时，医院应当尽快安排转诊。但医院在转诊之前必须要穷尽自己的医疗手段和技术能力才能免除责任。在本案中，该医院在技术和能力上能够却没有对患者进行必要的疾病鉴别诊断的检查。其医疗过错并非客观医疗水平和条件的限制，是医疗机构没有尽到合理的注意义务。（2）患者个人病情转归。患者自身病情转归也影响着医院赔偿责任的比例。在本案中，由于患者所患的病症发病急、死亡率高，所以患者自身的病情也在一定程度上对其死亡结果产生了影响，可以适当减轻医院的责任。（3）患者和家属的配合程度。鉴于转诊必须要对患者或家属履行转院告知义务，患者本人或家属的书面同意与配合是顺利转诊的一个重要因素，根据《侵权责任法》的规定，医院若未取得患者和家属同意，在紧急情况下也享有紧急救治的权利，转诊应当属于紧急救治的方式之一。在实践中，患者和家属在转诊中不配合医院的情况有以下几种，如不配合治疗、自行错误使用药物、不同意转诊、故意阻挠医务人员转移患者等，患方如果在转诊活动中存在一定过错，按照过错相抵的原则，也应当减轻甚至免除医院的责任。本案中，患者及其家属十分配合，在转诊中无过错。（4）对转诊风险评估的注意义务。为患者转诊之前，医院必须要对患者的病情进行临床检查、评估，确定患者不属于急危重症等不易转诊的情况，方能进行转诊。转诊作为一种综合性的医疗行为，同样受到法律、卫生法规、诊疗护理规范的规制。在本案中，医院在未对患者进行必要检查的情况下拒绝接诊，也并没有对患者在转诊过程中可能出现的情况进行有效评估，应当承担对转诊风险预测评估不足的责任。

第三节　医疗关系的终止

多种因素致医疗关系终止，如治疗终结、患者治愈出院或者死亡，抑或医疗机构倒闭等，其中纠纷产生最多的当属出院。实践中，经常出现住院患者拖欠医疗费用和拒不出院的情况，医疗机构对此应如何处理，在患者拖欠医疗费用时，医院能否单方解除医疗服务合同，责令患者出院？再者医院完成了与其医疗水平相符的治疗，出具了出院证明，病人可否滞留医院，不办理出院手续，乃至占据病房？这些都是困扰医疗机构的常见问题。

本节主要探讨以下三个方面：医疗服务合同终止的条件、符合出院条件的患者拒不出院如何处理以及医疗服务合同解除的法律后果。

一、医疗服务合同终止的条件

合同的终止又称合同的消灭，是指依法生效的合同，因具备法定情形或当事人约定的情形，合同债权债务关系于客观上归于消灭。[①] 医疗服务合同

---

① 胡康生主编：《中华人民共和国合同法释义》，法律出版社 1999 年版，第 145 页。

作为一种特殊的民事合同，通常，引起其终止的原因主要有以下几种情形[①]：（1）已按合同履行完毕。当事人依据合同约定履行所承担的义务、合同目的得以实现，合同权利义务归于消灭。医疗服务合同的目的在于治疗疾病，医方承担的是手段债务而非结果债务。因此，医疗服务合同因履行而终止，并不以是否治愈疾病为标准，只要医方按规定提供了医疗服务，即使未达到治疗的目的，医疗服务合同即告终止。（2）合意终止。医疗服务合同基于医患双方的合意而成立，也可依双方当事人的协议而终止。终止医疗服务合同是一种意思表示，其具体表现有两种方式：一种是明示方式，如医师建议患者转诊，但医师不得拒绝患者的求诊，也不得单方面终止对患者的诊疗行为。另一种是默示方式，如医师停止治疗而直接将患者转诊，依照患者具体病情，应于一定期限内就诊而未就诊时等都视为默示的意思表示。（3）合同当事人一方死亡或医疗机构解散。医疗服务合同当事人（患者或个体开业医师）死亡或医疗机构解散均引起医疗服务合同关系的消灭。医方当事人为医疗机构，在有其他医师的情况下，即使主治医师死亡，合同关系并不消灭。只有在医疗机构解散时，医疗服务合同关系才告消灭。（4）个体医师丧失医师资格。作为医疗服务合同的合同履行辅助人即医师在其资格被撤销时，医疗服务合同关系即告消灭。我国《执业医师法》第 31 条规定："……对考核不合格的，由县级以上人民政府卫生行政部门注销注册，收回医师执业证书。"合同当事人是医疗机构的，主治医师在丧失医师资格时，原医疗服务合同关系并不消灭，患者可由该医疗机构的其他医师诊治。合同当事人是个体开业医师的，在其丧失医师资格时，医疗服务合同关系消灭，但其对患者仍负有转诊的后合同义务。

实践中，有观点认为医院单方面解除医疗服务合同要满足以下几个条件[②]：（1）患者符合出院标准，合同的解除不违背医疗行为的人道主义追求。医疗服务合同的订立、履行和解除均应以是否符合人道主义精神作为首要判

---

① 参见艾尔肯：《论医疗合同关系》，载《河北法学》2006 年第 12 期。

② 参见陈璐、代贞奎：《以患者拖欠医疗费为由解除住院医疗服务合同的条件及法律后果》，载《人民司法》2011 年第 12 期。

定标准。对于符合出院标准的病人，住院治疗已无必要，合同的解除并不损害患者健康，不违背医疗行为的人道主义追求。（2）经催告患者仍拖欠医疗费，合同的解除符合合同法一般规定。尽管医疗服务合同具有人道主义的价值追求，但其仍具备一般以财产给付为内容的合同之特性。从法律规定看，《医疗机构管理条例》第26条、第37条规定已明确医疗机构享有收取医疗费的权利。根据《合同法》第94条的规定，当事人一方迟延履行主要债务，经催告后在合理期限内仍未履行的，对方当事人可解除合同。（3）司法鉴定结论表明患者符合出院标准。根据《最高人民法院关于参照〈医疗事故处理条例〉审理医疗纠纷民事案件的通知》要求，因医疗事故以外的原因引起的其他医疗赔偿纠纷，适用《民法通则》的规定。且因医疗事故以外的原因引起的其他医疗赔偿纠纷需要进行司法鉴定的，按照《人民法院对外委托司法鉴定管理规定》组织鉴定。医疗合同纠纷不属于医疗事故纠纷的范畴，鉴定事项系对患者是否符合出院标准进行临床界定，不涉及医疗事故或医疗过错的因素，因此，司法鉴定结论是判定患者是否符合出院标准的依据。（4）有助于实现医疗资源在全社会的集约使用、公平享有。我国正处于并将长期处于社会主义初级阶段，医疗资源相对稀缺，人民群众日益增长的医疗需求与医疗资源供给不足的矛盾必将长期存在，故符合出院标准的患者若继续占用医院病床，必将挤占公共卫生资源，导致医疗资源分配不公。

二、符合出院标准的患者拒不出院

那么，符合出院标准的患者能否以疾病尚未治愈为由要求继续履行住院医疗服务合同呢？根据合同之债的分类，医疗机构所负的诊疗义务系手段债务，而非结果债务。担负手段债务的债务人仅需根据合同约定尽善良管理人的注意义务，合理勤勉地行事即为履行合同之约定，实现合同之目的。担负结果债务的债务人不仅须合理勤勉，更须确保履行义务的结果达到合同约定之特定标准，方为履行合同之约定，实现合同之目的。医疗机构的诊疗义务系手段债务，因为医方只能借助医学知识和技术提供尽可能符合医学原理和患者具体情况的医疗服务，推动患者向健康的方向发展，而治疗结果却受到医疗科学水平、患者病情、体质等多种因素的影响，且某些疾病在一定的医疗技术水平下，确实是无法治愈的。故除非特别约定，医疗服务合同均不包括以治愈在内的任何治疗效果为目的。因此，符合出院标准的患者以疾病尚未治愈为由要求继续履行住院医疗服务合同的抗辩，不能成立。

三、医疗服务合同解除的法律后果

合同解除有如下法律后果。（1）合同的解除不具有溯及力。医疗服务合同系继续性合同，债务人在履行合同之债的过程中，须实施继续性行为或反复给付行为。住院医疗服务合同解除后原则上不具有溯及力，其解除仅使住院医疗服务合同的效力向将来消灭。（2）患者应足额向医院支付医疗费并迁出病房。鉴于医疗服务合同解除后，其解除效力向将来消灭，已经履行的部分则仍然有效。因此，患者应当及时向医疗机构支付因诊疗服务所产生的医疗费用，并在合理期限内迁出病房。（3）合同解除的后合同义务。合同解除后，合同当事人应当根据诚实信用原则负有维护合同效果或者处理善后事务的后合同义务。医院解除住院医疗服务合同后，医疗机构应当承担的后合同义务，如提供继续诊疗或维持诊疗效果的建议；妥善提供病历资料复印件等。

第四节　医疗纠纷解决的路径选择及其法律后果

前文已经提及处理医疗纠纷时，存在违约之诉和侵权之诉两种不同的路径。本节主要解决司法实践中应当如何选择路径以及会带来何种相应的法律后果这一问题。

一、违约责任与侵权责任的一般区别

1. 构成要件不同

我国的违约责任是无过错责任，而侵权行为一般是过错责任。因此，当

事人以违约责任为诉由的，无须举证对方有过错，如以侵权责任为诉由的，常需证明对方有过错。一般情况下，只有存在损害后果才能构成侵权行为，所引起的侵权责任也自然以损害为构成要件。与此不同，违约行为不以损害为构成要素，违约责任的成立不一定以损害为要件，只有赔偿损失以损害为成立要件，而违约金责任、强制实际履行责任均不以损害为构成要件。

2. 举证责任不同

首先，从举证责任分配来说，医疗服务合同纠纷在民事诉讼中举证责任的分配上应当适用一般规则，即"谁主张，谁举证"。在违约责任中，受害人请求违约方承担违约责任，只要证明其有违约行为即可，不需要举证证明违约方对造成违约有过错，除非违约方能够举证证明自己未履行合同，具备法定免责事由；而在侵权责任中，过错推定只适用于少数特别侵权行为中的情况，在多数侵权责任中，受害人须对行为人的过错负责举证。

其次，从举证责任范围来说，医疗服务合同纠纷不以医疗机构存在过错为前提，只要医疗机构违反了医疗服务合同约定，患者即可主张权利。但如果患者主张医疗机构承担侵权责任，则其需要证明医疗机构在诊疗活动中存在过错。

3. 归责原则不同

按照我国法律规定，违约责任适用严格责任原则，对侵权责任采用过错责任原则、严格责任原则或者公平责任原则，实际上是采用了多重归责原则。在侵权之诉中，只有受害人具有重大过失时，侵权人的赔偿责任才可以减轻，而在合同之诉中，只要受害人具有轻微过失，违约人的责任就可能被减轻。

4. 第三人的责任不同

由于合同的相对性，在合同责任中，即使由于第三人的责任造成合同不能履行，未履行合同的一方也应首先向合同相对人承担违约责任，而后再向第三人追偿。由于合同当事人的代理人的故意或者过失造成合同不能履行，同样由合同当事人向合同相对人承担责任。而在侵权责任中，损害后果只能由行为人本人负责。

5. 责任方式不同

违约责任主要是财产责任，有强制实际履行、支付违约金、赔偿损失、价格制裁，仅有合同解除为非财产责任。侵权责任既包括财产责任，如赔偿损失，也包括非财产责任，如消除影响、恢复名誉、赔礼道歉。

6. 赔偿范围不同

通常来说，合同法保护的边界有限，侵权法保护的边界更广。在医患纠纷中，只能适用合同法来救济的有两种常见情形：其一，医疗费用过高；其二，医疗服务合同主体不适格。一个值得注意的问题是，主张违约责任是否可以请求精神损害赔偿。对此，法律并无明确规定，学界也存在不同主张，笔者将在下文详细分析。

违约责任的赔偿损失额可以由当事人在合同中约定，如果无约定，根据《合同法》的规定，赔偿损失额应当相当于受害人因违约而受的损失，一般包括直接损失和间接损失。按《民法通则》第 117 条和第 119 条规定，侵权责任的赔偿范围原则上包括直接损失和间接损失，在侵害人格权时，按《民法通则》第 120 条规定，还可以进行精神损害赔偿；不法造成他人死亡的，按《民法通则》第 119 条规定，赔偿范围还要扩大至死者生前扶养的人必要的生活费用等。

二、医疗服务合同中精神损害赔偿救济问题

精神损害赔偿制度的发展经历了长期的过程，损害赔偿的范围也随着社会的变迁不断变化，我国的精神损害赔偿制度也经历了一个渐进的发展过程。当前对于侵权场合下给予精神损害赔偿已无异议，法律明确规定了当事人可通过提起侵权之诉主张精神损害赔偿，而主张违约责任能否请求精神损害赔偿并无法律规定，学界也存在不同的观点。其中，占主流地位的观点不承认在合同之诉中主张精神损害的违约救济，并认为该损害完全可以通过侵权之诉来解决。但是，传统侵权救济不能解决所有的违约精神损害赔偿问题。事实上医疗服务合同的精神损害本质上是由于违约造成的，因为通过合同的内容、目的及诚信原则可以推导出这类合同的义务中包含了对精神利益的保护。此外，基于违约之诉提起精神损害赔偿较传统的侵权救济更具有便利性。随着人格权物化现象的出现，精神损害也可能出现在社会生活中的各个层

面，此时如果仍将精神损害局限于侵权领域，将难以实现对人的全面保护。

笔者认为，侵权和违约并非严格意义上竞合的并存关系。在加害型违约的情形下，加害人的违约行为既侵害了对方的履行利益，又侵害了对方的固有利益，为简化法律关系、便利当事人以及节约诉讼成本，应当允许受害人通过违约之诉获得精神损害赔偿。《合同法》中虽然没有明确使用非财产损害或者精神损害的用语，但第 112 条[①]的规定已为此留有解释的余地。另外，第 122 条[②]肯定了违约责任与侵权责任竞合，但并没有排斥对非财产上损害的赔偿，在违约方的行为同时符合侵权行为和违约行为的构成时，守约方可以选择有利于己方的请求权基础，是妥当的利益衡量的体现。只允许守约方基于《侵权行为法》请求违约给自己造成的精神损害赔偿，有违违约责任和侵权责任竞合的理论。这种观点不符合《合同法》第 122 条的规范目的及功能。虽然适当地限制违约责任和侵权责任的竞合也是必要和应当的，但限制违约责任和侵权责任的竞合必须具备充分的理由。[③]

其实，审判实践已经开始承认医疗服务合同违约所致精神损害的赔偿。其中以“马立涛诉鞍山市铁东区服务公司梦真美容院美容损害赔偿纠纷案”[④]为典型。在其他合同中也有承认违约所致精神损害赔偿的例子。例如，“艾新民诉青山殡仪馆丢失寄存的骨灰损害赔偿纠纷案”[⑤]，“肖青、刘华伟诉国营旭光彩色扩印服务部丢失交付冲印的结婚活动照胶卷赔偿纠纷案”[⑥]，“王青云

---

① 《合同法》第 112 条规定：“当事人一方不履行合同义务或者履行合同义务不符合约定的，在履行义务或者采取补救措施后，对方还有其他损失的，应当赔偿损失。”

② 《合同法》第 122 条规定：“因当事人一方的违约行为，侵害对方人身、财产权益的，受损害方有权选择依照本法要求其承担违约责任或者依照其他法律要求其承担侵权责任。”

③ 参见崔建远：《论违约的精神损害赔偿》，载《河南省政法管理干部学院学报》2008 年第 1 期。

④ 《马立涛诉鞍山市铁东区服务公司梦真美容院美容损害赔偿纠纷案》，载《人民法院案例选》（总第 7 辑），人民法院出版社 1994 年版，第 89—90 页。

⑤ 《艾新民诉青山殡仪馆丢失寄存的骨灰损害赔偿纠纷案》，载《人民法院案例选》（总第 5 辑），人民法院出版社 1993 年版，第 83—86 页。

⑥ 《肖青、刘华伟诉国营旭光彩色扩印服务部丢失交付冲印的结婚活动照胶卷赔偿纠纷案》，载《人民法院案例选》（总第 11 辑），人民法院出版社 1994 年版。

诉美洋达摄影有限公司丢失其送扩的父母生前照片赔偿案”[①]。如此，应当承认对特定领域违约场合非财产上损害的赔偿，并进而在理论上对其谋求正当化和系统化。

当然，面对这种复杂的法律问题，不能苛求当事人在起诉的时候就能准确地选择对己方最有利的案由，故应当由法官在了解案情后，行使释明权，将选择不同案由可能带来的法律后果向当事人进行充分释明，以期当事人在审理过程中确定对自己有利的案由。

---

① 《王青云诉美洋达摄影有限公司丢失其送扩的父母生前照片赔偿案》，载《人民法院案例选》(总第26辑)，人民法院出版社1996年版。

第四章　医疗损害赔偿的责任主体

案例思考

2010年12月13日，患者A因“反复呕吐20个月，呕吐1月余”入住H医院。2011年1月14日，住院病历记载：考虑手术风险极大，可行支架置入解决饮食，待情况改善后再考虑下一步治疗。H医院为A植入食管支架。A于1月17日出院。之后，A到H医院进行复查，未见异常。10月26日A因无明显诱因出现呕吐到B医院治疗，经检查发现置入的食道支架断裂，其在B医院至2011年12月31日出院，共计66天。

后，A转入H医院治疗，2012年1月11日，A于全麻下行十二指肠断裂支架取出，内镜进入胃腔，于十二指肠球见断裂的食管支架，部分金属丝已嵌入黏膜内。后经手术，分离支架顺利取出。1月16日的查房记录显示：术后无出血、穿孔等并发症发生。A于1月18日出院。

6月7日,A再次因反复呕吐、吞咽困难、间断呕血等入H医院治疗，并于6月8日于胃镜下行食管支架置入术。A于6月13日出院，花费住院费5036.96元。A出院后，继续复查并治疗相关疾病。

2013年3月5日至3月18日,A因肺部感染、食管支架植入术后，食管恶性占位，上消化道出血等症，到B医院住院治疗。同年7月16日至7月31日，A因肺部感染、反流性食管炎等症，再次到B医院治疗。

2013年1月，A以H医院为其植入的支架断裂，给其造成损害为由诉至原审法院，要求判令H医院、C公司、D公司赔偿医疗费、误工费、精神损害抚慰金等共计471296.66元，并承担A尚未支付给H医院的医疗费，以及H医院为其垫付的B医院的医疗费。

本案诉争支架系E国进口产品，生产者为E国F公司。2007年9月14日，E国F公司取得中华人民共和国医疗注册证，经审查，符合医疗器械产品市场准入规定，准许注册。自批准之日起有效期四年。2009年10月1日，E国F公司出具代理授权书，委托C公司为其公司所有非血管支架产品在中国区的代理商，并负责一切相关事宜及医疗器械不良事件等的相关法律责任。2009年10月1日，C公司授权D公司在H医院销售其所代理的支架。

H医院辩称：本院给A做的手术符合A当时的诊断，具备做支架的条件。支架断裂给A带来的损害与本院无关。医疗费和后续治疗费在鉴定意见中已有明确表述，故本院不同意支付，后续的药是治疗A本身的病，与本院无关。

C公司辩称：支架断裂并非就是因为质量原因，支架没有问题，故我方不应该承担连带责任。

D公司辩称：我公司的意见同C公司。我公司不认可支架断裂是质量问题导致，现在的医学水平很难避免支架断裂。

H医院认为不应该由其全部承担已垫付的医疗费，应按照责任比例来折算。C公司及D公司就法律规定的免责事由没有提供证据。

一审法院认为，H医院对鉴定意见持有异议，但并未能提供充分证据。故法院参照鉴定单位的鉴定意见，确定其对A的诊疗过程中存在过错，其责任比例认定为30%，其应据此承担相应的责任。作为代理商及销售者的C公司、D公司无法证实植入A体内的断裂支架不存在产品缺陷，故作为代理商及销售者的C公司、D公司应当承担连带赔偿责任。H医院、C公司、D公司承担连带赔偿责任后，其三方之间纠纷可另行解决。H医院、C公司、D公司应当赔偿A因此产生的医疗费、交通费、住院伙食补助费、护理费、鉴定费等损失。对于H医院已垫付A尚未支付的H医院的医疗费，以及H医院为A垫付的B医院的医疗费，应由H医院、C公司、D公司承担，并在三方解决其相互之间纠纷时再行处理。

二审法院认为，依据《侵权责任法》第59条规定，就医疗产品损害赔偿纠纷的外部法律效果而言，对医疗机构和生产者适用产品责任的严格责任原则，患者既可以向生产者请求赔偿，也可向医疗机构请求赔偿。就内部法律效果而言，对医疗机构和生产者分别适用过错原则和产品责任的严格责任原则，即医疗机构在经患者请求赔偿其损害后，如果其对医药产品的缺陷没有过错，可以向生产者追偿。结合到本案，在没有证据证明存在其他人为因素影响的情况下，置入患者体内的支架发生断裂，应认定为产品自身缺陷所致。A作为被动接受治疗的患者，对其置入食道的支架发生断裂没有过错，故依法可以向H医院请求赔偿。原审法院判令H医院承担医疗产品侵权责任，在认定事实和适用法律上并无不当，本院予以维持。关于赔偿项目和赔偿数额，鉴于医疗产品损害责任具有产品责任性质，应当适用无过错责任原则，H医院作为医疗机构应首先对因医药产品缺陷给患者造成的损失承担赔偿责任，而后再根据其对缺陷是否有过错行使追偿权，故原审法院在本案中所最终确定的赔偿项目和赔偿数额并未超出H医院的民事赔偿责任范围，本院予以维持。

裁决结果：驳回上诉，维持原判。

第一节　医疗行为主体与责任主体

一、医疗行为的主体

医疗行为主体即医务人员。医疗损害赔偿中的医务人员应当作广义理解，是指经过考核和卫生行政机关批准或承认，取得相应资格的各级各类卫生技术人员（如执业医师、执业助理医师和护士等），以及从事医疗管理、后勤服务等人员。[①]

（一）医师

《执业医师法》规定：依法取得执业医师资格或者执业助理医师资格，经注册在医疗、预防、保健机构中执业的专业医务人员，适用本法。本法所称医师，包括执业医师和执业助理医师。执业助理医师应当在执业医师的指导下，在医疗、预防、保健机构中按照其执业类别执业。在乡、民族乡、镇的医疗、预防、保健机构中工作的执业助理医师，可以根据医疗诊治的情况和需要，独立从事一般的执业活动。在乡村医疗卫生机构中向村民提供预防、保健和一般医疗服务的乡村医生，符合本法有关规定的，可以依法取得执业医师资格或者执业助理医师资格；不具备本法规定的执业医师资格或者执业助理医师资格的乡村医生，由国务院另行制定管理办法。计划生育技术服务机构中的医师，适用本法。

因此，根据上述条文的规定，医师包括执业医师和执业助理医师，但执业助理医师从事的职业活动有一定的限制。在乡村医疗卫生机构中向村民提供预防、保健和一般医疗服务的乡村医生，也必须取得执业医师资格或者执业助理医师资格。同样的要求也适用于计划生育技术服务机构中的医师。

根据《执业医师法》和《医疗机构管理条例》的规定，医师应当在注册的医疗机构内执业。任何单位和个人，未取得《医疗机构执业许可证》，不得开展诊疗活动，否则构成非法行医。医师在家中擅自诊疗病人造成死亡的，则不应认定为医疗损害责任，应按《侵权责任法》一般条款处理，即医疗机构对于医师在家中擅自诊疗病人的行为不承担侵权责任，由医师直接承担侵权责任。

未取得医师资格的人员在医疗机构同意下（包括默示）从事医疗活动，所发生的侵权行为应当认定为医疗损害责任。但是，对于未取得医师资格的医学专业毕业生，如果是在执业医师指导下从事相应的医疗活动，可以被认定为医护人员，成为医疗损害责任的行为主体；如果违反规定擅自在医疗机

① 参见程啸著：《侵权责任法》，法律出版社 2015 年版，第 556 页。

构独立从事相应的医疗活动造成损害的，不构成医疗责任。[1]医疗机构接受进修生、实习生、临床研究生参加临床工作在一定程度上已经赋予进修生、实习生、临床研究生准工作人员的身份，于患者而言，他们与医疗机构正式工作人员无区别。[2]如此区分的关键点在于，未取得医师资格的人员从事医疗活动是否有医疗机构的同意，至少有默示同意（即明知违反规定从事医疗活动而不予制止）才会构成医疗损害责任，否则应按照一般侵权处理。

因此，医师或进修生、实习生、临床研究生实施的诊疗活动造成侵权损害的，医疗机构并不一定因此承担医疗损害责任，实施的诊疗活动必须能够被认定为医疗机构的行为，即医疗机构对此行为存在管理上的过失。

（二）护士

根据《护士条例》规定，护士是指经执业注册取得护士执业证书，依照《护士条例》规定从事护理活动，履行保护生命、减轻痛苦、增进健康职责的卫生技术人员。成为合法执业的护士，必须经执业注册取得护士执业证书。医疗卫生机构不得允许下列人员在本机构从事诊疗技术规范规定的护理活动：（1）未取得护士执业证书的人员；（2）未依照《护士条例》第9条的规定办理执业地点变更手续的护士；（3）护士执业注册有效期届满未延续执业注册的护士。对于实习护士，要求在教学、综合医院进行护理临床实习的人员应当在护士指导下开展有关工作。

因此，《护士条例》规定的三种类型的护士以及实习护士，在医疗机构默示且符合其他条件下造成医疗损害的，相应的医疗机构应当承担医疗损害责任。但是，若未经医疗机构允许，擅自从事护理活动造成的医疗损害，医疗机构不承担医疗损害责任，由该护士直接依据《侵权责任法》一般条款承担责任。如果护士处于紧急情况的需要，超越护士规范，实施医师相关的行为，造成患者损害的，也应当认定其所在的医疗机构承担医疗损害责任。

---

① 参见杨立新著：《医疗损害责任法》，法律出版社2012年版，第92页。

② 参见刘鑫主编：《侵权责任法"医疗损害责任"条文深度解读与案例剖析》，人民军医出版社2010年版，第44页。

（三）执业药师

执业药师是指取得执业药师资格证书并登记注册，在药品生产、经营、适用单位中执业的药学技术人员。执业药师在制药、配药和监督、管理药材过程中，需要严格遵守《药品管理办法》及相关的规定。药品本身不存在缺陷，执业药师的过失导致患者误用药品造成损害的，构成医疗损害责任。

（四）执业技师

执业技师是指在医疗机构中从事除医疗护理外的检验、心电图、超声波、放射、同位素检查、理疗、病理等专业技术人员，包括检验科技师、放射科技师、同位素科技师、特殊检查室技师、理疗科技师、病理科技师、营养室（部）技师。[①] 执业技师一般使用医疗机构的器械进行从业，且活动范围足以被认定为属于职务活动，故因其操作过失导致的诊断误差等侵害患者利益的行为，属于医疗机构承担医疗损害责任的医疗侵权行为。

（五）其他医务人员

其他医务人员主要指从事与诊疗活动有关的工作人员，一般包括救护车驾驶人员、管理人员等。

（六）小结

并非医务人员的所有侵权行为都构成医疗损害责任，能构成医疗损害责任的医务人员的医疗行为必须符合以下条件：

第一，属于医师、护士、执业药师、执业技师或者其他医务人员实施的行为。这里的医师、护士、执业药师、执业技师或者其他医务人员应当属于医疗机构允许其在医院内进行相关职务活动的人员，即使属于临时人员或者派遣人员。

---

① 参见覃安宁著：《中国医疗行业管理法律制度研究》，广西人民出版社 2012 年版，第 108—114 页。

第二，在注册的医疗机构执业，且所实施的行为为职务行为。其中医疗机构不能作硬性的理解，认定责任主体时必须在固定的医疗机构场所。移动的救护车以及医务人员上门诊疗的行为，因为是以医疗机构的名义进行的医疗活动，应当被认定为职务行为，属于构成医疗损害责任的行为。实施职务行为的一个表现就是以该医疗机构的名义进行职务活动。当然，单纯的名义主张并不一定可归属于医疗机构，因为不排除存在欺诈。在判断是否属于以某医疗机构的名义进行的职务活动，除了名义主张，还应当结合所适用的设备、正式文件是否有注明为该医疗机构。

第三，诊疗活动。诊疗活动具有以下特征："其一，诊疗行为是以治疗、矫正或预防人体疾病、伤害残缺或保健为直接目的的行为，直接表现为使患者尽快恢复健康，延长寿命。其二，诊疗行为是借助于医学的方法和手段的行为，包括检查、药物、器械、手术等方法进行判断和治疗。其三，诊疗行为是医疗机构组织，由医务人员实施的行为……二者都是诊疗行为的主体。"① 诊疗活动范围应作广义理解，除了一般的医疗活动，还包括医疗机构进行的影像、病理、超声、心电图等诊断性活动。以及依据《医疗美容服务管理办法》第 2 条第 1 款规定的医疗美容活动，即运用手术、药物、医疗器械以及其他具有创伤性或者侵入性的医学技术方法对人的容貌和人体各部位形态进行的修复与再塑，也属于诊疗活动。有学者认为，"事实上，判断医疗机构及其医务人员的活动是否属于诊疗活动，关键是看该活动是否要运用医疗机构及其医务人员的专业知识与技能"。② 对此，笔者不太赞同，该观点将可能发生医疗损害责任的诊疗活动的范围有所缩小。笔者认为，其他医务人员实施的与诊疗活动有直接关系的活动也属于广义诊疗活动的范畴，如后勤人员或管理人员的在诊疗活动中的过失，虽未直接参与诊疗活动，运用专业知识与技能，但也会成为引发医疗损害责任的主要原因。但是强制治疗是基于维护社会公共安全的目的，以行政强制措施强制患者接受治疗，属于公法关系范畴而非民事法律关系，因此受行政法规或命令的规制，其中发生的

① 杨立新著:《医疗损害责任法》，法律出版社 2012 年版，第 93 页。

② 程啸著:《侵权责任法》，法律出版社 2015 年版，第 557 页。

医疗侵权不受医疗损害责任的规制。[①]

第四，违法性与过错。违法性主要表现在违反法定义务，即医疗机构及其医务人员对患者享有的绝对权利不可侵犯义务的违反；而过错则主要表现为违反医疗卫生管理法律、行政法规、部门规章和诊疗护理规范。[②]执业医师、执业药师、执业技师、护士都有与自己职业相对应的职业规范，违反这些规范的即可认定为具有违法性。此外，医疗机构对于所有医务人员及其他在医院从事相关事务的人员有组织管理义务，违反该义务可以认定为医疗机构存在过失甚至具有违法性。主观过错只限于过失，不包括故意，如果主观上为故意，则直接构成民法上的一般侵权责任而非医疗损害责任。[③]医务人员的过失造成患者损害的，即使医疗机构对此不存在明显的组织管理过失，也应当认定为医疗机构存在过失，其原因在于医疗机构实际上属于医务人员的用人单位。

二、医疗损害赔偿的责任主体

"医疗损害赔偿的责任主体是医疗机构，且是合法的医疗机构，其他主体不构成医疗侵权责任。"[④]什么是医疗机构?

根据《医疗机构管理条例》第 2 条的规定，医疗机构包括从事疾病诊断、治疗活动的医院、卫生院、疗养院、门诊部、诊所、卫生所（室）以及急救站等机构。关于医疗机构，需注意以下问题:

第一，《医疗机构管理条例》第 2 条规定医疗机构必须是从事疾病诊断、治疗活动的机构。此外，设立合法的医疗机构，在程序上，依据《医疗机构管理条例》第 9 条和第 15 条的规定，必须经县级以上地方人民政府卫生行政部门审查批准，并取得设置医疗机构批准书，以及必须进行登记，领取《医

---

① 参见强美英主编:《医疗损害赔偿责任分担研究》，知识产权出版社 2010 年版，第 46—47 页。

② 参见杨立新著:《医疗损害责任法》，法律出版社 2012 年版，第 94—95 页。

③ 参见程啸著:《侵权责任法》，法律出版社 2015 年版，第 559 页。

④ 杨立新著:《医疗损害责任法》，法律出版社 2012 年版，第 11 页。

疗机构执业许可证》。《医疗机构管理条例》第2条列举的医疗机构主要包括医院、卫生院、疗养院、门诊部、诊所、卫生所（室）以及急救站。

第二，依据原卫生部2001年9月24日公布的《关于执业助理医师能否设置个体诊所问题的批复》的规定，执业助理医师不得申请个体行医、设置个体诊所，即使擅自设置，也不得被认定为医疗机构，且可能构成非法行医。因此，其所实施的医疗侵权行为不被认定为医疗损害责任，应按照《侵权责任法》一般条款确定其侵权责任。[①]

第三，虽未明确列举，但精神病医院也属于从事疾病诊断、治疗活动的机构，只要程序上经过批准和登记，也属于医疗机构。同样的，依据《医疗美容服务管理办法》的规定，经过审批、注册的美容医疗机构也属于医疗机构。

第四，计划生育部门或从事计划生育技术服务的机构也应当被认定为医疗机构。《医疗事故处理条例》第60条第2款规定：县级以上城市从事计划生育技术服务的机构依照《计划生育技术服务管理条例》的规定开展与计划生育有关的临床医疗服务，发生的计划生育技术服务事故，依照本条例的有关规定处理；但是，其中不属于医疗机构的县级以上城市从事计划生育技术服务的机构发生的计划生育技术服务事故，由计划生育行政部门行使依照本条例有关规定由卫生行政部门承担的受理、交由负责医疗事故技术鉴定工作的医学会组织鉴定和赔偿调解的职能；对发生计划生育技术服务事故的该机构及其有关责任人员，依法进行处理。《计划生育技术服务管理条例》第43条规定：依照本条例的规定，乡级计划生育技术服务机构开展本条例第九条规定的项目发生计划生育技术服务事故的，由计划生育行政部门行使依照《医疗事故处理条例》有关规定由卫生行政部门承担的受理、交由负责医疗事故技术鉴定工作的医学会组织鉴定和赔偿调解的职能；对发生计划生育技术服务事故的该机构及其有关责任人员，依法进行处理。由此可见，县级以上城市从事计划生育技术服务的机构依照《计划生育技术服务管理条例》的规定开展与计划生育有关的临床医疗服务，以及乡级计划生育技术服务机构开展本条例第9条规定的项目发生计划生育技术服务事故的，都参照医疗损

① 参见杨立新著：《医疗损害责任法》，法律出版社2012年版，第91页。

害责任进行处理。

第五，医疗机构作为法人，同样有权利能力和行为能力，其医疗活动不得超出法律或章程规定的业务范围，必须在核准登记的经营和服务范围内。[①]但是，构成医疗损害责任的医疗活动不应受核准登记的经营和服务范围内的限制，只要该行为属于医疗行为且有医疗机构的同意或默示同意。医疗活动超出法律或章程规定的业务范围，就明显符合了违法性和主观过错的要件，造成损害的，医疗机构更应当承担医疗损害责任。

三、医疗行为主体与责任主体相互分离

"医疗机构本身作为一个法律上拟制的行为主体，其本身并不能为所谓的医疗行为，必然借助其医务人员来进行医疗服务活动。"[②]"尽管实际从事诊疗活动，进而给患者造成损害的是医务人员，但由于医务人员是执行工作任务而造成他人损害的，所以医疗机构作为用人单位，应当承担侵权责任。医师经过所在医疗机构的批准而受其他医疗机构之邀请外出会诊，如因诊疗活动中的过失造成患者损害的，则应当由邀请该医生的医疗机构承担侵权责任。"[③]严格来讲，医疗机构作为一个法人，其具体行为依赖于所包括的人员从事相关行为。因此，事实上行为主体与责任主体之间仍存在牵连关系。这种牵连关系是构成行为主体与责任主体相分离的前提或基础，具体表现在：第一，职务关系。这种职务关系表现为医务人员属于医疗机构的职员，医务人员对外实施诊疗行为都是以医疗机构工作人员名义进行，进行诊疗活动会利用医疗机构提供的场所、仪器、设备等，所得服务费用也归医疗机构所有。第二，合法性的牵连关系。"医疗机构主体合法是医疗行为具备合法性的前提和基础。"[④]第三，过错的牵连关系。其中最主要的是职务关系，其决定了

---

① 参见强美英主编:《医疗损害赔偿责任分担研究》，知识产权出版社 2010 年版，第 48 页。

② 强美英主编:《医疗损害赔偿责任分担研究》，知识产权出版社 2010 年版，第 48 页。

③ 程啸著:《侵权责任法》，法律出版社 2015 年版，第 567—568 页。

④ 强美英主编:《医疗损害赔偿责任分担研究》，知识产权出版社 2010 年版，第 48 页。

医务人员与医疗机构之间在行为违法性和过错上的牵连。第四，行为上的牵连关系。医疗机构作为医务人员的用人单位，需要对医务人员的职务活动进行组织管理，医务人员的职务行为会受医疗机构组织管理的影响。

但是依据《侵权责任法》第54条，医疗机构是对自己的过错行为承担责任，并不存在法律意义上的责任主体与行为主体分离。[①] 从第54条的文义来看，医疗机构承担侵权责任的主观过错并非全部来自医务人员过错的转化，其本身也存在一定的过错导致的责任承担。在理解上，“患者在诊疗活动中受到损害，医疗机构及其医务人员有过错的，由医疗机构承担赔偿责任”中，“医疗机构及其医务人员有过错的”应理解为“医疗机构或医务人员有过错的”。在法律上，对于医务人员的过失行为造成患者损害，医疗机构存在不作为，有违其组织管理义务，从而应当承担医疗损害责任。

第二节　医疗机构及医护人员

一、医疗机构承担责任的原因

主流观点认为，医疗机构对于医务人员的侵权行为承担侵权责任，这种责任属于替代责任。[②] 以此推论，医疗损害责任中医疗机构与医务人员的关系就是替代责任关系。替代责任是指，“如果行为人同第三人之间存在某种特殊关系或者如果行为人同受害人之间存在某种特殊关系，当第三人对受害人实施某种侵权行为并因此导致受害人遭受损害，行为人应当就第三人实施的侵权行为对受害人承担侵权责任”。[③]

---

① 参见郑晓剑:《〈侵权责任法〉第54条解释论之基础》，载《现代法学》2014年第1期。

② 参见全国人大常委会法工委民法室编:《中华人民共和国侵权责任法条文说明、立法理由及相关规定》，北京大学出版社2010年版，第225页；杨立新著:《侵权责任法》，法律出版社2010年版，第427页。

③ 张民安著:《侵权法上的替代责任》，北京大学出版社2010年版，第1页。

实务中，在处理医疗机构不存在直接的过失时缘何对医务人员的过失行为承担医疗损害责任问题上，持用人单位观点，而不是替代责任。医务人员给患者造成损害由医疗机构承担责任的原因在于，医务人员因执行工作任务造成他人损害，医疗机构作为用人单位，应当承担侵权责任（《侵权责任法》第 34 条第 1 款）。①

替代责任中，责任人为他人行为负责的前提必须是其自身没有过错。②然而，医疗机构的过失实质上就是组织过错，医疗损害责任实质上就是组织过错责任。③医疗机构的组织过错也表现为故意和过失，其中故意主要表现为《侵权责任法》第 58 条所列举的情形，而过失主要是“其没有建立起完善的组织体系或者没有对其所属的医务人员、设备和技术等要素进行必要的督导、监管，以致存在组织缺陷，导致组织失灵，使本应得到适当管控的医疗风险得以实现（损害发生）”。④医疗机构的过错表现为对组织义务的不履行或不适当履行，如未构建与其业务活动相符合的组织体系，对其所属的人员、设备和技术等要素没有进行必要或有效的督导、监管和安排，对医疗活动风险没有进行妥当管控，未能维护医疗机构的安全、有序运行，未能防止因医疗活动风险实现对他人造成损害。⑤也就是说，只要医务人员的过失行为属于职务行为并且给患者造成损害的，就推定医疗机构在组织管理义务履行上存在过失。甚至一定程度上可以认为，医务人员的过错就是医疗机构的过错，受害人只要能够证明医务人员或医疗机构存在过错，就可以认定为医疗机构的过错。在此结论下，只要医务人员满足造成患者损害的职务行为条件，即可认定对于该行为所造成的损害，医疗机构存在间接的过失，属于存在过错，故不符合替代责任的构成

① 参见程啸著:《侵权责任法》，法律出版社 2015 年版，第 567 页。

② 参见郑晓剑:《〈侵权责任法〉第 54 条解释论之基础》，载《现代法学》2014 年第 1 期

③ 参见郑晓剑:《〈侵权责任法〉第 54 条解释论之基础》，载《现代法学》2014 年第 1 期。

④ 郑晓剑:《〈侵权责任法〉第 54 条解释论之基础》，载《现代法学》2014 年第 1 期。

⑤ 参见郑晓剑:《〈侵权责任法〉第 54 条解释论之基础》，载《现代法学》2014 年第 1 期。

要件。

从《侵权责任法》第54条的文义来看，医疗机构承担侵权责任的主观过错并非全部来自医务人员过错的转化，其本身也存在一定的过错导致的责任承担。在理解上，“患者在诊疗活动中受到损害，医疗机构及其医务人员有过错的，由医疗机构承担赔偿责任”中，“医疗机构及其医务人员有过错的”应理解为“医疗机构或医务人员有过错的”。并且，医疗机构的过错主要表现为违反相应组织管理义务上的过失，医务人员的过错表现为具体职务活动中的过失。基于医务人员与医疗机构之间员工与用人单位的关系，医务人员的过失在法律上即意味着医疗机构的过失。有学者认为，医疗机构就医务人员实施的侵权行为对患者承担医疗损害责任属于过错侵权责任，而非无过错、过错推定或严格责任，并且其过错建立在医务人员的过错基础上。[①] 实际上，医疗机构过失与医务人员的过失是有一定的相互独立性，前者并非建立在后者基础上，至多是对前者的认定依赖于后者。因此，受害人只要证明医务人员存在过失并造成损害，法律上基本推定医疗机构存在过失，而无须受害人举证证明除医务人员存在过失外，医疗机构也存在过失。但在侵权行为表现上，医疗机构主要表现为对组织管理义务的违反，包括作为和不作为，但主要表现为不作为。

具体分析医疗机构与医务人员的牵连关系如下：

第一，《侵权责任法》规定了医务人员对于患者在诊疗活动中受到损害存在过错的，由医疗机构承担责任的一般条款。作为一般条款规定，该法第54条的规定贯穿于第七章医疗损害责任的始终，明确具体进行规定的有第55条第2款、第57条、第58条（所规定的三种情形都属于医务人员的作为或不作为）、第59条、第62条。

第二，归责原则上，根据《侵权责任法》第54条，一般医疗损害责任纠纷适用过错责任原则，而医疗产品责任（第59条）适用无过错责任原则属于例外。有学者认为，第54条实际上“包含了两种责任，对医疗机构（限于法人）承担的雇主责任和医务人员承担的责任”，“前者采取替代责任原

---

① 参见张民安著:《侵权法上的替代责任》，北京大学出版社2010年版，第12页。

则（不考虑过错），后者采取过错责任原则”。[1] 首先，替代责任并非一种归责原则，而是表明责任承担的责任形态。其次，医务人员与医疗机构之间的责任承担采用的是内部承担，即医疗机构承担责任后根据相关的规章制度要求医务人员承担责任，医务人员所承担的责任不单纯是民法上的侵权责任。最后，在对外关系上，涉及民事责任承担时，由医疗机构代替医务人员对外承担责任，作为最终归责主体，承担责任的原因为医疗机构存在过错而非替代。

第三，构成要件上，医务人员的行为与过失是证明医疗机构行为与过失的举证证明方法，而不是构成医疗损害责任的直接考察要件。按照一般条款采过错原则的规定，医疗损害责任的构成要件包括：“（1）医疗机构和医务人员在诊疗活动中的违法诊疗行为；（2）患者受到损害；（3）诊疗行为与患者之间具有因果关系；（4）医疗机构及其医务人员有过错。”[2] 从构成要件中的侵权行为主体与过错主体可以看出侵权行为表现为医疗机构及其医务人员的行为，主观过错表现为医疗机构及其医务人员的过错，实际上完全可以原则上归纳为医务人员的违法诊疗行为与过错。[3]“医务人员的过失往往是医疗机构的组织过错的反映或投射：正是因为医疗机构没有善尽组织义务，才在具体的诊疗过程中致使本应得到适当管控的医疗风险得以实现。”[4] 在未获得相应资质的医务人员过失导致患者损害时，要求医疗机构也存在过失即至少存在默示同意未获得相应资质的医务人员在本医疗机构进行诊疗活动，才会构成医疗损害责任，否则为一般侵权责任。相应的，医务人员的行为可以证明医疗机构违反组织管理义务，医务人员的过失可以证明医疗机构的过失。因此，在证明责任上，受害人只需要举证证明医务人员的行为与过失或者医疗机构以作为方式违反组织管理义务与过失即可，此时医务人员的行为与过

---

① 周友军著：《侵权法学》，中国人民大学出版社 2011 年版，第 251 页。

② 杨立新著：《侵权责任法》，北京大学出版社 2014 年版，第 323 页。

③ 参见最高人民法院侵权责任法研究小组编著：《〈中华人民共和国侵权责任法〉条文理解与适用》，人民法院出版社 2010 年版，第 384 页；张新宝著：《侵权责任法》（第二版），中国人民大学出版社 2010 年版，第 232—234 页。

④ 郑晓剑：《〈侵权责任法〉第 54 条解释论之基础》，载《现代法学》2014 年第 1 期。

失、医疗机构的行为与过失属于举证证明意义上的构成要件。并且，医务人员行为与过失的证明主要是解决受害人很难对医疗机构不作为行为与过失进行证明的难题。在实体意义上，构成要件仍只包括医疗机构的行为与过失。

第四，“适用替代责任的基础就在于医疗机构与医务人员之间的关系属于劳动关系，一方属于用人单位，另一方属于工作人员，当工作人员因执行工作任务（即执行职务）造成他人损害时，因工作人员执行职务的行为属于用人单位的行为的延伸，其后果应当归属于用人单位承担。”[①] 但是，与用人单位不同的是，后者采用过错推定原则，而医疗单位中的替代责任则采用完全的归属效果，即医护人员的侵权行为与过错被视为医疗机构的侵权行为与过错。医务人员的行为与过失推定医疗机构的不作为行为与过失，在法律上就是一种推定，在归责原则上体现的就是过错推定。

二、牵连关系在医疗损害责任中的具体体现

根据《侵权责任法》第七章的规定，学界把医疗损害赔偿责任产生类型具体分为医疗技术损害责任、医疗伦理损害责任、医疗产品损害责任、医疗管理损害责任。[②]

医疗技术损害责任，即第 57 条规定，医务人员在诊疗活动中未尽到与当时的医疗水平相应的诊疗义务，造成患者损害的，医疗机构应当承担赔偿责任。虽然医疗技术水平与医务人员有直接关系，与医疗机构只有间接关系，医务人员在诊疗活动中未尽到与当时的医疗水平相应的诊疗义务表明医疗机构在对医务人员的组织管理上没有尽相应的责任，存在不作为行为和过失。

医疗伦理损害责任，包括医务人员违反告知义务、保密义务以及其他注意义务造成患者人身权益损害的侵权责任。依据第 55 条、第 61 条、第 62 条，医务人员违反相关的义务，其法律后果由医疗机构对患者承担。医务人员违

---

① 杨立新著:《医疗损害责任法》，法律出版社 2012 年版，第 52—53 页。

② 参见杨立新著:《侵权责任法》，北京大学出版社 2014 年版，第 311—313 页。

反告知义务、保密义务以及其他注意义务可能因为医务人员本身职业素养不合格，也可能因为医疗机构管理人员的指示，但都表明医疗机构存在相应的侵权行为与过失。因此，在法律逻辑上，医务人员违反告知义务、保密义务以及其他注意义务构成侵权责任的，由医务人员承担。

医疗产品损害责任，即第59条规定的，因药品、消毒药剂、医疗器械的缺陷，或者输入不合格的血液造成患者损害的，患者可以向生产者或者血液提供机构请求赔偿，也可以向医疗机构请求赔偿。患者向医疗机构请求赔偿的，医疗机构赔偿后，有权向负有责任的生产者或者血液提供机构追偿。同样的，即使采用无过错责任原则，而非一般的过错责任原则，责任主体为医疗机构或者医疗产品的生产者、销售者，而非医务人员。“医疗机构在将缺陷医疗产品应用于患者时，如果是由于自己的过错造成患者损害或者因为自己的过错使医疗产品发生缺陷造成患者损害的，则应当适用过错责任原则确定损害责任，这种情形又在《侵权责任法》第54条规定的调整范围之中。”[①]

医疗管理损害责任，即医疗机构及其医务人员违背医政管理规范和相关的职责要求，造成患者损害，所应承担的责任。医疗管理损害责任与医疗机构的管理运作有一定关系，一般包括：违反紧急救治义务的损害责任、违反病历资料管理职责致害责任、救护车急救不及时损害责任、违反管理职责致使产妇抱错孩子致害责任、违法处理患者医疗废物侵害患者权利、医务人员擅离职守、医疗机构违反安全保障义务致害责任等。[②]医疗管理损害责任的侵权行为主体显然不仅仅包括狭义的医务人员，医疗机构管理人员以及从事与医疗诊疗活动相关事务的人员也能成为侵权行为的实施者。即便如此，责任主体都是医疗机构。医疗管理损害责任就是用人单位责任。[③]医疗管理损害责任适用过错责任，由原告一方举证证明医疗机构过失，其赔偿的损害包括人格、身份和财产损害。[④]这表明，医疗管理损害主要是因为医疗机构违

① 杨立新:《医疗损害责任一般条款的理解与适用》，载《法商研究》2012年第5期。

② 参见杨立新著:《医疗损害责任法》，法律出版社2012年版，第368—372页。

③ 参见杨立新:《医疗管理损害责任与法律适用》，载《法学家》2012年第3期。

④ 参见杨立新:《医疗管理损害责任与法律适用》，载《法学家》2012年第3期。

反组织管理义务所致，属于自己责任。

综上，无论归责原则上是过错责任、过错推定责任、无过错责任，医疗机构承担医疗损害责任都是一种自己责任，而非替代责任。

第三节　医疗产品生产者、销售者

一、医疗产品及其缺陷

医疗产品是指用于医疗服务的产品，依据《侵权责任法》第59条，包括药品、消毒药剂、医疗器械。血液是否属于产品存在一定的争论。对于医疗产品的缺陷，可以参照《产品质量法》第46条“本法所称缺陷，是指产品存在危及人身、他人财产安全的不合理危险；产品有保障人体健康和人身、财产安全的国际标准、行业标准的，是指不符合该标准”的规定。一般来说，医疗产品的缺陷可分为：设计缺陷，即医疗产品在设计时存在产品结构、配方等方面存在不合理危险；制造缺陷，即医疗产品在制造过程中，因原材料、配件、工艺、程序等方面存在错误，导致制作成最终医疗产品上具有不合理的危险；警示说明不充分的缺陷，即没有对进入流通的医疗产品的不合理危险进行充分的警示和说明，以及正确使用方法的充分说明；跟踪观察缺陷，即由于科技水平的限制，法律赋予医疗产品生产者和销售者进行跟踪观察，以及时发现潜伏的危险，若未及时发现，或者虽发现，但是未及时采取召回等补救措施，造成患者人身损害的，仍应承担赔偿责任。[①]

医疗产品损害责任必须是因为产品存在缺陷导致患者损害，若医疗产品不存在缺陷，而是医务人员使用上存在过失，则应当认定为医疗技术损害责任或医疗管理损害责任，而不是医疗产品损害责任。

---

① 参见杨立新著：《医疗损害责任法》，法律出版社2012年版，第330—331页。

二、责任承担

与其他医疗侵权责任不同，医疗产品损害责任以下几个问题需要注意：

第一，多数人侵权。与其他医疗侵权责任一般只存在医疗机构单一责任主体不同，医疗产品损害责任的责任主体一般情形下，除了医疗机构，还包括医疗产品的生产者和销售者。因此，当医疗产品的生产者、销售者以及医疗机构对于缺陷医疗产品造成患者损害，如生产者和医疗机构对于医疗产品的缺陷的造成都有一定的过失，或者生产者生产缺陷的医疗产品被医疗机构因过失未按正常使用方法使用，共同导致患者的损害时，显然属于多数人侵权问题。

第二，医疗机构是否为医疗产品的销售者问题。从法律条文来看，《侵权责任法》第 59 条提及生产者却未提到销售者，然而医疗产品销售者是存在的，如专门的药店。从文义上看，药店由于不属于医疗机构，从而被排除在第 59 条适用的责任主体范围外，这的确让人容易产生似乎医疗机构就是医疗产品销售者的观点。“立法征求意见中就医疗机构是否为销售者有不同意见。”[①] 有学者认为，“规定医疗产品损害责任将医疗机构以销售者对待，会损害医疗机构的合法权益”，理由在于：便于患者权利保护的立法理由不成立，在过错责任原则下，无过错的医疗机构先承担中间责任，一旦缺陷医疗产品的生产者丧失赔偿能力，医疗机构便无法追偿，其承担的这种后果必然最终会转嫁给全体患者，有损全体患者的利益。[②] 此观点立论基础在于认为立法者将医疗机构认定为销售者，且不是作为一般销售者类型的例外处理。此外，其论证理由建立在两个连续假设基础上，即假设缺陷医疗产品生产者丧失生产能力以及假设无过错的医疗机构承担赔偿责任后，必会将这种不利后果转嫁给全体患者承担，通常做法即涨价或增加不必要疗程的花销。显然，

---

① 王胜明主编：《中华人民共和国侵权责任法释义》（第 2 版），法律出版社 2013 年版，第 323 页。

② 参见杨立新著：《医疗损害责任法》，法律出版社 2012 年版，第 55—56 页。

这两个假设在论证上因为足够证据的欠缺，从而缺乏一定的说服力。因为其中有三点需要进行充分论证：一是假设缺陷医疗产品生产者丧失生产能力在现实市场上的可能性大小即概率大小；二是医疗机构在采购或引进医疗产品过程中是否真的不存在过失，不存在因价格低原因而购买了缺陷产品，以及不存在发现问题后未及时暂停销售该类医疗产品的情况；三是无过错的医疗机构承担赔偿责任后，是否真会将这种不利后果转嫁给全体患者承担，如何转嫁。当然，以上三点也需要足够论据来证明，但至少可以说明，“规定医疗产品损害责任将医疗机构以销售者对待，会损害医疗机构的合法权益”观点的论证理由的成立存在很大嫌疑，故对该观点的成立也存疑。也就是说，是否真会损害医疗机构的权益，以及损害的权益一定合法，都是存疑的。

医疗机构可以被认定为医疗产品的销售者，但是要区别于一般的销售者。首先，这与即使医疗机构不是销售者，依据便利患者主张权利的立法目的，其仍然要承担不真正连带责任并不冲突。其次，医疗机构只是医疗产品销售者中的一种，医疗产品销售者还包括药店等。因此，即使将医疗机构认定为医疗产品销售者并不会产生排除其他销售者作为医疗产品损害责任的责任主体问题。相反，笔者认为，《侵权责任法》第 59 条中未规定独立于医疗机构的销售者存在不足，把医疗产品销售者的范围限缩为仅医疗机构一种。最后，现实生活中，即使医疗机构因医疗保险的存在而出卖价格较平常低的医疗产品，也不足以否认其与患者买卖关系的存在，并且医疗机构作为一个固定的出售医疗产品的主体，符合销售者的特点。但是，医疗机构与一般的销售者最大不同在于，前者在我国具有公益性质，不以营利为目的，而后者是以营利为目的的。

第三，责任形态问题。《侵权责任法》第 59 条规定：“因药品、消毒药剂、医疗器械的缺陷，或者输入不合格的血液造成患者损害的，患者可以向生产者或者血液提供机构请求赔偿，也可以向医疗机构请求赔偿。患者向医疗机构请求赔偿的，医疗机构赔偿后，有权向负有责任的生产者或者血液提供机构追偿。”实际上，该条所包含的责任形态不仅仅是不真正连带责任和替代责任。存在多数人侵权时，责任形态还应包括按份责任和连带责任。

对于责任主体之间具体的责任承担，有学者建议作如下处理：“其一，在一般情况下，医疗机构对使用缺陷医疗产品造成患者损害有过失，或者医疗机构强制指定患者使用缺陷医疗产品，造成患者损害的，适用产品责任的一般规则，按照不真正连带责任规则，受害患者一方既可以向医疗机构要求赔偿，也可以向缺陷产品的生产者或销售者要求赔偿，医疗机构承担赔偿责任后，生产者、销售者应当承担责任的，医疗机构有权向生产者或销售者追偿。其二，医疗机构对于缺陷医疗产品造成损害没有过失的，不应当承担责任，受害患者一方只能向缺陷医疗产品的生产者、销售者按照产品责任的一般规则请求赔偿。其三，医疗机构使用缺陷医疗产品致患者损害，无法确定缺陷医疗产品的制造者或者提供者的，应当比照《侵权责任法》第 42 条第 2 款规定的产品销售者承担产品责任的规则承担赔偿责任。[①] 以上处理方式比较合理，关键在于医疗机构使用缺陷医疗产品导致患者受侵害中是否存在原因力，即存在过错。原因力大小将决定医疗机构是否承担最终的责任。根据第 59 条的规定，笔者拟分别对不同医疗产品构成的医疗损害侵权进行具体分析。

（一）缺陷药品造成侵权

依据我国《药品管理法》，药品是指用于预防、治疗、诊断人的疾病，有目的地调节人的生理机能并规定有适应证或者功能主治、用法和用量的物质，包括中药材、中药饮片、中成药、化学原料药及其制剂、抗生素、生化药品、放射性药品、血清、疫苗、血液制品和诊断药品等。对于药品和消毒药剂，医疗机构购进时，必须建立并执行进货检查验收制度，验明药品合格证明和其他标识；不符合规定要求的，不得购进和使用。并且，医疗机构必须制定和执行药品保管制度，采取必要的冷藏、防冻、防潮、防虫、防鼠等措施，保证药品质量。

医疗机构制剂时，因为医疗机构制剂也属于药品，因此医疗机构也能成为药品的生产者，但该制剂必须用于本医疗机构。依据我国《药品管理法实施条例》，医疗机构制剂是指医疗机构根据本单位临床需要经批准而配制、自用的固定处方制剂。医疗机构配制制剂需符合以下条件或限制：第一，必

---

① 杨立新著:《医疗损害责任法》，法律出版社 2012 年版，第 58—59 页。

须配备依法经过资格认定的药学技术人员。第二，须有审核同意和批准。医疗机构配制制剂，须经所在地省、自治区、直辖市人民政府卫生行政部门审核同意，由省、自治区、直辖市人民政府药品监督管理部门批准，发给《医疗机构制剂许可证》。无《医疗机构制剂许可证》的，不得配制制剂。第三，必须具有能够保证制剂质量的设施、管理制度、检验仪器和卫生条件。第四，必须是本机构需要，且不得流通于市场。医疗机构配制的制剂，应当是本单位临床需要而市场上没有供应的品种，并须经所在地省、自治区、直辖市人民政府药品监督管理部门批准后方可配制。配制的制剂必须按照规定进行质量检验；合格的，凭医师处方在本医疗机构使用。医疗机构配制的制剂，不得在市场销售。

药品缺陷主要类型有：药品设计缺陷，即因设计因素导致的不合理危险；药品制造缺陷，即药品在制造过程中产生的不合理危险，直观地表现为与药品预先设计偏离，与同一生产线上的同批次其他药品品质不同；药品警示缺陷，即药品生产者、销售者未对药品的危险性和正确使用方式作出警示和说明，导致药品使用中存在不合理的危险；药品营销缺陷，即药品在投入流通的过程中以及投入流通后，经营销售不当，使药品具有不合理危险，具体包括运输缺陷、储存缺陷、售后警示缺陷和召回缺陷。[①] 当存在上述任何一种缺陷的药品，在满足经医疗机构之手、造成患者人身权益损害的条件下，都构成医疗损害责任。

依据上述说法，可得出缺陷的药品导致的医疗损害责任情形主要包括：第一，医疗机构购进并使用不符合规定的、不合格的药品，损害患者权益的；第二，虽购进合格的、符合规定的药品，但未采取有效的保管措施保证药品质量，却仍然使用该不合格药品，损害患者权益的；第三，虽购进合格的、符合规定的药品，但该药品存在警示缺陷，医疗机构对此存在过失，未向患者特别警示和说明，损害患者人身权益的；第四，未按照《药品管理法》和《药品管理法实施条例》的规定进行配置和适用制剂，导致医疗侵权的（如果未按照《药品管理法》和《药品管理法实施条例》的规定进行配置和适用

① 参见陈璐著:《药品侵权责任研究》，法律出版社 2010 年版，第 87—129 页。

制剂，未造成患者任何损害甚至有助于患者康复的，不构成医疗侵权，但可能会构成违反行政法规。此时，应按照相关的处罚规则处理）。

《侵权责任法》第59条对于药品缺陷造成的损害规定了医疗机构与生产者之间的不真正连带责任。对于药品缺陷构成医疗损害责任的具体责任承担应当结合药品缺陷的具体情形进行分析，如下：

第一，医疗机构配制制剂，其本身带有生产者身份，同时该制剂原则上用于本医疗机构。因此该制剂存在设计缺陷、制造缺陷、警示缺陷以及营销缺陷时，最终的责任承担者为医疗机构，不存在其他生产者或销售者来分担责任。此时的医疗产品损害责任的责任形态仅仅在医务人员（包括药学技术人员）和医疗机构之间存在替代责任，而不存在医疗机构与其他责任主体之间的不真正连带责任。此时，《侵权责任法》第59条中的“患者可以向生产者或者血液提供机构请求赔偿，也可以向医疗机构请求赔偿”应限缩为“患者只能向医疗机构请求赔偿”。

第二，医疗机构虽购进合格且符合规定的药品，因医疗机构的营销缺陷，存在运输存储问题、不能保存药品质量以及由医疗机构进行药品使用中不合理危险的警示而未警示（如指定的药品不得与其他药品同时服用、不得进食某类食物等）从而构成医疗产品损害责任。此时，虽然在作为类似销售者的医疗机构与生产者之间可以发生不真正连带责任，但是从生产者的名誉、成本来计算，以及考虑到最终责任主体为医疗机构，将无须承担责任的生产者纳入责任主体范围极其不恰当。除可能会损害生产者的名誉、增加生产者的诉讼成本、最终责任主体为医疗机构外，现实生活中患者直接起诉医疗机构更为合适。因此，《侵权责任法》第59条对于此情形不适用，仍需进一步限缩。

第三，医疗机构应当知道是不符合规定的、不合格的药品仍购进或者购进后、开药开与患者前应当知道是不符合规定的、不合格的药品而未知，仍将缺陷药品开与患者，从而损害患者人身权益，构成医疗损害责任。此种情形，医疗机构的过失是由医务人员的过失构成的，而构成的过失可能不单单是某个医务人员的过失，不排除采购医生查验药品存在缺陷仍购买而依处方开药的医生应知而不知药品存在缺陷情形。由于生产者和医疗机构对于患者的损害都有原因力，因此依据《侵权责任法》第12条，能够确定两者的责任大小的，各自承担相应的责任；难以确定责任大小的，平均承担赔偿责任。基于第59条与第12条构成特别法与一般法的关系，以及便于患者主张权利的立法目的，应当承认此种情形中的不真正连带责任。但是，司法实践中，如果患者仅起诉生产者或医疗机构中一人，法院应当主动追加另一人为本案的第三人，依法判决生产者和医疗机构按各自原因力大小承担责任，无法确定责任大小时，平均承担责任。此时应当适用按份责任，而不是不真正连带责任。

第四，医疗机构在当时的医疗水平限制下，经过查验，仍未检测出所购进药品存在缺陷，按照符合医疗规范方式开与患者，造成患者人身权益损害，构成医疗损害责任时，依据不真正连带责任以及患者本身便利考虑，医疗机构往往会成为诉讼的被告。此时，如果能够确定药品的生产者或销售者（转卖给医疗机构的销售者），法院应追加药品生产者或销售者为诉讼第三人。如果不能确定药品的生产者或销售者，那么不存在诉讼第三人，医疗机构便是最终责任的承担者。

（二）缺陷医疗器械造成侵权

依据我国《医疗器械监督管理条例》，医疗器械是指直接或者间接用于人体的仪器、设备、器具、体外诊断试剂及校准物、材料以及其他类似或者相关的物品，包括所需要的计算机软件；其效用主要通过物理等方式获得，不是通过药理学、免疫学或者代谢的方式获得，或者虽然有这些方式参与但是只起辅助作用；其目的是：（1）疾病的诊断、预防、监护、治疗或者缓解；（2）损伤的诊断、监护、治疗、缓解或者功能补偿；（3）生理结构或者生理过程的检验、替代、调节或者支持；（4）生命的支持或者维持；（5）妊娠控制；（6）通过对来自人体的样本进行检查，为医疗或者诊断目的提供信息。医疗器械产品应当符合医疗器械强制性国家标准；尚无强制性国家标准的，应当符合医疗器械强制性行业标准。因此，缺陷医疗器械主要指医疗器械不符合强制性国家标准或者强制性行业标准。

医疗器械的使用者，即医疗器械使用单位，是指使用医疗器械为他人提供医疗等技术服务的机构，包括取得医疗机构执业许可证的医疗机构，取得计划生育技术服务机构执业许可证的计划生育技术服务机构，以及依法不需要取得医疗机构执业许可证的血站、单采血浆站、康复辅助器具适配机构等。使用医疗器械需遵守下列规定：第一，医疗器械经营企业、使用单位购进医疗器械，应当查验供货者的资质和医疗器械的合格证明文件，建立进货查验记录制度。第二，医疗器械使用单位应当有与在用医疗器械品种、数量相适应的贮存场所和条件。医疗器械使用单位应当加强对工作人员的技术培训，按照产品说明书、技术操作规范等要求使用医疗器械。第三，运输、贮存医疗器械，应当符合医疗器械说明书和标签标示的要求；对温度、湿度等环境条件有特殊要求的，应当采取相应措施，保证医疗器械的安全、有效。第四，医疗器械使用单位对需要定期检查、检验、校准、保养、维护的医疗器械，应当按照产品说明书的要求进行检查、检验、校准、保养、维护并予以记录，及时进行分析、评估，确保医疗器械处于良好状态，保障使用质量。第五，发现使用的医疗器械存在安全隐患的，医疗器械使用单位应当立即停止使用，并通知生产企业或者其他负责产品质量的机构进行检修；经检修仍不能达到使用安全标准的医疗器械，不得继续使用。第六，医疗器械经营企业、使用单位不得经营、使用未依法注册、无合格证明文件以及过期、失效、淘汰的医疗器械。第七，医疗器械使用单位之间转让在用医疗器械，转让方应当确保所转让的医疗器械安全、有效，不得转让过期、失效、淘汰以及检验不合格的医疗器械。

根据缺陷医疗器械一般情形以及医疗器械使用的一般要求，可分析出缺陷医疗器械侵权大致分为以下几类：

第一，医疗器械不符合强制性国家标准或者强制性行业标准，存在缺陷，医疗机构进行过查验仍未能发现问题，最后虽按规定的方法和规范使用，仍造成患者人身权益损害的。医疗器械生产者为最终的责任承担者，但是一般患者会直接以医疗机构作为被告。因此，这种情形适用的是不真正连带责任。

第二，医疗器械符合强制性国家标准或者强制性行业标准，但由于医疗机构使用或保存不当，导致医疗器械已经不符合强制性国家标准或者强制性行业标准，医疗机构继续使用，从而侵害患者人身权益，构成医疗产品损害责任的。此时，医疗机构为最终责任主体，且患者一般会直接以医疗机构作为被告，此时无须按照不真正连带责任来处理，有利于节约诉讼成本，提高效益。

第三，医疗器械不符合强制性国家标准或者强制性行业标准，存在缺陷，医疗机构进行过查验仍未能发现问题，医疗机构也未严格按规定的方法和规范要求使用该医疗器械，造成患者人身权益损害，构成医疗产品损害责任的。此时，造成患者的损害，医疗机构的过失和医疗器械生产者的过错都属于原因力，因此不符合不真正连带责任的其中一责任主体为最终责任人的构成要件。此时，更符合《侵权责任法》第 12 条规定的分别侵权。法院应当释明患者可以医疗器械生产者和医疗机构作为共同被告，医疗器械生产者和医疗机构仅根据其原因力确定的责任大小或者平均承担责任。经法院释明，患者放弃对其中一方起诉的，视为放弃对该责任主体的追偿权。

（三）不合格血液造成侵权

血液，是指全血、血液成分和特殊血液成分。医疗用血是需要经过加工、制作，并且在特定条件下加以保存，确保质量，才可能用于患者。此外，除做好加工、制作、保存措施外，医疗机构在使用血液时，也要受到医疗科学方法的限制。“尽管血液是人体组织，不具有物的属性，但其已经脱离人体，是人体的衍生物，具有一定程度的流通性，具有准产品的属性，可以作为准产品对待，适用产品责任规则，实行无过错责任原则。”①

血液造成侵权大致有以下情形：第一，血站提供的血液存在缺陷时，医疗用血本身存在缺陷，而医疗机构的医务人员无过错输血，构成医疗产品损害责任的。此时具体表现为“提供错误血型的血液致使异型输血造成患者损害，如血站检验人员疏忽而查错血型、贴错标签等；提供受污染的血液造成患者损害，如采血器消毒不彻底、血库血液受污染、包装不密闭等；提供病源血致使患者感染传染性疾病等”。② 第二，医疗用血本身不存在缺陷，而医

① 杨立新著：《医疗损害责任法》，法律出版社 2012 年版，第 88—89 页。

② 强美英主编：《医疗损害赔偿责任分担研究》，知识产权出版社 2010 年版，第 78 页。

疗机构的医务人员未保存好致使血液存在缺陷，或者输血过程中存在过失致使患者受损害，构成医疗产品损害责任的。

三、各责任主体在诉讼中的地位

上述分析综合起来，可知：第一，医疗产品损害责任中，产品生产者或一般销售者为最终的责任主体时，结合便于患者主张权利的立法目的，以及患者一般以医疗机构为被告的社会情况，应当适用不真正连带责任；第二，医疗产品损害责任中，医疗机构为最终的责任主体、医疗机构无法指出生产者和销售者以及医疗机构即为医疗产品生产者（制剂）时，考虑到患者一般以医疗机构为被告的社会情况，以及诉讼成本和效益，此时不属于多数人侵权，直接适用医疗机构的单独责任；第三，医疗产品损害责任中，对于患者的损害，医疗产品生产者和医疗机构都有过失，且无意思联络时，应当适用《侵权责任法》第 12 条，适用按份责任。

除第二种情形，只需列医疗机构为被告外，对于第一种适用不真正连带责任情形，“在诉讼中，如果受害患者将医疗机构、生产者和销售者一并作为共同被告起诉的，法院应当直接适用最终规则，确定缺陷的直接生产者承担侵权责任，不必先实行最近规则让医疗机构先承担责任再进行追偿”。[①] 从节约诉讼成本角度考虑，法院应当建议患者直接起诉最终责任人，患者无法确定最终责任人的，加上便于患者主张权利的考量，法院应当通过初步审查确定生产者或消费者后，建议患者追加生产者或销售者为共同被告；在案件处理上，法院应当适用不真正连带中的最终规则。对于第三种情形，法院应当释明患者可以医疗器械生产者和医疗机构作为共同被告，医疗器械生产者和医疗机构仅根据其原因力确定的责任大小或者平均承担责任。经法院释明，患者放弃对其中一方起诉的，视为放弃对该责任主体的追偿权。

---

① 杨立新：《医疗产品损害责任三论》，载《河北法学》2012 年第 6 期。

第四节　血液提供者

一、血液管理体制

（一）无偿献血制度

我国实行公民自愿、无报酬地提供自身血液的无偿献血制度，主要考虑到禁止血液买卖利于禁止血液管理制度中的利益驱动问题，从而保障血液质量，保障献血者和用血者的身体健康。[①] 正是建立了无偿献血制度，即使献血者的血液天生存在缺陷，那么其血液被医用后发生医疗侵权，献血者也不能成为责任主体。

（二）血站管理血液制度

依据我国《血站管理办法》，血站是指不以营利为目的，采集、提供临床用血的公益性卫生机构。血站分为一般血站和特殊血站，一般血站包括血液中心、中心血站和中心血库，特殊血站包括脐带血造血干细胞库和卫生部根据医学发展需要批准、设置的其他类型血库。一般血液导致医疗侵权涉及的主要是一般血站。

一般血站进行活动须符合以下要求：第一，血液中心应当具有较高综合质量评价的技术能力。第二，血站开展采供血活动，应当向所在省、自治区、直辖市人民政府卫生行政部门申请办理执业登记，取得《血站执业许可证》。没有取得《血站执业许可证》的，不得开展采供血活动。《血站执业许可证》有效期为三年。第三，为保证辖区内临床用血需要，血站可以设置储血点储存血液。储血点应当具备必要的储存条件，并由省级卫生行政部门批准。第

---

① 参见全国人大常委会法制工作委员会民法室编：《中华人民共和国侵权责任法条文说明、立法理由及相关规定》，北京大学出版社 2010 年版，第 238 页。

四，血站应当根据医疗机构临床用血需求，制订血液采集、制备、供应计划，保障临床用血安全、及时、有效。血站开展献血者招募，应当为献血者提供安全、卫生、便利的条件和良好的服务。血站应当按照国家有关规定对献血者进行健康检查和血液采集。血站不得采集血液制品生产用原料血浆。血站应当建立对有易感染经血液传播疾病危险行为的献血者献血后的报告工作程序、献血屏蔽和淘汰制度。第五，血站应当保证所采集的血液由具有血液检测实验室资格的实验室进行检测。对检测不合格或者报废的血液，血站应当严格按照有关规定处理。血站及其执行职务的人员发现法定传染病疫情时，应当按照《传染病防治法》和卫生部的规定向有关部门报告。第六，血站应当保证发出的血液质量符合国家有关标准，其品种、规格、数量、活性、血型无差错；未经检测或者检测不合格的血液，不得向医疗机构提供。血站应当加强对其所设储血点的质量监督，确保储存条件，保证血液储存质量；按照临床需要进行血液储存和调换。

（三）医疗机构用血制度

依据我国《医疗机构临床用血管理办法》，医疗机构有以下义务：第一，妥善管理、储存义务。医疗机构应当根据有关规定和临床用血需求设置输血科或者血库，并根据自身功能、任务、规模，配备与输血工作相适应的专业技术人员、设施、设备。不具备条件设置输血科或者血库的医疗机构，应当安排专（兼）职人员负责临床用血工作。医疗机构应当对血液预订、接收、入库、储存、出库及库存预警等进行管理，保证血液储存、运送符合国家有关标准和要求。第二，医疗机构输血中的义务。医务人员应当认真执行临床输血技术规范，严格掌握临床输血适应证，根据患者病情和实验室检测指标，对输血指证进行综合评估，制订输血治疗方案。在输血治疗前，医师应当向患者或者其近亲属说明输血目的、方式和风险，并签署临床输血治疗知情同意书。因抢救生命垂危的患者需要紧急输血，且不能取得患者或者其近亲属意见的，经医疗机构负责人或者授权的负责人批准后，可以立即实施输血治疗。

同时，该管理办法还规定了医疗机构紧急情况下的临时采集血液的权利。为保证应急用血，医疗机构可以临时采集血液，但必须同时符合以下条件：（1）危及患者生命，急需输血；（2）所在地血站无法及时提供血液，且无法及时从其他医疗机构调剂血液，而其他医疗措施不能替代输血治疗；（3）具备开展交叉配血及乙型肝炎病毒表面抗原、丙型肝炎病毒抗体、艾滋病病毒抗体和梅毒螺旋体抗体的检测能力；（4）遵守采供血相关操作规程和技术标准。医疗机构应当在临时采集血液后10日内将情况报告县级以上人民政府卫生行政部门。

二、血站与医疗机构的责任关系

结合上述内容可知，因血液缺陷造成患者权益损害，构成医疗产品损害侵权的情形主要包括：第一，血站提供的血液存在缺陷时，医疗用血本身存在缺陷，而医疗机构的医务人员无过错输血，构成医疗产品损害责任的。又可以具体表现：（1）提供错误血型的血液致使异型输血造成患者损害；（2）采血过程中，血液受到污染仍被提供进行输血，造成患者损害；（3）血液存有病毒，但未检测或未检验出应当检验出的病毒，仍提供该血液致使患者感染传染性疾病；（4）保管过程中，保管措施不当致使血液变质，造成患者损害；（5）运输过程中，设备配置不当导致血液变质，造成患者损害等。第二，医疗用血本身不存在缺陷，而医疗机构的医务人员未保存好致使血液存在缺陷，或者输血过程中存在过失致使患者受损害，构成医疗产品损害责任的。此时属于临床用血过程中出现的问题，具体表现：（1）血液保存或管理不当导致血液受到污染或变质，造成患者损害；（2）使用过期输血器或者消毒不严致使患者损害；（3）未考虑患者的特殊体征不当输血导致患者受到损害，如对心功能不全的患者输血过多过快导致心衰，对肝功能不全的患者输入大量贮存血导致氨血症等。[①] 第三，医疗机构紧急情况下临时采集血液存在过失造成患者损害，构成医疗产品损害侵权的。

① 参见全国人大常委会法制工作委员会民法室编：《中华人民共和国侵权责任法条文说明、立法理由及相关规定》，北京大学出版社2010年版，第239页。

（一）一般情形的归责原则与责任承担

从《侵权责任法》第59条来看，对于血液造成的医疗侵权，在归责原则上仍然采用的是无过错归责原则，即一旦发生侵害患者人身权益的医疗侵权，医疗机构和血站不论过错与否，都应当成为责任主体。尽管在不真正连带责任场合，其中一个责任主体身份是被法律拟制的，并非最终的责任主体。“因输入的血液是否合格引发的损害赔偿纠纷案件，患者一方同时起诉血液提供机构和医疗机构时，如果患者一方的赔偿请求得到支持，人民法院可以判决血液提供机构和医疗机构对患者一方承担连带赔偿责任。不负最终责任的当事人在承担了赔偿责任之后，可以依法向承担最终责任的其他当事人进行追偿。”[①]

第一，适用不真正连带责任情形。血站提供的血液存在缺陷时，医疗用血本身存在缺陷，而医疗机构的医务人员无过错输血，构成医疗产品损害责任的。此时，主要是为了方便患者主张权益。

第二，非多数人侵权，无须适用不真正连带和无过错责任原则。医疗机构紧急情况下临时采集血液存在过失造成患者损害，构成医疗产品损害侵权的。医疗用血本身不存在缺陷，而医疗机构的医务人员未保存好致使血液存在缺陷，或者输血过程中存在过失致使患者受损害，构成医疗产品损害责任的。此时，最终责任主体比较明确，尤其是医疗机构紧急情况下临时采集血液造成医疗损害情形只有医疗机构这一单独的责任主体，因此无须适用不真正连带责任。

（二）无过错输血中的归责原则

依据《侵权责任法》第59条，因输入不合格的血液造成患者损害的，患者可以向生产者或者血液提供机构请求赔偿，也可以向医疗机构请求赔偿。患者向医疗机构请求赔偿的，医疗机构赔偿后，有权向负有责任的生产者或者血液提供机构追偿。以上情形都比较好处理，只是具体处理时的责任

① 北京市高级人民法院课题组:《新形势下医疗损害赔偿纠纷案件的审理情况、问题与对策》，载《法律适用》2011年第6期。

形态可能有所差异。

实践中，最大的难题是无过错输血造成损害问题，即供血站和进行医用输血的医疗机构都不存在过错时造成损害问题，尤其是输血引发感染，因为即使经采供血机构检验合格的血液输血后，仍存在传染疾病的可能性，其中根本原因在于医疗水平的局限。① 由于法律未给出明确的规定，法院在审理过程中出现了适用不同归责原则的情况，包括适用无过错责任原则、过错责任原则和公平责任原则；其中公平责任原则的适用主要因为，在适用过错责任原则情况下，血站和医疗机构都不存在过错，这对受害人明显不公平，为分担损害结果，法院判决医疗机构和血站给予患者一定的补偿，以达到社会稳定的目的。②

1. 血站的责任

无过错输血中，血站如何承担责任，需要慎重参照适用《产品质量法》第 41 条规定的缺陷产品的生产者应当承担无过错责任。理由如下：

首先，血站与产品的生产者有着本质的区别，后者具有营利目的。我国实行无偿献血制度决定血站绝对不能拿献血者的血液作为商品去进行交换、营利。我国《血站管理办法》第 61 条规定：血站有下列行为之一的，由县级以上地方人民政府卫生行政部门予以警告、责令改正；逾期不改正，或者造成经血液传播疾病发生，或者其他严重后果的，对负有责任的主管人员和其他直接负责人员，依法给予行政处分；构成犯罪的，依法追究刑事责任：（四）擅自采集原料血浆、买卖血液的。从生产者为了营利而置产品的质量于不顾从而损害消费者权益的角度来讲，血站不以营利为目的，其以实现公益为目的而存在，必然要做到保护患者的利益。

其次，无过错输血造成患者损害的原因在于医疗技术水平的局限性导致对潜伏的病菌不能洞察，在有限的医疗技术下应属于不能避免、不能预见、不能克服的客观情况，构成不可抗力。显然，血液潜伏病菌导致血液变质的

---

① 参见全国人大常委会法制工作委员会民法室编：《中华人民共和国侵权责任法条文说明、立法理由及相关规定》，北京大学出版社 2010 年版，第 239 页。

② 参见全国人大常委会法制工作委员会民法室编：《中华人民共和国侵权责任法条文说明、立法理由及相关规定》，北京大学出版社 2010 年版，第 239—240 页。

不可抗力与产品缺陷是完全不同的。

最后，血液是否可以认定为产品需慎重，且学界也存在不同观点。第一种观点认为血液不是产品，其本质特征不是生产劳动的成果，应当认为输血用的血液不属于产品，血站不应承担无过错责任，否则会加重血液提供机构的经济负担；第二种观点认为血液是产品或视为产品，对血液提供者和血液制品企业都应当承担无过错责任，不应区别对待。[①] 笔者比较赞同第一种观点，第二种观点将公益性质的血站与以营利为目的的血液制品企业在责任承担上作同样处理，存在极大的不妥。这不仅不属于符合公平正义原则的体现，相反恰恰未做到区别对待，有违实质正义，不符合公平原则。

基于以上理由，可知：首先，尽管公平责任不属于一项归责原则，基于现行法的规定下，以其作为无过错输血的处理方式较为合理，对于医疗机构、血站和患者都比较公平；其次，更为妥善的处理方式是国家应当建立相应的责任保险或赔偿基金制度。

2. 无过错输血中，医疗机构的责任承担问题

无过错输血中，医疗机构的责任承担上，存在不应承担责任与应当承担责任的进一步意见分歧，主要原因在于对于以下的认识存在分歧：第一，医疗机构属于血站提供血液的使用者，还是销售者，这在一定程度上和其所收费用性质有关联；第二，医疗机构是否负有最终的把关责任，是否有进行病毒检测的义务；第三，医疗机构的专业性更强，是否意味着其所承担的责任要重于一般的销售者。[②] 同理，无过错输血造成医疗损害中，将因不可抗力难以履行的义务强加给医疗机构，不符合公平正义。这种情形，基于公益性考虑，由国家来对患者的进行赔偿更为可靠。现行做法比较合理的，应当是按照公平责任来分配责任的承担。

---

① 参见全国人大常委会法制工作委员会民法室编：《中华人民共和国侵权责任法条文说明、立法理由及相关规定》，北京大学出版社 2010 年版，第 241 页。

② 参见全国人大常委会法制工作委员会民法室编：《中华人民共和国侵权责任法条文说明、立法理由及相关规定》，北京大学出版社 2010 年版，第 242 页。

第五节　共同侵权人

医疗产品损害责任中，“如果在医疗过程中，使用缺陷医疗产品造成患者损害，缺陷医疗产品的生产者或者销售者应当承担最终责任，但医疗机构对医疗产品缺陷形成也有过错，或者在使用缺陷医疗产品中有过错，就可能由三方被告或者两方被告承担赔偿责任，由于造成的是同一个损害结果并且是不可分的，且每一个行为人的行为都是造成患者损害的共同原因，因而构成共同侵权行为，应当承担连带责任”。[①] 对此，笔者不太赞同。

笔者认为，在医疗产品责任中，一般只存在多数人侵权，医疗机构或医务人员存在过错，且与生产者或销售者存在意思联络，才有可能被认定为共同侵权；否则，应当认定为多数人侵权中除共同侵权外的其他类型。

责任主体之间承担连带责任，在多数人侵权中，要么是共同危险行为，要么是共同侵权行为。无论共同危险行为还是共同侵权行为，责任主体之间的过错在主观上存在意思联络，且这种意思联络至少表现为沉默。医疗侵权中很少存在满足意思联络要求的情形，因此很少存在共同侵权，当然也并非绝对没有。

共同危险行为则更不可能出现在医疗数人侵权中，原因在于：第一，需满足意思联络要求，但实际情形中很难；第二，共同危险行为中，各个侵权人的侵权行为具有发生上的同时性，然而医疗产品侵权中，生产者或消费者与医疗机构的侵权行为具有先后的逻辑关系，且后者为前者行为发生效果的必要条件，没有医疗机构使用医疗产品的行为，生产者或销售者不可能成为医疗产品损害责任的责任主体。

笔者认为，医疗损害责任中的共同侵权主要出现在两个医疗机构之间，尤其是存在转诊关系时，医疗机构之间存在意思联络。如前所述，医疗机构承担医疗损害责任属于自己责任，而非替代责任。故，构成共同侵权的主

① 杨立新:《医疗产品损害责任三论》，载《河北法学》2012 年第 6 期。

体一定是两个以上医疗机构。但从举证证明意义上的构成要件来讲，医务人员的行为与过失可以用来证明或推定医疗机构之间的共同侵权行为。“患者在不同医疗机构之间先后转诊，并因为不同医疗机构的不当医疗行为造成共同的损害结果的情形，在这种情形下，不同医疗机构之间就应当承担连带责任。”①

共同侵权构成要件具体分析：第一，共同侵权行为，表现为作为与不作为或作为与作为的结合，即两个医疗机构之间的行为造成了患者损害这一共同结果。在具体侵权行为之间关系判断上需要结合转诊过程中不同医疗机构的医务人员之间行为的关系进行判断，行为范围包括具体的诊疗行为和转院过程中的行为。因此，不排除医疗机构在转诊过程中相关义务因不作为而违反与另一医疗机构之间的作为造成同一损害。第二，共同过失，即要求存在意思联络，主要表现为过失与过失或故意与过失结合。第三，因果关系，表现为不同医疗机构的行为与损害结果都存在因果关系。第四，同一结果，如果医疗机构间造成多个医疗损害结果，可就具有共同因果关系、共同过错的结果承担共同侵权的连带责任。

综上，在医疗损害责任中，构成共同侵权，主体之间承担连带责任的主要发生在不同医疗机构之间，尤其是转诊关系中。在医疗产品损害责任中主要是不真正连带责任，在多数人侵权行为类型上并非共同侵权行为。

---

① 刘鑫主编：《侵权责任法“医疗损害责任”条文深度解读与案例剖析》，人民军医出版社2010年版，第40页。

第五章　告知义务

案例思考

2011 年，林某因“8 个月前无明显诱因夜尿增多，伴尿频尿急症状及尿不尽感，无肉眼血尿，无发热，近 3 月尿频尿急症状加重”，被甲医院以“前列腺增生”收入甲医院治疗。其间，甲医院对其实施了“经尿道前列腺电切术”。手术次日，前列腺穿刺病理回报为前列腺增生，尿管在位引流通畅，尿色淡黄。术后病理回报为前列腺癌。甲医院考虑到该症为偶发癌，给予林某相应治疗。次日，林某出院。术后十个月，林某到外院泌尿外科就诊，被诊断为：尿失禁。后林某陆续到多家医院治疗。自负医疗费 2000 元。

后林某以经外院检查确认甲医院手术中碰了其膀胱肌，致其出现严重的尿失禁现象为由起诉至原审法院，要求该医院赔偿医疗费、住院伙食补助费、交通费、住宿费、医疗用品费、护理费及精神损害抚慰金共计 30 万元。

甲医院辩称：我院在术前、术后都已经尽到了充分的告知义务，不存在医疗过错。林某出院后一段时间并无其所说的症状，其所述的外院检查结果并未确认其所述内容是术后 10 个月的。林某年事已高，出院后自身是否出现过其他状况，是否去过其他医院做过其他治疗，是否按照医生要求进行术后的锻炼都可能是其自认为的“膀胱肌收缩功能受损”“严重尿失禁”的诱因，而不能就此认定系我院手术造成。因我院的诊疗行为无失误，无过错，与林某所称后果并不存在直接因果关系，故请求驳回其全部诉讼请求。

一审审理中，林某申请法院委托司法鉴定中心对甲医院的诊疗行为是否有过错、过错参与度及其伤残等级、营养期、护理期、休息期进行鉴定。司法鉴定意见书确认：医院术前诊断、手术治疗均不存在过错。但其术前已经预见可能发生尿失禁的并发症，在术前告知书中却没有明确提出，存在术前告知不到位的过错。但该过错与患者的损害后果无关。双方对此鉴定意见均无异议。

一审法院认为：法律规定，医务人员在诊疗活动中应当向患者说明病情和医疗措施。需要实施手术、特殊检查、特殊治疗的，医务人员应当及时向患者说明医疗风险、替代医疗方案等情况，并取得其书面同意；不宜向患者说明的，应当向患者的近亲属说明，并取得其书面同意。医务人员未尽到前款义务，造成患者损害的，医疗机构应当承担赔偿责任。此条款的适用仍然需要从侵权责任构成要件的角度分析，不仅需要考察行为人是否存在过错，是否存在损害后果，并且需要考察过错与损害后果之间的因果关系等侵权责任构成要件是否具备。本案中，医院在术前告知书中关于手术后可能发生的问题告知不充分，未将术后可能发生尿失禁的风险告知患者，但与林某现在的损害后果没有因果关系，不应认定甲医院侵权。考虑到林某年岁较大，尿失禁对其生活的影响，以及医院未尽到充分告知义务的过错，应对林某进行补偿，具体补偿数额由法院酌定。判决驳回林某要求赔偿的诉讼请求，判令甲医院补偿其2万元。

法律评析

医疗机构告知义务是基于患者知情同意权而延伸的义务。通常情况下，患者对于诊疗行为缺乏专门知识，对于医疗风险欠缺认识，无法做出合理适当的选择，因此医疗机构须充分告知，以便患者了解相关风险，做出选择。本案中，林某虽年事已高，但正常生理的发展并不会立即发生尿失禁这样严重的情况，正是电切术加速这一后果的发生。甲医院在实施手术前能够预见到这一情况，但并未明确告知患者，造成林某在未了解这一风险情况下贸然手术，丧失选择的机会。一审法院认为无因果关系而不支持赔偿，实际并不合理。医疗纠纷中，医方常主张未告知与损害没有因果关系，不应赔偿。实际上，其间有一个误区，未告知，无损害，自然没有赔偿；但是未告知，有损害的情况下，如果损害是直接因为未履行告知义务剥夺患方选择权导致，则未告知与损害后果的发生存在明确的因果关系，医方就应当承担赔偿义务，本案例中医方未告知电切术可能导致尿失禁的风险，造成患者信赖手术安全，以致尿失禁，未履行告知义务与手术造成损害后果间存在因果关系。

医学点评

一、良性前列腺增生

良性前列腺增生是引起老年男性排尿困难最常见的一种良性疾病，发病率随年龄的增长而增加，最初发病在 40 岁以后，60 岁时发病率大于 50%，80 岁时大于 80%。目前已知前列腺增生必须具备有功能的睾丸及年龄增长两个条件，但确切的发病机制至今仍未能阐明，目前得到一定认同的是雄激素及其与雌激素的相互作用理论和生长因子理论。正常前列腺像一个倒立的栗子包绕在尿道周围，前列腺增生可压迫尿道，导致排尿不畅及相关的合并症。其临床症状包括储尿期症状、排尿期症状、排尿后症状及相关并发症。

（一）具体表现

1. 尿频、夜尿增多。尿频为最早出现的症状，表现为夜尿次数增加（不少于 2 次），但每次尿量不多。

2. 尿急、尿失禁。50%—80% 的患者有尿急或急迫性尿失禁。

3. 排尿困难。患者排尿起始延缓，排尿时间延长，射程不远，尿线细而无力，小便分散，尿流中断及淋漓。严重者，患者必须增加腹压以帮助排尿。

4. 尿不尽、残余尿增多，甚至出现充溢性尿失禁。有的患者在受凉、饮酒、憋尿、服用药物或由其他原因引起交感神经兴奋时，可突然发生急性尿潴留。

5. 其他症状及相关并发症：（1）血尿：前列腺黏膜上毛细血管充血及小血管扩张，当膀胱收缩时可以引起镜下及肉眼血尿，是老年男性常见的血尿原因之一。严重者需急诊手术甚至抢救。（2）泌尿系感染：排尿不畅常可导致泌尿系统感染，出现尿急、尿频、尿痛等症状。当继发性尿路感染时，会出现发热、腰痛及全身中毒症状。尿中可有较多白细胞或尿培养有细菌生长，手术前应治疗。(3)下尿路梗阻，特别是在有残余尿时，尿液在膀胱内停留时间延长，可逐渐形成结石，出现尿线中断，血尿，排尿末疼痛，改变体位后方可排尿等表现。(4)肾功能损害：多由于膀胱内压力增大引起输尿管反流，肾积水导致肾功能破坏。(5)长期下尿路梗阻可导致膀胱憩室、疝、痔和脱肛。

（二）前列腺增生的诊断方法

1.IPSS 评分

IPSS 是目前国际公认的判断前列腺增生患者症状严重程度的最佳手段，于 1995 年由国际泌尿外科学会（SIU）推出，该体系通过 6 个问题回答确定分数，最高为 35 分，7 分以下为轻度，7—18 分中度，18 分以上为重度。

2. 直肠指诊

直肠指诊为简单而重要的诊断方法，在膀胱排空后进行。可评估前列腺的界限、大小、质地。如发现前列腺上有可疑硬结，应作穿刺活检，以排除前列腺癌的可能。同时可检查肛门括约肌收缩功能，以排除神经源性膀胱功能障碍。

3.B 超检查

B 超可观察前列腺的大小、形态及结构。常用的方法有经直肠及经腹超声检查。前者较准确但操作复杂，后者精度稍差但简单便捷，目前应用更普遍。经腹 B 超还可测定残余尿量，一般认为残余尿量达 50—60ml 即提示膀胱逼尿肌处于早期失代偿状态。

4. 尿流动力学检查

尿流动力学检查可较完整地对排尿功能作出客观评价，有助于评估逼尿肌功能及前列腺梗阻程度，以准确掌握手术时机。

5. 膀胱镜检查

前列腺增生时后尿道延长，尿道受压变为裂缝。膀胱底部下陷，输尿管口间距及与膀胱颈距离增宽。输尿管间嵴可肥厚，膀胱壁有小梁、小房或憩室形成。由于患者有一定痛苦，不作为常规检查。

6. 其他磁共振成像

其他磁共振成像对前列腺增生的诊断无特殊价值，但可协助鉴别早期前列腺癌。

（三）治疗方法

1. 观察等待

对症状轻微，IPSS 评分 7 分以下可观察，无须治疗。

2. 药物治疗

（1）5α－还原酶抑制剂：5α－还原酶抑制剂可以抑制前列腺的增长，缩小前列腺体积。但一般需连续服用 6 个月方能达到稳定的效果，所以患者往往感觉起效较慢。

（2）α－受体阻滞剂：可以改善尿路梗阻症状，起效快，但不同程度有降低血压的副作用。

（3）其他：包括了 M 受体拮抗剂、植物制剂、中药等。M 受体拮抗剂能缓解逼尿肌过度收缩，降低膀胱敏感性，从而改善尿频尿急等贮尿期症状。

3. 手术治疗

手术仍为前列腺增生的重要治疗方法。手术适应证为：（1）有下尿路梗阻症状，尿流动力学检查已明显改变，或残余尿在 60ml 以上；（2）不稳定膀胱症状严重，保守治疗无效；（3）已引起上尿路梗阻及肾功能损害；（4）多次发作急性尿潴留、尿路感染、肉眼血尿；（5）有相关并发症者。

目前前列腺手术治疗方法很多，传统的开放手术仍有重要价值，尤其适用于前列腺体积巨大及合并膀胱结石、憩室等疾病的患者。近来前列腺微创治疗的新方法层出不穷，但经尿道前列腺电切术仍是治疗前列腺增生的金标准，如操作得当，具有出血少、损伤小、恢复快等优点。经尿道激光切除（剜除）前列腺一直热度不减，从最初的二氧化碳激光、YAG 激光到近来的绿激光、钬激光等，各有优缺点。目前经尿道钬激光前列腺剜除术占据一定优势。另外还有一些非主流治疗方法，包括冷冻、射频、微波等，治疗前列腺增生效果有限。前列腺增生手术并发症包括出血、感染、性功能障碍、尿道狭窄及尿失禁等。尿失禁会使患者的生活质量严重下降，处理起来比较困难，因此术中应注意尿道括约肌的保护，避免损伤。

二、前列腺癌

前列腺癌指发生在前列腺的上皮性恶性肿瘤。发病年龄在 55 岁前处于较低水平，55 岁后逐渐升高，发病率随着年龄的增长而增长，高峰年龄是 70—80 岁，目前列居我国男性恶性肿瘤发病率的第 6 位。前列腺癌的发生与遗传因素、性活动、饮食习惯等有关。性活动较多者患前列腺癌的风险增加。高脂肪饮食与发病也有一定关系。

（一）症状

前列腺癌早期常无症状，随着肿瘤的发展，前列腺癌引起的症状可概括为两大类：（1）压迫症状：逐渐增大的前列腺腺体压迫尿道可引起排尿困难，类似于前列腺增生。（2）转移症状：前列腺癌可侵及膀胱、精囊、血管神经束，引起血尿、血精、阳痿。盆腔淋巴结转移可引起下肢水肿。前列腺癌常易发生骨转移，引起骨痛或病理性骨折、截瘫。

（二）临床诊断

临床诊断前列腺癌主要依靠直肠指诊、血清 PSA、经直肠前列腺超声和盆腔 MRI 检查，CT 对诊断早期前列腺癌的敏感性低于 MRI，核素骨扫描检查除外骨转移。确诊前列腺癌需要通过前列腺穿刺活检进行病理检查。穿刺指证包括：1. 直肠指诊可触及硬结；2. PSA 水平异常；3. 影像学异常，如 MRI、B 超等发现异常信号。前列腺穿刺方法包括超声引导下经直肠及经会阴两种方式。前者操作简单，但有感染、出血等并发症的风险；后者相对安全，但需要一定的操作器材及麻醉师的辅助。所有的穿刺方法都有一定的假阴性结果，必要时需重复穿刺。目前有报告经会阴活检阳性率更高。

前列腺癌的恶性程度可通过组织学分级进行评估，最常用的是 Gleason 评分系统，分化最好的是 1+1=2 分，最差的是 5+5=10 分。前列腺偶发癌是指临床以前列腺增生为主要症状，在切除的增生腺体中，病理检查发现前列腺癌。其组织学表现为分化较好的腺癌，在国外前列腺偶发癌的发病率为 10%—30%，国内发病率有报道为 5% 左右。

（三）治疗方法

早期前列腺癌患者可采用根治性治疗方法，包括放射性粒子植入、根治性前列腺切除术等。

1. 根治性前列腺切除术

根治性前列腺切除术是最经典、效果最理想的手术方法，其适应证应满足以下 4 个条件：（1）PSA < 10—20ng/ml；（2）Gleason 评分≤ 7；（3）临床分期 T1—T2c；（4）预期寿命≥ 10 年的患者。并发症主要包括尿道狭窄、性功能障碍、肿瘤残留等。

除传统的开放手术外，腹腔镜下前列腺癌根治术已趋于成熟，大大降低了手术难度和时间，患者恢复快、出血少，相比开放手术具有巨大优势。随着技术的不断进步，机器人手术不断发展，一些大型医院已经准备逐步把机器人前列腺癌根治术作为常规手术。但高额费用是其推广的最大障碍。

2. 放射性粒子植入

放射性粒子植入也叫根治性放疗，通过特殊的器具在模板引导下将放射性粒子植入前列腺，利用粒子发出的放射性杀灭肿瘤细胞。放射性粒子植入是近年来兴起的新技术，适应证应满足以下 3 个条件：（1）PSA < 10ng/ml；（2）Gleason 评分为 2—6 分；（3）临床分期为 T1—T2a 期。由于具有操作简便、安全性高、痛苦创伤小等优点，应用越来越广。很多学者尝试对于中晚期前列腺癌患者采用包含放射性粒子植入的联合治疗，取得一定效果。

3. 外放射治疗

外放射治疗适合于局限性前列腺癌患者，目前主要采用三维适形放疗和调强适形放疗等技术。此外，外放射治疗还可用于根治性前列腺切除术后病理为 pT3—4、精囊受侵、切缘阳性或术后 PSA 持续升高患者的辅助性治疗；也可用于晚期或转移性前列腺癌患者的姑息性治疗。

4. 去势和 / 或抗雄激素治疗

由于前列腺癌对于雄激素的特殊依赖性，内分泌治疗初期效果显著，方法包括去势（手术去势或药物去势）和 / 或抗雄激素治疗。但几乎所有患者最终都会发展为激素非依赖性前列腺癌或激素抵抗性前列腺癌，而不得不接受系统化疗。

随着技术水平的进步，前列腺癌出现了一定的过度诊断和过度治疗的问题，现在国外已经将严密观察作为前列腺癌患者的选项之一。要求医生跟患者充分说明严密随访的危险和过度治疗的危害，由患者做出决定。基本条件是：（1）低危前列腺癌患者（T1—T2a 期肿瘤，Gleason 评分为 2—6 分，PSA < 10ng/ml；且预期寿命少于 10 年的患者）；（2）极低危前列腺癌患者

（T1a 期肿瘤、Gleason 评分≤ 6 分、PSA < 10ng/ml、穿刺活检< 3 针阳性，每针的癌组织≤ 50%、PSA 密度< 0.15ng/ml · g；且预期寿命少于 20 年的患者）。

有研究结果显示番茄和其他含番茄红素的食物对预防前列腺癌可能有效。应用 5α－还原酶抑制剂可使前列腺癌的患病率降低 25%，但可能增加患高分级前列腺癌的风险。

三、尿失禁

（一）症状

尿失禁的病因很多，如先天性疾患、创伤（如妇女生产时的创伤，骨盆骨折等）、手术（前列腺手术、尿道狭窄修补术）、神经源性膀胱等。按照症状可分为充溢性尿失禁、真性尿失禁、急迫性尿失禁及压力性尿失禁四类。

充溢性尿失禁是由于下尿路有较严重的机械性（如前列腺增生）或功能性梗阻引起尿潴留，当膀胱内压上升到一定程度并超过尿道阻力时，尿液不断地自尿道中滴出，该类患者的膀胱呈膨胀状态。

真性尿失禁的原因是神经系统病变及尿道括约肌损伤，患者膀胱基本处于空虚状态，尿液不自主地自尿道口滴出。

急迫性尿失禁可由神经病变或膀胱炎症等强烈的局部刺激引起，患者有十分严重的尿频、尿急症状。由于逼尿肌强烈的无抑制性收缩而发生尿失禁。

压力性尿失禁是当腹压增加时（如咳嗽、打喷嚏或跑步时）即有尿液自尿道流出。多见于产后女性，由于生产时的创伤所致。

（二）诊断

尿失禁的检查方法包括：

1. 测定残余尿量：以区别因尿道阻力过高（下尿路梗阻）与阻力过低引起的尿失禁；

2. 膀胱尿道造影：观察梗阻部位在膀胱颈部还是尿道外括约肌；

3. 尿动力学检查：观察膀胱感觉及逼尿肌收缩能力，鉴别急迫性尿失禁、逼尿肌括约肌功能协同失调以及由括约肌松弛引起的尿失禁。

（三）治疗

尿失禁的治疗包括保守治疗和手术治疗。

1. 保守治疗

保守治疗适于轻度尿失禁患者，主要包括：

（1）药物：①雌激素替代疗法：主要针对老年女性压力性尿失禁。由于压力性尿失禁患者并发尿路感染率极高，雌激素替代疗法应和抗感染同时进行，才可在短期内获得满意疗效，但效果存在一定的个体差异。② α 受体激动剂可收缩尿道括约肌，但有一定副作用，目前应用不多。

（2）运动疗法：约有 70% 的压力性尿失禁患者可通过加强盆底肌肉张力的锻炼而使症状得到减轻或获得纠正。蹲式排便有益于盆底肌肉张力的维持或提高。

（3）中医针灸疗法：针刺中极、关元、足三里、三阴交等穴位，也可提升盆底肌的张力，从而改善膀胱功能。

2. 手术治疗

对于中、重度的患者，必须采取手术治疗。传统的手术方法一般采取阴道前壁修补，远期疗效差。目前无张力尿道悬吊术治疗女性压力性尿失禁取得良好效果，国内应用广泛，部分医生也将其试用于真性尿失禁。括约肌损伤后的真性尿失禁过去一直没有很好的治疗方法，近来国外及少数国内专家尝试人工括约肌置入，取得一定效果，但花费较昂贵。骶神经电刺激（膀胱起搏器）是近来发展的新技术，适用于顽固的急迫性尿失禁及部分神经疾患所致尿失禁。

点评专家

庄红雨

首都医科大学附属北京安贞医院泌尿外科主任医师

从事泌尿外科工作 20 余年，有丰富的临床经验。现为北京市医疗事故鉴定委员会专家组成员，北京医学会泌尿外科分会尿控学组委员，UpToDate 临床顾问译者。作为第一作者在《中华医学》《中华泌尿外科杂志》《中华男科学杂志》等核心期刊发表论文近 20 篇，主编或参编著作3部，翻译著作2篇。主要包括：《新辅助治疗对I125粒子永久种植组织间照射治疗局部高位前列腺癌的影响》《经直肠前列腺穿刺活检术后直肠活动性出血的临床分析》《原发性男生殖系平滑肌肿瘤的诊治》《输尿管软斑病的诊治》《阴囊内间皮瘤临床分析》《输尿管镜气压弹道碎石术常见并发症原因分析及对策》《输尿管镜气压弹道碎石术结合体外冲击波碎石治疗复杂性输尿管上段结石》《输尿管镜 Nd：YAG 激光诊治早期孤立肾输尿管癌》《实用高血压病学（第三版）》《前列腺疾病的药物治疗》。译作：《Epidemiology of and risk factors for testicular germ cell tumors》《Radical inguinal orchiectomy for testicular germ cell tumors Radical inguinal orchiectomy for testicular germ cell tumors》。

李 青

首都医科大学附属北京安贞医院泌尿外科副主任，主任医师

从事泌尿外科工作25年，2006年至2007年在美国华盛顿大学医学中心学习泌尿外科微创手术技术，擅长泌尿外科中前列腺、肾肿瘤、肾上腺疾病及结石等疾病的诊断和治疗，尤其对泌尿外科疑难杂症的治疗感兴趣。1999年主持完成了大网膜包裹治疗肾包膜下积液的临床工作，获北京市卫生局科技成果二等奖。2001年主持完成了动脉导管化疗治疗中、晚期膀胱肿瘤的临床工作，获吴英恺青年科技论文二等奖。发表文章和论文：大网膜包裹治疗肾包膜下积液《中华外科杂志》1999，动脉导管化疗治疗中晚期膀胱肿瘤《中华肿瘤杂志》2000，原发性醛固酮增多症的围手术期处理《中国煤炭工业医学杂志》2002，阶梯式治疗慢性前列腺炎/慢性盆底疼痛综合征的疗效观察《中国男科学杂志》2011，大剂量坦索罗辛治疗良性前列腺增生引起下尿路症状的前瞻性研究《中华泌尿外科杂志》2012，前列腺癌的近距放疗与内分泌治疗的比较《中国男科学杂志》2012，近距放疗联合内分泌治疗在前列腺癌治疗中的应用《临床泌尿外科杂志》2012，泌尿外科门诊心理健康的单中心调查《中华泌尿外科杂志》2012，近距离放疗联合比卡鲁胺150mg在前列腺癌治疗中的应用《中国医药》2013。

第一节　告知义务的特点

一、告知义务的概念及内容

（一）医疗告知与医疗机构告知义务

医疗告知，一般是指作为医疗行为主体的医疗机构及其医务人员，在医疗活动中，将患者罹患疾病的病情、医疗措施、医疗风险（并发症）等有关诊疗信息向患者或者其亲属如实告知的行为过程。[①]《侵权责任法》对于告知内容，增加了替代方案这一相关信息。医疗机构的告知义务，是指医疗机构负有的向患者说明病情和医疗措施的义务。[②] 医学告知与其他一般告知不同，医学告知是在不断变化的过程中进行的，是一种渐进的告知；而其他告知均可制定标准化模板进行告知。医学告知内容除了一般意义上病情、医疗措施、医疗风险的告知，《侵权责任法》还明确了替代方案的告知。

告知义务是患者享有的知情同意权，其内容之一在于告知义务的来源。正是由于患者享有知情同意权，医疗机构才应当对患者履行告知义务。正因为如此，法律认可受害人同意、自愿承受危险是阻却侵权行为不法性的原因之一。在医疗领域，创设告知义务是因为具有侵袭性的医疗行为必须获得正当性基础，而患者的知情同意权是阻却侵袭性医疗行为违法性的法定事由。[③]

当然，由于医学本身是针对不断发展进步和不断探索发现人体新的问题

---

① 参见刘鑫、张宝珠、陈特主编：《侵权责任法“医疗损害责任”条文深度解读与案例剖析》，人民军医出版社2010年版，第100页。

② 王利明著：《合同法分则研究（下卷）》，中国人民大学出版社2013年版，第610页。

③ 杨立新、袁雪石：《论医疗机构违反告知义务的医疗侵权责任》，载《河北法学》2006年第12期。

及其解决方案的过程，因此，医学诊疗活动很大程度上受到当前医学水平和技术规范等制约，故而不同疾病和不同情况下的告知义务存在一定差异。

（二）医疗告知的内容

医疗机构的说明义务内容可以分为两个内容，即一般说明义务和特殊说明义务，前者是指在所有诊疗活动中，医疗机构所负有的就患者的病情和医疗措施的说明义务，后者是指在法律特别规定的特定类型的诊疗活动中，医疗机构所负有的说明义务。①

医疗机构和医务人员履行告知义务，应当实事求是地给患者提供与其做出同意决定有关的信息，如病情、医疗措施、医疗风险、护理过程、治疗结果、具体医疗费用开支情况等。这些信息包括三个层次：一是根据专业标准医务人员在相同或类似情况下都会提供的合乎理性的医疗信息；二是提供一个合乎理性的人能够做出某项决定所需要的信息；三是提供特定的患者所需要的信息。医疗机构在明确诊断后，一般应首先向患者及其家属如实告知，履行告知义务应避免对患者的疾病治疗和康复产生不利影响；告知还应充分考虑患者的认知能力，依据患者年龄、性别、文化程度、生活习惯等的不同，使用通俗易懂的语言提供相关医疗信息，使患者真正知情并能够理解。②

告知的内容主要是：患者的病情、预定实施的医疗行为、预想的结果和伴随的危险性以及该医疗行为不予进行的后果等。“只有充分有效的告知，患方才能有效选择。”③

根据《侵权责任法》第55条的规定，医疗告知的具体内容，包括以下四个方面：

1. 患者病情。对于患者所患疾病、病情、治愈可能性等病情相关内容，医疗机构及其工作人员应当全面详细地向患者或者其近亲属告知、说明。

---

① 参见王利明著：《侵权责任法研究（下卷）》，中国人民大学2011年版，第426页。

② 参见何岚、黄德林：《论医疗行为中知情权与隐私权的实现》，载《华中科技大学学报（社会科学版）》2003年第5期。

③ 刘鑫、张宝珠、陈特主编：《侵权责任法“医疗损害责任”条文深度解读与案例剖析》，人民军医出版社2010年版，第100页。

2. 医疗措施。患方得知病情后，需要医务人员及时告知将要采取的诊疗措施的方式、缘由、具体操作内容、预期疗效、涉及的范围、危险程度等治疗信息。

3. 医疗风险。医务人员应当详细告知患者医疗行为可能伴随的风险及其发生的概率和后果，以及风险预防的可能性，此外对于术后并发症、医疗设备、药物毒副作用和医师风险防控能力等内容均应包含在内。

医疗风险主要包括三种类型：（1）根据当前医疗水平可以预见并且能够防控的风险；（2）当前医学水平可以预见但是不能加以防控的风险；（3）当前医学水平难以预见的风险。第三种风险由于医疗人员无法预见，不应归属于应当告知的风险内容。

4. 其他替代医疗方案。《侵权责任法》的规定要求医疗人员除了告知患者其所推荐的检查或治疗方案，还应告知可供选择的替代方案。一种疾病的诊疗方法往往不止一个，而不同的诊疗方法有可能疗效不尽相同，相应的技术要求、医疗费用均不一样。对于这些内容，医方应尽可能告知患者。

替代方案的含义包括三个层次：第一种是手术等直接医疗措施相对于的保守治疗方案等替代方案本身及其风险等情况的告知；第二种是常规医疗措施中存在多种治疗手段时，此种手段与彼种手段的详情及风险等情况的告知；第三是不同手术方式的告知。

替代方案的具体告知内容包括：（1）有无可替代的医疗措施。（2）替代方案带来的风险及其性质、危险程度及侵袭范围。（3）替代措施的疗效、有效程度。（4）替代措施可能引起的并发症及意外。（5）不采取替代方案的理由等。只有完全了解各种治疗方案的优势和危险之后，患者才能做出是否同意的选择。

上述四项内容所适用的情形稍有区别，按照《侵权责任法》第 55 条的规定，病情和医疗措施的告知义务适用于一般诊疗活动，而医疗风险和替代方案的告知义务主要适用于实施手术、特殊检查和特殊治疗场合。此处的特殊检查是指可能给患者带来一定身体伤害的检查，包括使用 CT、B 超、X 光等诊断仪器和对体液的化验等诊疗方法；特殊治疗，是指医疗机构对患者采取的不同于常规治疗的治疗方法，一般具有一定的危险性，或者因患者体质特殊或病情危急，可能对患者产生不良后果和危险，或者收费可能造成较大经济负担等特点。[①]

理论上，很多学者认为医生的说明义务还应包括转诊的说明。转诊的说明义务，主要是指在医生不具备医疗水准难以对患者进行有效诊疗时，医生应该劝导患者到适当的医疗机构接受治疗。[②]

就前文案例而言，涉及手术情形，所以告知义务的内容应当包括基本的病情和医疗措施，以及医疗风险和替代方案相关信息，而医院方对于医疗风险的告知并不明确而且不充分，显然没有满足法律的要求。

二、告知义务的特点

医疗机构的告知义务，由于其主体、客体和内容都与普通合同有所区别，故有不少独特之处，其特点主要在于如下方面：

（一）告知义务为附随义务

医疗机构的告知义务是医疗机构与患者之间基于医疗服务合同而产生的附随义务。附随义务，是指基于诚实信用原则的要求，根据合同性质、目的、交易习惯等而随着合同关系发展产生的通知、协助、保密等民事义务。医疗机构的告知义务，很容易在附随义务和从给付义务中混淆。

最高人民法院印发的《民事案件案由规定（试行）》把医疗服务合同归入“合同纠纷案由”第38类“服务合同纠纷”，反映出这类合同重在“服务”，与医药“买卖”等合同区别开来。[③] 医疗合同本质上还是一种以服务为标的的合同，也就是提供医疗服务的合同，由于《合同法》并没有专门规定这一类合同，医疗合同被认为是一类非典型合同，因此其法律适用应当是

---

① 参见王利明著：《侵权责任法研究（下卷）》，中国人民大学出版社2011年版，第428页。

② 关淑芳：《论医疗过错的认定》，载《清华大学学报（哲学社会科学版）》2002年第5期。

③ 参见韩世远：《医疗服务合同的不完全履行及其救济》，载《法学研究》2005年第6期。

参照最相似的有名合同以及合同法总则等法律。医疗合同与委托合同相比，有不少相似处，诸如患者将自己事务委托医院、有偿等，在台湾地区学者通说将之理解为委任合同，大陆亦有不少学者认为其为一类特殊的委托合同。[①]亦有学者认为两者虽存一定相似性，但区别也很多，如涉及事务范围、是否有偿、双务合同规则适用、报告义务有无等方面存在明显不同。[②]由于医疗合同与合同法分则部分规定的有名合同都有一定程度的相似和不同，因而不宜贸然归入其中某一类，由于司法实践中将其作为独立案由，而且有关法律法规都作出了相应的规定，将其认定为特别法上的一类有名合同似乎更加合适。

我国理论通说认为合同义务包括给付义务和附随义务，其中最主要的给付义务，又可分为主合同义务和从合同义务。主给付义务是指合同关系所固有必备，并用以决定合同类型的基本义务；从给付义务，是不具有独立意义，仅具有辅助主给付义务的功能，确保债权人利益能够获得最大满足的义务。[③]

医疗合同中，医疗机构的主给付义务是运用医疗技术、诊疗规范对患者进行诊断和治疗。附随义务与主给付义务的区别主要在于：（1）在合同中地位不同。主给付义务自始确定，并决定合同类型；而附随义务可能随合同关系的发展而不断形成，于任何合同关系中均可发生，且不受合同类型限制。（2）抗辩权发生与否不同。主给付义务构成双务合同的对待给付，对方未为对待给付时，另一方可拒绝自己的给付；而附随义务原则上不属于对待给付，不能引起同时履行抗辩。（3）违反后果不同。不履行主给付义务，是解除合同的理由；而不履行附随义务，债权人原则上不得解除合同，仅可就所受损害，依不完全履行请求损害赔偿。基于此，我们能断定在医疗合同中，告知义务的违反并不能导致解除医疗合同，同时贯穿于医疗合同全程，并且不存在同时履行抗辩情形，而是由于诚信原则下，依照诊疗习惯而产生的附随义务。

---

① 参见韩世远：《医疗服务合同的不完全履行及其救济》，载《法学研究》2005年第6期。

② 参见王利明著：《合同法分则研究（下卷）》，中国人民大学出版社2013年版，第598—599页。

③ 王利明主编：《民法》（第五版），中国人民大学出版社2010年版，第388—389页。

尽管对于附随义务与从给付义务的区别，存在独立诉求说和价值取向说的争论，但是无论从何种角度，告知义务都以认定为附随义务为宜。德国通说认为以可否独立以诉请求履行为判断标准，从给付义务为可以独立以诉请求履行的义务，有人称之为独立的附随义务；而附随义务为不得独立以诉请求履行的义务，有人称之为不独立的附随义务。从价值取向的角度区分，附随义务是保护当事人固有利益不受损害的义务。从这两种学说出发，首先，对于告知义务的违反，其结果是侵害患者的知情同意权，进而造成患者权益受损时的请求损害赔偿，而非请求履行通知义务。其次，告知义务目的在于保障患者的知情权和选择权不被剥夺，给予其更多选择空间，因而是使其固有利益免于损害的附随义务。

合同义务群中另外还有间接义务，间接义务又称不真正义务，“其主要特征在于相对人通常不得请求履行，而其违反并不发生损害赔偿责任，仅使负担此项义务者遭受权利减损或丧失的不利益而已”。[①] 医疗机构的告知义务并非间接义务，原因在于医疗机构的告知义务对应的是患者享有的知情权，医疗机构违反对患者的告知义务时，必须承担民事责任。[②]《最高人民法院关于修改民事案件案由规定的决定》（法〔2011〕41号）新增三级案由“351、医疗损害责任纠纷”下设“（1）侵害患者知情同意权责任纠纷”，明确了“侵害患者知情同意权责任纠纷”的独立性，将其与“诊疗损害责任”并列。[③] 尽管如此，并不影响告知义务本身的附随义务性质，只是违反这一附随义务可以直接提起侵权之诉而已。

为何告知仅是附随义务，并非主要义务？原因在于医学诊疗行为本身不同于一般意义上的合同，合同目的并非必须治好某种疾病，而是寻求医方的诊治行为，同时要求适当履行这一诊疗行为而已，在医疗合同理论之下，医疗服务合同的主目的和主给付行为都指向诊疗行为本身，告知仅仅是对于诊疗行为的预告和诊疗行为伴随风险等必要预告。从行

---

① 王泽鉴著：《债法原理》（第二版），北京大学出版社2013年版，第88页。

② 参见杨立新著：《医疗侵权法律与适用》，法律出版社2008年版，第84页。

③ 参见王竹著：《侵权责任法疑难问题专题研究》，中国人民大学出版社2012年版，第74页。

为间的相互依存关系来看，诊疗行为与告知义务履行行为之间存在明显的主从关系，诊疗行为本身并不必然要求告知，但是告知义务则必须依附于诊疗行为发生。

本章案例中，患者出现病情后到医院检查，院方基于检查实施的“电切术”并非一般检查，需要直接深入患者身体内部并且可能侵袭其生理机能，具有潜在风险，尽管医疗合同的主义务在于实施检查和诊疗行为，但是对于相关行为的风险告知等义务是基于诚实信用原则和习惯所应当负担的附随义务。

（二）告知义务的主体限制为医务人员

从理论上分析，医疗合同的当事人是医疗机构与患者，因此负担告知义务的主体应为医疗机构，医务人员只是医疗机构的工作人员。但由于医疗机构本身无法作出具体的说明和告知，只能由医务人员代表医疗机构来履行，因说明义务的主体是医疗机构，而具体实施者是医务人员。[①] 我国法律规定，诊疗活动具体由医务人员实施，但其并非合同当事人，而是属于医疗机构的债务履行辅助人，医务人员诊疗过错责任由医疗机构承担。[②] 但是告知义务的主体包括了医疗机构的工作人员，一个理所当然的原因在于只有医务人员才能获知医疗风险，并将之告知相对人，即患者及其近亲属。

告知义务的相对人除了患者还包括其近亲属。当然这一相对人的适用前提是在不便告知患者本人或者患者本人丧失行为能力或者无行为能力导致无法获知及做出知情同意的情形。例如，当患者处于昏迷、患者为无民事行为能力人、患者所患疾病及相关诊疗不宜告知患者等情形，告知其近亲属，尤其是监护人显然是比较合适的选择。当然，前提必须严格限制为患者本人不宜作为相对人的情形，否则可能违背患者本人的知情同意权。

由于诊疗活动是一个动态的过程，通过各种检查，使用药物、器械及手

---

① 参见金玄卿：《韩国的医师说明义务与患者知情同意权》，载《法学家》2011 年第 3 期。

② 参见王利明著：《合同法分则研究（下卷）》，中国人民大学出版社 2013 年版，第 606 页。

术等方法，对疾病作出判断和消除疾病、缓解病情、减轻痛苦、改善功能、延长生命、帮助患者恢复健康等，医疗告知应当伴随于这个过程的始终。所以整个医疗过程的参与者都是告知义务的义务人。

前文案例中的甲医院负责患者诊治的主治医生、实施手术的医师都应当能预见到该检查中电切术的风险，并且在介绍该诊疗手段和实施前都应当告知患者这一风险，以实现医疗机构的告知义务。

（三）告知义务的技术基础是医疗机构的专业预见

医疗机构成为负担这一告知义务的义务人的原因之一就在于其具备专业的预见能力。侵袭性被当作知情同意适用范围的一个主要标准，以弥补手术范围的局限。究其缘由，医学作为一门科学，对于风险出现的概率、损害后果的程度等都可以通过有关的统计分析得出相对明确而且具体的结论，故而医院应当承担相应的告知义务。

医务人员负担告知义务的必要性在于告知风险与患者损害的直接联系，而其可能性则是医疗机构的专业预见。前述告知的内容对于风险的分类表明，告知义务并非毫无边界，而是以医疗机构的预见可能为限。对于超出医疗水平无法预见或者过于偶然以致难以为统计分析所涵摄的极小概率事件，尽管实际发生了实际的医疗风险甚至造成了患者的实际损害，但是不能追究医疗机构告知义务履行不充分或者未履行的责任。作为合同法上追究违约责任的一个基础，“可预见性”理论为这一处理提供了必要的理论支持。此外，医疗机构作为公共医疗卫生事业的一线执行人，虑及其所肩负的救死扶伤义务和医疗活动的开展，不能过分加重医务人员的负担。所以，告知与医疗机构的专业预见有关，换言之，告知以医疗机构的预见范围为限。

（四）告知义务的法理基础包含患者的选择权和知情权

《侵权责任法》第55条规定在特殊诊疗活动中，医务人员不但应当向患者说明“病情和医疗措施”，还应该说明“医疗风险、替代医疗方案等情况”，因此患者或者其近亲属的书面同意，实际上不仅仅是行使了“同意权”，而且还包括了“选择权”的行使。[①]

患者的选择权，是指患者对于诊疗手段、方式、器械、药材等的选择；患者知情权，是指患者在诊疗过程中所享有的知悉其病情和医疗机构将对其采取的医疗措施及其后果的权利。[②]知情权有广义和狭义之分，狭义的患者知情权仅指由医疗卫生法律、法规规范的、基于“患者”身份所享有的知情权，即患者在医疗活动中享有的知悉、获取各种与医疗服务相关的有效信息的权利；广义的患者知情权还包括患者作为特殊消费者所享有的知情权。[③]知情权来自医疗合同关系，患者知情权的性质包括相对性、可放弃性、契约属性。[④]告知的直接内容就包括风险的告知，诊疗行为的风险对于患者而言直接关系其生命健康，必要的知情权和选择权自然是无可厚非的。对于侵权法所规定的告知内容而言，无论病情、医疗措施、医疗风险、替代方案的告知，都直接关系到患方对自身情况的评估和对医疗措施的选择。

告知义务体现的是对患者自由的尊重，维护了患者的知情权和最终决定权，还体现了对患者之理性的同等认可和尊重。正如苏力教授评论某案件时所述，“自由总是同责任和风险相伴的；治疗和手术也不例外。医院只是尽可能制订并推荐在医院看来对于患方收益成本（包括权衡后的最低风险）最佳的治疗方案，患方可以选择接受，也可以选择拒绝。当选择接受并获得收益之际，也自然要接受与治疗相伴的成本（包括费用和可能承担的风险）；拒绝治疗可以避开与治疗相伴的成本和风险，但意味着要承担拒绝治疗的风险，一种更大的风险”。[⑤]在各种自由主义甚嚣尘上的今天，尊重患者的选择权是必要的，也是无可否认的。同时患者的选择权与责任也息息相关，在其得知相关信息后做出的选择意味着相应的风险和后果，在医疗机构充分履行义务

① 参见王竹：《解释论视野下的侵害患者知情同意权侵权责任》，载《法学》2011年第11期。

② 王利明著：《侵权责任法研究（下卷）》，中国人民大学出版社2011年版，第421页。

③ 参见程玲、武小欣：《论患者知情权的法律保障》，载《河北法学》2005年第10期。

④ 参见马特：《民事视域下知情同意权的权利基础及规则建构》，载《江淮论坛》2014年第5期。

⑤ 苏力：《医疗的知情同意与个人自由和责任——从肖志军拒签事件切入》，载《中国法学》2008年第2期。

的情况下，患者对于损害结果要承担相应的责任，而在医疗机构违背告知义务情况下，由医疗机构承担相应的责任。

第二节　告知的法律意义

一、告知的性质

医疗机构的告知义务是一种法定的合同义务，同时体现了法定性和意定性，即告知义务既是合同义务，也是法定义务。

（一）告知义务的法定性

告知义务是基于尽力帮助患者的医师伦理以及诚信原则而产生的法定义务。[①] 我国《执业医师法》《医疗事故处理条例》《医疗机构管理条例》等法律、法规都明确规定患方的知情同意权和医疗机构的告知义务。

《执业医师法》规定："医师应当如实向患者或其家属介绍病情，但应避免对患者产生不利的后果。"《医疗机构管理条例》规定："对有一定危险性、可能产生不良后果的检查和治疗，由于患者体质特殊或者病情危重可能对患者产生不良后果和危险的检查和治疗，临床试验性检查和治疗，可能对患者造成较大经济负担的检查和治疗等，都应该如实告知患者，并取得其承诺。"

从上述规定来看，告知义务早就成为法定义务，侵权责任法对此更加明确。依法履行告知义务，尊重患者的自主决定权是依法行医的核心内容之一，所有医疗机构和医务工作者对此必须予以充分重视。[②] 首先，知情同意理论

---

① 参见王利明著:《合同法分则研究（下卷）》，中国人民大学出版社 2013 年版，第 610—611 页。

② 刘鑫、张宝珠、陈特主编:《侵权责任法"医疗损害责任"条文深度解读与案例剖析》，人民军医出版社 2010 年版，第 100 页。

作为一项有利于实现医疗目的的措施而实施，体现了对患方人格的尊重和私权的重视。目前它已被国际医疗界所广泛接受，并成为医疗伦理规范。其次，知情同意理论具有法律上的功能，它产生的基础就在于生命健康权是公民重要的人身权利，法律要求医师履行说明义务并赋予患方自己决定的权利。如果医师违反此项义务，就将产生相应法律责任的效果。[①]

（二）告知义务的意定性

这主要在于告知义务是医疗服务合同的附随义务，而合同本身充满各种意思自治和合意。医疗服务合同本身是依据患者于医疗机构之间的约定，医疗机构承担提供医疗服务的义务，而对于法律未作全面规定的权利义务关系，依赖于医患双方的意思自治通过合同方式约定具体事宜。在一般医疗关系中，医疗机构必须通过诊断并详细地说明、出具诊疗方案，以获得患者的有效承诺，展开治疗，患者挂号、就诊和医疗机构听诊、告知便体现了合同订立的要约和承诺的过程，一般的医疗关系认定为医疗服务合同没有问题；医疗机构如果不履行或者不充分履行告知义务，会导致患者承诺的意思表示不真实，从而影响医疗服务合同的效力，告知义务对患方意思表示的制约对于医疗服务合同的订立、履行、终止等具有决定性的意义，故医疗机构作为合同当事人的告知义务是意定性的合同义务。[②]

二、告知的形式与种类

（一）告知的形式

告知作为一种表达意思的行为，其形式与意思表示的形式一般可以分为书面、口头和公示告知三种，由于告知不同于同意，告知只能以积极行使表示，不能用沉默方式表示，所以告知的形式只有书面、口头和公示告知等积

---

① 艾尔肯：《论医疗知情同意理论》，载《河北法学》2008年第8期。

② 参见杨立新著：《医疗侵权法律与适用》，法律出版社2008年版，第89页。

极表示方式。

1. 书面告知

从侵权责任法的表述来看，履行书面同意手续的似乎仅限于手术、特殊检查、特殊治疗和不宜向患者本人说明情况的情形。这一理解实际有所偏漏，在医疗活动中，对于重大疾病、严重的并发症风险、医疗后果难以准确判定的有创检查、治疗或者医疗费用高昂的医疗措施、麻醉、输注血液、活体捐献人体器官、终止妊娠、医疗美容、实施人类辅助生殖技术以及日后可能产生争议或者纠纷的诊疗活动，均应当履行书面告知和同意手续；在临床诊疗活动中，要结合其他相关法律、法规以及实际工作经验，确定书面知情同意书的内容。[①]要求书面告知的医疗活动往往密切关系到患者的人身财产权益，因为伴随巨大风险，所以有着严格的程序要求。书面告知可以一定程度上保证告知义务的落实，所形成的书面材料也为事后可能的纠纷提供证据，便于举证。

履行书面告知义务后，便伴随同意的问题，签字是其中重要一环，一般而言，临床诊疗活动中，患者本人签字同意实施医疗措施即可，而中国传统家观念下，近亲属代签情况时有发生，也引发不少纠纷。原则上签字者即为告知相对人，前文已经介绍告知相对人一般为患者本人，仅在特殊情况下会涉及近亲属等，因此签字者应当是患者本人，以近亲属为例外。当然，实际中还存在“双签名”情况，一般发生在生育等涉及两性的医疗中。

2. 口头告知

医疗实践中，处于经济和效率考虑，以及现实条件的限制，要求一切医疗操作均以书面形式告知并不现实，口头告知实际运用也比较广泛。对操作简单、无严重并发症或并发症发生率低的有创检查、治疗，或患者病情允许，或现有的技术水平可以达到要求的条件下，可以通过口头告知的形式履行告知义务，如周围浅表静脉穿刺、常规肌内注射等。[②]

适用口头告知形式的医疗措施一般具有轻微性特征，故口头告知足以达

---

① 参见刘鑫、张宝珠、陈特主编：《侵权责任法“医疗损害责任”条文深度解读与案例剖析》，人民军医出版社2010年版，第110页。

② 参见刘鑫、张宝珠、陈特主编：《侵权责任法“医疗损害责任”条文深度解读与案例剖析》，人民军医出版社2010年版，第110—111页。

到告知效果，轻微性一般表现为相关措施对患者造成的损害轻微，属于一般大众容忍范围，或者造成损害的风险微乎其微。

口头告知尽管方便易行，足以实现知情权和选择权，但是由于这一告知形式难以固定，所以发生纠纷时双方均难以举证，而在医患关系仍旧紧张的国情下，限制口头告知适用范围成为医疗机构及医务人员避免举证难题的普遍选择。

3. 公示告知

公示告知是通常采取的形式，在医院较为醒目的位置通过张贴、悬挂医院、医师的有关情况，以方便患者就医，如医院简介、就诊须知、医师介绍、专家出诊时间、注意事项等。[①]公示告知方式的显著特征在于其对象是不特定的患者，而告知内容一般限制在共性问题上，适用范围极其有限。

上述三种告知形式无论何种均为医方向相对人履行告知义务的有效形式，属于其作出的意思表示，具有相应的法律效力，对于未履行告知义务的责任上均应承担相应责任。但是各种方式各有利弊，适用范围并不一致。一般来说，对于非侵入性、非损害性诊疗行为可以适用口头告知，而对于侵入性、损害性诊疗行为往往需要书面告知。

就前文案例中的手术行为而言，应当以手术同意书的形式书面告知手术相关信息，包括手术性质、手术风险、术后并发症、注意事项等，不宜也不应以口头形式告知，而对于一般手术前的注意事项、手术中的一般意见和术后一般保养等一般性信息的告知，可以同时通过张贴公告等形式普遍告知，但对于患者本身相关的术前、术中和术后注意事项则必须对其本人再次告知，以免疏误。

（二）告知的种类

知情同意理论一般认为，医方应当向患者告知对其决定起“实质性”影响的信息，一般指有可能使之拒绝医疗或选择不同治疗方案的信息。[②]告知

---

① 参见刘鑫、张宝珠、陈特主编:《侵权责任法“医疗损害责任”条文深度解读与案例剖析》，人民军医出版社 2010 年版，第 111 页。

② 参见王竹:《解释论视野下的侵害患者知情同意权侵权责任》，载《法学》2011 年第 11 期。

的种类之前在介绍告知的内容时已经提及，即分为一般告知义务和特殊告知义务，具体而言，一般告知义务即《侵权责任法》第 55 条所述“在诊疗活动中应当向患者说明病情和医疗措施”，特殊告知义务则是在“需要实施手术、特殊检查、特殊治疗”的情形下，及时说明医疗风险、替代医疗方案等情况。

1. 一般告知义务

一般告知义务的具体情形主要是告知病情和医疗措施。一般告知义务所适用的诊疗活动从《医疗机构管理条例实施细则》来看，是指通过各种检查，使用药物、器械及手术等方法，对疾病做出判断和消除疾病、缓解病情、减轻痛苦、改善功能、延长生命、帮助患者恢复健康的活动，详细介绍见前述告知的内容。

对于一般告知义务，往往对于诊疗活动本身仅仅只是根据现有经验科学所做出，故而包括人类根据经验探索已知症状和未知体征等两方面，告知义务也相应包含未知探索意义上的告知、一般症状与对策的告知。

2. 特殊告知义务

对于特殊的告知义务，前文已有一定介绍，需要进一步注意其中的内容。就手术告知而言，《病例书写基本规范》第 23 条明确规定了手术同意书的相关内容；就特殊检查、特殊治疗而言，《病历书写基本规范》第 26 条也规定了告知的内容，上述两种特别告知义务《侵权责任法》也都有所明确。从《医疗机构管理条例实施细则》来看，特殊检查、特殊治疗的具体情形包括：有一定危险性，可能产生不良后果；由于患者体质特殊或者病情危笃，可能对患者产生不良后果和危险；临床试验性检查和治疗；收费可能对患者造成较大经济负担的检查和治疗。较为复杂的是临床试验性检查和治疗，可能对患者造成较大经济负担的检查和治疗费用，以及其他法律法规中规定的告知义务。前两者涉及的相关告知书在后续介绍各种告知书时会详细介绍，这里主要就其他法律中的告知义务作下简要介绍。

（1）生育中的告知义务

我国《母婴保健法》第 18 条规定了向夫妻双方的说明义务，具体情形包括：①胎儿患有严重遗传疾病；②胎儿具有严重缺陷；③孕妇患重病，继续妊娠有危及其生命或严重危害其健康风险等。对于上述告知义务，应提出终止妊娠的医学意见，并经本人同意签署意见。

卫生部《人类辅助生殖技术管理办法》第14条对于生殖辅助技术中的告知义务作出规定，要求实施该技术前应遵照知情同意原则，签署知情同意书，并且涉及伦理问题还须经医学伦理委员会讨论。

（2）献血、输血和器官捐献中的告知义务

我国《献血法》第9条规定了血站对献血者的说明义务，血站必须对献血者进行必要健康检查，对于身体状况不符合献血条件的，应向其说明情况，不予采血。这是出于对医疗用血安全和保障献血者身体健康的需要。

《临床输血技术规范》和《医疗机构临床用血管理办法》规定，输血治疗前，经治医师应当向患者或其家属告知输血目的、可能的输血反应和经血液途径感染疾病的风险，征得其同意并签署输血治疗同意书或用血志愿书。新生儿溶血病换血疗法同样须由经治医师申请，经主治医师核准，经家属或监护人签字同意。这是基于用血者的知情权和选择权的要求，前述已有阐述，不赘述。

《人体器官移植技术临床应用管理暂行规定》对于实施人体器官移植的，医疗机构负有告知患者和其家属手术目的、手术风险、术后注意事项、可能的并发症及预防措施等的义务；用于移植的器官须经捐赠者书面同意，摘取器官前应充分告知捐赠者及其家属手术风险、术后注意事项、可能的并发症及预防措施等；开展试验性器官移植应当履行告知义务。

《人体器官移植条例》第19条规定医疗机构及其医务人员应当告知捐献人手术风险、术后注意事项、可能的并发症及预防措施等。

上述器官捐赠移植均须签署知情同意书。

（3）传染病防控中的告知义务

最典型的此类告知义务主要体现在艾滋病的防控上，《艾滋病防治条例》第42条规定医疗卫生机构的工作人员对于确证的病毒感染者和艾滋病人应当告知本人相关事实，本人为无民事行为能力人或限制行为能力人的，告知其监护人。

（4）医美行业的告知义务

医疗美容行业普遍广泛使用手术、药物、器械及其他创伤性或侵入性技术手段修复和再造人体形态，《医疗美容服务管理办法》第19条规定执业医师实施治疗前须向就医者本人或亲属书面告知治疗的适应证、禁忌证、医疗风险和注意事项，并取得本人或监护人签字同意。

近年来，“微整形”风靡全球，通过微创注射手段实现人体再造功能的“非手术”“治疗”实质也是医疗美容，应当按照上述管理办法，就填充、注射物品性质、有效期、适应证、禁忌证、风险和注意事项履行医疗告知义务。对于通过非传统渠道，如“微商”等获取“微整形”产品的同样应当按照相关规定，履行告知义务。

特殊的告知义务，包括实行特定治疗行为的告知义务和特异体质等情形下的告知义务，并且相应的程序也存在些许差异。

三、告知义务的性质

理论上对于医生告知义务的性质分歧颇多，其中有认为其是有效同意之逻辑前提者，有认为其自身即为法律义务者，而在认为其为法律义务的观点中，又存在“治疗义务之派生义务说”和“独立义务说”之区分。

有人认为现代医疗发展使得一般人对医疗行为的内容、危险程度几乎一无所知，加强医生说明义务的地位并无大误，因此把告知义务作为医师在医疗过程中所负担的独立义务；亦有学者以为医生说明义务可概括为不同类型，而不同类型的说明义务在履行充分性判断、过错的基础以及因果关系形态的认定方面相去甚远，以“独立义务说”统一，将在法律关系的构建上造成一定困难，而知情同意范畴内医生说明义务，是在知情同意理论基础上确立的“知情”和“同意”之间逻辑关系，应作为有效同意的逻辑前提，而将“知情同意”作为一个整体性的独立义务施加于医疗机构。[①] 对于医疗机构来说，这一说明义务不仅是一种伦理上的义务，更是一种法律上的义务，违反告知义务需要承担法定责任。[②]

在实务中，告知义务往往是事后发生损害情形下，患者或其近亲属起诉

---

① 参见胡永庆:《知情同意理论中医生说明义务的构成》，载《法律科学（西北政法学院学报）》2005 年第 1 期。

② 参见王利明著:《侵权责任法研究（下卷）》，中国人民大学出版社 2011 年版，第 426 页。

医方，对于其违反和认定都是事后对当时情形的倒推，本身难以还原实际告知情况，而且证明难度较大，容易成为医疗损害责任的“兜底条款”，实质上这与设置违反告知义务责任的初衷相违背。

四、告知义务范围和程度

《侵权责任法》第 55 条规定了两种告知义务，即第 1 句规定的适用于所有“诊疗活动”的一般告知义务和第 2 句规定的适用于“实施手术、特殊检查、特殊治疗”情形的特殊告知义务，后者需以书面形式“告知后同意”。由于立法者没有在第 2 句中使用“等”字进行概括描述，该特殊告知义务应仅限于法定的上述三种情形。但遗憾的是，本条遗漏了医学研究情形或者医师与研究者角色冲突时对患者告知之情形。

如今血液样本、基因信息及医疗病历记录的搜集与使用，往往是开展研究的基础素材，同时出于有效比对患者与常人之差异、研究除罕见疾病外一般疾病的目的，研究者往往需要收集极为庞大的数据样本资料。各大医院的主治医师，除了替患者看诊，普遍都还有研究任务，所以往往是身兼“医师”与“研究者”双重角色。“一个身兼研究者身份、以患者为自己研究对象的医师，他今天所做出的判断究竟是基于自己的研究利益，还是基于为患者设想的患者最佳利益，在许多案例情形中可能是有所冲突的，所以对于医学研究中医师 / 研究者的告知内容应当加以规范。”①

《侵权责任法》第 55 条和第 56 条规定，除了抢救生命垂危的患者等紧急情况外，医务人员在诊疗活动中有告知义务和尊重患者自主决定权的义务。医师如何履行说明告知同意义务，目前学术界对此还没有形成统一的认识，主要有如下几种理论：（1）合理医师标准，又称专业原则、专家原则，只要求医师告知患者医师通常披露的信息，由医疗专业人员依照惯例来认定

① 郭明龙：《论患者隐私权保护——兼论侵害“告知后同意”之请求权基础》，载《法律科学（西北政法大学学报）》2013 年第 3 期。

哪些信息应被告知，多以“合理医生”为判断依据的客观标准。[①]（2）合理患者标准，又称理性病人标准，主张告知的范围、程度应由一般理性的病人，在系争个案的情况下，都会以想要知道的信息为准，《执业医生法》规定更接近此标准。[②]（3）具体患者标准说。该说认为，医师对患者的具体情况应有所了解，对于患者重视何种情报能作出预见，医师应加以说明的内容就是他认为患者应该重视、应该希望了解的情报。（4）具体的患者与合理的医师两重标准说。该说认为，应考虑患者与医师两方面的因素，医师若能预见该患者重视该情报，且该情报为这位医师知道或应当知道时，医师对这类情报具有说明义务。《侵权责任法》对说明的标准并无规定，由于对治疗的选择需要患者作决定，而患者的决定所需要的信息是医疗执业人员而非患者所知，因此，如果认为医疗人员应提供的信息仅由执业人员或者医疗职业界的视角所决定，是不合逻辑的。但医疗行为本身具有较高的专业性和风险性，说明是否充分等，还应该考虑当时的医疗水平。“该医疗水平并不以疗法的有效性和安全性得到认可，已经被接纳为临床实践的医疗目标为依据，哪怕该疗法仅限于医学研究阶段，仅有少数医疗机构实施，也应该予以说明，给予患者选择治疗的机会，以充分尊重患者的自主决定权。该医疗水平显然超越了诊疗义务中的医疗水平。与诊疗义务的判断基准相同的是，当时的医疗水平还应依据一些其他因素来决定。由此可见，《侵权责任法》第56条的规定就是考虑了时间紧迫性而对告知同意义务的修正。”[③]

五、告知书的主要类别

在医疗诊断、治疗等过程中，有相当多以“告知书”形式存在的文件，其中以手术同意书、手术风险告知书等最为常见。

---

① 参见刘小红：《我国医疗侵权知情同意原则问题研究》，载《暨南学报（哲学社会科学版）》2014年第7期。

② 参见李祖全：《和谐医病关系中的“告知后同意法则”》，载《求索》2012年第1期。

③ 廖焕国：《论医疗过错的认定——以医疗损害侵权责任的理解与适用为视点》，载《政治与法律》2010年第5期。

（一）手术同意书

手术同意书的法理基础，法学理论界普遍认为是人身权制度，并认为手术同意书的价值在于表明手术取得被害人同意以阻却手术行为违法性；反对者认为手术同意书在于表明医疗机构尊重合同委托人指示，履行了一定请求并遵循委托人指示义务，即同意书是委托人就委托处理事务的指示，而非受害人允诺、非患者人格权体现。①《病历书写基本规范》第23条明确规定手术前经治医师要制作“手术同意书”，将术前诊断、手术名称、术中或术后可能的并发症、手术风险等内容告知患者，并取得患者签名和医师签名。依据《侵权责任法》对于医疗告知的规定，手术同意书中应当增加对于手术必要性、手术替代方案的告知，即应当提供不手术的其他治疗手段、此种手术与其他类型手术措施两个层级的相关风险、信息的告知。

手术同意书中需要告知的手术风险常见情况有三：一般手术风险、具体手术风险和具体病人风险，其中一般手术风险是外科手术普遍存在的问题，应当充分告知并严格防范，包括麻醉意外、术后感染、切口不愈合、损伤相邻器官、术中术后大出血、术中并发脑血管意外、术后血液凝集障碍或高凝等一般并发症和病灶切除不完全、切除过多、疾病复发、难以切除病灶、手术效果不佳等一般性问题；而具体手术风险是手术共同风险的具体化，即使同一人身上开展同样手术也可能出现不同风险，必须如实告知；具体病人风险是指病人的身体状况、其他疾病、既往损伤和治疗影响等产生的特殊风险，对此医师应予以说明。②一般手术风险的告知应当是一种“教科书式”告知义务，即具有普适性的告知义务，具体手术风险的告知进一步包括未知探索中的告知，具体病人危险的告知则包含特异体质等特殊告知。

在手术过程中，随着手术进行过程的深入，可能出现扩大手术范围、改变手术方式等情形，对这些情况也要进行相应告知。对于扩大手术范围情

---

① 参见傅强：《手术同意书的法律分析》，载《暨南学报（哲学社会科学版）》2011年第4期。

② 参见刘鑫、张宝珠、陈特主编：《侵权责任法“医疗损害责任”条文深度解读与案例剖析》，人民军医出版社2010年版，第102页。

形，与手术本身受到术前诊断技术限制而具有的“探查”性质息息相关，因此除术前告知内容中涉及情况外，应当重新交代手术情况并重新签订手术同意书，[①]一般应告知患者，其本人可以表示的应听取其意见，并告知家属由其签字；对于改变手术方式的告知主要是指手术中发现病变组织、器官与术前诊断不一致，甚至并非本科室手术范围，因此需要在病人身上进行新的手术，因此手术风险等均随之变化，必须重新向患者及家属告知相关信息和风险，重新签署手术同意书。对于随着手术过程深入，发现现有方案不利患者或者有更优方案时，替代方案的告知是必要的，此时需要重新签署，在紧急情况下，可以先行实施，事后或同时告知患方。

（二）知情同意书

知情同意书的适用范围比较广泛，原则上所有书面告知形式的都可以这种形式出现。不过其中比较重要和特殊的主要在于适用情形的特殊，此处主要就其中几种作出介绍。

1. 特殊检查、特殊治疗知情同意书

特殊检查、特殊治疗在侵权责任法与手术方式并列，可见其重要性，而具体告知内容包括项目名称、目的、可能的并发症及风险等，《病历书写基本规范》也明确了此类项目需要医疗机构及其医务人员结合患者情况制作知情同意书。

此种知情同意书的内容主要包括四方面：第一，特殊检查本身可能带给患者的负面影响和可能的并发症；第二，特殊检查的医学效果评价；第三，特定患者应当注意的特殊事项，如不宜采用此项检查人群等；第四，特殊治疗的危险性，主要是使用特殊药物的治疗手段中的毒副作用等。[②]此外，此种知情同意书应当包含对于特殊检查、治疗的替代方案信息。

2. 临床试验性检查和治疗

早在反思“二战”人体试验事件的《纽伦堡十项道德准则》中就对临床

---

① 参见刘鑫、张宝珠、陈特主编：《侵权责任法“医疗损害责任”条文深度解读与案例剖析》，人民军医出版社 2010 年版，第 102 页。

② 参见刘鑫、张宝珠、陈特主编：《侵权责任法“医疗损害责任”条文深度解读与案例剖析》，人民军医出版社 2010 年版，第 103—104 页。

试验要求自愿同意,《赫尔辛基宣言》也明确此类试验和研究必须取得同意。我国《药品临床试验管理规定》对于“试药者”也要求自愿,并且明确告知的范围和损害补偿等问题。

《医疗器械临床试验规定》第8条明确要详细告知受试者或其法定代理人相关详细信息,第9条更明确要受试者充分了解试验内容基础上,取得“知情同意书”。

对于此种知情同意书的具体内容,应当包括受试者自愿参与,有权随时退出;个人资料保密;医疗器械试验方案,尤其试验目的、过程和期限、受试者可能的受益和风险等;试验相关信息资料;损害补偿事宜;负责人签名及日期;受试者或法定代理人签名及日期等。医疗机构在试验中发现受试产品预期以外的临床影响,必须对“知情同意书”进行相关修改,并重新履行告知和签字手续。

在试验性检查和治疗存在替代方案的情形下,必须就替代方案有关信息明确告知。

3. 巨额检查和治疗知情同意书

对于可能造成患者较大经济负担的治疗,包括高价药品、医疗器械等,往往不属于公费医疗或合作医疗等的范围,该部分费用并不轻松,所以为了避免此类纠纷中的不必要争议,医疗机构应当制定“使用药品、医疗器械知情同意书”,经患者或其家属签字同意方可使用。

当然,为了避免个别医疗机构和医务人员趁机推销高价药品和医疗器械,对于有替代方案和替代措施的,必须告知,这也是之前所述告知义务的重要组成部分,否则要承担违反告知义务的责任。知情同意书在实施替代方案情形下,原方案知情同意书、新方案知情同意书都需要交给患方,由其选择一种,并签署相应文书。

此外,在一些特别法中还规定了其他一些需要签署同意书的情形,如“用血志愿书”或“输血治疗同意书”、捐赠器官的知情同意书、接受器官移植的知情同意书、辅助生殖技术知情同意书等。这些一样属于知情同意书,其性质与前述各种并无本质区别,只是具体使用的医疗领域稍有区别,所以具体内容有所出入而已。

必须承认的一点就是，对于医疗告知，其实际内容和范围存在多种情形，一般症状与对策的告知，即教科书内容式告知是最基本的告知义务，对于特异体质等特殊告知则是因时、因人而异的告知义务，而医学进步和人类发展本身所包含的探索未知过程中未知风险的抽象告知则是探索过程本身的告知义务。以上的告知都是医学诊疗活动过程中产生的告知义务，而医学鉴定或者审判过程中对告知义务履行及其后果的认定，都是一种倒推的告知义务，与实际履行本身存在一定差异，因此对于实际告知程度存在大量“量的差异”，乃至“质的差异”。

六、告知的证明

所谓告知的证明，是指告知义务的证明责任问题，即是否履行以及履行充分与否的举证责任由何方当事人承担、证明程度等问题。一方面，适当充分的告知是保障患方知情、选择权的重要基础，另一方面，不适当、过分的告知义务则会成为医方畏首畏尾、不知所措的极大阻力，甚至延误患者诊疗，造成难以挽回的人身、财产损害。

正如前文所述，医学诊疗活动本身是针对人体进行探索的过程，而人类身体及其构造的复杂性和未知性至今都是困扰人类医学进步的重要难题，因此实际诊疗的告知中，难免存在疏漏，而且对于告知义务履行的证明和认定都是事后倒推的过程，存在证明困难。而且医师的告知不同于一般合同行为等告知，是一个渐进过程中的告知，既有常见症状的告知和特异情况的告知，又有经验科学和未知领域的复杂告知。

《侵权责任法》对于此类告知义务的证明责任并未明确规定，但在第58条规定了患者有损害是医疗机构的推定过错，其中涉及违反法律法规诊疗规范规定，隐匿或拒绝提供与纠纷有关病历资料，伪造、篡改或销毁病历资料等情形。从某种程度来说，违反诊疗规范的告知义务相关程序应该推定医疗机构存在过错，在此种意义上应当认定医方是否违反告知义务采取过错推定原则。但是对比《证据规定》第25条，侵权责任法的规定与之相悖，在损害事实之外，附加违反规定、拒绝提供病历等要件，使得原本经济实力和证据持有地位弱势的患方证明责任加重。[1]

医疗伦理过失，就是医疗机构及医务人员未善尽告知、保密等法定义务的过失，这本身就构成医疗过失，告知知情作为《医疗事故处理条例》及其他法律法规规定的患者权利，违反告知义务的本身就可以直接推定医疗过失，此类过失的证明责任，实行推定过错，过错要件的举证责任倒置。[2]因此，告知的证明责任应当由医疗机构负担。

对于证明程度来说，需要结合告知义务的发展进程加以区分。首先，对于一般症状和对策的告知，是最基础的告知，可以通过公示告知加以说明，辅以必要的口头告知，因为这种教科书式告知本身是长期经验累积产物，可以明确告知患者。其次，必须告知患者医学诊疗活动本身的不确定性和未知性，帮助患者认识到诊疗活动探索未知过程的渐变性。最后，对于特异体质等特殊情况的告知则是特定情形下才会发生的告知义务，往往存在书面告知和口头告知的相对空间，非侵入性自然口头即可，侵入性则以书面告知为佳。对于事后倒推过程的告知，证明程度达到排除合理怀疑标准，即认为不存在医方刻意隐瞒或者未告知的主观过失和损害即可。

第三节 告知不充分的法律后果

一、风险的充分告知

医疗机构及其医务人员履行告知义务的合法性必须是建立在全面、充分、真实基础之上，而过度医疗中医疗机构及其医务人员在履行义务时要么是不告知或未充分告知，要么属于“诱导”或虚假告知，其行为归根结底违背了这一立法宗旨，这是由过度医疗的性质决定的；过度医疗与知情同意侵

① 参见陈慧慧：《“医疗知情同意”法律规制的中国现状研究》，载《医事法前沿问题研究》，中国法制出版社2011年版。

② 参见杨立新：《论医疗过失的证明及举证责任》，载《法学杂志》2009年第6期。

权责任的竞合点为告知义务的违法性。

对于风险应当充分及时告知。对于告知义务的判断标准学界存在四种标准，前文介绍告知程序和范围时已经作了全面介绍，在充分性的认定上，依旧需要参照这一标准。

从国外有关标准来看，如瑞士法律中，医生行为的医学指征（真实的紧迫性），包括放弃这一行为的可能后果；时间的紧迫性；根据其数量（频率）以及质量（严重性以及缺乏治愈可能性）与之相关的风险，包括与可能的替代治疗方案相关的风险等都决定患者是否被充分告知以使其同意有效。①

二、告知不充分的责任认定

告知患者不充分的情况产生的医疗后果的责任如何认定，存在三种观点。

第一种观点认为，只要医院采用技术合理、不存在误诊，就不应承担赔偿责任。在实践中，只要从案件事实中足以认定医疗机构对患者的病情并不存在误诊，而且手术方案合理，操作本身与告知义务并非直接关联，即使医院完全履行了告知义务，医疗结果亦完全相同。

第二种观点认为，医院采用技术方案合理，但告知不充分与损害后果有间接因果关系，承担极小部分侵权责任，即较轻的赔偿责任。医院实施的手术极易损伤患者人身和财产权益，术中未再次充分告知患方手术风险性，让患方充分理解选择手术方案，就应当认定为医方术中未行充分告知义务，存在过错，其过错是与患者遭受的损害后果有一定的因果关系，亦是导致损害后果的间接因素。考虑到医院所采取的诊疗手段本身符合手术目的，且告知不充分系间接因素，故赔偿数额不宜过高，酌情由医院承担不超过20%的部分赔偿责任。

第三种观点认为，医院采用技术方案合理，但告知不充分侵权患者知情选择权，与损害后果有间接因果关系，承担部分侵权责任，即适当的赔偿责任。医院在手术知情同意书中应对手术风险等信息，履行告知、说明义务，

---

① 参见富尔主编：《医疗事故侵权案例比较研究》，中国法制出版社2012年版，第246页。

医方对于风险未明确告知亦未进行重点说明时，未达到充分告知的要求，或者未将探查的情况及时告知患者及家属，以便患方在充分了解病情的情况下做出选择，未能充分履行告知、说明义务，侵犯了患方的知情选择权，应承担其相应的医疗责任。

（一）医院未能充分履行告知、说明义务，侵犯了患者的知情选择权，应承担相应的侵权责任

患者到医院就诊形成的医患服务合同，作为医院的医务人员具有法律上的告知、说明义务，尤其是在诊疗活动中应当如实、负责地向患者说明真实的病情和拟采取的医疗救治措施，让患者作出明确的选择。特别是需要实施手术、特殊检查、特殊治疗的，医务人员应当及时向患者说明医疗风险、替代医疗方案等情况，并取得其书面同意。前文案例中，医务人员在告知过程中，未明确告知电切术可能产生的手术风险，即手术告知未达到充分告知的要求，故手术后造成患者损害的，医疗机构因告知不充分，应当承担相应的赔偿责任。

（二）医院的过错行为与损害后果存在间接因果关系，是医院承担民事责任的直接依据

手术过程中因手术方式的变更等可能造成的损害，医院未对患者及家属尽到充分告知的义务，将直接侵犯患者的知情权和决定权，让患者承担了医疗风险，其告知不充分的行为证实医院存在主观过错。如果医院在手术中发现患者自身情况不宜适用原定手术方式，医院决定改行其他手术，尽管医生所采用的手术方案合理，但医院履行了告知义务不充分的过错行为与患者就诊的损害后果存在间接的因果关系，是导致患者损害后果的间接因素，故医院须承担其相应的侵权责任。

（三）医院实施治疗符合手术目的，尽管侵犯了患者的知情选择权，仍只承担其相应的民事赔偿责任

如果医院实施的手术极易引发手术风险，术中未再次充分告知患方该手

术存在的风险性，让患方充分理解选择手术方案，侵犯了患者的知情选择权，但考虑到医院所实施的手术符合手术目的，采取的治疗措施合理，且医院的过错行为系间接因素而非直接因素，故单就告知义务责任来说，赔偿数额不宜过高。

三、告知不充分的法律责任承担

《侵权责任法》第54条规定，患者在诊疗活动中受到损害，医疗机构及其医务人员有过错的，由医疗机构承担赔偿责任。第55条第2款规定，医务人员在诊疗活动中未尽到告知义务，造成患者损害的，医疗机构应当承担赔偿责任。

对于《侵权责任法》第55条的适用，仍应考虑侵权责任的构成要件，即行为人是否存在过错、是否存在损害后果及过错与损害后果之间是否存在因果关系。由于医疗纠纷涉及医学专业问题，一般需由专门机构对医疗行为是否存在过错及与患者所诉的损害后果是否存在因果关系进行评判。

各地高院对医疗纠纷案件均出台过相关指导意见，以《安徽省高级人民法院关于审理医疗纠纷案件若干问题的指导意见》为例，其中第13条规定，医疗机构应当将患者的病情、医疗措施、医疗风险、替代医疗方案等必要情况，以书面方式告知患者、患者的近亲属或患者明确授权的人。因抢救生命垂危的患者等紧急情况，经医疗机构负责人或者授权的负责人批准，也可采用口头告知方式。医疗机构对下列告知义务的履行情况承担举证责任，未能举证证明的，应当认定其违反告知义务：（一）对患者实施手术的；（二）对患者施行特殊检查或特殊治疗的；（三）存在多种治疗方案且有较大风险的；（四）有转诊必要的；（五）对患者施行其他可能产生严重不良后果的诊疗活动的。但医疗机构能够举证证明，确因抢救生命垂危的患者等紧急情况且无法履行上述告知义务的除外。

上述意见第32条规定，医疗机构违反告知义务，给患者造成人身损害的，应承担相应的赔偿责任。医疗机构未尽告知义务，虽未给患者的身体组织造成损害，但严重损害患者知情同意权、造成其精神痛苦的，患者请求精神损害赔偿的，人民法院应根据《最高人民法院关于确定民事侵权精神损害赔偿责任若干问题的解释》的相关规定，确定医疗机构适当承担精神损害赔偿责任。北京市高级人民法院出台的相关规定中，明确规定医方未告知而没有损害的情形，不承担责任。

实际上，《侵权责任法》的规定将违反说明义务的赔偿责任独立成为一个完整的请求权规范，与诊疗过错损害赔偿责任可以不同处理，涉及物质性赔偿应重视说明义务与患者意思决定或选择间是否存在实质性影响，无论最终治疗成功与否均应肯定此种民事权益下的精神损害赔偿请求；涉及精神损害赔偿数额的确定要综合考量医患双方的具体情形及所涉医疗措施及其治疗后果等具体情况。[①] 侵害患者告知后同意的请求权基础应当是《侵权责任法》第 6 条，如果未造成患者人身损害或者严重精神损害而不能请求精神损害赔偿，可以适用“赔礼道歉”责任方式，涉及赔偿责任时优先适用《侵权责任法》第 55 条规定，此外仍旧可以适用一般性条款。[②]

值得注意的是，违背告知义务固然需要承担相应的损害赔偿责任，但是仅仅限于因未履行告知义务而发生的责任，不能肆意扩大违反告知义务的责任的适用范围，更不能让违反告知义务成为患方一切损害追索医方赔偿的兜底条款，造成告知义务滥用以致医患矛盾更加紧张、医学发展备受束缚的困局。

目前医学实践发展过程中，面临越来越复杂和不知所措的告知事问题，在医学诊疗行为当中很难做到告知全面是目前不可回避的现实。医学界及国家相关机构在探索启动规范统一疾病告知书的项目中，试图固定一般告知义务的具体内容。如此，告知义务细化程度将有望得出相应标准。

在医疗纠纷实践中，往往会涉及医学鉴定，而鉴定人常出现对于告知认定错误的问题。医学告知本身具有专业性，而目前医疗纠纷中所采用的司法鉴定，一般是由专门的司法鉴定人员进行，其对于病理、损害的鉴定不存

---

① 参见周江洪:《违反医疗说明义务损害赔偿范围的界定》，载《法学》2011 年第 5 期。

② 参见郭明龙:《论患者隐私权保护——兼论侵害“告知后同意”之请求权基础》，载《法律科学（西北政法大学学报）》2013 年第 3 期。

在太大的技术问题和专业问题，但是对于具体医疗行为相应的诊疗规范、技术要求、告知义务的细化程度并不了解，往往只能从字面理解所谓“告知义务”，因此一般而言，认为医疗人员存在“告知”的不足即认为未全面履行告知义务或者存在告知义务履行不当问题。而司法审判中，对于鉴定结果往往置于较权威地位，实际上鉴定意见只是一种专业意见，仍需通过相应质证过程才能采信。不过，鉴定意见存在的最大问题在于对鉴定意见的质证往往仅停留在证据真实性、相关性等性质的质证上，对于其中具体内容的证明与反证并没能完全落实，所以“以鉴代判”问题才会成为如此突出的问题。

就前文案例来说，鉴定结论为告知不足与损害后果无因果关系，为何法院还要确定给予补偿？本案已经司法鉴定，双方对鉴定意见书均认可。鉴定意见书虽确认医院在对林某的诊疗过程中存在告知不充分的过错，与林某的不良后果之间无因果关系，但应当指出，患者是在对疾病、治疗方案、各种治疗方案可能存在的风险等充分了解的基础上才能有效行使同意权（选择权），而患方对于这些情况的了解有赖于医疗机构的告知。事发时林某已近八十岁，只是出现尿频、尿急、夜尿、尿不尽等症状，尚未发展到失禁的程度，可能至其生命终结也发展不到失禁的状态，但手术有可能导致尿失禁的后果，而医院恰恰没有把此后果对患者进行充分告知。林某选择手术治疗可以说是在对于手术风险特别是手术可能直接导致尿失禁的后果没有充分了解的情况下作出的选择。本案医院存在告知不充分的情况，虽不直接导致患者发生尿失禁的损害后果，但侵犯了患者的选择权且患者有损害后果发生，故原审判决给予一定补偿是适当的。严格说，也可以判令医院给予适当赔偿。

第四节　告知义务的豁免

医疗机构及医务人员对患者的告知义务，对缓解医患关系和减少医疗纠纷而言具有重要作用，但是如果过度强调告知义务或者过分保护患者的知情同意权，患者权利滥用甚至损害患者利益的情况反而难以避免。从最大限度保护患者权益角度出发，告知义务并非绝对无法豁免的。

一、告知义务违背他人利益或公共利益

（一）告知义务不能侵害公共利益

当个人利益和公共利益发生冲突时，个人利益必须服从公共利益。亦即告知义务导致国家利益或者社会利益被侵犯，而对于患者而言此时的告知并非必要的情形。例如，被羁押、监管人员的知情同意权问题。告知义务不适用于基于社会公共利益考量对严重传染病患者、严重精神障碍者和吸毒者的强制治疗行为。[①]

此处的公共利益界定本身较为模糊，所以这种情形需要严格加以限制，应当以公共利益侵害的紧迫性为限，只有明显危害社会利益时才能免除告知义务，如具有泄露国家机密的明显危险、流行病学和传染病学防治与控制中资料共享等情形。

（二）告知义务不能侵害相对人以外的第三人利益

此种情形又可以分为两类：第一类是告知义务相对人为患者的近亲属或相关部门时，侵害患者本人隐私权情形，第二类是告知义务与医疗机构商业秘密冲突情形。

对于第一类情况，如果患者的病情等信息涉及其不愿意让任何第三人包括近亲属等知道的事项，如果医务人员向患者的近亲属或相关部门履行了告知义务，会侵犯到患者的隐私权，故要对患者近亲属和相关部门的告知义务予以限制。但是对此学界亦有反对者认为在配偶或准配偶一方患有严重性病、患者有严重的自残或伤害他人的倾向或在刑事案件中作为证据加以披露等情形下，基于他人利益的考虑，寻求患者同意未果时，医务工作者可以向适当的人员或者官方机构透露患者的秘密。[②]

---

① 参见王竹著：《侵权责任法疑难问题专题研究》，中国人民大学出版社2012年版，第75页。

② 参见曾琼：《论患者隐私权保护中的权利冲突及其协调》，载《法商研究》2009年第6期。

第二种情形则是告知义务涉及商业秘密时的必要限制情形。我国《反不正当竞争法》规定的商业秘密，是指不为公众所知悉、能为权利人带来经济利益、具有实用性并经权利人采取保密措施的技术信息和经营信息。疾病的诊疗方法，属于技术信息范畴，尽管不能申请专利，但与享有商业秘密权并不矛盾。值得注意的是，并非所有的疾病诊疗方法都属于商业秘密。如果医务人员所用诊疗技术为现有公开的医疗技术和医药企业生产的成药，此时不属于商业秘密，医务人员必须充分、完全地告知患者，而不论其间医务人员的智力投入和医疗机构的实力。这一诊疗方法如果为医务人员所独创，且具有秘密性、实用性和价值性，则应确认医方对此享有商业秘密权，医方可对这一诊疗方法进行加密保护。因而未经商业秘密权人同意而披露或使用该诊疗方法的行为构成侵权，医务人员在履行告知义务时应以不揭露商业秘密的核心技术为限。如此既保护了医方商业秘密权，又在最大程度内满足患者知情权。

二、免除告知义务的法定情形

在某些特殊情况下，虽然履行告知义务并未对社会公共利益或他人利益造成损害，但直接或间接地影响了患者的人格权，进而违背了履行告知义务的初衷，此时有必要豁免告知义务。我国法律的规定所体现出来的具体情形主要有以下几种：

（一）医疗紧急情况

对医疗紧急情况，目前立法赋予了医务人员在无须获得急危患者知情同意、未履行挂号及交费手续，乃至身份不明情况下，对患者先采取必要救治措施的权利。

1. 具体的立法规范

立法中明确涉及紧急情况下免除告知义务的规范主要有以下几类：①我国《医疗事故处理条例》第33条第1款规定，抢救垂危患者生命的紧急情况下采取紧急医疗措施造成不良后果的，排除在医疗事故外。②《执业医师法》第24条规定，不能拒绝对急危患者采取紧急措施及时进行急救诊治。③《医疗机构管理条例》第33条规定，下列情形，医务人员在取得医疗机构负责人或者被授权负责人员的批准后，应当提出医疗处置方案，实施紧急救治：无法取得患者意见又无家属或者关系人在场，或者遇到其他特殊情况时。以上规范都对医务人员紧急情况下的救治免除告知义务。

当然，对于紧急情况的理解应当从严，至少应满足两个条件：第一，这一情况严重危及患者生命健康；第二，这一危险具有现实紧迫性。学者将其特征归纳为病情的严重性、救治时机的紧迫性和医学措施的应急性，[①] 比较全面。此外，这一豁免情形存在例外。

2. 紧急豁免的例外

因为紧急情形下的救治仍应受到患者本人行为能力限制，所以对于紧急情况下告知义务的豁免仍旧有例外情形。这一情境较为复杂，其中更是存在不少争议。主要有如下情形：

（1）患者本人无意识情形

患者本人无意识主要是指患者处于休克等失去意识，无法获知医务人员告知信息的情况。这一情况下，等待其恢复意识再告知、经其同意采取救治措施明显不能及时挽救患者生命健康。这一情境有两种可能场景：

第一，患者本人失去意识，但近亲属等在场。此时，尽管患者本人无法获知信息，但其近亲属得代为获知并作出必要决定。当然，如果在患者近亲属反对救治，而延误救治的损害后果将不可逆的极端情形下，医务人员得排除这一决定采取紧急救治措施，并免于无过失的损害责任。这一情形主要虑及医方的专业预见和理性第三人地位。

第二，患者本人无意识且近亲属不在场。此时，患者无法获知信息，且无可代理的主体，故按照患者利益最大化原则，法律应授权医务人员行使紧急处置权，排除告知义务。同样，对于无过失的损害责任，医疗机构及医务人员应当免责。

但是，根据《医疗机构管理条例》第33条和《侵权责任法》第56条的

---

① 参见崔玉明：《紧急情况下医疗行为的正当性研究》，载《河北法学》2013年第3期。

规定，“不能取得患者或者其近亲属意见的，经医疗机构负责人或者授权的负责人批准，可以立即实施相应的医疗措施”。医务人员在行使紧急处置权的时候还需要经负责人或授权的负责人同意。此处的负责人语焉不详，首先可以确定的是，无须征得有关部门的批准。如果医务人员行使紧急处置权前，还须征得有关部门的批准，必然增加不必要的负担，并且可能耽误治疗时机，损害患者利益。有学者认为条例中所指的“医疗机构负责人或者授权的负责人”并不一定具备与患者病情相关的医疗诊断知识，其意见的可参考性有待考证，并不可取。[①]亦有学者提出医院自行决定的可信性和权威性存疑，有必要通过建立医院的专门委员会或者补充事后司法审查和救济来解决。[②]

（2）患者本人有意识时的例外

患者本人有意识的医疗紧急情况，是指患者的生命正面临着现实、紧迫的危险，但仍具有清醒的意识，可以行使知情同意权的情形。此时应否免除医疗机构告知义务有所争议。

否定的学者主张在患者本人具有同意能力的紧急情况下，经本人的明确表示，医方当充分尊重患者的知情同意权，不能径自采取紧急救助措施。有学者提出“患者知情同意权的特殊保护”概念，因为患者本人是医疗行为最终的承受者，在其意识清醒的情况下，他应当享有完整的自主决定权，排除外界干扰；但企图自杀的情形除外。[③]特殊保护的适用情形主要包括：第一，与宗教信仰抵触的情形，如由于宗教信仰拒绝输血，医师不经患者同意就不能强行为其输血。第二，严重影响患者的生活方式或违背其生活观念的情形，如乳腺癌患者在得知病情后，为了保持完好体形决定将部分肿物切除，医师就不能以延长寿命为由对其进行乳腺全部切除。医方在书面确定患者本人意思的基础上，告知其有关信息后，对于患者选择的后果不承担责任。

患者有意识情况下免除告知义务的第一种情形就是保护性医疗原则。保

---

① 龚赛红、董俊霞：《论患者知情同意权的限制——从患者知情同意权保护的核心理念出发》，载《中国社会科学院研究生院学报》2009 年第 5 期。

② 参见崔玉明：《紧急情况下医疗行为的正当性研究》，载《河北法学》2013 年第 3 期。

③ 龚赛红、董俊霞：《论患者知情同意权的限制——从患者知情同意权保护的核心理念出发》，载《中国社会科学院研究生院学报》2009 年第 5 期。

护性医疗原则，是指当处于某种特殊情况时，医务人员基于避免患者产生不良条件反射的因素，向患者隐瞒部分病情，以使患者的身体和精神处于轻松愉快的自然休养环境中，从而提高医疗和康复的效果。[①]1999 年《执业医师法》就有相关规定，《医疗机构管理条例实施细则》第 61 条和《病历书写基本规范》第 10 条对此作出了规定。但是上述规范没有明确保护性医疗原则的适用范围，而且医学界也未确定统一的行业标准。在这一情形下，医务人员的告知义务并没有完全免除，而是对于告知的范围有所限制。法律规定保护性医疗制度主要体现对患者的人文关怀，对一些心理较为脆弱的患者进行诊治时，特别是对患有治疗预后差或者目前没有治愈手段的疾病的患者，如实告知患者病情和治疗措施等相关信息后，会导致其承受巨大心理压力，往往陷入紧张不安、消沉犹豫、悲观恐惧等消极状态，甚至滋生绝望、自杀情绪，致使最终无法达到理想的医疗效果，因此法律规定“不宜向患者说明”，是为避免对患者产生不利后果，并且《侵权责任法》明确基于对患者的保护不宜将病情等信息直接告知患者时，应当向患者的近亲属如实告知说明。[②]

第二种情形是患者选择自杀等放弃治疗的情况。医师的告知在此种情形中往往归于无效，甚至会被自杀者所利用，从医师的职业道德角度出发，医师应根据有利于抢救生命的原则履行其告知义务；从法律上讲，我国法律反对自杀或自残等违背人类伦理道德的行为，因此，医师出于挽救生命健康的目的而未予充分告知，完全符合我国法律基本精神。[③]

有学者认为医生告知义务存在三种豁免根据，即对患者已知事实豁免、存在紧急情况时豁免、医生的医疗特权豁免。[④]这一观点与前述内容在某种程度上相吻合。

---

① 参见龚赛红、董俊霞：《论患者知情同意权的限制——从患者知情同意权保护的核心理念出发》，载《中国社会科学院研究生院学报》2009 年第 5 期。

② 参见刘鑫、张宝珠、陈特主编：《侵权责任法“医疗损害责任”条文深度解读与案例剖析》，人民军医出版社 2010 年版，第 109—110 页。

③ 龚赛红、董俊霞：《论患者知情同意权的限制——从患者知情同意权保护的核心理念出发》，载《中国社会科学院研究生院学报》2009 年第 5 期。

④ 参见王占明：《医生告知义务的三种豁免根据》，载《厦门大学法律评论》，厦门大学出版社 2010 年 6 月版。

案例思考

患者刘某因腰痛体检发现骶椎肿瘤，在某医院住院治疗。入院初诊为：骶1椎体肿瘤（性质待定）。因当时影像学检查不能确定病变性质，无法确定为原发癌还是转移癌，需病理确诊，院方考虑到肿瘤可能导致椎体压缩骨折，拟给刘某行“经皮椎体成形术”，术前对患者进行了告知，患方签署了《经皮穿刺椎体成形术知情同意书》。该同意书记载：手术方式为“微创经皮穿刺椎体成形手术”……手术风险和局限性包括只能改善局部症状，骨水泥外渗或脱出从而损伤硬膜囊、神经根，出现截瘫、神经损伤后果等。后院方为刘某进行了“经皮穿刺取病理＋椎体成形术”。术后，刘某自诉左大腿后侧坐立时疼痛，疑为术中穿刺对神经根刺激导致。刘某出院9个月后再次入住某医院，其间，某医院为刘某行“骶椎术后腰5左侧半椎板开窗骨水泥取出术”，探查见泄漏骨水泥并取出，刘某出院。

立案前，双方当事人进行立案前鉴定。经法院随机确定由某司法鉴定中心进行鉴定。《法医学鉴定意见书》载明：1. 被鉴定人刘某因腰痛就诊于某医院，并进行经皮穿刺取病理＋骶1椎体成形术。医方进行术前病理检查，不存在过失，但在所送住院病历中，未见病理报告，视为未做病理检查，同时手术记录中未见肿瘤切除后空腔的记载，故做椎体成形术欠妥，存在过失。2. 经皮椎体成形术应用于脊柱转移瘤、椎体血管瘤及骨质疏松等引起的压缩性骨折。以上适应证被鉴定人刘某均未体现，医方选择进行椎体成形术，依据不足。3. 第二次手术前被鉴定人体格检查显示患者无明显神经损伤临床症状，进行骶椎术后腰5左侧半椎板开窗骨水泥取出术，依据不足。4. 参照《人体损伤致残程度鉴定标准》第2.10.63条（髋、膝、踝关节中一关节功能丧失25%以上）之规定，符合X级（10级）伤残。5. 参照《人身损害受伤人员误工期、营养期、护理期评定准则》，外伤性椎间盘突出手术治疗：护理60—90日。建议刘某第一次手术治疗护理期90日，第二次手术治疗护理期 60 日。后期建议使用神经营养药物维持，期限为 2 年。最终鉴定意见为：某医院在对被鉴定人进行的诊疗行为中存在过失，与被鉴定人损害后果之间存在一定程度的因果关系，建议医疗过失参与度 60%。

刘某认可鉴定意见，但要求医院全额赔偿各项损失。

某医院对上述鉴定意见不认可，并申请鉴定人出庭作证。红十字鉴定中心针对某医院所提异议复函予以答复。

一审法院认为，医务人员在诊疗活动中未充分尽到告知义务、注意义务，造成患者损害的，医疗机构应当承担相应的赔偿责任。当事人可就查明事实的专门性问题向人民法院申请鉴定。人民法院委托鉴定部门作出的鉴定结论，当事人没有足以反驳的相反证据和理由的，可以认定其证明力。本案中经立案前由本院委托进行医疗过错鉴定，鉴定人出具了鉴定意见并出庭作证。根据鉴定人意见，某医院未给刘某进行病理检查，视为医疗过错。某医院对此提出异议，并提供给刘某进行病理检查的组织切片及病理检查报告。刘某对某医院在术中取病理不持异议，且根据刘某提供的医院病历亦可证实其最晚在 2012 年 3 月即知晓病理结果。因此鉴定人上述鉴定意见缺乏依据，法院不予采信。鉴定人认为，经皮椎体成形术、骨水泥取出术依据不足，视为医疗过错。但根据刘某在某医院的住院病历记载，经皮椎体成形术可杀死肿瘤细胞，加强病变椎体的强度和稳定性，其作用与刘某病症相符。同时根据鉴定人出庭时认为该手术无适应证，仅根据术前讨论中记载“经皮椎体成形术应用于脊柱转移瘤、椎体血管瘤及骨质疏松等引起的压缩性骨折”，而未从该手术在临床中的开展情况与刘某的病症相结合，详细地进行分析，依据不足。鉴定人出庭作证时，对于某医院提出的经皮椎体成形术适用于肿瘤患者的观点，亦未作出正面的、充分的解释。故法院对鉴定人认为刘某缺乏经皮椎体成形术的适应证不予采信。骨水泥渗漏作为常见并发症，某医院应当在第一次手术前，将该手术风险重点向刘某进行告知。尽管该院在第一次手术前的知情同意书中对骨水泥渗漏有所记载，但并未着重向刘某进行提示，故某医院在术前风险告知方面存在不足。出现骨水泥渗漏以后，是否需进行二次手术，需结合刘某症状多方面考虑。根据鉴定人分析，刘某在第二次手术之前经查体，并不存在必须进行手术的体征，且实施该手术亦未证实对患者术后不良症状有所缓解。故应当认定某医院对刘某实施的第二次手术缺乏适应证。某医院对鉴定人根据查体、病历资料得出的医疗损害后果已构成伤残的鉴定意见尽管提出异议，但不足以推翻鉴定意见，法院不予采信。故法院认定某医院的上述医疗过错与刘某的身体损害存在一定的因果关系。考虑手术并发症的因素，以及刘某自身的病情因素，且医院仅存在履行手术告知义务以及第二次手术适应证方面的过错，现有证据不能证实其为刘某实施的第1次手术存在违反注意义务的情形，故法院认定某医院的医疗过错在造成刘某身体损害的各项因素中占40%的原因比例。某医院应当根据该比例赔偿刘某与医疗损害有关的各项合理损失。刘某的伤情已构成残疾，给其造成了严重的精神痛苦，为此某医院应当赔偿刘某一定的精神损害抚慰金，具体数额由本院予以酌定。

法律评析

本案中，一审法院认为，鉴定人虽认定某医院对刘某的第一次手术“经皮椎体成形术”无手术适应证，但该手术的作用为可杀死肿瘤细胞，加强病变椎体的强度和稳定性，与刘某病症相符。同时，鉴定人出庭时未从该手术在临床中的开展情况与刘某的病症相结合，详细地进行分析，且对于某医院提出的“经皮椎体成形术”适用于肿瘤患者的观点，亦未作出正面的、充分的解释，故认为鉴定人做出的此项鉴定结论依据不足。同时，原审法院又认为医方存在对于此次手术的风险告知不够充分的过错，并应承担一定的赔偿责任。对此，笔者持有不同意见。

司法鉴定是法院就专业问题委托专业机构进行的应当合乎科学标准的公正的评价，是法院判案的重要证据。医疗纠纷中的司法过错鉴定也属此列。经质证，在双方当事人没有充足证据推翻司法鉴定意见书或者使裁判者明显产生质疑的情况下，该鉴定意见书应为裁判的依据，不宜全然否定。本案中，因鉴定人做出的鉴定结论，部分缺乏客观依据，法院有权予以否定；但是在患方术前签署的知情同意书中，某医院已经明确告知手术风险之一是发生骨水泥外渗。一审法院单凭患者陈述就认定某医院术前对骨水泥渗漏这一常见并发症未进行重点告知，且应承担责任，显然过于主观、随意，使得医疗机构在告知问题上无所适从。

医学点评

椎体成形术：包括经皮椎体后凸成形术（PKP）和经皮椎体成形术（PVP）。椎体成形术首先应用于椎体肿瘤，1984 年法国 Deramond 医生经皮向椎体内注射骨水泥治疗颈椎椎体血管瘤取得满意效果，1994 年开始在美国应用，渐推广于脊椎血管瘤、骨髓瘤、溶骨性转移瘤，1997 年 Lane 将经皮椎体后凸成形术（Percutaneous Kyphoplasty，PKP）用于椎体骨质疏松治疗。

1.PVP、PKP 的临床意义

PVP、PKP 是经椎弓根或直接向椎体内注入人工骨或骨水泥，可以增强椎体强度和稳定性、防止塌陷（引发畸形和神经症状）、缓解腰背疼痛、恢复椎体高度，骨水泥能够部分杀灭肿瘤细胞，对肿瘤有一定的抑制作用。

2.PVP、PKP 特点

对人体组织损伤小，出血少，操作简便，术程短，局部麻醉就可以进行，风险小，并发症少，恢复快，效果明显，术后病人可以早期活动、防止卧床导致的骨质疏松及其他并发症。

3.PVP、PKP 适应证

椎体骨质疏松症伴疼痛经支具及药物治疗无效的、骨质疏松性椎体压缩骨折、溶骨性原发或转移性肿瘤、多发骨髓瘤及椎体病变、椎体血管瘤、陈旧性骨质疏松性椎体压缩骨折仍疼痛者等。

4. 并发症

术中骨水泥渗漏最常见，但通常不产生临床症状或副损伤；较少见的并发症包括：骨水泥毒性、过敏性休克、心跳骤停、肺栓塞、脂肪栓塞综合征、脊髓神经损害等。

总之，椎体成形术是近年来国内外广泛应用于脊柱外科骨质疏松性骨折及椎体溶骨性肿瘤治疗的安全有效的方法，为广大患者解除了痛苦，改善了生活或生存质量，但也要认识到其不完美性，有发生并发症的可能，虽然大多数并发症都不会对患者造成明显影响。

点评专家

胡三保

首都医科大学附属北京安贞医院骨科主任，主任医师

1993年7月毕业于山西医科大学获医学学士学位，2006年7月获北京大学医学部硕士学位。曾在新加坡中央医院骨科及香港中文大学威尔士亲王医院骨科、香港大学玛丽医院关节外科进修学习，在脊柱四肢多发骨折急救及治疗方面有丰富经验，近10余年完成大量脊柱开放及微创手术、人工关节置换等手术。现任北京医学会创伤外科专业委员会委员；北京医学会骨科分会第一届青年委员；北京医学会骨科分会微创学组委员；北京医师协会全科医师专家委员会委员；北京医师协会疼痛专家委员会委员；北京医师协会疼痛专科医师分会常务理事；首都医科大学骨外科学系脊柱微创研究学组委员；首都医科大学骨外科学系颈椎研究学组委员；中国医药教育协会腰椎教育工作组委员；中国临床医生杂志编委；临床误诊误治杂志编委；中华骨与关节外科杂志通讯编委；国际内固定学会脊柱AOSpine会员；中华医学会医疗鉴定专家库成员；北京医学会医疗事故鉴定专家。

发表文章：《骨盆骨折60例报告》《颈椎骨折脱位合并完全性截瘫早期减压内固定2例分析》《老年髋部骨折治疗方法选择与预后探讨》《腰椎后路减压固定融合术治疗退变性腰椎侧凸症》《退变性腰椎侧凸的临床特点及其与影像学的关系》《距骨颈骨折并发症分析》《胫骨平台骨折手术治疗疗效观察》《Role of External Fixation in Early Treatment of Unstable Pelvic Fractures》《心脏机械瓣膜置换术后骨科手术患者围手术期抗凝治疗探讨》《低分子肝素钙联合气压式血液循环驱动器防治老年骨折患者术后下肢深静脉血栓的临床观察》。

第六章　医疗损害赔偿责任的构成要件

案例思考

患者与原告系夫妻。2008年2月21日，患者因急性肠梗阻等入住被告甲医院。其后，被告甲医院为患者行一系列手术。2008年5月2日，患者被转入被告甲医院ICU重症监护室进行治疗。当月16日，患者被转入被告乙医院，被诊断为脓毒血症、肺部感染、高血压病、结肠癌根治术后、局部脓肿引流术后、回肠末端造瘘术后、脑出血、脑梗死。2008年7月8日，被告乙医院为患者行二尖瓣置换术。2008年9月3日，患者从被告乙医院出院。2009年3月27日，患者再次入住被告乙医院，被诊断为结肠中分化癌、横结肠切除术后、局部脓肿引流术后、回肠末端造瘘术后、肝转移、二尖瓣置换术后、高血压、消化道溃疡史、慢性乙肝感染、脑梗死、左侧脑瘫。2009年4月10日，因病毒活跃复制，不适宜行化疗治疗，患者出院，后于2010年3月17日去世。

患者家属作为原告于2011年起诉，称：因被告甲医院的诊疗过失，导致患者体质极度虚弱，不适合化疗，只能回家休养，导致患者的最终死亡。被告甲医院的诊疗行为严重违反诊疗常规、卫生法律法规，明显存在过错，与患者的死亡之间存在直接因果关系。被告乙医院对患者的死亡不能完全排除过错责任。故起诉要求被告甲医院、被告乙医院赔偿医疗费、护理费、营养费、交通费、丧葬费、残疾赔偿金、死亡赔偿金、住院伙食补助费、精神损害抚慰金共计200余万元。

一审委托某区医学会鉴定，该医学会出具的医疗事故技术鉴定书指出：本医案属于二级甲等医疗事故，医方承担主要责任，被告乙医院对患者的诊疗过程中无违背诊疗常规的行为。原告不同意该鉴定结论申请市级医学会进行医疗事故鉴定。市医学会鉴定后，出具了医疗事故技术鉴定书，其中分析意见为："（一）被告甲医院在对患者的诊治过程中存在以下医疗过失：1. 第一次手术……增加了发生吻合口漏的风险。2. 第二次手术……违反了吻合口漏手术治疗规范。3. 在患者发生吻合口漏后，虽然给予了积极检查，但未能及时明确诊断，延误了治疗。（二）被告甲医院以上医疗过失导致患者发生感染中毒性休克、多器官功能受损、继发细菌性内膜炎，经被告乙医院治疗后，患者病情缓解。（三）由于三次手术及并发症的发生以及患者处于病毒性肝炎活动期，失去了术后短期接受化疗的机会。（四）根据患者死亡前的临床表现，没有证据表明被告甲医院和被告乙医院的诊疗行为与患者的死亡之间有直接因果关系。（五）被告乙医院对患者的诊疗过程中没有过错。"鉴定结论为本病例属于二级甲等医疗事故，被告甲医院负主要责任，被告乙医院无责任。

一审法院认为，根据医疗事故技术鉴定文书，本医案构成二级甲等医疗事故，被告甲医院负主要责任，被告乙医院无责任。原告等人要求被告甲医院承担赔偿责任，证据充分，法院予以支持，具体责任比例法院将依据鉴定结论酌情确定。原告等人要求被告乙医院承担赔偿责任，证据不足，法院不予支持。根据法律规定，本案应参照《医疗事故处理条例》的规定确定赔偿标准，但因如此处理将使原告等人所受损失无法得到基本补偿，故法院将根据《民法通则》及相关司法解释的规定提高赔偿数额。关于医疗费及购买药品、医疗器械等的费用，原告提交了相应的票据，法院予以支持，具体数额应以票据为准。关于护理费、营养费，考虑到患者的实际情况，法院予以支持。但因原告等人就此所提供的证据尚不充分，故对此两项费用的具体数额，法院将酌情确定。关于交通费，考虑到患者就医及家属办理丧葬事宜确需支付一定的交通费用，法院予以支持。但因原告就此所提供的证据尚不充分，故对交通费的具体数额，法院将酌情确定。关于丧葬费和死亡赔偿金，根据鉴定结论，没有证据表明被告甲医院和被告乙医院的诊疗行为与患者的死亡之间有直接因果关系，故法院不予支持。关于残疾赔偿金和精神损害抚慰金，本医案已构成二级甲等医疗事故，故法院予以支持，具体数额依法确定。关于住院伙食补助费，因患者长期住院，法院予以支持。关于复印费，于法无据，法院不予支持。据此判决：被告甲医院于本判决生效后三十日内赔偿患者等人医疗费、护理费、营养费、交通费、残疾赔偿金、住院伙食补助费、精神损害抚慰金共计人民币 78 万元。

法律评析

案例患者因腰痛查体发现骶椎肿瘤 3 个月至被诉医院住院治疗。入院初步诊断为：骶 1 椎体肿瘤（性质待定）。经术前讨论，拟给予患者行“经皮椎体成形术”。术前对患者进行了告知，患方签署了《经皮穿刺椎体成形术知情同意书》，该同意书记载：手术方式为“微创经皮穿刺椎体成形手术”；手术目的为姑息性解决患者骨折造成的疼痛、不能站立行走症状，改善患者生活质量；手术风险和局限性包括：只能改善局部症状，骨水泥外渗或脱出从而损伤硬膜囊、神经根，出现截瘫、神经损伤后果等。后被诉医院为患者行“经皮穿刺取病理 + 椎体成形术”。患者出院 9 个月后再次入住被诉医院。住院期间，被诉医院为患者行“骶椎术后腰 5 左侧半椎板开窗骨水泥取出术”，探查见泄漏骨水泥并取出。

本案进行了立案前鉴定。患者申请就医疗过错、伤残程度、过错与损害后果的因果关系、护理及药物维护期限进行司法鉴定。鉴定意见载明：1. 医方进行手术前病理检查，不存在过失，但在所送被诉医院患者住院病历中，未查见病理报告，视为未做病理检查，同时手术记录中未见肿瘤切除后的空腔的记载，故做椎体成形术欠妥，存在过失。2. 经皮椎体成形术应用于脊柱转移瘤、椎体血管瘤及骨质疏松等引起的压缩性骨折。以上适应证被鉴定人均未体现。医方选择进行椎体成形术，依据不足。3. 第二次手术前对被鉴定人的体格检查未显示患者有明显神经损伤临床症状，进行骶椎术后腰 5 左侧半椎板开窗骨水泥取出术，依据不足。4. 参照鉴定标准的规定，符合 X 级（10 级）伤残。最终鉴定意见为：被诉医院在对被鉴定人进行的诊疗行为中存在过失，与被鉴定人损害后果之间存在一定程度的因果关系，建议医疗过失参与度 60%。

一审法院认为，鉴定人虽认定被诉医院对患者的第一次手术“经皮椎体成形术”无手术适应证，但该手术的作用为可杀死肿瘤细胞，加强病变椎体的强度和稳定性，与患者病症相符。同时，鉴定人出庭时未从该手术在临床中的开展情况与患者的病症相结合，详细地进行分析，且对于被诉医院提出的“经皮椎体成形术”适用于肿瘤患者的观点，亦未作出正面的、充分的解释，故认为鉴定人做出的此项鉴定结论依据不足。同时，医方存在对于此次手术的风险告知不够充分的过错，并应承担一定的赔偿责任。故法院认定被诉医院的医疗过错在造成刘某身体损害的各项因素中占 40% 的原因比例。被诉医院应当根据该比例赔偿刘某与医疗损害有关的各项合理损失。患者的伤情已构成残疾，给其造成了严重的精神痛苦，为此被诉医院应当赔偿患者一定的精神损害抚慰金，具体数额由法院予以酌定。

引申问题：

1. 医疗机构和医务人员，究竟应当按照何种标准从医？如何理解医疗行为的基础理论标准和实践标准？如何理解医疗行为的法律标准和医学标准？如何理解医疗行为的法律标准与道德标准？

2. 在医疗损害赔偿责任案件中，损害应当如何认定？

3. 过错对于追究医疗损害赔偿责任的意义？如何认定医疗机构和医务人员的过错？其标准是什么？

4. 在医疗损害赔偿责任案件中，不当的医疗行为与损害结果之间的因果关系应当如何认定？在多于一个医疗机构介入的情况下，应当采取何种因果关系认定的理论？

第一节　医疗行为的适当标准

一、医疗行为的概念和特点

目前我国法律并未对医疗行为下一个明确的定义，学术界对这个定义问题也存在着一定的分歧。王利明教授认为医疗行为是指医疗机构及其医务人员借助其医学知识、专业技术、仪器设备及药物等手段，为患者提供的紧急救治、检查、诊断、治疗、护理、医疗美容以及为此服务的后勤和管理等维护患者生命健康所必需的活动的总和。[①] 该定义从医疗行为主体、医疗行为内容、医疗行为目的三个方面进行限定与描述，兼具理论层次丰富和易于实践操作两方面的优点，因此本章采用这一定义作为分析医疗损害赔偿责任构成要件的基础。

在绝大多数的医疗损害赔偿案件中，医疗行为本身并不会成为案件的焦点问题。例如，在本章的案例中，甲医院对患者进行的剖腹探查、粘连松解、左半结肠切除术、肠粘连松解、结肠末端造瘘、左上腹肋缘下切口清创术等，乙医院对患者进行的二尖瓣置换术等，毫无争议地应被归类为医疗行为。同时，当事人和法院均未在案件审理过程中对医院的治疗行为的性质提出不同意见。又如，案例中，被告医院所行的经皮椎体成形术及其他的救治措施也是医疗行为。

二、医疗行为的适当标准

医学是探索的科学，任何标准的制定都应符合医学的具体、客观情况。首先，从理论上来看，根据规范的制定者和违反规范的后果不同，医疗行为标准可以分别为法律标准、医学标准和道德标准。其次，在实践层面，应当承认存在着临床标准与法律标准的差异。现实中不同级别的医疗机构对医疗行为标准的执行有所不同，紧急情况与一般情况下医疗行为标准的执行也有所不同。

（一）理论层面

医疗行为的标准是多层次的。侵权责任法上医疗行为的法律标准中既包含了一部分医学标准，以医学诊疗规范的形式表现；又包含了一部分道德标准，以有关通知义务和诊疗义务规范的形式表现。实践中，法院在判定受争议的医疗行为是否适当，是否符合法律规定，医疗机构与医务人员是否需要承担医疗损害赔偿责任时，并非仅考虑法律标准，而是会在医疗行为的法律

① 龚赛红著：《医疗损害赔偿立法研究》，法律出版社 2001 年版，第 1—15 页。

标准上，交叉参考医疗行为的医学标准和道德标准。《侵权责任法》第七章医疗损害责任为医疗机构及医务人员的医疗行为确立了一部分法律标准，这一部分法律标准与医学标准和道德标准是相互交融的。首先，该法第57条规定了医疗机构及医务人员的诊疗义务，该条文明确指出，诊疗活动的适当标准是“与当时的医疗水平相应的诊疗义务”，可以说法院在判断医疗机构及医务人员是否尽到诊疗义务时，必然需要参考诊疗活动进行时的医学标准。其次，该法第56条规定了“因抢救生命垂危的患者等紧急情况，不能取得患者或者其近亲属意见的，经医疗机构负责人或者授权的负责人批准，可以立即实施相应的医疗措施”。医疗告知义务不仅是医疗机构及医务人员的法律义务，应当纳入医疗行为法律标准之中，但在紧急情况下，告知义务和说明义务可以被免除，显然是充分考虑到了医疗机构及医务人员应当遵守伦理道德义务。[①]

可以说，医疗行为的适当标准之所以会存在多层次的交融，其本质原因是医疗行为本身性质的特殊。一个医疗行为地做出，不仅需要医疗机构及医务人员具备医学方面的专业知识，同时由于医疗行为与人类生命健康息息相关，也需要医疗机构及医务人员具备道德上的良好品质，并且还需要医疗机构及医务人员遵守一定的管理规范。因而，由于该评价过程必然牵涉医疗行为地做出，在法律上对一个医疗行为是否适当做出评价时，不仅需要考虑医疗行为作为一般侵权行为所牵涉的法律问题，也需要考虑医疗行为作为特殊专业行为所带来的医学专业问题和道德问题。

因此，对医疗行为适当标准进行释明，就有必要从标准的制定者、标准的内容和违反标准的后果三个角度分别就医疗行为的法律标准、医学标准和道德标准进行细致的分析。

1. 医疗行为的法律标准

就医疗损害赔偿责任构成要件所言，医疗行为的法律标准是指在侵权法上构成适当医疗行为的标准。医疗行为法律标准的制定者是规范性法律文件的制定者，标准的内容主要是与专业医疗行为有关的限制性规定，违反医疗

---

① 程方明、张跃铭:《侵权责任法背景下的医疗告知义务与法律风险防控》，载《湖北社会科学》2011年第4期。

行为的法律标准的后果是使该医疗行为在医疗损害赔偿责任的问题上可被判断为不适当的医疗行为，构成医疗机构与医务人员承担医疗损害赔偿责任的法律前提。

《侵权责任法》第七章医疗损害责任构筑了主要的医疗行为法律标准。根据《侵权责任法》的相关规定，医疗行为的法律标准，即医疗机构和医务人员在医疗行为中，负有的主要义务有：告知、说明病情和医疗措施、填写、妥善保管和提供病历资料；与当时医疗水平相应的诊疗义务以及遵守法律、行政法规、规章以及其他有关诊疗规范的规定。另外，根据《医疗事故处理条例》的相关规定，特别说明的医疗行为的法律标准，即医疗机构和医务人员在医疗行为中，还要恪守医疗服务职业道德。

从内容来看，医疗行为的法律标准包括三种：遵守与医疗行为相关的管理规范（除去主体资格相关的管理规范，即组织性义务）；遵守国家认定的医疗行为医学标准（诊疗义务或医疗技术义务）和遵守国家认定的医疗行为道德标准（伦理性义务）。国家认定的医疗行为医学标准和国家认定的医疗行为道德标准由于涉及其他医学标准和道德标准，将不在这一部分着重说明，而是在医疗行为的医学标准和医疗行为的道德标准两部分中释明。

这里要着重指出的是与主体资格相关的管理规范，主要包括设立相关专业开设条件与人员准入标准的规范，不能算医疗行为的法律标准。[1] 就医疗损害赔偿责任问题而言，医疗行为必须是主体适格的。尽管《侵权责任法》并没有就“主体不适格的医疗主体”造成侵害的是否属于医疗行为做出明确规定，但是《侵权责任法》第 54 条使用的用词是“医疗机构及其医务人员”，那么从字面理解来看，应当将这里的医疗机构及其医务人员理解为符合《执业医师法》规定的医疗主体。而“主体不适格的医疗主体”造成损害的可以直接由侵害人身权、生命权、健康权纠纷包纳，而非医疗损害纠纷来包纳。同时，由于《医疗事故处理条例》也是处理医疗损害赔偿民事纠纷的重要

---

① 这一部分的内容包括开设与准入条件比较宽泛的《血液透析器复用操作规范》《放射诊疗管理规定》《病理科建设与管理指南（试行）》，以及严格规定准入条件的《变形手术技术管理规范（试行）》《放射性粒子植入治疗技术管理规范（试行）》《妇女内镜诊疗技术管理规范》《基因芯片诊断技术管理规范（试行）》等。

法源，根据《医疗事故处理条例》第61条有关非法行医的定性及法律责任，非法行医，造成患者人身损害，不属于医疗事故。

2. 医疗行为的医学标准

医疗行为的医学标准，是指由国家及地方卫生部门发布或医学通说刊载的，有关诊疗行为等与专业医疗行为有关的限制性规定。尽管医疗行为的医学标准与法律标准有重叠之处，因为医疗行为的医学标准中很大一部分是由国家及地方卫生部门发布的，是被国家认可的医学标准，被纳入法律标准的一部分。并且，从违反行为标准的后果来看，违反医疗行为的医学标准和违反医疗行为的法律标准均可以构成判定医疗行为不适当的前提。

然而医疗行为的医学标准与法律标准仍存在着较大的不同。首先，从制定者的角度说，医疗行为的医学标准不仅可以由国家及地方卫生部门发布，还可以由医学通说（权威教科书）刊载，而医疗行为的法律标准则只能由国家以及地方政府机关制定发布。其次，从标准的内容角度说，医疗行为的医学标准通常仅与诊疗行为相关，而医疗行为的法律标准所包含的内容更多，还包含对医疗行为的管理规范以及对医疗机构及医务人员职业道德义务等规范。

医疗行为的医学标准主要包括医学通说的一般性罗列与展开的医疗行为规范和其他有关专业医疗行为的限制性规定。[①]

① 医学通说的一般性罗列与展开的医疗行为规范包括《新生儿疾病筛查技术规范》《临床护理实践指南》《胃癌诊疗规范》,《重性精神疾病管理治疗工作规范》及其附件以及《重金属污染诊疗指南（试行）》等。考虑到医疗技术的不断进步与认知的更新，对这类医学标准的描述应当标注其发布的时间。例如，卫生部于2010年11月发布的《新生儿疾病筛查技术规范》，在描述时即要载明是2010年版《新生儿疾病筛查技术规范》；其他有关专业医疗行为的限制性规定主要散见于多部医疗规范之中，是临床医护人员必须重视与熟练掌握的核心内容。比如，《医院手术部（室）管理规范》第25条规定，“手术部（室）的工作区域，应当每24小时清洁消毒一次。连台手术之间、当天手术全部完毕后，应当对手术间及时进行清洁消毒处理”。《医疗机构血液透析室管理规范》第33条规定：“血液透析室应当建立严格的接诊制度，对所有初次透析的患者进行乙型肝炎病毒、丙型肝炎病毒、梅毒、艾滋病病毒感染的相关检查，每半年复查1次。”与此相同的内容还有如《导管相关血流感染预防与控制技术指南（试行）》第2条“有关导管相关血流感染预防要点中的第（二）项感染预防要点……”以及《导尿管相关尿路感染预防与控制技术指南》中有关感染预防要点的内容等。参见尚金凯主编：《医案追踪：医疗法律制度解读》，东北大学出版社2012年版，第34—35页。

3. 医疗行为的道德标准

医疗行为的道德标准，是指由国家及地方卫生部门发布或医学社会公认的，与专业医疗行为有关的职业道德规定。这里必须明确的是，在医疗损害赔偿责任问题中，医疗行为的道德标准不是个别医疗机构和医务人员，而是整个医学系统内医疗机构和医务人员的道德标准。违反医疗行为的道德标准的后果是使该医疗行为可被判定为不适当的医疗行为，构成医疗机构与医务人员承担医疗损害赔偿责任的法律前提。

根据2007年12月7日中华人民共和国卫生部、国家中医药管理局关于印发《关于建立医务人员医德考评制度的指导意见（试行）》的通知的第三部分“考评的主要内容”，医疗行为的道德标准，即医疗机构和医务人员在医疗行为中的道德义务是遵守以下原则：（1）救死扶伤，全心全意为人民服务。（2）尊重患者的权利，为患者保守医疗秘密：对患者不分民族、性别、职业、地位、贫富都平等对待，不得歧视。维护患者的合法权益，尊重患者的知情权、选择权和隐私权，为患者保守医疗秘密。在开展临床药物或医疗器械试验、应用新技术和有创诊疗活动中，遵守医学伦理道德，尊重患者的知情同意权。（3）文明礼貌，优质服务，构建和谐医患关系。（4）遵纪守法，廉洁行医：①严格遵守卫生法律法规、卫生行政规章制度和医学伦理道德，严格执行各项医疗护理工作制度，坚持依法执业，廉洁行医，保证医疗质量和安全。②在医疗服务活动中，不收受、不索要患者及其亲友的财物。③不利用工作之便谋取私利，不收受药品、医用设备、医用耗材等生产、经营企业或经销人员给予的财物、回扣以及其他不正当利益，不以介绍患者到其他单位检查、治疗和购买药品、医疗器械等为由，从中牟取不正当利益。④不开具虚假医学证明，不参与虚假医疗广告宣传和药品医疗器械促销，不隐匿、伪造或违反规定涂改、销毁医学文书及有关资料。⑤不违反规定外出行医，不违反规定鉴定胎儿性别。（5）因病施治，规范医疗服务行为：①严格执行诊疗规范和用药指南，坚持合理检查、合理治疗、合理用药。②认真落实有关控制医药费用的制度和措施。③严格执行医疗服务和药品价格政策，不多收、乱收和私自收取费用。

除此之外，被医学社会所认可的医疗行为的道德标准还有：（1）对急危患者不得拒诊的义务（我国《执业医师法》第 24 条、《医疗机构管理条例》第 31 条）。（2）尊重患者自主决定的义务。（3）劝告患者转诊的义务，它是指医师对于患有自己专门领域之外疾病的病人或依其病情超出自己治疗能力之外的病人负有作出转医指示的说明义务。（4）不得进行不必要的检查（《侵权责任法》第 63 条）。我国现阶段医方进行较多检查，主要原因有医方创收、防御医疗等。不必要的检查浪费社会资源，造成患者经济负担，应予以杜绝。（5）保密义务（《侵权责任法》第 62 条）。医疗机构及其医务人员，因为执业过程中必然接触到患者的家属、病史和隐秘部位，掌握了大量有关患者病情的相关资料和个人隐私。医疗机构及其医务人员应依据职业操守和法律要求，对掌握的与诊疗有关的患者隐私和相关病历资料保密。

（二）实践层面

尽管从理论上，侵权类、行政类法律法规已经从医疗技术、道德义务等方面规定了医疗行为的适当法律标准。然而，医学毕竟是实践的科学，不能脱离医疗行为实施的客观条件来谈论医疗行为的标准。事实上，由于技术、人员、设备设施等条件的差异，应当承认不同级别的医疗机构对同一医疗行为标准的执行是不同的。并且，紧急情况与一般情况中，医疗机构执行医疗行为标准也有差异。

1. 不同级别医疗机构对医疗行为的执行标准不同

根据《综合医院分级管理标准（试行草案）》，按照任务和功能的不同，把医院分为三级，即一级医院、二级医院和三级医院。还根据各级医院的技术水平、质量水平和管理水平的高低，并参照必要的设施条件，分别划分为甲、乙、丙等，三级医院增设特等。一级医院是直接向具有一定人口（≤ 10 万）的社区提供医疗、预防、保健和康复服务的基层医疗卫生机构。二级医院是向多个社区（其半径人口一般在 10 万以上）提供综合医疗卫生服务和承担一定教学、科研任务的地区性医院，是三级医疗卫生体系中的中间层次。三级医院是向几个地区提供的高水平专科性医疗卫生服务和执行高等教育、科研任务的区域性以上的医院。

技术水平、质量水平、人才资源的差别，使得一级医院、二级医院和三级医院在具体执行医疗行为的法律标准时有所差异，对这种差异的存在，应当理解并予以承认。在具体的司法实践中，并不能以某一级医院不能达到三级医院的医疗行为标准而直接判定其侵权行为成立。

2. 紧急情况下医疗行为的执行标准

紧急情况下医疗行为的执行标准应当与一般情况下不同。通常来说，由于局势紧迫，时间有限，医疗机构在此时的医疗行为标准应当较一般情况下更低。这一精神也体现在《侵权责任法》中，该法第 60 条第 2 款规定医务人员在抢救生命垂危的患者等紧急情况下尽到合理诊疗义务即可。

第二节　医疗损害结果的认定

案例思考

患者至被诉医院准备生产。该院经检查诊断患者有先兆临产症状。该院为患者行阴道检查过程中，发现胎心突然减慢，处理 5 分钟后仍不见好转，考虑胎儿宫内窘迫（胎心型），因体征显示短时间内不能经阴道分娩，也不能予产钳助产，故建议急诊行子宫下段剖宫产术。患者夫妇同意手术并签字。同日 16 时 20 分，被诉医院对患者行子宫下段剖宫产术，患者娩出 1 女婴，女婴脐带较细，无呼吸，肌张力差，断脐交台下抢救。后将患儿转至乙儿童医院进一步诊治。该院对新生儿予以对症支持治疗，后患儿窒息应激出现消化道出血伴贫血，经治疗，消化道出血消失，贫血纠正，但患儿频发惊厥，导致撤机失败。乙儿童医院在告知患者夫妇患儿的病情及停止治疗的危险后，患者夫妇因担心患儿育后问题，于 2010 年 3 月 14 日决定放弃治疗，并自愿承担相关风险。次日，患儿因呼吸衰竭死亡。

患者夫妇以被诉医院的医疗行为存在过错为由起诉至原审法院，要求该医院赔偿死亡赔偿金、医疗费及精神抚慰金 60 万元。

一审法院审理中，区医学会对该院的医疗行为是否构成医疗事故及事故等级进行了鉴定。鉴定意见指出医院存在产程处理不当的过失，可能与新生儿窒息有关，但与患儿死亡无直接因果关系。鉴定结论为：本病例不属于医疗事故。后依据患者夫妇的申请，法院依法委托某司法鉴定所进行司法鉴定。鉴定意见指出被诉医院在对患者诊疗过程中，存在医疗过失，加重了胎儿自身存在的脐带缠绕腿部过紧所致的胎儿宫内窘迫，与新生儿窒息有一定的因果关系，建议被诉医院承担共同责任（医疗过失参与度考虑为D级）。

一审法院认为，经司法鉴定，被诉医院在患者产程进展过程中，处理不及时，剖宫产延迟，存在医疗过失，加重了胎儿宫内窘迫，与患儿窒息有一定的因果关系，应承担相应的赔偿责任。同时，该医院的医疗过失行为与胎儿脐带绕腿过紧因素共同作用，导致患儿出现疾病，患者夫妇在考虑患儿预后可能存在终身疾病的前提下放弃对患儿的继续治疗。患儿死亡虽与患者夫妇放弃治疗有直接因果关系，但其发生、发展的根源系被诉医院的医疗过失行为，故被诉医院的医疗过失间接导致了患儿死亡的损害后果，对此该医院亦应承担相应的赔偿责任。故对患者夫妇要求被诉医院赔偿死亡赔偿金、医疗费的合理部分，法院予以支持，具体赔偿数额由法院参照过失程度、法律相关规定及本案实际情况予以确定。对于患者夫妇主张的精神损害抚慰金，予以酌定。对患者夫妇过高要求，均不予支持。

判决后，被诉医院不服上诉。二审期间，经二审法官调解，双方当事人自愿达成调解协议。

一、医疗损害结果的概念

若需要行为人承担损害赔偿责任，原告起诉应当举证证明三个要件，一是过错，二是损害结果，三是因果联系，这三个要件缺一不可。有学者认为，损害应当被看作责任构成要件中的首要要件，这是因为侵权责任法是一部救济法，通盘体现救济损害的基本特定和核心。所以，在考虑是否要求行为人承担责任时，首先必须要求受害人证明损害的发生。这也是侵权责任与绝对权请求权（如物权请求权）制度的重要特征之一，也是其与合同责任的分野所在。[①]

二、医疗损害结果的类型

不适当的医疗行为造成的医疗损害结果是多重的，根据不同的分类标准，区分如下：

首先，根据患者被侵害的权利和权益的不同，医疗损害结果可以分为：（1）造成患者生命权受损的医疗损害结果，即不适当的医疗行为造成了患者死亡的医疗损害。这里要指出的是，死亡赔偿金、丧葬费以及精神损害赔偿并不是此处的医疗损害结果，而只是对生命权损害的一种赔偿方式。（2）造成患者身体权、健康权受损的医疗损害结果，即不适当的医疗行为对患者造成了身体健康上（包括精神上）的伤害，如致使患者残疾。同样的，相关的医疗费、护理费、营养费等并不是此处的医疗损害结果，而只是对健康权损害的一种赔偿方式。（3）造成患者隐私权受损医疗损害结果，即不适当的医疗行为泄露了患者的隐私，或者未经患者同意公开了其病历资料，给患者造成了损害。类似的，这里所牵涉的精神损害赔偿，并非此处的医疗损害结果，而只是对隐私权侵害的一种赔偿方式。（4）造成患者其他财产性权益受损的医疗损害结果，即不适当的医疗行为造成了患者的财产性权益的损失，如不当诊疗致使患者残疾后导致患者失去劳动能力，患者因此而失去的经济性利益就是财产性权益损害结果，又如不当诊疗致使患者病情加重，治疗加重的病情所付出的额外医疗费用和治疗期间损失的劳动收入等就是财产性权益损害结果。

其次，根据所涉医疗行为违反的法律义务的不同，可以将医疗损害结果分为：（1）医疗技术损害结果。（2）医疗伦理损害结果。（3）医疗管理损害结果。

---

① 王利明：《我国侵权责任法的体系构建》，载《中国法学》2008年第4期。

三、医疗损害结果认定的实践问题

（一）生命权、身体权、健康权损害的认定

医疗行为中最容易出现对患者生命、身体健康权益发生侵害的现象。然而，由于生命、身体健康权益损害的认定牵涉复杂的医疗技术问题，因此法院在认定生命权、身体权和健康权损害时，通常会根据原告一方提供的医疗鉴定结论来认定。

（二）隐私权相关损害的认定

隐私权作为一项具体人格权，是指自然人享有的私人生活安宁与私人信息秘密依法受到保护，不被他人非法侵扰、知悉、搜集、利用和公开的一种人格权。[①] 与医疗行为相关的生活安宁，是指除必要的医疗过程外，患者所享有的对自己正常生活的不受他人打扰、妨碍的权利。与医疗行为相关的生活秘密涵盖的范围则更为广阔，病情、家庭史、接触史、身体隐私部位、异常生理特征，甚至基因隐私等。

由于医疗行为的实施将会不可避免地对患者的私人生活安宁与私人信息带来影响，医疗机构和医务人员在医疗行为的实施过程中，应当格外重视对患者隐私权的保护。《侵权责任法》第 62 条规定了“医疗机构及其医务人员应当对患者的隐私保密。泄露患者隐私或者未经患者同意公开其病历资料，造成患者损害的，应当承担侵权责任”，从法律上彰显了对这个问题的重视。然而，这个问题在实践中并未得到类似的注重，也鲜少有以医疗行为中的隐私权侵害为争议焦点的司法案例。

对于隐私权损害的认定，需要患者举证证明。由于隐私权的损害认定大多不涉及身体、健康和医疗技术问题，其损害认定对于医疗鉴定的依赖程度较低。

---

① 王利明：《隐私权概念的再界定》，载《法学家》2012 年第 1 期。

（三）财产损失的认定

1. 与人身损害相关的财产损失认定

在医疗侵权案件中，财产损失通常都是伴随着人身损害而来的。在生命权受到侵害的医疗侵权案件中，根据《人身损害司法解释》的规定，财产损失应当根据抢救治疗情况来由法院酌定，包括医疗费、误工费、护理费、交通费、住宿费、住院伙食补助费、必要的营养费外，还应当赔偿近亲属精神损害抚慰费、丧葬费、被扶养人生活费、死亡补偿费以及受害人亲属办理丧葬事宜支出的交通费、住宿费和误工损失等其他合理费用。在身体健康权受到侵害的医疗侵权案件中，根据该司法解释，财产损失应当根据治疗情况由法院酌定，包括就医治疗支出的各项费用以及因误工减少的收入；若因伤致残的，其因增加生活上需要所支出的必要费用以及因丧失劳动能力导致的收入损失，以及精神损害抚慰费。法院在认定不同类型的财产损失时的依据也有所不同：

（1）医疗费

根据医疗机构出具的医药费、住院费等收款凭证，结合病历和诊断证明等相关证据确定。医疗费的赔偿数额，按照一审法庭辩论终结前实际发生的数额确定。器官功能恢复训练所必要的康复费、适当的整容费以及其他后续治疗费，赔偿权利人可以待实际发生后另行起诉。但根据医疗证明或者鉴定结论确定必然发生的费用，可以与已经发生的医疗费一并予以赔偿。

（2）误工费

根据受害人的误工时间和收入状况确定。误工时间根据受害人接受治疗的医疗机构出具的证明确定。受害人因伤致残持续误工的，误工时间可以计算至定残日前一天。受害人有固定收入的，误工费按照实际减少的收入计算。受害人无固定收入的，按照其最近3年的平均收入计算；受害人不能举证证明其最近3年的平均收入状况的，可以参照受诉法院所在地相同或者相近行业上一年度职工的平均工资计算。

（3）护理费

根据护理人员的收入状况和护理人数、护理期限确定。护理人员有收入的，参照误工费的规定计算；护理人员没有收入或者雇用护工的，参照当地护工从事同等级别护理的劳务报酬标准计算。护理人员原则上为 1 人，但医疗机构或者鉴定机构有明确意见的，可以参照确定护理人员人数。护理期限应计算至受害人恢复生活自理能力时止。受害人因残疾不能恢复生活自理能力的，可以根据其年龄、健康状况等因素确定合理的护理期限，但最长不超过 20 年。受害人定残后的护理，应当根据其护理依赖程度并结合配制残疾辅助器具的情况确定护理级别。

（4）交通费

根据受害人及其必要的陪护人员因就医或者转院治疗实际发生的费用计算。交通费应当以正式票据为凭；有关凭据应当与就医地点、时间、人数、次数相符合。

（5）住院伙食补助费

可以参照当地国家机关一般工作人员的出差伙食补助标准予以确定。受害人确有必要到外地治疗，因客观原因不能住院，受害人本人及其陪护人员实际发生的住宿费和伙食费，其合理部分应予赔偿。

（6）营养费

根据受害人伤残情况参照医疗机构的意见确定。

（7）残疾赔偿金

根据受害人丧失劳动能力程度或者伤残等级，按照受诉法院所在地上一年度城镇居民人均可支配收入或者农村居民人均纯收入标准，自定残之日起按 20 年计算。但 60 周岁以上的，年龄每增加 1 岁减少 1 年；75 周岁以上的，按 5 年计算。受害人因伤致残但实际收入没有减少，或者伤残等级较轻但造成职业妨害严重影响其劳动就业的，可以对残疾赔偿金作相应调整。

（8）残疾辅助器具费

按照普通适用器具的合理费用标准计算。伤情有特殊需要的，可以参照辅助器具配制机构的意见确定相应的合理费用标准。辅助器具的更换周期和赔偿期限参照配制机构的意见确定。

（9）丧葬费

按照受诉法院所在地上一年度职工月平均工资标准，以 6 个月总额计算。

（10）被扶养人生活费

根据扶养人丧失劳动能力程度，按照受诉法院所在地上一年度城镇居民人均消费性支出和农村居民人均年生活消费支出标准计算。被扶养人为未成年人的，计算至 18 周岁；被扶养人既无劳动能力又无其他生活来源的，计算 20 年。但 60 周岁以上的，年龄每增加 1 岁减少 1 年；75 周岁以上的，按 5 年计算。被扶养人是指受害人依法应当承担扶养义务的未成年人或者丧失劳动能力又无其他生活来源的成年近亲属。被扶养人还有其他扶养人的，赔偿义务人只赔偿受害人依法应当负担的部分。被扶养人有数人的，年赔偿总额累计不超过上一年度城镇居民人均消费性支出额或者农村居民人均年生活消费支出额。

（11）死亡赔偿金

按照受诉法院所在地上一年度城镇居民人均可支配收入或者农村居民人均纯收入标准，按 20 年计算。但 60 周岁以上的，年龄每增加 1 岁减少 1 年；75 周岁以上的，按 5 年计算。

2. 与人身损害无关的财产损失认定

在实践中，若不当的医疗行为仅仅造成了患者的财产损失而未造成其他人身伤害，这一部分财产损失通常很难被法院认定为医疗侵权的损害结果。在《侵权责任法》出台前，患者仅能依据《民法通则》及《人身损害司法解释》来提起诉讼，而不能依据《医疗事故处理条例》。根据《医疗事故处理条例》第 49 条规定："医疗事故赔偿，应当考虑下列因素，确定具体赔偿数额：……不属于医疗事故的，医疗机构不承担赔偿责任。"而医疗事故分为以下四级：一级医疗事故（造成患者死亡、重度残疾的）；二级医疗事故（造成中度残疾、器官组织损害导致严重功能障碍的）；三级医疗事故（造成患者轻度残疾、器官组织损伤导致一般功能障碍的）；四级医疗事故（造成患者明显人身损害的其他后果的）。可以发现构成医疗事故必须要造成人身损害，而仅造成财产损失的并不能被认定为医疗事故，医疗机构也因此并不承担赔偿责任。在《侵权责任法》出台后，尽管该法并没有区分人身损害和财产损害，从理论上来说，患者若在医疗活动中仅受到财产损失也应当得到赔偿，然而实践中法院对于仅造成财产损失的医疗损害问题比较不重视。

（四）并发症问题

并发症是一种医疗损害结果。在我国法律法规中，“并发症”最早出现于 1987 年颁布的《医疗事故处理办法》，其将“难以避免的并发症”列为不属于医疗事故的情形之一。2002 年颁布实施的《医疗事故处理条例》对并发症的问题进行了修改，“并发症”一词在该条例中消失，“难以避免的并发症”也不再作为不属于医疗事故的情形之一予以规定。《侵权责任法》第 60 条也并未将“难以避免的并发症”规定为责任豁免的一种情形。判断医疗机构是否承担医疗损害侵权的赔偿责任，最重要的是分析医务人员医疗行为是否存有过失，以及医疗过失行为与损害结果之间有无因果关系。

第三节　医疗机构及医务人员的过错

案例思考

患者为案外人（雇主）在工作过程中，因“被三轮车砸伤左小腿，肿痛出血，活动受限 3 小时”到被诉医院就诊。该院经急诊相关检查后以“左胫腓骨骨折”收入院。该院根据患者病情给予骨科Ⅰ级护理、清创、左跟骨牵引、抗感染等治疗，在腰硬联合麻醉情况下，为患者实施了闭合复位左胫骨外固定架固定 + 左内踝克氏针内固定术，并将其左小腿皮肤坏死行削痂术。患者后因“左胫腓骨骨折术后 2 年针道渗液 1 年”在案外医院行外固定架拆除及扩创术。五个月后，患者在该院接受腰硬联合麻醉下“切开复位、截骨、髓内钉、接骨板、空心钉内固定自体内髂骨取骨植骨术”。

后，患者以被诉医院手术失败、未将其骨折部位接好，造成其残疾为由起诉，要求被诉医院赔偿医疗费 8 万余元，及其他经济损失（包括：误工费、护理费、住院伙食补助费、营养费、交通费、住宿费、残疾器具费、鉴定费、复印材料费、伤残赔偿金、被抚养人生活费）以及精神损害抚慰金。

在审理过程，司法鉴定所进行司法鉴定，指出患者的原发损伤是导致其目前损害后果的主要原因，鉴于医方存在未尽高度谨慎注意义务，存在治疗措施不力的医疗过错行为，该过错行为在一定程度上对被鉴定人的预后情况产生了不利影响，故此，医方负轻微责任。参与度系数值1—20（%）。原审法院认为，患者的损害后果与医疗过失存在一定的因果关系，医方负轻微责任，赔偿参考范围1%至20%。故对患者的合理损失，被诉医院应按照相应的责任比例予以赔偿。对于具体的赔偿责任比例，酌情确定为20%。患者治疗自身疾病的医疗费不属于合理损失，但根据现有证据实难区分于某主张的医疗费数额中患者治疗自身疾病的部分费用，故对患者的医疗费损失以其提供的医疗费票据数额为基数，扣除雇主垫付部分并结合被诉医院的责任比例计算该医院的赔偿数额。由于被诉医院对患者的诊疗过程存在过失，致患者因该纠纷支付了病历复印费，故认定复印费支出属于合理损失，具体数额，法院根据患者提供的证据并综合考虑被诉医院应当承担的相应的责任比例予以赔偿。

一审法院据此判决，被诉医院赔偿患者医疗费、住院伙食补助费、营养费、护理费、误工费、交通费、住宿费、残疾辅助器具费、复印费、伤残赔偿金、精神损害抚慰金共计人民币8万余元。

一、过错在追究医疗损害赔偿责任中的意义

过错的判断是医疗损害责任的核心和基础。《侵权责任法》的第七章规定了两种医疗损害赔偿责任的归责原则。第一种是一般情况下的过错责任原则，根据《侵权责任法》第54条的规定，患者在诊疗活动中受到损害，医疗机构及其医务人员有过错的，由医疗机构承担赔偿责任。过错责任是指，造成损害并不必然承担赔偿责任，必须要看行为人是否有过错，有过错有责任，无过错无责任。在过错责任原则中，通常由原告（患者一方）证明被告（医疗机构一方）是否有过错。第二种是三种情形下的过错推定责任原则。为了平衡医患双方的利益，《侵权责任法》第58条规定：“患者有损害，因下

列情形之一的，推定医疗机构有过错：（一）违反法律、行政法规、规章以及其他有关诊疗规范的规定；（二）隐匿或者拒绝提供与纠纷有关的病历资料；（三）伪造、篡改或者销毁病历资料。”以上三种情形下，实行过错推定。过错推定是指根据法律规定，在一些事实发生的情况下推定行为人有过错，行为人不能证明自己没有过错的，应当承担侵权责任。可以发现，过错责任原则和过错推定责任原则均不影响过错在追究医疗损害赔偿责任中的意义，医疗机构和医务人员在医疗行为中有过错是承担医疗损害赔偿责任的前提，没有过错则不必承担损害赔偿责任。

由于医疗行为具有探索性、特异性和专业性等特点，医疗行为豁免制度是医生履行职务的现实需要，是医学科学发展的需要，也是社会公共利益的需要。《侵权责任法》第60条规定，“（一）患者或者其近亲属不配合医疗机构进行符合诊疗规范的诊疗；（二）医务人员在抢救生命垂危的患者等紧急情况下已经尽到合理诊疗义务；（三）限于当时的医疗水平难以诊疗。前款第一项情形中，医疗机构及其医务人员也有过错的，应当承担相应的赔偿责任”。需要注意的是，在所有的医疗损害赔偿纠纷中，过错都是医疗机构和医务人员承担赔偿责任的前提，即使在医疗豁免制度中，若能证明医疗机构和医务人员存在过错，其也不能免除赔偿责任。

二、医疗机构和医务人员过错的举证责任

举证责任是指当作为裁判基础的法律要件事实在诉讼上处于真伪不明状况时，当事人一方因此而承受的诉讼上的不利后果。对于这个问题，民事法律进行了一定的发展和变更。《证据规定》第4条第1款第8项规定，“因医疗行为引起的侵权诉讼，由医疗机构就医疗行为与损害结果之间不存在因果关系及不存在医疗过错承担举证责任”。依据该项规定，患者在提起侵权之诉时，无须就医疗机构过错进行举证，而应由加害人证明自身没有过错，否则即被认为是有过错的。然而，该规定确立的原则已经被《侵权责任法》所改变。《侵权责任法》第58条规定，患者有损害，在三种情形下可推定医疗机构有过错。依据解释学的反对解释推断，其他情形还是由患方对医疗损害、

医疗机构及其医务人员的过错和前二者之间的因果关系负担举证责任。因此，要证明医疗机构和医务人员在医疗行为中违反诊疗规范、违反道德义务和违反管理性规范，存在过错，除存在《侵权责任法》第58条规定的三种情形外，均由原告（患者一方）承担举证责任。也有学者认为在举证责任问题上，鉴于诊疗活动本身的特殊性，对于发生医疗损害的许多情形，不仅患者方面往往难以举证证明医疗机构和医务人员有过错，而且医疗机构和实施诊疗行为的医务人员也往往难以举证证明自己无过错，无论是将举证责任和举证不能的后果归属于患者方面负担还是归属于医疗机构方面负担，均有失偏颇。有鉴于此，既不宜机械地按照《侵权责任法》第6条第1款关于过错责任原则的规定，要求原告（患者）一方负担证明医疗机构和医务人员具有过错的举证责任，并在原告（患者）不能举证或者不能充分举证证明医疗机构和医务人员有过错时，作出不利于原告（患者）的事实认定，也不宜沿用《证据规定》第4条第1款第8项对医疗纠纷案件采用举证责任倒置的规定，要求医疗机构负担证明自己无过错的举证责任，并在医疗机构不能举证或者不能充分举证证明自己无过错时，作出不利于医疗机构的认定。《侵权责任法》在总结人民法院裁判经验的基础上，参考借鉴发达国家和地区关于“过错客观化”的判例学说，专设若干法律条文明确规定判断过错的客观标准，以方便法庭正确判断过错，避免将举证责任和举证不能的后果简单地归属于任何一方所可能造成的不公正结果。因此，人民法院审理医疗损害责任案件，不应适用《侵权责任法》第6条第1款过错责任原则关于过错举证的一般规则，被告是否存在过错，应由人民法院根据《侵权责任法》第55条、第58条、第60条规定的判断标准予以认定。[①]

需要注意的是，在证明过错这个问题上，医疗机构一方也可以利用《侵权责任法》第60条的规定，证明存在：（1）因患方或者其近亲属不配合医疗机构进行符合诊疗规范的诊疗，导致损害结果；（2）抢救垂危患者生命等紧急情况下已经采取了合理诊疗措施的情形；（3）限于当时的医疗水平难以诊疗的情形和医方自身不存在过错，举证自身不存在医疗过错的情形。

---

① 梁慧星：《论〈侵权责任法〉中的医疗损害责任》，载《法商研究》2010年第6期。

三、医疗机构和医务人员过错的认定

正如上文所言，在医疗损害赔偿责任问题上，医疗机构和医务人员所负有的法律义务主要有三种：遵守诊疗规范（诊疗义务或医疗技术义务）、遵守道德规范（伦理性义务）和遵守管理性规范（组织性义务）。在理解和适用上，诊疗义务、伦理性义务和组织性义务之违反的认定分别适用不同的判断基准，认定方式也有所不同。

（一）违反诊疗规范的过错认定

诊疗义务是医疗机构的诊疗义务，是医方的核心义务，它指的是“本于一般水平的医师所应具备的医学学识及治疗经验，于诊疗疾病时，当为的注意。亦即于诊疗疾病时，得预见结果的发生（结果预见义务），及为防止结果的发生而采取必要措施（结果回避义务）”。[①] 目前，我国医疗损害赔偿责任体系中，对诊疗义务上的过错认定问题存在着比较严重的认定标准二元化问题。此外，由于诊疗义务的过错认定涉及专业技术的判断，故而本节也需对司法鉴定进行探索研究。

1. 认定标准二元化问题

对诊疗义务下过错的认定，其判定标准有两种，一是医疗常规说，二是医疗水准说。[②] 医疗常规说认为，如果违反了“医疗卫生管理法律、行政法规、部门规章和诊疗护理规范、常规”，就应推定其有过失。法典化的专业技术标准和专家证言可视为诊疗常规的具体形式。如果行为人的行为不符合医师职业中通常专业人员所具有的知识、经验和技能水平，该行为人就会被认定有过失。医疗水准说认为，医方诊疗行为除了遵循医疗常规之外，还应达到当时的医疗

---

① 孙森焱：《论医师为诊疗行为时应负之义务》，载《郑玉波先生七十华诞祝贺论文集》，三民书局1988年版，第169页。

② 廖焕国：《论医疗过错的认定——以医疗损害侵权责任的理解与适用为视点》，载《政治与法律》2010年第5期。

水准，否则不足以免责。比较而言，医疗常规标准具体、刚性而容易判断，实践操作性较强。但医疗常规相对于不断发展着的医疗实践有一定的滞后性，采取此标准不但难以认定医方的过错，损害患者利益，同时也使医方墨守成规，采取保守疗法或者防御医疗，影响医学进步。医疗水准说标准不够明确，难以有效适用，但较好地协调了医学进步和医方责任之间的紧张关系，同时为医疗行为确立了统一的标准，有利于法律对医疗行为的统一规定。

在《侵权责任法》出台之前，我国对医方注意义务的判断，通说认为是“医疗常规”标准。《医疗事故处理办法》（1987 年）及《医疗事故处理条例》（2002 年）的规定，均以医疗行为是否违反法律法规等来判断注意义务的违反与否。一方面，《侵权责任法》坚持医疗常规说，如第 58 条第 1 项规定，违反了法律、行政法规、规章和其他有关诊疗规范的规定，造成患者损害的，应推定医疗机构有过错；但另一方面，《侵权责任法》在第 57 条、第 60 条第 1 款第 3 项使用了“当时的医疗水平”，即“医疗水准说”。司法实践中在考虑“当时的医疗水平”时，应充分考虑时间的紧迫性、地域的差异性和医疗的专门性，不宜做扩大化解释，以免影响医疗水平判断的客观性和统一性。

2. 鉴定模式由医疗事故技术鉴定变为医疗过错司法鉴定

医学作为一门专业性极强的自然科学，高度的专业性和复杂的技术性是医疗行为突出的特点。在通常情况下，一般人（包括法官）对医师诊疗的具体过程和细节并不熟悉，也难以判断医疗行为的科学性以及是否符合诊疗护理规范、常规等。在实践中，医疗机构和医务人员是否违反诊疗义务，通常需要由专门的鉴定机构进行判定。《侵权责任法》实施之前，存在医疗损害鉴定的二元化问题，也称为鉴定的双轨制问题。医疗损害赔偿案件的医学鉴定方式有两种：一种是医学专家鉴定组进行的医疗事故技术鉴定，另一种是法院委托司法鉴定部门进行的医疗过错司法鉴定。最高人民法院于 2003 年 2 月 21 日印发的《通知》规定：“人民法院在民事审判中，根据当事人的申请或者依职权决定进行医疗事故司法鉴定的，交由条例所规定的医学会组织鉴定。因医疗事故以外的原因引起的其他医疗损害赔偿纠纷需要进行司法鉴定的，按照《人民法院对外委托司法鉴定管理规定》组织鉴定。”随着《侵权责任法》的颁布和实施，目前医疗事故鉴定已逐渐被医疗过错司法鉴定所取代。

尽管医疗事故技术鉴定和医疗过错司法鉴定均是围绕医疗行为是否存在过错、该医疗过错与人身损害后果之间是否存在因果关系以及责任承担的程度进行的鉴定，它们之间存在着以下几个方面的本质区别。首先，从鉴定的性质来看，医疗事故技术鉴定是具有行政特点的一种鉴定，而司法鉴定是法官在案件审理过程中因诉讼需要才决定进行的一种独立的鉴定。医疗事故技术鉴定是行政机关依据《医疗事故处理条例》的规定对医疗过失行为是否构成医疗事故的一种行政认定程序，该鉴定程序的提起可以完全脱离司法程序而独立存在。司法鉴定是指在诉讼过程中对案件中的专门性问题，由司法机关指派或当事人委托，聘请具有专门知识的人对专门性问题作出判断的一种活动。司法鉴定结论在诉讼中只是证据的一种，在法庭上经过双方当事人质证之后，法官才能够决定是否认定该司法鉴定结论的法律效力。其次，两种鉴定的内容不同。医疗事故技术鉴定仅针对医疗过失行为导致的人身损害后果进行鉴定。在除去医疗行为是否存在过错及医疗过错与损害后果之间是否存在因果关系之外，医疗事故技术鉴定的内容还包括鉴定该损伤或死亡是否构成医疗事故及医疗事故等级这两个问题。实践中对于不构成医疗事故的，在医疗事故技术鉴定书上仅显示不构成医疗事故的鉴定结论，而对医疗行为是否存在过错则仅作简单说明或者根本没有涉及。[①] 医疗过错司法鉴定则不同，其侧重于分析、论证医疗行为是否存在过错及过错与损害后果之间是否存在因果关系，判断过失行为在损害后果中的责任程度，而且还可以对伤残等级、损伤程度及死因等情况进行鉴定。

（二）违反道德规范的过错认定[②]

道德义务源于对生命的尊重、患者对医方的高度信赖以及医疗职业精神和

---

① 艾尔肯、方博：《论医疗损害鉴定制度》，载《时代法学》2009 年第 7 卷第 5 期。

② 对于违反道德义务的过错认定，还需要额外指出的是，不乏学者认为违反道德义务的过错应当采用过错推定原则，直接推定医疗机构的过失，除非医疗机构能够证明自己的医疗行为没有过失，否则应当就其医疗伦理过错造成的损害（包括人身损害和精神损害）承担赔偿责任。但是《侵权责任法》的文本中并不能反映出该意见。参见杨立新：《论医疗损害责任的归责原则及体系》，载《中国政法大学学报》2009 年第 2 期。

职业道德。法律并未为所有的道德义务划定明确的标准，在医疗机构和医务人员是否违反道德义务的判断上，法院需要兼顾患者的需求和医疗行业合理专家的职业道德两个方面，同时应结合一定医疗水准予以判断。由于道德义务并不涉及医疗行为的专业性、技术性，通常对于道德义务下过错的认定，并不需要提交给鉴定机构分析，法院可以直接作出判断。以下以告知同意为例加以说明。

《侵权责任法》第55条和第56条规定，除抢救生命垂危的患者等紧急情况外，医务人员在诊疗活动中有告知义务和尊重患者自主决定权的义务。但是对于医师如何履行说明告知同意义务，目前学术界对此还没有形成统一的认识，主要有如下几种理论：（1）合理医师标准说，即提供一个合乎理性的医师在相同或相似条件下会提供的情报。（2）合理患者标准说。医师应就他所知向该患者作出的说明，该说明是一般处于该患者位置上的有清醒意识的人均希望了解的情况。（3）具体患者标准说。该说认为，医师应加以说明的内容就是该具体患者重视、希望了解的情报。（4）具体的患者与合理的医师两重标准说。该说认为，应考虑患者与医师两方面的因素。医师若能预见该患者重视该情报，且该情报为这位医师知道或应当知道时，医师对这类情报具有说明义务。[①]《侵权责任法》对该道德义务的标准并无规定，由于对治疗的选择需要患者作决定，而患者的决定所需要的信息是医疗执业人员而非患者所知，因此，如果认为医疗人员应提供的信息仅仅由执业人员或者医疗职业界的视角所决定，这将是不合逻辑的。

（三）违反管理性规范的过错认定

医方作为医疗活动的组织者，启动了一种危险状态，并在某种意义上最有能力控制该危险，因此应负担一般的安全注意义务。国家规定了一些医疗机构和医务人员应当遵守的管理性规范，判断医方是否违反了对患者人身、财产方面的安全保障和人员资质保证义务，应按照一般合理人标准判断。由于管理性规范并不涉及医疗行为的专业性、技术性，通常对于违反管理性规范的过错认定，并不需要提交给鉴定机构分析，法院可以直接作出判断。

---

① 梁慧星：《论〈侵权责任法〉中的医疗损害责任》，载《法商研究》2010年第6期。

四、医疗机构的过错与医务人员的过错

《侵权责任法》第54条规定："患者在诊疗活动中受到损害，医疗机构及其医务人员有过错的，由医疗机构承担赔偿责任。"目前学界的主流观点认为，该规定表明医疗损害责任的侵权形态是替代责任。所谓替代责任，是与自己责任相对应责任形态概念，是指行为人就与自己有某种特殊关系的第三人实施的侵权行为对受害人承担的侵权责任。替代责任并不是单纯的雇主责任，当然，雇主责任也不是替代责任的全部，仅仅是替代责任中的一种类型。并且，《侵权责任法》也不采用雇主责任的概念，而是采用用人单位责任的概念。① 总之，在《侵权责任法》的规定下，只要医务人员在医疗行为中存在过错，使得患者受到损害，则雇用该医务人员的医疗机构（而非医务人员）无论是否存在过错，都需要承担赔偿责任；若医疗机构在医疗行为中存在过错，使得患者受到损害，则该医疗机构需要承担赔偿责任。

第四节 医疗行为与损害结果之因果关系

一、因果关系在追究医疗机构赔偿责任时的意义

"因果关系"与"过错"和"损害"一样，在医疗损害侵权中具有重要的意义，它直接影响到医疗损害侵权责任的构成及责任的承担。尽管《侵权责任法》的一般规定和第七章医疗损害责任都没有对"因果关系"作出规定，但是根据民事侵权的一般理论，侵权行为与侵权结果之间存在因果关系是民事侵权必不可少的构成要件。因此，若想使被告就其过错担负损害赔偿责任，必须认定医疗行为与损害结果之间存在因果关系，不存在因果关系的，被告

---

① 杨立新：《〈侵权责任法〉规定的医疗损害责任归责原则》，载《河北法学》2012年第12期。

就不需承担侵权责任。

二、医疗行为与损害结果之因果关系的举证责任

举证责任是指当作为裁判基础的法律要件事实在诉讼上处于真伪不明状况时，当事人一方因此而承受的诉讼上的不利后果。正是因为该因果关系存在一定的证明难度，举证责任在这一个问题上的分配对于医疗机构是否承担责任以及患者是否能够得到赔偿至关重要。尽管医疗损害责任中的证明，基本上最后都会转化为鉴定问题（这也是医疗侵权纠纷案件的核心问题），举证责任若由患者一方承担，则鉴定结论需有因果关系的肯定结论；若由医院一方承担举证责任，则鉴定结论需要明确排除因果关系存在。在因果关系确定的存在与确定的不存在之间，还存在因果关系存疑的可能性。在医学尚有未知领域的前提下，举证责任归属实际上决定了中间模糊地带的有利方向，决定了鉴定结论最后表述的有利方向。[①]

对于因果关系的举证责任究竟应当由谁担负，学者之间存在着一些异议。一部分学者认为，因侵权责任法对因果关系证明责任没有给予新的规定，因此仍适用《证据规定》第4条第1款第8项规定，“因医疗行为引起的侵权诉讼，由医疗机构就医疗行为与损害结果之间不存在因果关系及不存在医疗过错承担举证责任”。而第二种见解认为，《侵权责任法》在此问题上的沉默，实际上是对《证据规定》有关因果关系倒置规定的修改。因此，医疗损害责任中的因果关系要件事实应当由受害人（即患者）负责证明。后一种见解为学界主流见解。

三、医疗行为与损害结果之因果关系的认定

（一）因果关系理论的适用

因果关系是人们对客观事物之间客观联系的认识，它具有客观性。我们

① 叶名怡：《医疗侵权责任中因果关系的认定》，载《中外法学》2012年第1期。

在法学上研究因果关系时，同样不能违背因果关系的客观性和因果关系的先后顺序性。但法学上的因果关系又有其特殊性，这种特殊性主要表现在：法学上的因果关系不是研究一般自然现象的因果关系，而是研究一定的社会现象，是有人的行为参与的现象间的因果关系，并且一般地说主要是研究有一定法律意义的人的行为与特定的法律后果之间的因果关系。①

在侵权责任法领域，因果关系是指某人的行为与损害后果间的前因后果关系。如果某人的行为为损害发生的原因，损害后果为该行为的结果，则行为人的行为与损害后果间有因果关系；否则，二者无因果关系。但在如何判定因果关系上历来众说纷纭，有条件说与原因说之争。原因说中又有必然因果关系说和相当因果关系说等不同观点。②

1. 条件说

条件说认为，凡引起损害结果发生的现象即各种条件都为该结果发生的原因，只要无此事实，即无该结果发生，则此事实与结果之间即为有因果关系。依条件说，若结果之发生须相互交错的多数原因共同结合方会发生，则每个原因均视为等价，因而每个原因均为构成因果关系之原因。③因此，条件说又称为等价说。例如，某人被他人打伤，在送医院治疗的途中，因交通事故致该人死亡，若某人没有被打伤也就不会被送往医院，也就不会发生交通事故致该人死亡；若在去医院的途中不发生交通事故，该人也不会死亡。因此，他人将该人打伤与交通事故都是该人死亡的原因，都与该人死亡的后果间有因果关系。

2. 必然因果关系说

必然因果关系说认为，当行为人的行为与损害后果间有内在的、本质的、必然的联系时，行为人的行为与损害后果间才为有因果关系；如果行为人的行为与损害结果间无内在的、本质的必然联系，则行为仅为损害结果发生的条件，二者间无因果关系存在。

---

① 明瑞:《关于民法上的因果关系》，载《法律学习与研究》1987 年第 4 期。

② 郭明瑞:《侵权责任构成中因果关系理论的反思》，载《甘肃政法学院学报》2013 年第 4 期。

③ 姚志明著:《侵权行为法研究》，台北元照出版有限公司 2002 年版，第 142 页。

3. 相当因果关系说

相当因果关系说认为，某一事件仅于现实情形发生某种结果者，还不能断定二者有因果关系，只有在有同一条件可发生同种的结果时该条件才为该结果发生之原因，二者间有因果关系。相当因果关系说之重点，在于注重行为人之不法行为介入社会之既存状态，并对现存之危险程度有所增加或改变。亦即行为人增加受害人既存状态之危险，或行为人使受害人暴露于与原本危险不相同之危险状态，行为人之行为即构成结果发生之相当性原因。[①]

依条件说，在侵权责任的因果关系的判断上使构成损害结果的原因范围过于广泛；依必然因果关系说，又使得构成损害结果的原因范围过于狭窄。因此，我国侵权责任法的实践上，通常采用相当因果关系说。具体而言，从积极方面看，如果被告的行为在通常情况下会导致已经发生的某个损害结果，或者至少它在某种程度上增加了某个结果发生的可能性，那么这一行为就是损害发生的相当原因。从消极的方面看，如果被告的行为造成了损害，但是这种损害仅仅在非常特殊情况下发生，或者按照事物的正常过程非常不可能发生的，那么被告的行为就不构成损害发生的相当原因。

（二）多因模式下因果关系理论的适用

在医疗损害的因果关系中，单一明晰的原因与结果的对应关系已成为少数，代之而成为主流的是复数形式的因果关系，如多因一果、一因多果和多因多果。其中一因多果与一因一果均是单因模式，法律的适用较为简单，出现的频率也比较低，故而在此不多加探讨。而就多因模式来说，医疗损害中的复数原因与其产生的结果存在多种组合关系，有学者根据原因对结果产生的影响可以将多因模式分成以下四类：连锁因果关系、递进因果关系、异步因果关系、助成因果关系。[②] 连锁因果关系是指数个医疗过失行为先后发生，并共同导致损害结果的发生，单独一个医疗过失行为不足以导致损害结

---

① 陈聪富著：《因果关系与损害赔偿》，台北元照出版有限公司 2004 年版，第 55 页。

② 余湛、冯伟：《论医疗损害侵权责任中的因果关系》，载《中南大学学报（社会科学版）》第 2006 年第 6 期。

果的发生，即缺少任何一个医疗过失行为，都不会导致损害结果的发生。递进因果关系是指在医疗活动中，数人先后的医疗过失行为最终导致严重不良后果。与连锁因果关系相同，递进因果关系的原因也仅限定于医疗过失行为，并且这些医疗过失行为也是相继发生。但是在该因果关系中，由于医疗过失行为相继发生，致使损害结果的不断恶化。异步因果关系中，最终严重损害结果是部分行为人在另一部分行为人过失所致的损害结果基础上因过失而造成的。后一部分行为人的过失才是最终严重损害结果发生的直接原因。助成因果关系的原因不限定为医疗过失行为或他人过失行为，还包括就医者的过失，或者就医者的特异体质等。其损害结果的发生可能是由于就医者的过失行为与医方的过失行为，或就医者的特异体质与医方的过失行为共同构成。

在判断多因模式下的因果关系时，应当考虑至少两个因素。其一是介入行为的可预见性，介入行为的可预见性越强，则医疗行为与损害结果之因果关系的存在可能性越大；其二是结果回避可能性，若结果回避可能性越大，则医疗行为与损害结果之因果关系的存在可能性就越大。

（三）不同损害结果之因果关系的实践认定

1. 医疗行为与医疗技术损害结果之间的因果关系

由于医疗技术的高度专业性、就医者的特异体质以及医务人员的高度裁量权，医疗行为与损害结果之因果关系非常复杂，依一般人的经验几乎无法判断，甚至还存在一些医学界也无法确定的因果关系。因此，要证明医疗行为与医疗技术损害结果之间的因果关系，实践中通常需要患者申请医疗事故鉴定或医疗过错司法鉴定。根据上文所示，医疗事故鉴定或医疗过错司法鉴定的内容均包括，医疗过错与人身损害后果之间是否存在因果关系，法院可以据医疗鉴定的结论对因果关系是否存在进行认定。

实践中，医疗鉴定对“因果关系是否存在”结论的表述，通常有三种：（1）存在因果关系；（2）不存在因果关系；（3）无法判断是否存在因果关系。根据举证责任的分配，只有当医疗鉴定结论表明“存在因果关系”时，原告才完成了证明，而当医疗鉴定结论表明“不存在因果关系”或“无法判断是否存在因果关系”时，原告均没有完成证明，应当承担不利的诉讼后果。

2. 医疗行为与医疗伦理损害结果和医疗行为与医疗管理损害结果之间的因果关系

由于医疗伦理损害结果和医疗管理损害结果分别是违反道德义务和管理性义务的损害结果，并不涉及高度专业的诊疗规范的判断，因此法院在对这两部分的因果关系进行认定时，对医疗鉴定的依赖程度较医疗技术损害结果要低一些。实践中，法院依据相当性因果关系理论对是否存在因果关系进行判断。有时，也有可能依据过错的严重程度对因果关系的存在进行一定的补充。

第七章　医院病历管理与病历的证据法意义

案例思考

江某于2008年11月3日至某医院待产，两天后自娩1活体男婴。翌日，江某之子因出生后发热4小时伴间断呻吟转入儿科治疗，后经治疗抢救无效在出生30余小时后死亡。死亡医学证明书载明死亡原因为：败血症、先天性感染、代谢性酸中毒。江某家属申请对新生儿进行尸检。根据尸检报告书显示：江某之子系出生1天新生儿，因羊水吸入性肺炎和先天性左肺不张，导致全身缺氧性损害，最终多脏器功能衰竭死亡。江某之子死亡后10分钟内，医院在ICU内抽孩子膀胱内尿液交家属送某医院检验，报告也由家属取回交给医院。

江某家属于孩子死亡当日就要求医院封存江某母子俩的全部病历。当晚，双方共同封存了41张病历，封存口袋上有双方的签名、并标注封存了“儿科病历7张、产科病历34张”。医院告知患者家属，封存的病历由医院保管，可以给其复印封存的病历材料，但因当时复印室工作人员已下班，双方约定次日上午再行复印。翌日一早，双方同意并共同拆封了封存的病历，医院在患方未在场的情况下，为患方复印了包括封存的病历及后续形成的病历共计111张。

2009年5月，江某夫妇提起诉讼，认为医院在助产过程中疏于观察，未能及时发现胎儿宫内缺氧、胎便早泄、羊水浑浊等情况，未能及时采取相应措施，导致胎儿羊水胎便吸入。从孩子出生到死亡，都未作出正确诊断，延误了抢救，最终导致新生儿死亡结果的发生。要求医院赔偿死亡赔偿金、交通费、误工费、医疗费、住宿费及精神抚慰金等各项损失合计 120 余万元。

医院辩称：江某自然临产，多次复查胎心监护均正常，自娩 1 男婴，羊水清，出生后阿氏评分均为 10 分。孩子出生 22 小时因发热 4 小时伴间断呻吟入儿科治疗，被诊断为先天性感染、败血症、低血糖症、酸碱平衡紊乱、足月适龄儿，我院予对症治疗，最终虽经积极抢救但无明显好转。家属于孩子出生后 32 小时放弃抢救，孩子死亡。死亡诊断为枫糖尿病、酸中毒。我院对江某母子的诊疗过程符合诊疗规范，不存在过错行为。孩子死亡系自身严重遗传代谢病所致，与我院诊疗行为无关，故不同意江某夫妇的诉讼请求。

原审法院审理中，为启动鉴定程序，明确过错及因果关系，曾多次组织双方当事人对病历材料进行质证。江某夫妇称医院给其复印的病历与事发当晚封存的病历数量不一致，给其复印的 111 张病历中包括 33 张儿科病历、68 张产科病历。医院称双方开封病历复印时，为患方复印了当时已有的病历，客观病历复印件交给了患方，主观病历复印件双方共同封存。后医院向法院提交了江某母子在该院的住院病历原件及复印件各 1 册，此次病历复印件包括儿科病历 48 张、产科病历 96 张（主客观病历都有），比给江某家属复印的病历材料又多出 33 张。江某夫妇认为孩子死亡之后不可能再产生病历，即使产生了新的病历材料也无意义，故对病历材料真实性、完整性持有异议，表示仅认可事发当晚双方共同封存的 7 张儿科病历、34 张产科病历材料的真实性。但双方均表示无法区分事发当晚双方共同封存的病历材料。

经医院申请，原审法院曾委托区医学会进行医疗事故鉴定，鉴定事项为：1. 医院提交的全部病历与 2008 年 11 月 6 日双方共同封存的病历（现双方无法区分）、2008 年 11 月 7 日双方共同封存的主观病历、2008 年 11 月 7 日医院为患方提供的病历复印件，是否对医疗事故鉴定产生实质性影响，是否对医疗过错及因果关系鉴定产生实质性影响；2. 医院的医疗行为有无过错，如有过错，与江某夫妇主张的其子死亡的损害后果之间有无因果关系及责任程度；3. 本病例是否构成医疗事故及医疗事故等级。区医学会于 2010 年 4 月 1 日函复法院，内容为“贵院委托的江某病例医疗事故技术鉴定，因患方不认可病历的真实性，故我会无法组织此例医疗事故技术鉴定”。一审法院先后委托3家鉴定机构对本例进行过错及因果关系鉴定，也进行过病历评估，均因病历资料问题被退卷或没有给出结论性意见。

一审法院认为：本案应适用举证责任倒置原则。应由医院对其医疗行为无过错、与江某夫妇主张的损害后果之间不存在因果关系承担举证责任。医院在拆封病历后，给江某复印的病历与事发当晚双方封存的病历材料数量不一致，且无法区分当时封存的病历和后形成的病历。医院未能采取正确有效的措施区分开这两部分病历，在诉讼中提交的病历比上述两部分还多，且亦未封存，导致这几部分病历均无法区分，进而导致鉴定机构无法进行医疗过错和因果关系的司法鉴定，故举证不能的后果应由保管上述病历的医院承担，法院推定该医院对江某之子的医疗行为存在过错，与其子死亡的损害后果之间存在因果关系，对江某夫妇损失的合理部分应予全部赔偿。据此，判决：医院赔偿江某夫妇医疗费、死亡赔偿金、交通费、住宿费、尸检费、复印费及精神抚慰金70余万元，并驳回江某夫妇的其他诉讼请求。

判决后，医院不服提起上诉，二审法院驳回上诉，维持原判。

评析病历资料的完整性与真实性、合法性是本案确定各方责任的核心争议焦点之一。在医疗损害责任纠纷中，病历作为医疗鉴定的重要材料，对判定是否存在医疗事故和医疗过错以及相关责任的划分影响很大，甚至成为案件胜败与否的关键所在。本案原审法院先后委托多家鉴定机构进行医疗鉴定，但由于双方认可的病历数量不一致，对主、客观病历封存过程争议较大，法院最终认定由医院方承担举证不利的后果和责任。在《侵权责任法》实施前后，尽管医疗纠纷的证明责任分配发生了一些变化，但由于此类纠纷具有一定的专业性，需要借助医疗档案还原治疗过程、明辨过错与否，因此，病历作为形成于医疗活动中，直接反映出患者病情变化、医生诊疗过程的记录，自然就成为法院审理医疗纠纷时重点关注的对象。那么，哪些材料属于病历资料？医患双方对于病历各自享有和承担怎样的权利与义务？病历资料在纠纷中的作用是什么？病历与患者隐私权之间的关系又如何？这些都是司法实践当中需要厘清的问题。

医学点评

先天性代谢缺陷病（IEM）又称遗传代谢病（inherited metabolic disease，IMD），是指由于基因突变引起酶缺陷、细胞膜功能异常或受体缺陷，导致先天性代谢紊乱从而产生一系列临床症状的一组疾病。IEM 虽单一病种发生率较低，但群体患病率高，而且多数是在新生儿期发病。随着产科围产医学和新生儿监护医学的飞速发展，新生儿的疾病谱正在发生新的转变，其中先天性遗传代谢性疾病的病种和发病率在逐年增加。目前已有先进的、方便的检测手段用于临床，可以对新生儿遗传代谢病进行早期诊断，并且通过纠正代谢缺陷及其引发的病理生理改变，对症治疗，使许多遗传代谢疾病得到了有效控制。

（一）发病机制

遗传性代谢病种类繁多，自 1908 年 Garrod 提出 IEM 概念以来，迄今发现的疾病已达 500 余种，并随诊断技术的提高而逐渐增加。遗传性代谢病大多为单基因遗传病，属常染色体隐性遗传。从分子生物学角度看，是由于维持机体正常代谢所需的某些多肽和蛋白组成的酶、受体、载体即膜泵生物合成发生的遗传缺陷，从而引发一系列临床表现和异常。

此病涉及各种生化物质在体内的代谢、合成和转运等方面的先天性缺陷。根据累及的生化物质，该病主要可分为糖代谢缺陷、氨基酸代谢缺陷、脂类代谢缺陷和金属代谢病四类。

（二）产前筛查

目前遗传代谢病没有根本有效的治疗措施，针对孕妇胎儿进行产前诊断是为针对某种疾病的胎儿采取干预措施的重要手段。产前诊断主要通过遗传学检测和影像学检查，对有既往不明原因新生儿及婴幼儿死亡病史者孕妇胎儿进行明确诊断，通过对胎儿的选择性流产达到胎儿选择的目的，从而降低出生缺陷率，提高优生质量和人口素质。胎儿产前诊断方法主要有非创伤性方法和创伤性方法两种。

1. 非创伤性筛查

非创伤性产前检测方法主要有母血生化、B超、磁共振成像、母血中分离胎儿细胞和胎儿心动图检测等。产前血生化筛查是最基本和最主要的一种非创伤性产前检测方法。根据孕周选择测定母血中的妊娠相关血浆蛋白A（PAPP–A）、人甲胎蛋白（AFP）、游离B亚基人绒毛膜促性腺激素（Freeß–hCG）、抑制素A（inhibin–A）和尿雌三醇（uE3）指标，结合孕妇的年龄、体重、孕周等进行综合风险评估，得出胎儿患Down's综合征（21–三体综合征）、Edward's综合征（18–三体综合征）和神经缺陷的风险度，如胚胎是唐氏儿，孕妇血液中的人绒毛膜促性腺激素和抑制素A的水平会较高，而甲胎蛋白和雌三醇的水平则较低。但是该项检查有一定局限性，即疾病的筛查报告结果为低风险或阴性，只表明胎儿发生该种先天异常的机会低，并不能完全排除这种异常或其他异常的可能性。筛查结果若为高风险，则需要进一步检查予以明确。

2. 创伤性筛查

创伤性产前检测方法主要有羊膜腔穿刺、绒毛活检、羊膜腔胎儿造影、脐带穿刺取样和胎儿镜等。羊膜腔穿刺是用穿刺针穿过孕妇的腹壁刺人宫腔吸出少许羊水，羊水中少量胎儿细胞经培养后即可获得足够细胞供细胞遗传学和分子遗传学检测，以便在胎儿出生前对胎儿有无遗传病或先天性疾病作出产前诊断。羊膜腔穿刺用于产前诊断的孕周多在孕16—23周，医生可以通过抽取羊水得到胎儿的皮肤、胃肠道、泌尿道等的游离细胞，利用这些游离细胞进一步分析胎儿的染色体是否异常，其中最重要且常见的病症就是Down's综合征。乙型海洋性贫血（thalassemia）、血友病（hemophilia）等单基因疾病也可以通过检验羊水细胞内的基因（DNA组成）得到明确诊断。绒毛活检是一种产前检查，用来检测是否有如Down's综合征那样的染色体异常疾病。这种检测就是从胎盘上的微小指状突起，也就是被称为绒毛的部分来获取细胞，并进行细胞遗传结构的分析。与羊水穿刺相比，绒毛活检的主要优势在于，可以在怀孕的更早些时间进行。虽然有些医院是在怀孕13周做绒毛活检，但一般都是在怀孕11—12周来做。而羊水穿刺则需要等到怀孕16—23周时，也就是要到孕中期才能做。目前羊膜腔穿刺和绒毛活检是最主要的新生儿产前遗传代谢病检测方法。

（三）产后筛查

新生儿产后筛查是指在新生儿群体中，用快速、敏感的实验室方法对新生儿的遗传代谢病、先天性内分泌异常以及某些危害严重的遗传性疾病进行筛查的总称。其目的是对那些患病的新生儿在临床症状尚未表现之前或表现轻微时通过筛查，得以早期诊断、早期治疗，防止机体组织器官发生不可逆的损伤，避免患儿发生智力低下、不可逆的生长发育障碍和严重的疾病或死亡。新生儿的产后筛查应根据患儿的病症特点由浅入深，对患儿进行有针对性的筛查检测。常规生化评估检测项目应包括：血常规、血气分析、尿常规生化分析和筛查、胆红素、血氨、血糖、有机酸和DNA分析等。近年来质谱仪、气相色谱分析仪等高精仪器的大量普及应用，特别是串联—质谱技术（MS/MS）的应用实现了一项检测筛查多种疾病，大大提高了新生儿IEM的诊断水平。

随着新生儿遗传代谢病谱的不断扩大，新的和变异型病种不断被人们发现。我国已经开展利用液相串联质谱判读技术进行新生儿第二代遗传代谢病筛查工作，即采一滴新生儿足跟血便可迅速检测出35种遗传代谢病。目前在我国某些地区列入新生儿筛查的疾病主要有苯丙酮尿症（PKU）、家族性甲状腺肿（family goiter）和葡萄糖-6磷酸脱氢酶（G6PD）缺乏症等。建议年龄在35岁以上的高龄产妇、试管婴儿孕妇、有多次流产史孕妇及夫妇一方为染色体病患者等高危人群应首先进行遗传代谢病的非创伤性筛查，如评价结果为高风险指数再进一步进行创伤性检查以明确检查结果。目前通过细胞遗传学及胎儿脐带血穿刺等分析能准确诊断多种新生儿遗传代谢病。基因诊断同时采集父母和胎儿的DNA样品，为遗传代谢病的诊断提供了一种新的筛查检测途径。而从母血中分离出胎儿细胞的细胞遗传学和分子遗传学分析还正在研究中，仍然存在很大争议。

目前，对于多数遗传性代谢疾病仍无特殊治疗方法，但通过纠正代谢缺陷及其引发的病理生理改变，采取对症治疗措施，许多疾患得到了有效控制。主要方法有饮食限制、药物干预、器官（骨髓、造血干细胞）移植和基因治疗等。针对新生儿遗传代谢性疾病患儿大多数病情重、发展快、病残率和死亡率高的特点，应广泛开展高危人群孕妇的遗传学调查、产前筛查诊断等工作，有效避免感染和流产带来的风险，防止遗传代谢性缺陷儿的出生，极大地降低孕妇及其家属的心理负担，不断提高我国优生优育的水平。对未能通过产前阻断的遗传代谢性病例应尽早进行产后综合筛查分析，做到早诊断、早预防、早治疗，及时通过控制饮食、药物干预等对症治疗措施加以控制，随着器官移植、骨髓移植、造血干细胞移植和基因治疗等新技术的不断完善和应用，新生儿遗传代谢病已不再是一种绝症，通过后期治疗措施很多病患可以长期存活并能够生活自理。因此，应采取科学的筛查诊断和治疗措施以进一步降低新生儿遗传代谢性疾病的发病率和致残率。

（四）枫糖尿症（MSUD）

枫糖尿症（MSUD）又称分支酮酸尿症，是由分支酮酸脱羧酶（branched-chain alpha keto acid dehydrogenase，BCKDH）缺陷导致亮氨酸、异亮氨酸、缬氨酸 3 种分支氨基酸的酮酸衍生物氧化脱羧作用受阻所致，是一种常染色体隐性遗传病，因患儿尿液中带有枫糖浆的香甜气味而得名，发病率约 1/18.5 万。本病临床表现复杂，缺乏特异性，发病早期常表现为喂养困难、嗜睡、肌张力改变等，有时伴惊厥、低血糖等表现。BCKDH 是由不同基因编码的 4 个亚单位 Ela、E113、E2、E3 组成，其中任一亚单位的基因突变均可导致 MSUD 的发生。由于酶活性的降低或缺失，导致物质代谢通路阻断，支链氨基酸增高，从而产生一系列的临床表现。临床可分为 5 型：经典型、中间型（轻型）、间歇型、维生素 B 反应型、二氢脂酰脱氢酶（E3）缺乏型。但因环境、遗传等因素，临床分型较困难。

由于 MSUD 属于常染色体隐性遗传，发病率低，对该病的认识不足，容易造成误诊、漏诊，错过最佳治疗时机。目前我国开展的新生儿筛查仅先天性甲状腺功能低下及苯丙酮尿症两项，对于有喂养困难、反应差、抽搐，难以纠正的低血糖及严重代谢性酸中毒时，应考虑先天性遗传代谢病的可能。目前已可通过串联质谱法、高效液相色谱法对枫糖尿症进行筛查诊断，但变异型枫糖尿症易漏诊，虽然肝移植对枫糖尿症的治疗效果确切，但因供肝稀少而受到限制。

点评专家

张军

首都医科大学附属北京安贞医院妇产科主任，主任医师

医学博士，教授，硕士生导师。首都医科大学医学六系妇产科教研室主任。从事妇产科临床工作20余年，擅长高危妊娠管理、宫、腹腔镜等妇科微创手术，创建心血管病重症妇产医学中心。在近年来发表学术论著50余篇，SCI文章4篇。担任中国微创外科杂志编委，北京市朝阳区计划生育与妇科专家组组长、北京市医疗事故鉴定委员会专家、中国医师协会北京分会理事、中国优生优育协会理事、北京医学会妇产科分会常务委员、中华医学会肿瘤分会委员、中西医结合学会围产分会常务委员等社会兼职。

第一节　医院病历的概念及分类

一、病历的概念

病历，中国传统医学上称之为病案、诊籍等，根据卫生部2010年1月22日发布的《病历书写基本规范》第1条的规定，病历是指“医务人员在医疗活动过程中形成的文字、符号、图表、影像、切片等资料的总和，包括门（急）诊病历和住院病历”，而国家卫生计生委和国家中医药管理局2013年11月发布的《医疗机构病历管理规定（2013年版）》第2条在该定义基础上又增加了一项“病历归档以后形成病案”，有学者认为“病案”更加强调其档案属性，是患者在门（急）诊、住院（留观）期间全部的医疗资料，并经医疗机构分类保存的各种病历及与病历有关的材料的总称。[①]但该规定中并

① 刘鑫著:《医疗侵权纠纷处理机制重建》，中国人民公安大学出版社2010年版，第313页。

没有对病历和病案的管理作明显的区别对待，司法实践当中对这两个概念也并无特别争议。

二、病历的分类

对病历的分类，依照不同的标准，主要有以下几种方式：

1. 按照一般分类原则，可分为门（急）诊病历和住院病历两大类，在司法实践中也常常据此划分为三类，即门诊小病历（手册）、门诊大病历和住院病历，并以此判断举证责任。其中门（急）诊病历包括门（急）诊病历首页［门（急）诊手册封面］、病历记录、化验单（检验报告）、医学影像检查资料等，住院病历内容包括住院病案首页、入院记录、病程记录、手术同意书、麻醉同意书、输血治疗知情同意书、特殊检查（特殊治疗）同意书、病危（重）通知书、医嘱单、辅助检查报告单、体温单、医学影像检查资料、病理资料等。卫生部 2010 年发布的《病历书写基本规范》及《中医病历书写基本规范》即按此分类。门（急）诊病历原则上由患者负责保管，住院病历由医疗机构负责保管。

2. 按照病历记录形式不同，可分为纸质病历和电子病历。《电子病历基本规范（试行）》第 3 条规定："电子病历是指医务人员在医疗活动过程中，使用医疗机构信息系统生成的文字、符号、图表、图形、数据、影像等数字化信息，并能实现存储、管理、传输和重现的医疗记录，是病历的一种记录形式。"

3. 按照记载内容的不同，可以分为主观病历与客观病历。客观病历是医院对患者进行检查治疗和护理过程的客观记载，主要包括《医疗事故处理条例》第 10 条规定的患者有权复印或者复制其门诊病历、住院志、体温单、医嘱单、化验单（检验报告）、医学影像检查资料、特殊检查同意书、手术同意书、手术及麻醉记录单、病理资料、护理记录以及国务院卫生行政部门规定的其他病历资料。主观病历是医务人员根据患者的主诉、症状、体征、综合检查、化验结果所做出的诊断和治疗方案，主要包括《医疗事故处理条例》第 16 条规定的死亡病例讨论记录、疑难病例讨论记录、上级医师查房记录、会诊意见、病程记录等，此类病历患者在医院可以封存但不能复印。

对病历的定义及分类的探讨主要影响的是实务中应当认定哪些材料是病历资料的组成部分，以及医疗纠纷当中的保管责任问题。有观点认为，“切片”作为特定物不应当作病历资料，只能是将病理报告作为病历的组成部分，即使是在实现电子病案后，也是病理切片的图像信息而非切片成为病历的一部分。在司法实践中，对切片的性质认定主要影响其保管期限。在武汉某医院与黄某医疗损害责任纠纷一案再审中，医院方称：“对‘病理切片’的保存期应当适用2009年卫生部《病理科建设与管理指南（试行）》第18条‘病理科应当加强对病理档案的保存和管理，其中病理切片、蜡块和阳性涂片保存期限为15年，阴性涂片保存期限为1年，组织标本保存期限为报告发出后2周’的规定，而不应适用《医疗机构管理条例实施细则》第53条关于‘住院病历的保存期不得少于三十年’的规定。病理资料的保管期限与病理切片的保管期限是不同的，卫生部对病理切片的保管期限的规定是明确的，二审混淆了上述两者的保管期限，显然是错误的。”但是再审法院最终认定病理切片属于病历资料的一部分，应当依据《侵权责任法》第61条第1款以及卫生部《医疗机构管理条例实施细则》第53条“医疗机构的门诊病历的保存期不得少于十五年；住院病历的保存期不得少于三十年”的规定保存。

另外容易引起争议的地方在于，与医疗过程有关的医院内部管理文书是否均应当认定为病历资料。在付某、邱某诉乐山某医院一案中，付某、邱某认为乐山某医院存在伪造、篡改病历的行为，门诊病历（《门诊登记簿》）存在补记伪造，故封存的所有病历真实性都不能确定。医院则认为《门诊日志登记簿》是医院内部管理文书，不属于病历，该院医生补登《门诊日志登记簿》的行为不属于伪造病历。法院根据《侵权责任法》第61条之规定“医疗机构及其医务人员应当按照规定填写并妥善保管住院志、医嘱单、检验报告、手术及麻醉记录、病理资料、护理记录、医疗费用等病历资料。患者要求查阅、复制前款规定的病历资料的，医疗机构应当提供”，认定《门诊日志登记簿》是某医院的内部登记文书，不属于《侵权责任法》所规定的病历资料范围，故该院补记《门诊日志登记簿》的行为不属于伪造病历资料。而在徐某与某市人民医院医疗损害责任纠纷一案中，医院方认为心电图申请单仅仅是医生对检验部门提出的申请，只保存在相应的科室内，不属于病历资料，法院最终没有支持医院方的观点。

在陈某等与某医院医疗损害责任纠纷中，医院方认为，按照卫生部2010年《病历书写基本规范》，护理记录单已被取消，不作为病历的组成部分。但二审法院最终认定临床护理记录单是该院护理人员根据医嘱和病情对陈某住院期间护理过程的客观记录，包括记录日期和时间、出入液量、体温、脉搏、呼吸、血压等，应属于病历资料的一种。

从以上案例可以看出，各地对于医院内部管理文书是否属于病历资料存在一定分歧，但《病历书写基本规范》只是对病历的内容进行了部分列举，并不排斥其他病历资料，司法实践当中，越来越多的法院倾向于认定为病历资料。我们认为，从法律角度来看，病历具有不可替代的证据价值，发生医疗事故争议时，由医疗机构保管的病历资料就是医疗事故技术鉴定中记录医疗行为和医疗过程的重要文书，不管文书的性质、形式如何，如果其中记录了患者的病情及用药情况，与医疗纠纷有密切关系、可能对医疗鉴定产生影响的资料，都应当认定为病历资料。

主观与客观病历的分类，在司法实践当中也产生了一些矛盾。例如，按照《医疗事故处理条例》第16条的规定，病程记录通常归于主观病历，而根据《病历书写基本规范》第22条的规定，病程记录包括手术记录、麻醉记录等。也就是说，《病历书写基本规范》将手术记录、麻醉记录纳入主观病历的范畴。而按照《医疗事故处理条例》第10条第1款以及《侵权责任法》第61条的规定，手术记录和麻醉记录却属于客观病历。[①] 从《侵权责任法》第61条的表述来看，患者只能复印客观病历，无权复印主观病历。然而，一旦进入诉讼，主、客观病历均是证据，经双方质证封存后，都是鉴定的重要检材。有些医疗机构目前已经做到只要患方提出封存病历，就把主客观病历同时封存，而有的鉴定机构还墨守成规，只给患方提供客观病历复印件，不封存主观病历，一旦双方成讼，医疗机构提交给法院的主观病历的真实性

---

① 陈特：《〈医疗机构病历管理规定（2013版）〉的亮点、适用难点及初步对策》，载《民事法律文件解读》，人民法院出版社2014年第2辑（总第110辑）。

常被患者否定。再有，在封存病历过程中，由于医疗机构工作人员法律素养不够，风险意识不强，也常出现各种违反封存要求的疏漏，直接导致其提供给法院的病历无法用于鉴定。虽然在疾病治疗过程中，为了保障医务人员不受干扰地就患者的病情和治疗方案进行深入研究、探讨，医院可以不支持患者查阅和复制主观病历的要求，但如果产生了纠纷，在不影响医疗机构制作和保管病历的情形下，为保障患者的知情权，也为了在诉讼当中避免承担较重的证明责任，应当允许患者查阅、复印主观病历。

在本章开篇的案例中，该医院一是对于封存的病历没有做到当面拆封、当面复印；二是对于主观病历没有交付患者复印件，且对早已超过病历书写、汇总的合理期限之后形成的病历没有证明其产生的合理性以及为何没有封存在主观病历里。如果确实有从其他科室汇总过来的或新形成的病历，应当向患方说明，并与原始封存的病历复印件标注清楚，区分开交给患方。实务当中，由于主、客观病历目前在法院看来均属于证据，诉讼中会全部公开，在鉴定程序当中也需进行全面审查，医院方尽量不要以患方无权复印主观病历为由不给患方主观病历；即便不给也要就此部分病历单独封存，双方共同签章，且注明封存的内容、数量等详细信息，以避免出现本案诉讼中的这一幕。

第二节 医院病历的制作、保管、使用、封存与启封

一、病历的制作

《侵权责任法》第 61 条第 1 款规定："医疗机构及其医务人员应当按照规定填写并妥善保管住院志、医嘱单、检验报告、手术及麻醉记录、病理资料、护理记录、医疗费用等病历资料。"医疗机构及其医务人员在执业过程中，负有按照国家卫生行政管理部门的相关规定书写、制作病历资料的义务。病历质量的优劣不但影响整个医疗服务过程，在发生医疗侵权纠纷时，病历作为医疗诉讼中的重要证据材料，贯穿于纠纷的始终。

在李某等与某大学附属医院医疗损害赔偿纠纷一案中，双方争议的关键

就在于医院方在对患者的化疗期间进行置管术操作是否存在过错。此案虽经各级法院多次审理，但关于在正常化疗过程中进行置管的合理性、必要性，以及医院工作人员所实施的“经外周穿刺中心静脉置管术”是否存在操作上的不当或过错等关键问题一直无法查清，究其原因主要是某大学附属医院提供的病历存在缺陷，如病历书写混乱、24 小时制和 12 小时制混用，“化验单”的送验时间反而在患者死亡之后，医嘱所开的药物用量与实际用量不符等；由于上述病历所记载的内容不能全面、完整地记录诊疗过程，患者一方对病历真实性存疑，亦导致法院无法重新委托进行医疗损害责任过错鉴定，法院最终认定医院对患者的死亡承担主要责任。在 2010 年以后实行的《侵权责任法》第 58 条中规定的有条件的医疗过错举证责任倒置的三种情形当中，有两条涉及病历的制作与保存问题。另外，根据《医疗事故处理条例》第 56 条的规定，“医疗机构违反本条例的规定，有下列情形之一的，由卫生行政部门责令改正；情节严重的，对负有责任的主管人员和其他直接责任人员依法给予行政处分或者纪律处分：……（三）未按照国务院卫生行政部门规定的要求书写和妥善保管病历资料的；（四）未在规定时间内补记抢救工作病历内容的”，医疗机构不但要面临民事诉讼的风险，而且还有可能承担行政责任。因此，如果医疗机构希望在医疗诉讼中处于有利的地位，就必须按照原卫生部《病历书写基本规范》（对中医病历的要求依照原卫生部、国家中医药管理局颁布的《中医病历书写基本规范》）的要求来书写、修改病历资料，并按照国家卫生计生委和国家中医药管理局《医疗机构病历管理规定（2013 年版）》封存、保管病历资料。

（一）病历制作应当准确

根据《病历书写基本规范》的要求，医务人员书写病历应当客观、真实、准确、及时、完整、规范。制作规范的病历资料不仅仅是医务人员的责任心问题，更重要的是，不规范的病历将直接影响医疗诉讼中病历作为证据的证明力。《病历书写基本规范》从书写工具、术语使用、修改方式、签名等基本要求以及各类型医疗文书的内容及规范等方面，对病历的书写和制作作出了具体的规定，且大部分规定均为强制性规定，明确了病历书写过程中必须包含的内容。例如，该规范的第 9 条就规定了病历书写一律“采用 24 小时制记录”，前述李某等与某大学附属医院医疗损害赔偿纠纷的案例当中，医务人员在书写过程中“24 小时制和 12 小时制混用”，导致病历记录不规范。此外，病案首页缺项、临床数据漏填误填、笔迹潦草无法辨认、签字不规范等各种现象在医疗纠纷当中屡见不鲜。在某案例当中，一对刚刚结婚三个月的夫妻就因为医生错把怀孕期写成了五个月，尽管被发现后医生更正了过来，但丈夫固执地认为是妻子买通了医生更改的，夫妻就此感情破裂而离婚。[①] 在陈某与某村卫生室等医疗损害责任纠纷再审一案中，医疗鉴定意见指出村卫生室所提供的病历资料明显存在缺陷，如书写患者的姓名为“陈某某的哥哥”不合规范……牙位记录错误，病历记录左下第 7 齿拔除，而实际拔除的是左下第 6 齿，法院由此支持了医疗鉴定意见中认为该卫生室在对陈某的诊疗过程中未尽高度注意义务，存在医疗过错的判断。这些问题的产生，一方面与医务人员每天工作压力和工作强度都比较大有关，另一方面也是因为有些医护人员责任心不强，粗心大意，询问、检查病情不详细，对病历的书写草草了事。殊不知，规范清晰地书写病历，既是对患者知情权的尊重，又是医务人员对医疗风险的有效避免和自我保护。

（二）病历制作应当及时

对于病历书写的要求除了准确真实以外，还要求及时。《执业医师法》第 23 条规定，“医师实施医疗、预防、保健措施，签署有关医学证明文件，必须亲自诊查、调查，并按照规定及时填写医学文书，不得隐匿、伪造或者销毁医学文书及有关资料”。对病历书写的及时性要求是因为患者的病情处于变化之中，而治疗本身也是一个动态的过程，只有及时准确地记录才能为医疗活动提供依据。《病历书写基本规范》中明确规定了病历当中各项记录的严格时间限制。例如，该规范第 17 条第 2 款规定：“入院记录、再次或多次入院记录应当于患者入院后 24 小时内完成；24 小时内入出院记录应当于患者出院后 24 小时内完成，24 小时内入院死亡记录应当于患者死亡后 24 小

---

① 翟宏丽著:《医事民事证据理论与实务》，法律出版社 2014 年版，第 167 页。

时内完成。”第 22 条规定，“首次病程记录是指患者入院后由经治医师或值班医师书写的第一次病程记录，应当在患者入院 8 小时内完成”。但在急救和临床工作繁忙时，医生对病历的书写往往不那么及时，在一定条件下的补记是法律法规所允许并承认的，《医疗事故处理条例》第 8 条第 2 款规定：“因抢救急危患者，未能及时书写病历的，有关医务人员应当在抢救结束后 6 小时内据实补记，并加以注明。”应当注意的是，以上期限都是法定期限，即超出规定时限的病历记录，将会直接影响医疗鉴定机构的意见及法院对医疗机构和医务人员的责任认定。在医疗侵权纠纷当中，如果病历记录不及时，患者一方通常会提出医院在此期间未采取任何医疗措施，而医院一方主张急救或工作繁忙时未及时补记，则依据医疗侵权纠纷的举证责任分配，应当由医院一方承担相应举证责任，往往此时医院是处于被动的状态无法提供充分的证据，导致法院推定医院一方的医疗行为存在过错，应当承担相应后果。

（三）修改病历应当严格遵守规范

在病历书写过程中，还有一个最容易引起患者质疑的就是病历的修改问题。《病历书写基本规范》第 7 条第 1 款规定：“病历书写过程中出现错字时，应当用双线划在错字上，保留原记录清楚、可辨，并注明修改时间，修改人签名。不得采用刮、粘、涂等方法掩盖或去除原来的字迹。”该规定不但对修改的方式作出明确规范，而且还反面列举了不得采用的修改方式，其目的就在于保证病历能够在规范管理下修改而不是任意篡改。但实践当中，一些医护人员往往采取简单甚至随意的方式修改病历，破坏了对原医疗记录的保持，一旦发生纠纷，一是医疗机构对病历修改的正当性与病历资料的真实性的举证责任将大大增加，二是增大鉴定机构及法院推定有医务人员为掩盖医疗过错而篡改病历、逃避责任的风险。在施某诉某医院医疗损害责任纠纷案[①]当中，医院针对施某的病情出具内容不同的病历，医院对此差异的解释是经施某请求帮助其投保而出具，但法院最终认定病历真实性无法证明，导

---

① 鲁为主编：《医疗损害责任纠纷诉讼指引与实务解答》，法律出版社 2014 年版，第 98 页。

致鉴定机构无法通过病历对医院所实施的医疗行为的正确性做出判断，推定医院在医疗过程中存在过错。

而在李某诉某县人民医院医疗损害责任纠纷案中[①]，医生甚至出具完全伪造的病历，尽管医院方声称2000年的病历纸从1999年10月就出库使用了，但其无法举证证明，解释力度也明显不足，不管其出于什么样的目的，最终导致的都是诉讼中病历的真实性因虚假病历的存在而被否定。这既是对医疗管理相关法律、法规的违背，更是有违医务人员的职业道德，因此医务人员在任何时候，无论出于怎样的目的，都应当按照亲自诊断、检查后的结果客观、真实地记录病情和治疗过程，不能为掩盖过错而篡改病历资料，更不能够伪造病历资料，否则，当医院无法证明病历的真实性时，将会导致鉴定机构无法通过病历对医院所实施的医疗行为的正确性做出准确的评判，使医院一方在医疗纠纷中处于十分不利的地位。

二、病历的保管

《侵权责任法》第61条第1款规定："医疗机构及其医务人员应当按照规定填写并妥善保管住院志、医嘱单、检验报告、手术及麻醉记录、病理资料、护理记录、医疗费用等病历资料。"《医疗机构病历管理规定（2013年版）》第5条规定，"医疗机构应当建立健全病历管理制度，设置病案管理部门或者配备专（兼）职人员，负责病历和病案管理工作"。病历的保管是医疗机构的职责之一，只有加强病历的保管与管理，才能确保病历的真实性、完整性，避免因病历的损毁灭失等原因导致病历在医疗管理和纠纷解决当中的作用减损。《医疗机构病历管理规定（2013年版）》第三章和第六章专章规定了病历保管的责任划分原则、归档时限、保存期限等相关制度。根据该规定，住院病历一律由医疗机构负责保管；门（急）诊病历原则上由患者负责保管。医疗机构建有门（急）诊病历档案室或者已建立门（急）诊电子病历的，经

① 北京市律师协会编：《医疗纠纷典型案例选编》，北京大学出版社2012年版，第198页。

患者或者其法定代理人同意，其门（急）诊病历可以由医疗机构负责保管。在司法实践当中，绝大部分医疗纠纷是由于住院、手术而产生矛盾，因此一般情况下要求医院提供病历资料，但在因门诊、急诊而产生的医疗纠纷当中，就应当注意区分不同情况，原则上门诊和急诊病历由患者自行保存，但如果该医疗机构建有门（急）诊病历档案室或者已建立门（急）诊电子病历的，经患者或者其法定代理人同意，可以由医院保管。医疗机构的病历保管期限为自患者最后一次就诊之日起不少于 15 年；住院病历保存时间自患者最后一次住院出院之日起不少于 30 年。

三、病历的使用

病历的使用主要包括病历的查阅、借阅与复印、复制。病历作为记录医疗过程的原始资料，为了防止被涂改、伪造、隐匿、销毁、抢夺、窃取等，必须遵循严格的使用规定，《医疗机构病历管理规定（2013 年版）》第 6 条规定："医疗机构及其医务人员应当严格保护患者隐私，禁止以非医疗、教学、研究目的泄露患者的病历资料。"第 15 条亦规定："除为患者提供诊疗服务的医务人员，以及经卫生计生行政部门、中医药管理部门或者医疗机构授权的负责病案管理、医疗管理的部门或者人员外，其他任何机构和个人不得擅自查阅患者病历。"第 6 条是对医疗病历用途的限定，第 15 条是对有权查阅患者病历的人员的身份限定，由上述两条规定可以得知，我国目前医疗病历的使用管理是较为严格的，这也体现出对患者隐私权着重保护的精神。

（一）因公使用病历的保障与限制

根据《医疗机构病历管理规定（2013 年版）》第 20 条的规定，医疗机构病历档案的查阅、借阅，除了用于医疗管理、科研教学外，还可以用于公安、司法、人力资源社会保障、保险以及负责医疗事故技术鉴定的部门，因办理案件、依法实施专业技术鉴定、医疗保险审核或仲裁、商业保险审核等需要。根据《中华人民共和国民事诉讼法》（本书以下简称《民事诉讼法》）第 67 条的规定，“人民法院有权向有关单位和个人调查取证，有关单位和个人不得拒绝”。第 64 条规定，“当事人及其诉讼代理人因客观原因不能自行收集的证据，或者人民法院认为审理案件需要的证据，人民法院应当调查收集”。如果确因办案需要，人民法院有权调取相关当事人的病历资料，但应当提供《医疗机构病历管理规定（2013 年版）》第 20 条规定的相关证明。这一条本来在医疗纠纷当中无须赘言，但近期发生的某区法院对某省人民医院的罚款事件在社会上引起了广泛关注，起因即法院工作人员到人民医院调取病历资料过程中发生了冲突，我们认为，《民事诉讼法》与《医疗机构病历管理规定（2013 年版）》确立了患者隐私权与公共权力之间的平衡点，如果司法机关工作人员调取病历资料的手续齐备、合法，医疗机构就应当配合，不能以患者隐私权为由拒绝。[①] 当然，上述医护人员及医疗机构也应当在职责范围内承担一定的保密责任，如果因使用不当而造成患者隐私权受到侵害，同样要承担损害赔偿等法律责任。

（二）因私使用病历的保障与限制

病历使用还包括患者及其家属的病历知情权。患者的病历知情权，是指患者及其家属请求查阅和复制自己的病历资料的权利。包括以下两个方面：（1）患者在住院期间有权知道自己病历中的信息，患者有权请求医疗机构查阅医疗记录；（2）患者在出院后医疗机构病历保存期间内有权请求复制自己的病历资料。[②] 在 1988 年 5 月 10 日由原卫生部发布的《关于〈医疗事故处理办法〉若干问题的规定》中规定：“《办法》第八条规定，发生医疗事故或事件的医疗单位，应指派专人妥善保管各种原始资料，这是因为原始资料是病情发展的真实记录；是认证医疗过失的重要依据。进行医疗技术鉴定时医疗单位负责提供病历摘要和必需的复印件。受托的医疗事故鉴定委员会和受

---

① 相关报道可参见中国青年报《基层法院复印病历受阻向省级医院开出 10 万罚单》，转载于中青在线 http://zqb.cyol.com/html/2016-08/25/nw.D110000zgqnb_20160825_1-04.htm，最后访问时间：2016 年 8 月 29 日。

② 翟宏丽著：《医事民事证据理论与实务》，法律出版社 2014 年版，第 177 页。

诉的法院、检察院，需要查阅原件时，持介绍信经医院院长签字，就地调阅。病人所在单位、病人、家属、事故当事人及其亲属不予调阅。”这一规定使得患者及其家属在处理医疗纠纷过程中处于相当被动的地位，而医疗机构故意修改、隐匿，甚至销毁病历的现象时常出现，患者或家属为争抢病历资料而与医务人员发生激烈冲突的情况也时有发生。① 而在《医疗机构病历管理规定（2013年版）》第17条中，明确规定了以下两类人员和机构，医疗机构应当受理下列其复制或者查阅病历资料的申请，并依规定提供病历复制或者查阅服务：（1）患者本人或者其委托代理人；（2）死亡患者法定继承人或者其代理人。相比于1988年的规定，这是保障患者知情权的一大进步，在医疗纠纷当中，很大一部分情况都是由于医患沟通未及时准确、患者对于医护人员的医护过程产生疑惑和不信任感导致的，如果患者的病历知情权无法得到有效保障，则会更加激化医患矛盾。根据《医疗事故处理条例》第56条的规定，如果医疗机构没有正当理由，拒绝为患者提供复印或者复制病历资料服务的，“由卫生行政部门责令改正；情节严重的，对负有责任的主管人员和其他直接责任人员依法给予行政处分或者纪律处分”。阻碍患者病历的查阅、复制权，对于医院来说，如果没有非常正当之理由，将会面临多重的诉讼风险。

当然，患者知情权的行使也有一定的限制，《医疗机构病历管理规定（2013年版）》第19条规定，“医疗机构可以为申请人复制门（急）诊病历和住院病历中的体温单、医嘱单、住院志（入院记录）、手术同意书、麻醉同意书、麻醉记录、手术记录、病重（病危）患者护理记录、出院记录、输血治疗知情同意书、特殊检查（特殊治疗）同意书、病理报告、检验报告等辅助检查报告单、医学影像检查资料等病历资料”，也即《医疗事故处理条例》第10条列举的客观病历。上述《医疗事故处理条例》和《医疗机构病历管理规定（2013年版）》赋予了患者请求查阅、复制客观病历的权利，而对于主观病历部分，患者仅具有封存与启封的权利。但通过前文对本章前文案例的分析，我们认为，在诉讼阶段，医院应当允许患者复印主观病历，在

---

① 北京市律师协会编：《医疗纠纷典型案例选编》，北京大学出版社2012年版，第251页。

实际纠纷当中，经常出现医院因为只给患者复印部分病历（客观病历），没有复印主观病历，且给患方复印病历后又在原始病历上涂改、添加或重新制作了部分病历，导致在诉讼中，患者不认可医方提供的其他病历。医疗机构的上述行为足以使法官产生合理怀疑，以致诉讼过程复杂，也增加了诉讼风险。2010 年发布的《北京市高级人民法院关于审理医疗损害赔偿纠纷案件若干问题的指导意见（试行）》第 12 条就规定，“在医疗损害赔偿纠纷诉讼中，当事人应提交由其保管的所有涉案病历资料。医疗机构提交的客观性病历资料与主观性病历资料均为证据材料”，则患者作为一方当事人有权复印对方提交的所有证据材料。当然，除了主、客观病历的区分之外，对于患者查阅、复制病历资料还有另一种限制情形，这是基于保护正在接受诊疗患者的生命健康权的考虑。《执业医师法》第 26 条规定，“医师应当如实向患者或者其家属介绍病情，但应注意避免对患者产生不利后果”。《医疗机构管理条例实施细则》第 62 条亦规定，“因实施保护性医疗措施不宜向患者说明情况的，应当将有关情况通知患者家属”。而《医疗事故处理条例》第 11 条后半段也强调，医疗机构及其医疗人员在履行告知义务时，“应当避免对患者产生不利后果”。可见，如果允许患者查阅病历资料可能对其产生不利后果，那么医疗机构有权拒绝向其提供相关资料。但在医疗纠纷中，这一情形并不常见，本书不再详述。[①]

四、病历的封存与启封

实践当中，医疗民事纠纷的争议点常常是病历资料的封存与启封问题。《医疗事故处理条例》第 16 条规定：“发生医疗事故争议时，死亡病例讨论记录、疑难病例讨论记录、上级医师查房记录、会诊意见、病程记录应当在医患双方在场的情况下封存和启封。封存的病历资料可以是复印件，由医疗机构保管。”对于主观性病历，患者虽然无法直接申请查阅和复制，但在发生

---

① 对于患者病历知情权的受限情形的理论探讨以及可能出现的矛盾及其处理方式，可参见丁春艳：《论患者对病历资料享有的权利》，载《法律与医学》2007 年第 4 期。

医疗争议时，作为对以医疗机构为主导的病历管理体系下的患者病历知情权的救济措施，患者得享有对病历的封存与启封权，这一规定既是为了保证在纠纷后医疗机构和医务人员无法修改、隐匿病历资料从而影响责任认定，也是为了保证医疗纠纷的鉴定、诉讼过程得以顺利进行，类似于诉讼法上的证据保全。在本章案例江某与医院案件当中，医院在拆封病历后，给江某复印的病历与事发当晚双方封存的病历材料数量不一致，且无法区分当时封存的病历和后形成的病历。医院未能采取正确有效的措施区分开这两部分病历，在诉讼中提交的病历比上述两部分还多，且亦未封存，导致这几部分病历均无法区分，实际上违反了医疗管理法律规范关于病历的封存与启封的相关制度。《医疗机构病历管理规定（2013年版）》第24条规定，“依法需要封存病历时，应当在医疗机构或者其委托代理人、患者或者其代理人在场的情况下，对病历共同进行确认，签封病历复制件”。有学者讨论《医疗事故处理条例》第16条与《医疗机构病历管理规定（2013年版）》第24条所规定的关于医患双方共同在场封存和启封的这一要求产生疑问，认为未明确封存病历资料是医疗机构义务还是可选择权利，实际上患者享有的封存权和启封权，是对患者知情权在主观病历上的特殊排除规定的救济条款，作为权利其对应的应当是医疗机构配合封存与启封的义务，并且在发生纠纷时，医疗机构应当主动向患者释明封存相关规定，《卫生部办公厅关于发生医疗事故争议时病历封存有关问题的复函》（卫办医函〔2008〕78号）中明确指出：“为妥善处理医疗事故争议，在发生医疗事故争议时，医疗机构应当及时、主动和患方取得联系，告知患方病历封存的相关规定，以取得患方当事人的理解和配合，在医患双方当事人共同在场的情况下对病历资料进行封存。”目前对于封存病历的时间和流程没有统一而明确的规定，但实践当中一般当患者一方提出病历封存时，医疗机构内设相关部门应负责及时封存病历，在双方在场情况下，将病历放入封存袋中，在封口处粘贴封条，然后由双方代表签字。值得注意的是，2002年版的《医疗机构病历管理规定》规定封存的病历可以是复印件，而在实际工作中往往封存病历原件。2013年版明确规定签封病历的复制件，并规定未完成的病历在封存后，病历原件可以继续记录和使用，既保证病历资料封存，又维护正常的诊疗秩序。

五、电子病历

随着科技进步、互联网普及，电子病历越来越多的出现在医疗机构的医务工作中，为了加强我国医疗机构电子病历管理，规范电子病历临床使用，促进医疗机构信息化建设，2010年卫生部和国家中医药管理局先后发布了《电子病历基本规范（试行）》和《中医电子病历基本规范（试行）》，以及《电子病历系统功能规范（试行）》，对医院电子病历的信息录入与修改、身份识别、电子签名、复印申请、保管备份等方面提出了基本要求。

《电子病历基本规范（试行）》第3条明确了电子病历的概念："电子病历是指医务人员在医疗活动过程中，使用医疗机构信息系统生成的文字、符号、图表、图形、数据、影像等数字化信息，并能实现存储、管理、传输和重现的医疗记录，是病历的一种记录形式。使用文字处理软件编辑、打印的病历文档，不属于本规范所称的电子病历。"电子病历与纸质病历具有同等效力这一原则已经被确立，但诉讼当中，对电子病历的真实性如何认定？实务界对此还没有明确规范。在姜某诉甲医院一案中，姜某与甲医院共同将患者（姜某之夫）的住院病历进行了封存，未对急诊留观病历进行封存，后发生病历争议。姜某对病历记载的化验结果、胸片结果等真实性提出异议，认为甲医院隐匿了患者急诊入院时急诊八项、血常规检验报告单，以及4月23日14时30分的B超肾功能检查报告单。甲医院则认为：由于患者办理的是急诊，故相关化验单和报告均已交患者家属。姜某对此予以否认。一审法院组织双方至医院查询相关化验单、报告。通过医院门诊大厅电脑查询，但未查到患者急诊留观及住院期间化验情况，放射科仅能查询到2009年4月29日胸片的影像学结论。甲医院称：2012年之前化验情况由于系统更新，现已无法通过查询系统进行查询。诉讼中，一审法院依职权委托司法鉴定中心进行司法鉴定，司法鉴定中心以医患双方对病历资料存在较大争议，以鉴定材料不真实、不完整、不充分为由出具《不予受理函》。一审法院认为病历资料应该由医院保留，该案无法进行司法鉴定，责任主要由甲医院承担，因此认定医院应当对患者的死亡承担主要责任，责任比例为80%，并按该比例赔偿姜某因患者死亡产生的合理损失。双方均不服上诉，甲医院上诉提出：虽然没有化验单，但是电脑留存的有当时的记录，且后台记录保留在第三方，如有修改，会有痕迹，一审判决直接推定责任不公平。

笔者认为，电子病历管理系统仍然属于医疗机构内部系统管理之一，其真实性同纸质病历一样往往容易受到患者一方质疑，因此医疗机构作为制作与保管方，应当注意电子病历与纸质病历的统一性；且应能够证实电子病历的真实性，必要时可以通过提供第三方证据的方式举证。上述姜某一案，甲医院在一审程序中没有进一步提供证据证实患者入院时化验数值等病历记载内容的真实性，以致鉴定机构予以退案处理，一审法院据此直接推定医院承担 80% 的赔偿责任，双方均认为此认定缺乏依据。而在二审中，医院提供了第三方证据，证实数据库中显示化验数值没有改动，且姜某对此仅认为超过举证期间，并未提供相反证据来推翻该第三方证据。在现有证据情况下，应该可以重新启动鉴定程序，对于甲医院的医疗行为是否存在过错、与患者死亡后果是否有因果关系、过错参与度及其他涉及医学专业领域的问题进行鉴定，以期为判决提供更具客观性、科学性的依据。

电子病历的使用，在信息化、数据化的时代是大势所趋，然而当前医疗机构对于电子病历的普及程度和管理水平还远没有达到国际先进水平，因此在司法实践中，人们对于电子病历的真实性往往存在质疑。但值得提醒的是，电子病历的真实性其实已经不是一个关键问题了，因为目前电子病历各项修改都有痕迹可查，尤其是双方如果对病历修改过程存疑，是能够通过第三方调取后台操作记录的。如果盲目否定电子病历的真实性，数十万元电子病历鉴定费用对于医患任意一方均将是巨大的负担，而且还会不必要地阻碍电子病历的普及、发展。

第三节　医院病历的证据法意义

一、病历的证据属性

从我国相关法律法规的规定和有关司法实践来看，病历资料是医疗机构和医护人员对患者病情的描述、判断以及对治疗过程的记录，其既可以由医疗机构提出而证明治疗过程的合法合规，又可以由患者提出而证明医疗机构的过错和不当。病历作为解决医疗纠纷的重要证据之一，应当具备证据的三个基本性质。首先是客观性，病历记录中的病史、检验结果、化验结果等，均为记录患者对病情描述及病情检查结果等内容的客观记录。其次是关联性，作为记录患者病情及医疗机构诊疗过程的最主要载体，病历与医疗纠纷中相关事实的认定有着密切联系。最后是合法性，病历的记录及制作过程必须符合法律法规的相关规定：第一，病历的制作人员必须是符合法律法规规定的人员；第二，病历的用语、格式、制作时限必须符合法律要求。[①] 因此，医疗机构在制作、保存、管理病历时，一定要按照《病历书写基本规范》以及《医疗机构病历管理规定（2013 年版）》等相关规定的要求，做到"客观、真实、准确、及时、完整、规范"。然而，病历资料除具有上述证据的基本性质外，还有其特殊的属性。一是单方性，病历虽然产生于医患双方平等的合同关系，但医疗机构在病历文书的记录、制作乃至保管中均处于相对主导的地位；二是主观性，即部分病历记载的内容受到具体医疗行为当中若干因素的影响，不同水平、经验的医护人员、医疗实践的实验性与探索性等因素均可能导致病历具有较强的主观个性化特征；三是专业性，作为医疗行为的记录载体，病历记录与医疗行为同样具有专业性的特点，患者往往并不能从医学上准确论证医疗机构的过失，法官也常需依赖专业的医疗鉴定机构。[②] 因此，尽管病历资料在医疗纠纷中可以成为证据材料，但法院对病历的证明力仍然要进行审慎的检查，尤其是重点针对医患双方所争议的病历当中的瑕疵是否存在以及瑕疵是否影响病历的真实性进行判断。《北京市高级人民法院关于审理医疗损害赔偿纠纷案件若干问题的指导意见（试行）》中规定："当事人对病历资料及其他进行医疗损害鉴定所需的材料的真实性、完整性有异议的，应当由人民法院先行组织双方当事人举证、质证。人民法院应根

---

① 孙铭溪：《医疗纠纷证据认定的制度性调和——以瑕疵病历认定为视角》，载《法律适用》2015 年第 12 期。

② 孙铭溪：《医疗纠纷证据认定的制度性调和——以瑕疵病历认定为视角》，载《法律适用》2015 年第 12 期。

据举证、质证的具体情况进行审查。经审查，病历资料存在瑕疵的，人民法院应通过咨询专家、委托文件检验、病历评估或由鉴定专家作初步判断来认定瑕疵病历是否对鉴定有实质性影响。如果没有实质性影响，则仍可继续进行鉴定，但瑕疵病历部分不能作为鉴定依据；如果有实质性影响，造成鉴定无法客观进行的，则应终止鉴定。”由该规定可知对于瑕疵病历的证明效力问题，实务当中一般采取举证质证与鉴定评估的有序步骤来认定。[①] 最高人民法院《第八次全国法院事民商事审判工作会议纪要（民事部分）》（征求意见稿）中指出：“对当事人所举证据材料，应根据法律、法规及司法解释的相关规定进行综合审查。因当事人采取伪造、篡改、涂改等方式改变病历资料内容，或者遗失、销毁、抢夺病历，致使医疗行为与损害后果之间的因果关系或医疗机构及其医务人员的过错无法认定的，改变或者遗失、销毁、抢夺病历资料一方当事人应承担相应的不利后果；制作方对病历资料内容存在的明显矛盾或错误不能作出合理解释的，应承担相应的不利后果；病历仅存在错别字、未按病历规范格式书写等形式瑕疵的，不影响对病历资料真实性的认定。”

二、病历的举证责任与证明事项

一定的归责原则决定着侵权行为的分类，也决定着责任构成要件、举证责任的负担、免责条件、损害赔偿的原则和方法、减轻责任的根据等。由于我国《侵权责任法》规定的医疗损害责任法的归责原则是由三个归责原则构成的一个体系，[②] 根据不同的情形会适用不同的归责原则，因此在诉讼过程中，医患双方就病历所承担的举证义务是不尽相同的。

---

① 具体讨论可以参看陈特等:《人民法院对病历资料的审查和认证——王某、管某与某医院医疗损害责任纠纷案件评析》，载《民事法律文件解读》，人民法院出版社 2014 年第 3 辑（总第 111 辑）。

② 杨立新著:《医疗损害责任法》，法律出版社 2012 年版，第 85 页。

（一）举证责任分配一般规则

根据《侵权责任法》第58条的规定："患者有损害，因下列情形之一的，推定医疗机构有过错：……（二）隐匿或者拒绝提供与纠纷有关的病历资料；（三）伪造、篡改或者销毁病历资料。"病历保管责任的划分实际上也是规定了在医疗诉讼当中哪一方负有提供病历的义务，对此司法实践当中主要依照病历的分类进行认定，一般认为：门诊手册由患者提供，门诊大病历和住院病历由医院方提供。因大部分医患纠纷都是由于住院、手术的过程产生矛盾，医疗机构作为病历的制作主体和住院病历与部分门诊、急诊病历的保管主体，通常情况下应当在诉讼当中提供真实、完整的病历资料。

在孙某与某社区卫生服务中心医疗损害责任纠纷案中，原告方认为原告之母赵某系38岁的高龄产妇，原告出生时也是5100克的巨大儿，被告社区卫生服务中心本应采取剖宫产，却让原告母亲自己分娩，导致原告窒息并最终发展为脑瘫，被告辩称对原告法定代理人尽到了适格的治疗义务，但未能提供履行了选择分娩方式等告知义务的证据，且称赵某分娩时的病历遗失，法院最终认定由于卫生服务中心无法提供原告母亲赵某分娩时的住院病历，导致由区卫生局提出的医疗事故技术鉴定及本案原审程序中双方当事人同时提出的司法鉴定均无法进行，根据《侵权责任法》第55条、第58条的规定，推定卫生服务中心一方在接生过程中存在过错，并依法应当承担赔偿责任，卫生服务中心不服上诉，二审维持原判。

在某市医院与彭某等医疗损害责任纠纷中，尽管医院方提出无法为患者复印病历是因为病历被盗且当日即已向警方报案，法院仍判定医院需要承担未尽到保管义务及举证不能的不利后果。在司法实践当中，如果由于医院的保管过错造成病历丢失、损毁的，医院既要承担因无法提供病历导致无法进行医疗鉴定的举证不能的法律后果，还有可能以对患者造成的损失承担赔偿责任，如患者在工伤认定、保险理赔、重复检查等方面受到的损失。但是，病历的提出义务并非只针对医疗机构单方，对于医疗机构没有建立病历档案的患者，由患者自行保管的病历资料，在诉讼当中应当由患者一方提供，倘若患方无法提供自行保管的门诊病历、光片、外院就诊病历等，也是要承担相应的法律后果的。

在安某诉某医院医疗技术损害责任纠纷案[①]中，原告安某因患前列腺炎到某医院门诊就诊，该院于2003年8月25日、27日及9月1日分三次为其注射丁胺卡那，安某认为医院未告知其丁胺卡那对耳神经有毒副作用，使其出现了严重的耳鸣症状，遂要求医院赔偿，但因安某未能提供就诊当日病历记录，也未能就其所述接诊医生未进行病历记录提供充分证据，法院认定安某未完成自己的举证义务，应承担不利后果，对其诉讼请求不予支持。

在医患关系比较紧张的当下，还有可能出现某些影响病历保管与提供的特殊情形。在“患者家属抢夺病历导致无法作出鉴定结论案”中，患者家属认为医生企图改动病历，情绪激动中将部分病历抢走且拒不归还，医患双方只得各持部分病历封存而未清点，后医疗鉴定时因缺乏部分病历资料无法作出鉴定结论。该案发生在《侵权责任法》实施以前，医疗损害责任适用举证责任倒置，因患者的行为妨碍了医疗机构承担举证责任，因此法院判定患方承担该部分举证困难的不利后果。[②]

（二）证明事项

但是，如果上述抢夺病历的案件发生在《侵权责任法》实施后，那么医疗损害的举证责任归于患方，则损坏病历将直接导致其举证不能而败诉。这就牵涉病历资料的证明事项问题。医患双方利用病历资料自然都是想证明医疗机构在纠纷当中是否应当承担责任，但是除医疗产品损害责任实行的是无过错责任原则外，在我国医疗损害责任法的体系中，过错责任原则仍然是基本的归责原则，即使是适用过错推定原则的医疗伦理损害责任，患者也应当就基本的诊疗违法和损害后果与因果关系承担初步举证责任。医疗机构诊疗违法性的证明主要有三个方面：一是主体资格，行为主体是医疗机构及医护人员，否则属于非法行医，应当以一般侵权行为起诉；二是诊

---

① 鲁为主编:《医疗损害责任纠纷诉讼指引与实务解答》，法律出版社2014年版，第94页。

② 翟宏丽著:《医事民事证据理论与实务》，法律出版社2014年版，第156页。

疗行为发生在医疗活动中，患者应当提供证据证明医疗服务合同关系存在；三是诊疗行为违法。[①] 在医疗损害责任纠纷当中，医患关系应当是诉讼的前提，而能够直接证明医患关系存在、医疗行为存在的证据就是病历。一般情况下，医患双方对于医患关系不存在争议，但在现实生活中，有的管理混乱的私立医院不向患者出具正规单据或不正确加盖印章，有些患者出于某些目的而不使用真名实姓，而如果有没有其他证据能够证明的话，将导致难以认定医患关系存在。

病历除作为证明医患关系的直接证据外，还是医疗行为过错与因果关系的证明。无论是医疗技术损害责任纠纷还是医疗伦理损害责任纠纷中，患者都要承担对过错与因果关系的初步证明。由于医疗行为具有一定的专业性，患者往往不能非常精准地证明医疗机构的责任，需要借助于医疗鉴定。患者向鉴定机构主要提供的证据即病历，鉴定机构为了全面掌握患者情况，通常要求患者提供全部病历资料，不仅限于诉争医疗行为的病历，还包括患者在诉争医疗行为发生前就诊的病历，后续治疗的病历，在本院的病历以及在外院就诊的病历。[②] 在前述安某诉某医院医疗技术损害责任纠纷案当中，患者一方抢夺病历造成病历资料缺失导致鉴定无法进行，如果按照现行《侵权责任法》中的证明责任分配，则患者一方将因损坏病历而直接导致其不能承担举证责任而败诉。当事人盗抢、伪造、篡改、销毁病历资料，或以其他不当方式改变病历资料的内容，人民法院应认定该部分病历资料无效。由此致使无法认定医疗行为是否存在过错及与损害后果之间是否存在因果关系，该当事人应承担相应不利的法律后果。[③]

在提交病历以及初步证明后，诉讼过程中的医患双方将会就病历当中所记载的事项和所反映出来的问题进行针锋相对的举证质证，一般情况下，是

---

① 杨立新著:《医疗损害责任法》，法律出版社 2012 年版，第 124 页。

② 鲁为主编:《医疗损害责任纠纷诉讼指引与实务解答》，法律出版社 2014 年版，第 86 页。

③ 陈特、寇姗:《人民法院对病历资料的审查和认证——王某、管某与某医院医疗损害责任纠纷案件评析》，载《民事法律文件解读》，人民法院出版社 2014 年第 3 辑（总第 111 辑）。

患者对医院制作、保管的病历提出各种异议，根据“谁主张，谁举证”的原则，患者有义务对所提病历异议承担举证责任，同样，如果医院对患者提交病历有异议，也应承担病历异议的举证责任，在审判实践当中，有的法院将这二者采用“合理怀疑”的规则来加以区分，即在确定“谁主张，谁举证”的举证责任基本分配原则的情况下，当患者提出的证据虽不足以完全证明其病历异议成立，但可以导致对病历产生“合理怀疑”时，医疗机构就有义务对此进行解释和说明并承担相应的举证责任，如果举证不能则承担相应不利后果。[①] 但《侵权责任法》第 58 条同样规定了医疗损害侵权行为中适用过错推定的特殊情形，当医疗机构有“伪造、篡改或者销毁病历资料”的情形时，应推定医疗机构有过错。因此在“隐匿、篡改、伪造”病历的情形下，患者不再需要证明医疗机构存在过错。

在汪某与某医院医疗损害责任纠纷一案中，汪某因右下肢短缩畸形 18 年到某医院（一级民办医院）住院治疗，后因肢体延长手术失败，双腿仍不等长且出现错位、多次矫正，造成汪某身体和精神上的极大伤害，汪某起诉请求法院判决某医院退还肢体延长费用并赔偿相关损失、精神抚慰金。在一审法院审理中，汪某曾申请就某医院对其的诊疗行为是否存在过错，如存在过错，与其损害后果之间是否存在因果关系及责任程度进行鉴定，在确定鉴定材料时，汪某提交 2010 年 7 月 5 日及 2011 年 11 月 19 日的部分住院病历，一审法院多次询问且限定举证期限后，某医院仅提供了部分病历，并表示没有汪某第二次的住院病案。后一审法院再次询问某医院是否能提交汪某的其他住院病案，某医院仍未能提供。直至 2015 年 8 月 4 日，其才提交汪某第二次住院期间的住院病案。汪某对此不予认可，表示某医院隐匿病历，存在过错，应承担全部赔偿责任，并撤回鉴定申请。一审法院询问某医院是否申请进行鉴定，其虽表示申请鉴定，但在法院规定时间内未提交鉴定申请。

一审法院认为：患者在诊疗活动中受到损害，医疗机构及其医务人员有

① 鲁为主编：《医疗损害责任纠纷诉讼指引与实务解答》，法律出版社 2014 年版，第 97 页。

过错的，由医疗机构承担赔偿责任。患者有损害，医院隐匿或者拒绝提供与纠纷有关的病历资料，推定医疗机构有过错。本案于 2015 年 5 月 8 日第一次开庭，此后经法院多次释明，某医院一直表示没有汪某第二次住院期间的住院病案，直至 8 月 4 日才提交该份住院病案，对此，汪某认为某医院隐匿病历资料，应推定其有过错，故而撤回医疗鉴定申请，某医院亦未申请鉴定。综上，法院推定某医院在对汪某的治疗过程中存在过错，应对汪某在某医院及后续治疗医院的治疗期间的合理损失承担赔偿责任。某医院不服原审判决，提出上诉，二审驳回上诉，维持原判。

在该案当中，某医院及其手术医师均不具备为汪某实施延骨术的资格，违反了相关规定，根据《侵权责任法》第 58 条的规定，应推定其存在过错。本案属于一般医疗侵权案件，推定过错还需同时存在其他三个要件，才能认定某医院承担侵权责任。对于损害后果、因果关系应由汪某自行承担举证责任。汪某系先天双腿不等长，客观上讲，手术起到了一定的延骨作用。疤痕是延骨外固定必然产生的结果，不能认定为某医院造成的损害，那么如何认定损害存在，是摆在审判人员面前的问题。二审法院抓住某医院术前向汪某承诺的手术后双腿等长的这一事实（医疗行为不允许夸大或承诺效果、回避风险的宣传），认定手术未实现承诺的效果，应退还手术费用。至于其他损害后果，法院巧妙地适用了举证责任，认为本可通过司法鉴定与因果关系问题一并得出结论，但由于某医院无法提供汪某全部的病历资料，在举证期限届满后也只提供了部分病历，使汪某有理由质疑其提供的病历材料的真实性，并以此为由不再申请鉴定。法院据此认定之后的举证责任应转移至某医院。某医院在法院指定的期限内没有提交鉴定申请，视为其拒绝履行举证义务。而某医院虽认为应由鉴定机构提供鉴定确认汪某是否存在损害后果，且其行为与汪某“损害后果”之间是否存在因果关系，但其仍不能提供汪某住院期间的全部病历，特别是检验单、影像学资料，使得法院无从判断其提供的病历资料的真实性，不具备进行司法鉴定的条件，某医院应当承担举证不能的责任。在此情况下，根据汪某已就其目前状况提供的三甲综合医院的诊断证明及某医院的相关病历材料，认定某医院为汪某实施的延骨术并未达到其承诺的效果，汪某要求某医院承担相应赔偿责任，有合理依据，判令涉嫌违法行医的某医院对给汪某造成的合理损失予以赔偿，很好地保护了患者的利益。

三、病历举证的综合案例分析：史某诉某医院案

2006年年中，史某因腹痛到被诉医院就诊，经诊断后实施阑尾切除术及右附件切除术。术后2个月，史某出院。后其母亲认为，被诉医院未对史某进行妇科检查和妇科会诊的情况下，盲目进行手术，存在医疗过错；且治疗不精心，费用高，自己经济困难，故多次找被诉医院及上级单位要求解决。经协调，史母代表史某与被诉医院签订了书面协议书，约定：由被诉医院退还500元，双方的纠纷一次性了结。后史某仍认为被诉医院对其诊疗存在过错，起诉要求该医院赔偿医疗费、住院伙食补助费、营养费、交通费、护理费、误工费及精神抚慰金共计近17万元。诉前，史某在被诉医院处，由该院为其复印病历20页。

被诉医院则认为：自己的诊疗不存在过错。史某出院后，其母代表其与该院已经就纠纷达成一次性了结的协议。现史某的请求没有事实依据，故不同意其诉讼请求。

一审期间，被诉医院出示了史某的病历原件。史某表示，该病历比其复印的病历多3页，内容有改动；手术同意书上的签字之上的大部分文字内容为被诉医院后添加的，表示对此不予认可并提出进行医疗过错鉴定。被诉医院申请进行医疗事故鉴定，当庭再次提供了史某的原始病历，以供鉴定之用。史某看过后，表示没有意见，同意封存病历。一审法院给双方当事人封存了病历，并在骑缝处签字确认。后法院将病历及卷宗材料送至医学会进行医疗事故鉴定。后医学会作出鉴定结论，认为：医方诊疗符合常规，履行了告知义务，未对史某造成伤害。结论为：本病例不属于医疗事故。史某表示医学会篡改病历，对鉴定程序有异议，对结论不同意，申请进行司法鉴定。被诉医院同意鉴定结论，也同意进行司法鉴定。双方当庭确认了司法鉴定机构，查阅了病历原件，均无异议，并予以封存。在鉴定过程中，史某提出对封存的病历真实性不予认可，过错鉴定中止。史某表示病历被篡改，要求对病历

进行鉴定，并选择另一鉴定机构进行鉴定。因该鉴定机构表示其不做病历真伪的鉴定，一审将封存的病历取回。并再次通知双方到庭，告知相关情况。史某提出病历中多出手术护理记录、授权委托书、术前情况，并表示在起诉前其复印病历时根本没有主观病历，但当时被诉医院告知其系全部病历。被诉医院则表示，自己提供的是原始的完整病历，史某起诉前自己给其复印的只是部分病历。因史某申请鉴定病历中的医师签字，经法院随机选择了鉴定单位。史某向该鉴定机构表示对整本病历进行鉴定。后史某再次对病历提出异议。一审法院就此要求被诉医院说明情况，该院称：科主任在看病历时按规定可以进行修改；因双方发生医患纠纷后，自己已退还史某医疗费，认为纠纷已解决，故科主任对病历有过修改；对加盖有被告公章的病历复印件认可，认为没有科主任签字的病历是无效的；大夫、护士可能为息事宁人，在科主任未签字的情况下，或者在病历未写完的情况下给病人复印了病历，但同意用史某复印的20页病历进行鉴定。经法院随机选择了新的鉴定单位进行司法过错鉴定。

这次鉴定中，鉴定机构函告一审法院因史某对其持有的复印病历中的“手术知情同意书”“病理报告单”不予认可，无主观病历，鉴定材料不完整，恳请法院对病历材料质证后，移交完整材料，并函告鉴定依据的材料。一审法院再次组织双方对病历进行质证。史某对其复印的20页病历也表示不予认可，庭审中，并增加诉讼请求，要求被诉医院赔偿医药费60万元、后续治疗费30万元、精神损害抚慰金30万元及财产损失，但表示自己没有证据，也不同意鉴定，并要求一审法院直接推定被诉医院存在医疗过错，承担赔偿责任。诉讼中，史母多次找一审法院。经法院做工作，被诉医院前后分三次给了史某1万元。

一审法院认为：史某在被诉医院接受手术，自认为产生损害，时间早于2010年7月1日，故本案应该适用当时的法律法规。根据《证据规定》第4条第1款第8项之规定，因医疗行为引起的侵权诉讼，由医疗机构就医疗行为与损害后果之间不存在因果关系及不存在医疗过错承担举证责任。现史某主张被诉医院在对其的诊疗过程中存在过错，并给其造成损害。但经医学会按照法定程序，采用经双方均认可并封存的病历进行鉴定后，确认本病例不构成医疗事故。被诉医院已一定程度完成了自己的举证责任。史某坚持认为该医疗事故技术鉴定程序违法，因未能提供证据，本院对此不予采信。史某虽对此鉴定结论持有异议，申请进行医疗过错司法鉴定。但其在鉴定中又对被诉医院提供的病历不予认可，并对之前其提交的诉讼前由被诉医院为其复印的20页病历也改变态度，不再认可；且经法院反复释明，在被诉医院就史某针对病历提出的异议予以解释后，其仍不同意用现有病历进行医疗过错司法鉴定。在此情况下，其诉讼请求，缺乏事实及法律依据，本院实难支持。应当指出，被诉医院制作的病历中，关于史某入院前后记述不一致；不具备医师资格的人员签字问题；给史某复印的病历页数与其在诉讼中提交的病历页数不一致等，确有不规范之处，这也是造成史某对病历持有异议的主要原因。被诉医院应当在今后的工作中加强管理、积极改进。但在现有证据情况下，尚不能认定被诉医院在病历书写方面存在的不足与史某的后果之间存在因果关系。法院考虑到医院方在工作中存在瑕疵，及在诉讼中向史某支付一定的钱款的事实，以及史某现在的实际情况，酌定由被诉医院给予史某一定的经济补偿。据此，判决驳回史某要求被诉医院赔偿损失的诉讼请求；被诉医院一次性给付史某经济补偿5万元。二审维持原判。

本案中，由于史某在被诉医院接受手术自认为产生损害的时间早于2010年7月1日，即侵权行为及损害后果均发生在《侵权责任法》实施之前，因而应当适用当时的法律法规处理本案。首先，在举证责任的分配上应适用《证据规定》中关于医疗损害案件的规定，即“举证责任倒置”，由被诉医院就其的医疗行为与损害后果间不存在因果关系及不存在医疗过错举证。因被诉医院已经申请医学会进行了医疗事故技术鉴定，医学会按照相关程序应出具鉴定结论。史某不同意该鉴定结论，但其又不同意进行其他鉴定，对封存的病历不断提出质疑，虽经原审法院多次释明，其仍百般刁难，欲达到鉴定无法进行，从而使法院直接推定被诉医院存在过错医疗行为，对其各项主张应承担赔偿责任的目的。这种做法是医疗纠纷案件中常见的一种患方的诉讼技巧，即通过攻击病历真伪，来使医疗机构处于不利的诉讼地位。

本案一个难点在于：在不能通过现有证据认定被诉医院在病历书写方面存在的不足与患者的损害后果之间存在因果关系的情况下，医院是否还有责任？本案中被诉医院的病历书写确有不规范之处，从而直接导致患者对病历持有异议，这是医院工作的瑕疵，酌定由医院给予患者一定的经济补偿，一方面体现了公平的原则，另一方面促使医院在工作中加强管理，积极改进，对其起到了教育鞭策作用，同时对广大医疗机构起到了一定的警示作用，对于医院处理医患关系，在相应环节预防纠纷的产生及发展，有积极的推动、示范效应。但是应当指出，病历书写上的瑕疵，虽然并不当然说明医院的诊疗行为本身存在过错，并对患者造成伤害，但是也不等于医院就完全不承担责任。法院原则上不因病历书写上的瑕疵就直接认定过错及因果关系，一般要求医疗机构首先要对病历涂改作出说明；如果双方不能达成一致的意见，建议通过鉴定确认病历上的瑕疵是否会影响对过错及因果关系的认定。但实践中，很多鉴定机构不做这种鉴定。法院认为有必要时，也可以就此向鉴定人员咨询，或者把病历涂改部分去掉，再或者把涂改部分作出对医疗机构不利的认定，再进行责任鉴定。所有这些，应视案件的不同情况而定。当然也有医疗机构恶意篡改、伪造病历，使整个病历的真伪都不能确认，或者影响到对过错及责任的认定，这时法院有权直接判令医疗机构承担赔偿责任。

本案中，史某已经复印了部分病历并进行了封存。一审法院经被诉医院申请，史某同意，已经委托医学会就本病历进行了医疗事故技术鉴定，不仅得出不构成医疗事故的结论，还明确认定诊疗行为正确，未造成史某损害。在此情况下，被诉医院的举证责任已经基本完成，举证责任应转移到史某一方。史某不同意该鉴定，申请重新鉴定，但未提供出符合法律规定的事实理由，且史某改变对于病历的态度，否认自己诉前复印的病历的真实性，以致无法进行其他鉴定，在此情况下，其应自行承担不利的诉讼后果。对于医学会的鉴定结论，应予采信。后史某申请再审，再审法院依然认定现有证据不足以认定上述病历瑕疵和不足与史某相应后果之间存在因果关系，但原审法院考虑到被诉医院工作中存在的瑕疵与不足，以及史某现在的实际情况，酌定由医院给予史某一定的经济补偿也并无不妥。

第四节　病历与患者隐私权保护

隐私权作为一项具体人格权，是指自然人享有的私人生活安宁与私人信息秘密依法受到保护，不被他人非法侵扰、知悉、搜集、利用和公开的一种人格权。[①]在患者诊疗过程当中，医护人员出于医疗目的，需要通过问询、检查等方式全面掌握患者的有关情况（不仅仅限于病情，还包括家族史、职业情况等），并且将这些信息保留在病历资料上，病历资料成为患者个人信息的载体，而这些信息都是属于患者个人隐私的一部分，因此无论是从职业道德的角度，还是法律保护的角度，对患者的隐私权的保护在诊疗过程中都应当予以体现。《侵权责任法》第62条规定："医疗机构及其医务人员应当对患者的隐私保密。泄露患者隐私或者未经患者同意公开其病历资料，造成患者损害的，应当承担侵权责任。"实际上，隐私权不仅涉及侵权责任领域，还涉及合同法和其他的法律领域。[②]《执业医师法》第22条规定："医师在执业活动中履行下列义务：……（三）关心、爱护、尊重患者，保护患者的隐私……"国务院2008年颁布的《护士条例》第18条规定："护士应当尊重、关心、爱护患者，保护患者的隐私。"《医疗机构病历管理规定（2013年版）》第6条规定："医疗机构及其医务人员应当严格保护患者隐私，禁止以非医疗、教学、研究目的泄露患者的病历资料。"但是，即使是用于医学教学科研或病例研究，也应当在患者同意的基础上进行，医生取得患者的隐私信息是基于医疗服务合同而获得了对患者隐私的知悉权，但这一权利所享有的主体是不能扩大的：在医疗机构内部、医疗机构之间对有关病历进行研究，需要共享信息，由于工作需要或者个人爱好，讨论患者的病情、特点是工作的必需，并不违法，但必须控制在适当的范围，不

---

① 王利明：《隐私权概念的再界定》，载《法学家》2012年第1期。

② 王利明：《隐私权概念的再界定》，载《法学家》2012年第1期。

得超过法律规定的范围；[①] 对于未经患者同意，擅自允许医学院实习生观摩对患者的治疗过程的，根据《执业医师法》的规定，实习生并不具备法律意义上的医师资格，不享有获悉患者隐私的权利。同时，从医患关系上，患者并无配合医院进行临床教学的义务。因此，医院要组织观摩教学必须征得患者的同意，否则就构成对患者隐私权的侵权。[②]

司法实践当中，对于医疗机构侵犯隐私权的认定以及赔偿额度，通常情况下应当从有利于隐私保护的角度来考虑，并结合隐私公开的目的、用途、范围等因素综合判定。在王某与某医院隐私权纠纷一案中，王某认为北京某医院未经其许可将其在该医院处的医疗档案材料和心脏起搏器检测情况透露给 ×× 公司，侵害了其隐私权，故起诉要求某医院出具书面道歉信并赔偿损失。法院经审理后认为，某医院与 ×× 公司就王某对心脏起搏器的使用情况进行沟通系源于王某对其安装的 ×× 公司生产的心脏起搏器质量提出投诉，属于医疗器械生产、销售方与医院就产品质量的正常沟通，仅局限于解决王某对于心脏起搏器质量投诉所必须了解的范围，并未脱离对患者服务的范畴，也没有公开宣扬、泄露的行为，某医院与 ×× 公司就王某安装的心脏起搏器程控情况进行沟通的行为不构成违法利用、泄露、宣扬患者隐私，故王某要求认定某医院侵犯其隐私权的依据不足，对其请求不予支持。而在田某与某研究院隐私权纠纷[③]中，某研究院向社会公布决定对“小儿进行性肌营养不良症”患者进行免费救助，患者田某得知后进行了申请，经审查其病情符合救助条件，研究院遂与田某签订协议并约定田某按要求提供检查、保健、随访的真实记录和信息；研究院设立保健档案和救助公示版，实行公开、公正、透明、有序救助规则。次年 11 月，田某听说研究院的网站上有

---

① 杨立新著：《医疗损害责任法》，法律出版社 2012 年版，第 246 页。

② 陈特：《浅析患者的隐私权——王某与某医院医疗损害赔偿纠纷评析》，收录于威科先行法律数据库 http://law.wkinfo.com.cn/document/showCaseAnalysis?showType=0&tokens=&collection=caseAnalysis&aid=MkExMDAwMDY4MTY%3D&language=1&modules=&bid=&format=&sysLang=zhCN&searchKeys=，最后访问时间：2016 年 9 月 4 日。

③ 北京市律师协会编：《医疗纠纷典型案例选编》，北京大学出版社 2012 年版，第 136 页。

自己的病情和被救助的文字资料照片和视频录像等，他认为研究院在未征得自己同意的情况下，在网上向社会公布其患肌萎缩遗传性疾病让自己背负了巨大的精神压力，严重侵害了自己的隐私权，而研究院则认为田某同意为其设立保健档案和救助公示版，研究院有救助档案的所有权和使用权，双方签约行为可以表明田某同意将自己的康复效果在网站上进行纪实性报道。法院审理后认为，双方约定救助活动中为了研究患者病情、更好地对患者进行施救可以对治疗信息及资料进行合理性使用，但是由于向一般公众披露患者的肖像、病历资料、接受救助的影响、声像及文字资料涉及患者的隐私，在两种权利冲突时，法律应给予患者隐私权以更高的保护，使用过程中如果要向一般公众披露以上内容需要得到患者进一步授权及同意，因此法院认定研究院侵害了田某隐私权。对于医疗机构泄露患者信息、侵害隐私权的案件，在认定赔偿额度时还应当考虑到医疗机构的过错程度、医学专业性与大众知悉的渠道等进行综合考量。

在存某与某医院隐私权纠纷案中，存某因某医院泄露其医疗隐私，请求法院判令某医院赔偿精神抚慰金 10 万元，诉讼费用由某医院承担。法院审理后认为，因载有存某病历内容的光盘的购买群体一般仅限于医疗专业人员，具有较明显的特定性和局限性，而且存某、某医院到公安机关报案后，出售光盘人员被抓获，部分网页被删除，故某医院之行为对存某的损害范围、损害程度已经得到一定的控制；存某主张现尚有部分网站可以交易，并提供其中一个网站的网址，经法院核实，该网站为英文网站，网页内容及文字均为英文，故可能通过该网站购买涉案光盘的人员范围较小，而且法院无法确认该网站是否可以实际购买涉案光盘，存某亦未就此提供证据予以证明，故法院结合某医院的过错程度及存某的具体情况酌情确定某医院给付存某精神损害抚慰金 1 万余元。

当然，在大数据的背景下，医疗健康服务机构利用患者信息进行疾病治疗、防控等方面研究应当得到支持，但这种使用依然是以尊重患者隐私权与个体尊严为前提，在具体审判实践当中，应当对脱敏后医疗数据的应用与患者隐私泄露和公开进行区分，在依法保障人权、构建和谐医患关系的同时，不阻碍医疗技术和医疗水平的正常发展。

第八章　医疗鉴定及报告

案例思考

2013 年 9 月 3 日，患者陈某因“腹痛伴恶心呕吐一日”至某医院急诊就诊，被诊断为腹痛、腹水原因待查。某医院对患者行超声、血常规腹水常规、肾全、肝功等相关检查，并进行相应治疗。患者提交的门急诊病历手册中记载：2013 年 9 月 4 日，陈父拒绝进行增强 CT、平扫 CT 检查；当日，某医院对患者查体，发现其会阴可见Ⅰ度裂伤。患者自诉 2013 年 8 月 25 日外院行阴道扩张；外科总值班看护病人，继续目前检查、补液治疗、密切观察病情状况。翌日，患者目前拒绝进一步检查及治疗；2013 年 9 月 5 日 10 时 40 分，妇科会诊，病史同前，未婚有性生活，查体双侧大阴唇水肿明显，左侧为著，后联合破溃 2.5cm。后，患者先后多次到其他医院进行治疗。

2015 年 6 月，患者起诉至法院称：某医院对我误诊误治，大量使用抗生素。加重病情。我不得不回家治疗，先出现精神抑郁、弯腰驼背、四肢关节疼痛、僵直、脱发逐渐加重。后我到其他医院检查，被诊断为抗生素药物使用过量或不对症引起的并发症，为重症系统性红斑狼疮、狼疮肾炎。现我起诉要求某医院赔偿医疗费、后续 20 年护理费、实际发生的护理费、残疾赔偿金、住院伙食补助费、误工费、营养费、被抚养人（父母）生活费、精神损害抚慰金、交通费、后续治疗费、驾校报名费，陈父处理医疗纠纷的住宿费、误工费、生活费等共计 400 万余元，并承担本案诉讼费。

某医院辩称：我院经过相关检查，给予患者相应的治疗。但患者并不配合，拒绝做相关的检查。我院对患者的治疗符合医学诊疗常规，不存在过错行为。患者认为我院用药导致其系统性红斑狼疮疾病，但该病从临床发病病因以及给其使用药物的药典、药物说明书均可证明其主张的损害后果系其自身所患疾病，与我院的诊疗行为不存在法律和事实上的关系，故我院不同意其诉讼请求。

一审审理中，经患者申请，法院曾委托某鉴定所就某医院对患者的诊疗行为有无过错，过错行为与患者的损害后果之间是否存在因果关系及参与度进行鉴定。第一家机构因等候1年才能启动鉴定，患者撤回鉴定申请。法院再次委托第二家鉴定所鉴定。后该所终止鉴定，理由为：经审阅现有病历资料后认为：仅依据现有病历资料，该所无法明确某医院的医疗行为与患者所患重症系统性红斑狼疮、狼疮肾炎之间的因果关系，故无法完成本次委托项目。收到终止函后，原审法院向双方进行询问，是否均已提交全部病历，亦无其他检材提交。后患者以鉴定机构连续几次不予鉴定为由申请外地鉴定机构进行司法鉴定。某医院明确表示不同意到外地进行鉴定。随后经释明，患者明确表示如果不能进行司法鉴定，要求法院直接开庭审理。随后，患者又提供10家有“国家级资质”的鉴定机构名单，其中部分系外地鉴定机构。患者为证明其主张，提交如下证据：药品说明书打印件、消化内科诊疗常规、药剂科工作常规、门急诊病历手册、健康检查证明、某医院门诊费用清单及商请会诊单、影像诊断报告单、超声诊断报告、检验报告单、证明书、处方笺等。某医院抗辩称患者提交的证据不能证明其主张的证明目的。

一审法院认为：患者在诊疗活动中受到损害，医疗机构及其医务人员有过错的，由医疗机构承担赔偿责任。患者认为某医院的诊疗行为存在过错，导致其患重症系统性红斑狼疮、狼疮肾炎。患者就其提出的主张有责任提供证据。由于患者系某医院急诊患者，故其在该医院的急诊病历由其自行留存。本案审理过程中，患者称已将其全部病历作为鉴定检材提交，再无其他病历材料。而鉴定机构认为仅依据现有病历资料，无法明确某医院的医疗行为与患者所患重症系统性红斑狼疮、狼疮肾炎之间是否存在因果关系，因而终止鉴定。故患者应承担鉴定终止的不利后果。另，由于患者提交的证据无法充分证明某医院的诊疗行为存在过错，且该过错与其所患重症系统性红斑狼疮、狼疮肾炎之间存在因果关系，故法院对患者提出的主张不予采信。患者以医疗损害责任纠纷为由要求某医院赔偿各项损失，缺乏充分事实和法律依据，法院不予支持。原审法院判决驳回了患者的全部诉讼请求。

判决后，患者不服，上诉辩称：我从未要求到外地进行法医鉴定，而是申请更高一级的鉴定机构鉴定，原审法院以某医院不同意为由，拒绝委托其他鉴定机构进行鉴定，有意偏袒对方；某医院错误诊断，明显存在医疗过错，故请求二审法院撤销原判，依法改判支持我的原诉请求或将本案发回重审。某医院同意原判。

二审审理中，患者就其一审提出的具有国家级资质的 10 个鉴定机构，表示其中外地 4 家，其问过某高级人民法院，该院答复若某医院不同意去外地鉴定，则无法委托。经二审法院向其中某鉴定研究所核实，其表示不接受法院指定鉴定，只接受高院委托摇号鉴定。故要求患者进一步提供其他 9 家鉴定机构具体哪家鉴定机构具有国家级资质、临床医学鉴定资质、可以就本案涉及问题进行鉴定。其提供了 3 家鉴定机构，但都不是其原来提供的上述 10 家鉴定机构，且经本院核实，该 3 家鉴定机构均无国家级资质，也没有同意过就本案情况进行鉴定。二审法院按照举证责任最终判决驳回上诉、维持原判。

法律评析

本案侵权事实发生在《侵权责任法》实施之后，原告以被告误诊误治为由提起诉讼，属医疗技术损害纠纷，适用过错责任为归责原则。根据医疗损害责任的一般条款，即《侵权责任法》第 54 条的规定，患者在诊疗活动中受到损害，医疗机构及其医务人员有过错的，由医疗机构承担赔偿责任，故患者应对某医院实施了违法的诊疗行为，存在过错，造成患者损害以及二者之间存在因果关系承担举证责任。而医疗纠纷涉及医学专业问题，医疗损害鉴定意见是人民法院审理此类纠纷时的重要证据。本案中，患者在第一家鉴定机构明确表示1年后才能开启鉴定程序的情况下，是否有权撤回申请以及是否要因此承担不利的诉讼后果，司法鉴定机构的做法是否适当，患者是否有权申请外地的司法鉴定机构进行鉴定？在医患双方均已提供了全部病历资料后，鉴定机构却以资料不全、无法判定存在因果关系为由终止鉴定，此时，应继续委托其他鉴定机构还是由当事人直接承担举证不能的责任，都是值得思考的问题。该案所体现出的关于医疗鉴定程序的相关问题，将在本章展开进一步讨论。

第一节　医疗鉴定程序的启动

一、何为医疗鉴定程序

医疗鉴定程序，或称医疗损害技术鉴定程序，是指医疗损害技术鉴定的组织者和实施者，对医疗损害争议事件受理、决定鉴定专家及回避、鉴定听证、评议以及最后做出鉴定结论的一系列有序的过程，[①] 无论鉴定主体是司法鉴定机构还是医学会，都拥有大致相似的鉴定流程。在《侵权责任法》实施之后，医疗鉴定二元化的局面已不存在，二者在涉及医疗损害技术鉴定时，都是作为鉴定主体而存在的。所不同的是在具体鉴定程序中的区别，笔者分别称其为医疗损害司法鉴定和医疗损害医学鉴定。[②]

① 刘鑫著:《医事法学（第二版）》，中国人民大学出版社2015年版，第190页。

② 刘鑫著:《医事法学（第二版）》，中国人民大学出版社2015年版，第190页。

二、诉讼中医疗鉴定程序的启动方式

(一)医疗损害司法鉴定的启动方式

1. 司法鉴定的启动方式

根据《民事诉讼法》第76条的规定,医疗损害司法鉴定的启动方式有两种:一是当事人向人民法院申请鉴定,并由双方当事人协商确定具备资格的鉴定人;协商不成的,由人民法院指定。二是法院依职权启动,即当事人未申请鉴定,人民法院认为需要鉴定的,应当委托具备资格的鉴定人进行鉴定。当事人申请鉴定,应当在举证期限届满前提出。申请鉴定的事项与待证事实无关联,或者对证明待证事实无意义的,人民法院将不予准许。这是民事诉讼法关于鉴定程序启动方式的一般规定,同样适用于医疗损害司法鉴定程序。北京市高级人民法院在这一问题上作了更为细致的规定,比较有代表性。《北京高院指导意见》第18条规定,人民法院认为需要委托医疗损害鉴定的,一般应要求患者一方申请鉴定。患者一方申请鉴定的,患者一方和医疗机构均应当提交鉴定所需的病历资料。第19条规定,当事人申请鉴定确有困难的,人民法院在必要时可依职权委托医疗损害鉴定。并且,人民法院对外委托司法鉴定,是通过摇号的方式确定具体的鉴定机构,签订司法鉴定委托书,并向司法鉴定机构递送所需的鉴定材料。而在现阶段,医学会并没有被纳入摇号的序列中来。

2. 鉴定程序启动的期限限制

当事人申请启动医疗损害司法鉴定程序,应在举证期限届满前提出,重新提出申请,同样受到举证期限的限制。同时,根据《司法鉴定程序通则》的规定,[①] 司法鉴定机构应当自收到委托之日起7个工作日内做出是否受理的决定。对于复杂、疑难或者特殊鉴定事项的委托,可以与委

---

① 《司法鉴定程序通则》第13条规定,司法鉴定机构应当自收到委托之日起七个工作日内作出是否受理的决定。对于复杂、疑难或者特殊鉴定事项的委托,司法鉴定机构可以与委托人协商决定受理的时间。

托人协商决定受理的时间。

（二）医疗损害医学鉴定的启动方式

在双方当事人协商一致，向法院提出由医学会进行鉴定的申请，法院可以依据当事人的申请，委托医疗机构所在地负责首次医疗事故技术鉴定工作的医学会进行鉴定。在《侵权责任法》实施之后，在医疗纠纷案件中，医疗事故技术鉴定的说法被逐渐弱化，这对于统一法律适用无疑是有利的，但随之而来的是医学会在医疗鉴定中被边缘化的现状。根据学者进行的实证研究，[①] 以北京地区为例，2013 年北京市法院一审以判决方式审结的，仅实施了 1 次医疗鉴定的 271 个案件中，253 件进行的是法医鉴定，仅有 18 件案件进行了医学会鉴定，占比不到 7%。其被边缘化的原因不仅仅是患者对于医学会中立性的怀疑，还有制度方面的原因，就是在司法鉴定机构统一管理、备案的制度要求下，医学会并没有向司法行政部门登记备案，这就使得很大一部分医学会没有进入法院对外委托的名单中，这可能才是医学会鉴定被边缘化的根本原因。

（三）当事人自行委托鉴定的效力

无论是法医还是医学会的鉴定，在诉讼程序中，都要求当事人向法院提出鉴定申请，协商一致或由法院指定鉴定机构，法院再依当事人的申请或依职权对外委托医疗鉴定，这似乎没有赋予当事人自行委托医疗鉴定的权利。那么，当事人自行委托鉴定的效力如何？

根据《证据规定》第 28 条的规定，一方当事人自行委托有关部门作出的鉴定结论，另一方当事人有证据足以反驳并申请重新鉴定的，人民法院应予准许。《上海高院暂行规定》第 5 条规定，对于诉讼前的既有鉴定结论，如系一方当事人单方委托鉴定的，一般应由法院委托重新鉴定。由此可见，当事人自行进行的鉴定并非当然无效，同样要经历举证、质证，在另一方当

---

① 参见刘兰秋、赵然：《我国医疗诉讼鉴定制度实证研究——基于北京市三级法院诉讼文书的分析》，载《证据科学》2015 年第 2 期。

事人有足够证据反驳下，应重新委托鉴定。

（四）地方高级人民法院在启动医疗鉴定程序中的尝试

虽然伴随着《侵权责任法》的颁行，医疗鉴定二元化的局面在表面上已被消除，但如何合理利用实际已经存在的司法鉴定机构和医学会两套鉴定体系的资源，更好地保障当事人权益和保障诉讼的顺利进行，各地高级人民法院做了有益的尝试，现选取上海市、浙江省、江苏省和北京市四地举例说明：

表 1 上海市、浙江省、江苏省和北京市四地高级人民法院对外委托医疗鉴定的做法[①]

	医学会	司法鉴定机构
上海	优先，除双方当事人协商一致外，应当由法院依职权委托医学会组织专家进行鉴定	在医学会认为无法鉴定，法院可依据《人民法院对外委托司法鉴定管理规定》另行委托具有资质的司法鉴定机构组织鉴定
浙江	医学会或司法鉴定机构	
江苏	优先	当事人均同意委托其他司法鉴定机构
北京	在国家有关部门关于医疗损害鉴定的新规定颁行之前，人民法院也可以委托医学会进行医疗损害责任技术鉴定	

从上表的规定可以看出，上海市和江苏省两地采医学会优先的做法，浙江省和北京市则无顺位上的要求。笔者认为，上海市高级人民法院规定在医学会认为无法鉴定时，法院可另行委托司法鉴定机构组织鉴定的做法，具有合理性，同时也具有值得商榷的地方。司法鉴定机构的鉴定被人们所质疑的主要就是它的专业性，并且与具有临床经验，甚至是经验丰富的医学会专家库组成员相比，法医确实有可能在临床经验上稍逊一筹，因而，若医学会凭借自身的专业知识都无法做出结论的鉴定，司法鉴定机构是否就有能力做出，其实是值得思考的。

---

① 参见《上海高院暂行规定》第 2 条，《浙江高院若干意见》第 13 条，《江苏高院若干意见》第 2 条，《北京高院指导意见》第 21 条。

三、与医疗鉴定程序启动方式相关的其他问题

（一）当事人是否有权撤回鉴定申请

上文案例中，原审中原告陈某曾向法院提出申请，法院根据该申请委托鉴定所进行鉴定。第一家机构因等候 1 年才能启动鉴定，患者撤回鉴定申请，法院再次委托第二家鉴定所鉴定。在此种情况下，原告是有权撤回鉴定申请的。

1. 当事人有权撤回鉴定申请的原因

从本案中法院的实际做法中也可以看出，当事人在一定情况下是有权撤回鉴定申请的。鉴定期限是指决定受理委托鉴定之日起，到发出鉴定文书之日止的时间。根据《司法鉴定程序通则》第 28 条的规定，鉴定期限分 3 种情况，一是一般情况在 30 个工作日内完成；二是疑难、复杂的经鉴定机构负责人批准可延长 30 个工作日；三是司法鉴定机构与委托人对鉴定期限另有约定的，从其约定。从鉴定实践看，只有少数案件在 60 个工作日能够完成，因此大多数鉴定机构对医疗过错鉴定的鉴定期限，通常是依照第三种情形执行的，即使一年或更长的时间均不违反程序通则的规定。但是法院急于结案，当事人更愿意尽早完成诉讼，故对于有急迫感的当事人，撤回鉴定申请并再次委托其他机构进行鉴定，并无不妥。

及时作出鉴定是鉴定机构的义务，如因鉴定资料的缺省而造成鉴定程序无法正常进行时，可以向当事人主张补充鉴定材料，并在符合特定条件时，中止或终止鉴定程序，而本案的第一家鉴定机构并不存在这样的问题。原告向法院申请鉴定的权利亦受到举证期限的限制，举证期限同时也与鉴定期限相关联，如果不赋予原告在此种情况下撤回鉴定申请的做法，是对当事人诉讼权利的不当限制。

实践中，鉴定机构往往存在鉴定期限过长的现象。这一方面确实是因为大部分专业性较强的纠纷，包括医疗侵权纠纷在内，都需要进行鉴定，而与大量的鉴定需求相对应的则是具有相应资质的鉴定机构和鉴定人并不能完全

满足的现状。加之，一些鉴定机构对自己的权利和义务状态不明确，以鉴定人出差、休假或收案过多为由，未遵守法定程序和鉴定期限。在此情形下，当事人有权撤回鉴定申请，也是对自身诉讼权利的保障。

2. 当事人撤回鉴定申请的限制

虽然在满足上述情况时，当事人有权撤回鉴定申请，但是此种权利还是要受到一定的限制。双方当事人应当在鉴定程序受理之前，审慎行使自己的权利，以免造成司法资源的浪费。

（二）当事人是否有权申请外地鉴定机构进行司法鉴定

患者在此种情况下是否有权申请外地的鉴定机构进行鉴定值得讨论。笔者认为，如果在当事人协商一致的情况下，选择外地的鉴定机构进行鉴定并无不可。根据《关于司法鉴定管理问题的决定》第 8 条的规定，鉴定机构接受委托从事司法鉴定业务，不受地域范围的限制。根据司法实践的情况，法院在接受了当事人的申请后，在具有相应资质的鉴定机构中指定具体的鉴定机构，如果是医学会鉴定，通常是由医疗机构所在地的医学会承担。如果是司法鉴定机构进行鉴定的，则是在当地有资质的鉴定机构中摇号确定。在本案中，患者曾就是否能够申请外地的司法鉴定机构进行医疗鉴定的问题，向某高院咨询，得到的答复是如果医方不同意则无法委托外地的鉴定机构。这种做法确实考虑到了双方协商确定鉴定机构的规则，但是否限制了当事人，尤其是患者一方正当的诉讼权利，值得思考。

（三）医疗鉴定的费用问题

司法鉴定机构有权向申请人收取费用，若当事人未按时缴纳鉴定费用，则应承担不利的诉讼后果。根据《证据规定》第 25 条第 2 款的规定，对需要鉴定的事项负有举证责任的当事人，在人民法院指定的期限内无正当理由不提出鉴定申请或者不预交鉴定费用或拒不提供相关材料，致使对案件争议的事实无法通过鉴定结论予以认定的，应当对该事实承担举证不能的法律后果。根据《关于司法鉴定管理问题的决定》第 15 条的规定，司法鉴定的收费标准由省、自治区、直辖市人民政府价格主管部门会同同级司法行政部门制定。

这是关于司法鉴定的一般收费问题，而医疗鉴定费用问题的特殊性则在于因鉴定主体的不同，具体的鉴定费用有所区别，以及差别费用的背后并没有对当事人选择鉴定机构的行为有所影响。司法鉴定收费呈现出“医学会费用低，司法鉴定机构费用高”的局面，由于医学会虽是行业自治组织，但是是挂靠卫生行政部门的，因而收取的鉴定费用较低。而司法鉴定机构则是一个市场化、社会化的组织，除侦查机关内部的鉴定机构外，均需靠自身盈利，因而鉴定费用较高，少则几千元多则上万元。但医学会较为低廉的收费标准并未对诉讼当事人，尤其患者一方形成足够的吸引力，患者一方出于对医学会中立性的担忧，即使司法鉴定机构收取的费用较多，还是会选择后者进行鉴定。

本节内容阐述的医疗鉴定程序的启动问题，归根结底是由司法鉴定意见的性质所决定的。无论是医学会还是司法鉴定机构出具的鉴定意见，其性质均为法定证据，而我国关于医疗侵权举证责任的规定，则经历了从举证责任倒置到“谁主张，谁举证”的一般举证责任分配的历史沿革，这是当事人和法院有权启动鉴定程序的正当性基础。

第二节　医疗鉴定机构和专家资格

一、问题的由来

首先，医疗鉴定机构的资质和专家资格的问题与医疗鉴定的受理和进行阶段关系密切，具有相应资质的鉴定机构和鉴定人员，才能够符合委托受理的条件，进行具体的医疗鉴定。其次，也是最重要的一点，这是鉴定主体的问题。我国对鉴定机构及鉴定人员实行的是行政许可、统一登记管理的方法，具有相应条件的机构和个人，通过向司法行政部门登记备案，取得准入资格，才能够从事相应的鉴定活动。最后，这是由鉴定活动的专门性特点所决定的。鉴定意见是对专门性问题做出的专业回答，坚持同行评审的原则尤为必要。同时考虑到各地区、各医疗机构和医务人员具体水平的差异，在进行医疗鉴定时，理论上应当保证水平接近的鉴定人员出具鉴定意见，而这些在我国的现实情况下，均需通过对医疗鉴定机构资质和鉴定人员资格的行政管理来实现。

二、鉴定机构的资质管理

（一）司法鉴定机构的资质管理

关于司法鉴定机构资质管理的基本规则，主要体现在《关于司法鉴定管理问题的决定》第2条和第3条。国家对从事法医类鉴定、物证类鉴定、声像资料鉴定等司法鉴定业务的鉴定人和鉴定机构实行登记管理制度。国务院司法行政部门主管全国鉴定人和鉴定机构的登记管理工作。省级人民政府司法行政部门依照本决定的规定，负责对鉴定人和鉴定机构的登记、名册编制和公告。可见，我国对司法鉴定机构实行统一登记管理的制度。根据该决定第5条的规定，法人或者其他组织申请从事司法鉴定业务的，应当具备下列条件：（1）有明确的业务范围；（2）有在业务范围内进行司法鉴定所必需的仪器、设备；（3）有在业务范围内进行司法鉴定所必需的依法通过计量认证或者实验室认可的检测实验室；（4）每项司法鉴定业务有三名以上鉴定人。根据实验室的条件，分为国家级司法鉴定机构和非国家级司法鉴定机构，且各鉴定机构之间没有隶属关系，鉴定机构接受委托从事司法鉴定业务，也不受地域范围的限制。

与医疗损害司法鉴定密切相关的是法医类鉴定中的法医临床鉴定。根据司法部进行的两项全国司法鉴定情况统计分析的数据，[①] 就2015年各司法鉴定机构从事“三大类”（法医类、物证类和声像类）司法鉴定的业务数量而言，从事法医临床鉴定（属法医类）的最多，有2027家，占比41.17%，而从司法鉴定业务情况上看，“三大类”业务占总业务量的89.71%，法医类鉴定又占业务总量的82.34%。从2005年至2015年这十年的统计数据上看，法医临床鉴定类业务量一直处于领先地位，从2005年的17.73万件到2014年的102.74万

① 参见党凌云、郑振玉：《2015年度全国司法鉴定情况统计分析》，载《中国司法鉴定》2016年第3期；参见司法部司法鉴定管理局：《2005—2015年我国司法鉴定发展情况分析》，载《中国司法鉴定》2016年第2期。

件，增长了4.8倍，也是唯一突量百万案件量的鉴定类别。十年累计完成法医临床司法鉴定案件663.05万件，占“三大类”业务总量的68.21%。面对如此庞大的医疗损害鉴定案件数量和鉴定机构，虽然有学者对国家采取行政许可、统一备案管理的方式并不十分认同，但从上述数据可以看出，面对如此大规模的需求和尚不完善的鉴定市场，统一备案管理还是很有必要的。

（二）医学会的资质管理

从事医疗损害技术鉴定的医学会则延续了《医疗事故处理条例》时代所逐渐形成的国家、省、市三级医疗鉴定行政体系，与司法鉴定机构各机构之间无隶属关系不同，各级医学会是分别对应各级卫生行政部门的，但这并非意味着他们所出具的医疗鉴定意见书因行政级别的不同而有效力上的差别。关于医学会的资质管理，现今最为重要的是如何将医学会纳入国家统一的司法鉴定管理体系中来。因医学会没有在司法行政部门登记备案，导致它们无法进入法院指定或摇号确定鉴定机关的名单中来。虽然学界和实务界对于如何统筹医学会和司法鉴定机构的资源，各有不同的观点，但逐渐建立起一个统一的医疗鉴定体系，确是未来发展的趋势所在。

根据《医疗事故技术鉴定暂行办法》和《卫生部关于做好〈侵权责任法〉贯彻实施工作的通知》等文件的规定，医学会可以接受医疗损害技术鉴定，具体的程序要求参照《医疗事故处理条例》和《医疗事故技术鉴定暂行办法》的规定。虽然原则上，首次鉴定和再次鉴定所对应的医学会等级不同，在案件复杂、疑难并在全国有重大影响时可以申请中华医学会的鉴定，但是实际上医学会的鉴定基本是“一次定终身”的情况，且何时在何种情况下能启动中华医学会的鉴定其实也是语焉不详。

三、鉴定人员的资质管理

（一）司法鉴定机构鉴定人员的资质管理

根据《关于司法鉴定管理问题的决定》第4条的规定，具备下列条件之一的人员，可以申请登记从事司法鉴定业务：（1）具有与所申请从事的司法鉴定业务相关的高级专业技术职称；（2）具有与所申请从事的司法鉴定业务相关的专业执业资格或者高等院校相关专业本科以上学历，从事相关工作五年以上；（3）具有与所申请从事的司法鉴定业务相关工作十年以上经历，具有较强的专业技能。

与司法鉴定机构的资质管理相同，国家采用行政许可的方式对鉴定人资质实行准入，以此保证鉴定人员具有相应的鉴定能力，但是基于医学技术发展日新月异的现状，仅法医类鉴定中法医临床鉴定这一项业务所面临的案件情况，能够遵循的鉴定标准也很难被全面考虑。在这样的情况下，实行统一登记管理固然必要，但也不宜过分强调司法鉴定机构和鉴定人员的法定性，①这一方面是因为鉴定资质和鉴定能力之间的关系并没有想象中那么密切，二者之间的关系有点类似于建设工程中的承包人和实际施工人之间的关系；另一方面也是考虑到为医学的发展铺设一个相对宽松的平台，以促进医学事业的发展。

（二）医学会鉴定人员的资质管理

对医学会鉴定人员的资质管理，主要是通过建立专家库的方式进行：首先，按照学科专业设立专家库，在医学会鉴定优先的江苏省，还倡导建立常任专家库和分类专家库，在选择鉴定组专家时，分别在两个专家库中随机确定。其次，成为专家库候选人。根据《医疗事故技术鉴定暂行办法》的相关规定，成为专家库候选人须具备以下条件：（1）有良好的业务素质和执业品德；（2）受聘于医疗卫生机构或者医学教学、科研机构并担任相应专业高级技术职务3年以上；（3）健康状况能够胜任医疗事故技术鉴定工作；（4）符合前款第（1）项和第（3）项规定条件并具备高级技术职务任职资格的法医可以受聘进入专家库。再次，进行首次鉴定和再次鉴定时，从对应学科的专家库中抽取专家，组成专家组，对个案进行鉴定。必要时，邀请法医出席鉴定会。最后，通过专家库中专家的流转，从人员设置上保证鉴定的科学性。

---

① 刘鑫著：《医疗损害技术鉴定研究》，中国政法大学出版社2014年版，第89页。

四、对鉴定机构及鉴定人员资质管理的评析

对医疗鉴定机构和鉴定人员资质管理以及二者之间关系的讨论，分别主要集中在对司法鉴定的科学性问题和对医疗损害医学鉴定中立性的问题上。前者以一线医务人员为代表，认为医疗损害司法鉴定违背了司法鉴定应当是就“专门性问题”由“专业人员”进行“同行评审”的原则；后者则以患者和社会一般民众为代表，认为医学会与涉案医疗机构之间存在千丝万缕的联系，很有可能做出有失公允的判断，即使实际情况并非如此。那么，究竟如何看待二者之间的关系和现在所实行的资质管理制度呢？

（一）医疗损害司法鉴定与鉴定科学性

从司法鉴定机构的性质上看，它是一个社会化、市场化的机构，《司法鉴定管理规定》颁行后，人民法院和司法行政部门不得设立鉴定机构，侦查机关根据侦查工作的需要设立的鉴定机构，也不得面向社会接受委托从事司法鉴定业务。司法鉴定机构的社会性和市场化，一方面满足了实践中对司法鉴定存在大量需求的现状，包括医疗损害鉴定在内，很多纠纷的解决都需要专业的鉴定机构给出工程造价、医疗损害等一系列专业内容的鉴定，而另一方面面对如此客观的经济利益，鉴定机构在利益驱使下，有可能做出有损科学性的判断。而且，更重要的是医疗损害司法鉴定在现阶段，没有统一专家库，司法鉴定从业人员水平参差不齐的情况下，基本很难落实同行评审的原则，法医缺少临床经验，这是其所作出的鉴定意见的科学性最受到质疑的一点。从学者的实证研究也可以得出类似的结论：[①]虽然多数案件会选择司法鉴定机构进行医疗鉴定，但只有三成左右的法官认为司法鉴定机构的专业水平比较好，在一定程度上也可以看出审判人员对鉴定意见科学性的担心。

从司法鉴定机构的鉴定人员上看，是实行鉴定人个人负责制的，无论是从鉴定人员资质管理的角度还是有利责任认定、明确责任的角度，实行个人

---

① 参见肖柳珍：《医疗损害鉴定一元化实证研究》，载《现代法学》2014年第4期。

负责制无疑都是有利的。

（二）对医学会及其鉴定人员的评析

如上文所述，医学会没有到司法行政部门登记备案的做法，使得医学会鉴定资源很难融合到现有体系中来，这使得其接受医疗损害技术鉴定存在程序上的瑕疵，但笔者认为，随着统一专家库的建立，这一问题将逐渐得到缓解并最终得到解决。同医疗损害司法鉴定一样，医学会的鉴定同样也有可能存在不同级别的鉴定问题，那么数份鉴定意见效力应如何判断？根据《医疗事故技术鉴定暂行办法》的规定，不同级别的医学会所出具的鉴定意见不因医学会所在区域的行政级别的高低而有效力上的区别，存在数份鉴定意见时，应当以最后的医疗事故技术鉴定意见作为处理依据。

关于医学会的中立性问题，笔者认为，更多的应该从规则设置的角度来对中立性加以保证，这样可以使得医学会的科学性优势得到更大程度地发挥。而关于中立性的保证，现阶段主要依靠鉴定人员回避制度。

1. 鉴定人员的回避制度

关于鉴定人员的回避，不仅适用于医学会中的鉴定人员，同样适用于司法鉴定机构中的鉴定人员。鉴定人员的回避事由与其他诉讼参与人回避事由相同，而专门规范司法鉴定人员回避事由，尤其是医疗鉴定人员回避事由的，主要规定在《医疗事故技术鉴定暂行办法》和《司法鉴定程序通则》等规范性文件中。在鉴定人员是医疗事故争议当事人或者当事人的近亲属的，与医疗事故争议有利害关系的，与医疗事故争议当事人有其他关系，可能影响公正鉴定的时候，应当回避。回避的程序也与民诉法中的一般规定相同。

2. 鉴定人回避制度的评析

其实，鉴定人员的回避制度在实践中几乎是形同虚设的。有权申请回避的人员范围不明确，当事人的知情权也难以落实到位，[①] 导致回避制度难以发挥作用。而且对于患者一方而言，难以在鉴定程序开始前，就对具体的鉴定

---

① 石书伟：《中国医疗事故鉴定回避制度的法律审视》，载《中国卫生法制》2006 年第 6 期。

人员的情况有所了解，尤其是当鉴定人员和本案当事人关系较为隐蔽之时，所以，现在的回避制度对于鉴定机构及鉴定人言中立性的保证力度并不大。

3. 专家组合议制度

无法通过回避制度这样的外部机制来保证鉴定机构及鉴定人员的中立性，从鉴定机构内部完善相应机制来保证中立性的重要性就凸显出来。江苏省高级人民法院规定，医学会专家组应当采合议制度，这样的做法使得医疗损害鉴定的相关问题得到很好的讨论，不同专家的意见能够充分地表达，而不是通过走过场式的询问，这样从鉴定机构内部来保证鉴定意见的科学性和中立性似乎更加可取。

第三节　医疗鉴定报告的解读

案例思考

贾某因骑自行车摔倒受伤到某医院治疗，经诊断为额叶脑挫裂伤，枕部头皮挫裂伤。考虑额叶脑挫裂伤有发生癫痫的危险，医生嘱贾某口服卡马西平治疗。因家属要求出院，医院给予安排出院。数日后，贾某因“饮酒后咽痛1天，伴发热，T40.2℃，全身皮疹1天”到某医院门诊就诊，诊断为“上感”。后被诊断为“发热皮疹待查：病毒疹可能性大；药疹待除外”。皮科会诊后诊断为：中毒性表皮松解坏死症TEN（卡马西平可能性大）。贾某经治疗后好转。

贾某以某医院未向其说明服用“卡马西平”药物应注意的事项及未提醒其出现异常情况应采取的救治措施等不当医疗行为导致其中毒和抢救时间的延误为由，起诉至原审法院，要求某医院赔偿其医疗费、误工费、住院伙食补助费、营养费、护理费、被抚养人生活费、精神损害抚慰金、残疾赔偿金共计37万元。

某医院辩称：我院不同意贾某的诉讼请求。1. 我院用药是对症的，用药后病情稳定，贾某是自行要求出院的。2. 我院的诊疗行为符合诊疗规范，无诊疗过错。3. 贾某的症状是在出院后发生的，具体原因不明确；卡马西平药品是对症的，药品本身就有副作用，是药品本身的风险，不能认为是我院的过错。4. 贾某一直坚持认为是卡马西平造成的其损害后果，但是实际上其症状的诱因是很多种的，鉴定报告中也只是说“不排除”，其也承认自己产生发热的症状后曾经到其他的医疗机构进行治疗，很可能使用了抗生素，这就很容易导致其过敏症状。

一审期间，法院委托司法鉴定机构进行了鉴定，鉴定中心做出《法医临床司法鉴定意见书》，贾某的主要损害后果为：全身遗留广泛点状细小瘢痕，大于体表面积5%；目前左眼视力为低视力一级。不能排除贾某发生的中毒性表皮松解坏死症与服用卡马西平药物之间存在因果关系；某医院对贾某的医疗行为不存在医疗过错；贾某发生的药物性中毒性表皮松解坏死症属于目前难以避免的医疗意外。

一审法院认为，经鉴定，确认某医院在对贾某的诊疗过程中不存在过错，且无法确定其损害后果与服用药物之间的因果关系。贾某要求某医院承担医疗损害赔偿责任，赔偿其医疗费、误工费、住院伙食补助费、营养费、护理费、被抚养人生活费、精神损害抚慰金以及残疾赔偿金等诉讼请求，均无事实依据，法院不予支持。据此，判决驳回贾某的诉讼请求。判决后，贾某不服上诉。二审发回重审。

法律评析

本案的情况具有一定的代表性，其涉及对医疗鉴定机构所出具的鉴定意见应当如何解读的问题。首先应当明确鉴定意见包含的内容有哪些。其次对于鉴定报告所给出的是否存在过错，医疗行为和过错之间有无因果关系以及责任程度如何的意见，都应当以怎样的标准来把握。医疗技术损害的归责原则是过错责任原则，但如本案中的情况，鉴定意见的最终结论是意外事件，本案中的患者所遭受的“损害”系药物不良反应所致，医院的医疗行为与该损害结果的发生之间并无因果关系。那么，在此种情况下，是完全免除医院的责任还是适用公平原则给予患者一定的补偿，不无讨论的空间和价值，下文将详细展开。

一、医疗鉴定报告的内容

（一）医疗鉴定意见书的含义及内容

医疗鉴定机构出具的规范文件，包括司法鉴定文书和司法鉴定协议书，前者又包括司法鉴定意见书和司法鉴定检验报告书，对于司法鉴定报告的解读，即指对于司法鉴定意见书的解读。从内容上看，司法鉴定意见书一般应当包括标题、编号、基本情况、检案摘要、检验过程、分析说明、鉴定意见、落款、附件及附注等内容，其中的鉴定意见是核心，它是对专门性问题所作出的回答。鉴定意见主要是围绕着侵权责任构成要件的事实部分展开，根据《医疗事故技术鉴定暂行办法》的规定，鉴定意见应当包括：（1）医疗行为是否违反法律、法规和诊疗规范；（2）医疗过失行为与人身损害后果之间是否存在因果关系；（3）医疗过失行为在医疗事故损害后果中的责任程度，包括完全、主要、次要和轻微四种；（4）医疗事故等级。并且，专家鉴定组应当综合分析医疗过失行为在导致医疗事故损害后果中的作用、患者原有疾病状况等因素，判定医疗过失行为的责任程度。

各地高级人民法院出台的指导意见对医疗鉴定意见书的内容也作了细化的规定，其中，共同的内容包括有无过错、因果关系、原因力大小、责任程度的内容，不同之处则在于，江苏省高级人民法院在意见中明确指出，鉴定机构只需对实施医疗行为的主体是否具有过错进行鉴定，但该过错属于过失还是故意可不予判定。同时还要求确定伤残等级，在存在多种原因时对原因力的大小进行分析；北京市高级人民法院在意见中规定，除共同具有的三项内容外，是否尽到了告知义务，是否有违反诊疗规范的不必要检查，伤残程度以及其他内容也是鉴定意见书的内容。江苏省高级人民法院的做法，实际上是对医疗鉴定问题和法律问题作了明确的区分，鉴定机构不涉及医疗行为过错在法律上的评价。

（二）医疗鉴定材料和鉴定对象

对有无过错、是否具有因果关系和责任程度做出判断，需在明确鉴定对象的基础上，依据鉴定材料做出。“巧妇难为无米之炊”，当鉴定材料不充分时，医疗鉴定机构很难做出全面的判断。鉴定材料在实际中基本和证据相重合，当作为鉴定材料提交时是有减损的可能的，这是有些鉴定活动所不能避免的。因而，一方面，既然是证据，鉴定机构其实是不应该有自行搜集的权力的，笔者在这里赞同江苏省高级人民法院的做法，医学会不得自行接收当事人提交的证据材料，当需要补充材料时，应当书面函告法院及时补充；另一方面，相关规范性文件同时规定，应当将鉴定材料减损的可能性及程度告知当事人，由当事人自行决定是否再继续进行鉴定，这也是对当事人权益的保护和证据的保全。毕竟，医疗鉴定意见书的作用是帮助当事人完成举证责任，明确与案件有关的事实，为诉讼活动的顺利进行服务。

关于鉴定对象的认识，在一定程度上是存在误区的。应当明确，鉴定对象应该是具体的医疗行为，而非诊疗效果，这在是否具有过错的判断上尤为重要。在医疗损害鉴定中，双方当事人所提交的病历是鉴定资料，是载体，鉴定所针对的对象是病历中所呈现出来的医疗行为，是一个整体的过程判断而非医疗结果的判断，没有达到理想的诊治效果和基于过错或过错推定而实施的侵权行为是两个完全不同的概念。

二、鉴定依照的标准、方法与过错鉴定标准

（一）鉴定依照的标准和方法

医疗侵权责任归责原则的依据是《侵权责任法》第57条、第58条第1项，医务人员在诊疗活动中未尽到与当时的医疗水平相应的诊疗义务，造成患者损害的，医疗机构应当承担赔偿责任；并且，在医疗机构违反法律、行政法规、规章以及其他有关诊疗规范的规定的情况下，推定医疗机构有过错。鉴定过错需依据一定的标准和方法，根据《司法鉴定程序通则》第23条规定，鉴定依照的标准和方法依次包括：国家标准、行业标准和技术规范、该专业领域多数专家认可的技术方法，各项标准和方法之间是有顺序的。

由此可见，鉴定依照的标准和方法的范围大致包括：（1）法律、行政法

规、地方法规和部门规章；（2）诊疗技术规范、技术指南和技术操作规程；（3）该专业领域多数专家认可的技术方法。确实，对于过错的判断，不能笼统地将医疗法律和技术规范作为认定医疗过错的唯一标准，而且实际中，对于过错的判断往往涉及不到法律和行政法规层级，而都是更为细致的规范。并且，这些更为细致的规范因医疗机构和地区发展水平而存在较大差异。

（二）过错的鉴定标准：当时的医疗水平

1. 如何理解“当时的医疗水平”

如何理解“当时的医疗水平”，现在达成的较为一致的共识是应当综合考虑时间、地域和医院的级别和水平，与医学水平不同，后者是当时最高的医疗水平。[①] 通常而言，对于当时医疗水平内涵的界定，更多的是从保证司法公正的角度出发的。事实上，这样的界定方式，对于医学发展的意义更大。无论科技发展走得有多远，医学始终是一门经验科学，任何事情的发生都有可能，只不过在概率上有所区别，医学甚至是应当被允许在具有正当性的基础上不断试错的学科。试想，如果对过错的界定过于严苛，医疗机构和医务人员为求稳不出错，不敢尝试新的疗法，这样的做法对医学的发展从长远来看，必定是不利的，而且这种不利后果最终将由个体的患者承担。因而，在把握“过错”这一内容时，坚持上述共识还是很有必要的。

2. 紧急处置原则[②]

在紧急情况下为抢救垂危患者生命而采取紧急医学措施造成不良后果的，不应当被认定为医生存在过错。医生为了挽救生命垂危的病人所实施的紧急处置行为，即使存在一点问题，如将纱布留在体内，但如果不马上缝合，患者的生命将遭受严重的威胁，那么在此种情况下，就不应当认定医生的医疗行为存在过错。

---

① 杨立新:《中国医疗损害责任制度改革》，载《法学研究》2009年第4期。

② 刘鑫著:《医疗损害技术鉴定研究》，中国政法大学出版社2014年版，第89页。

3. 公平原则的适用

根据《侵权责任法》第 24 条的规定，受害人和行为人对损害的发生都没有过错的，可以根据实际情况，由双方分担损失。前文本案中，对药物的不良反应，原则上应通过保险补偿机制就患者的损害予以补偿，但在我国保险机制尚不健全之时，是否应将本属于国家和社会的责任转嫁给个案中的医疗机构，是一个值得讨论的话题。从患者的角度而言，医疗机构相较于患者自身，确实有着更强的防御风险的能力和偿付能力，从利益平衡的角度而言，可以适用公平原则，给予患者一定的补偿，这其实也是公平责任原则在我国侵权责任法中存在的一个价值。社会保险保障机制不健全确实是公平原则存在的一个最重要的原因。但是从医方的角度而言，药物的不良反应难以避免，确属意外事件。就算是同样的一种药物，致敏或不良反应发生的概率很低，也难以避免发生不良反应。如果此类情况都适用公平责任原则的话，对医院积极性的打击也不容小觑。故笔者认为，不能简单地在此种情况下就适用公平责任原则，还是要结合个案的具体情况加以考量，如医方是否就该药物可能产生的不良反应尽到了提示说明的义务。概言之，对于公平原则要审慎适用，并且注意与医疗保险补偿机制的衔接。

三、因果关系的认定

因果关系理论本身就非常复杂，但有一点可以明确的是，对于因果关系的判断，医疗鉴定机构和医学会应该做出的是事实上的因果关系的判断而非法律上的因果关系的判断。① 并且，鉴定意见就是要给出一个明确的结论，即使判定二者之间不存在因果关系也是一个具有明确结论的鉴定意见。断不可在双方已提交了全部病历资料之后拒绝做出鉴定或者终止鉴定。

---

① 参见刘鑫：《医疗损害鉴定之因果关系研究》，载《证据科学》2013 年第 3 期。

四、原因力大小及责任程度的认定

（一）责任程度的等级划分

责任程度就是医疗过错对损害发生的原因力大小，医学会将责任等级分为四等，分别是：完全责任，医疗事故损害后果完全由医疗过失行为造成；主要责任，医疗事故损害后果主要由医疗过失行为造成，其他因素起次要作用；次要责任，医疗事故损害后果主要由其他因素造成，医疗过失行为起次要作用；轻微责任，医疗事故损害后果绝大部分由其他因素造成，医疗过失行为起轻微作用。医学会接受的医疗损害技术鉴定，依照上述责任程度作等级划分。而司法鉴定的责任程度登记划分，也参照伤残等级的界定，各地高级人民法院的划分不一。以江苏省高级人民法院为例，医疗损害涉及多种原因时，要对各种原因在产生损害后果的过程中原因力大小进行分析，并根据原因力的大小分别表述为直接因素、主要因素、同等因素、次要因素、轻微因素及无因果关系。

（二）如何看待“鉴定依赖”：是对医疗鉴定程序和审判程序关系的误读

应当明确的是，医疗鉴定意见书给出了责任参与度并不等于以鉴代判。在 2013 年北京市法院一审以判决方式审结的 390 件医疗损害责任纠纷案件中，[①] 有 359 件实施了医疗鉴定，占 92.3%，这说明诉讼实践对医疗鉴定的需求很大，但以此就将其解读为是“鉴定依赖”，笔者认为并不适当，这是对医疗鉴定程序和审判程序关系的误读，同时，也是对鉴定意见证据属性认识存在偏差。既然鉴定意见只是法定证据的一种，不经质证、认定就不能作为定案依据。诚然，法官缺少相应的医学知识，但这并不妨碍法官在庭审阶段组织高效的法庭质证和辩论。诉讼程序对于法官提出的要求，不是使其成为

---

① 参见刘兰秋、赵然：《我国医疗诉讼鉴定制度实证研究——基于北京市三级法院诉讼文书的分析》，载《证据科学》2015 年第 2 期。

一个无所不知的先知，而是尽可能地通过诉讼程序的设计，有序地组织庭审内容，通过引入专家辅助人，具有相应专业知识的人民陪审员来弥补专业知识的不足，从而做出公正的裁判，这才是法官诉讼活动的应有之意。如此可见，所谓鉴定依赖的说法并不恰当。

五、签章的要求及意义

签章问题与前几个内容相比，往往容易被忽视，此问题从表面上看虽然是鉴定书所存在的形式问题，即参与鉴定的机构或专家个人是否按照相关规范签名，但从本质上而言，此环节采取何种签章方式、是否能够落实到位，对于鉴定意见的科学性与中立性、质证能否顺利展开以及落实鉴定机构及其人员的责任追查意义重大。现阶段，一个较为突出的问题就是鉴定的做出者和最后签章的内容不一致，尤其是医学会进行的鉴定。司法鉴定机构要求，应当由司法鉴定人签名，多人参加的鉴定，对鉴定意见有不同意见的，应当注明。医学会则要求，以医学会的名义签章，医学会参加医疗事故技术鉴定会的工作人员，应如实记录鉴定会过程和专家的意见。前者是个人负责制，较为明细；后者则是集体负责制。而事实上，以集体名义签章，在医疗事故鉴定中，鉴定专家组集体鉴定，鉴定专家个人在鉴定书上不签字，而是以医学会的名义出具鉴定意见，在形式上就回避了鉴定参与人的法律责任和义务，剥夺了被鉴定人提出异议和追究伪证责任的权利。[①] 同时，由于是集体签章和诸如工作繁忙、出于人身安全考虑等其他原因，导致医学会具体鉴定人员出庭参与质证的比例非常低，这对于质证环节的顺利展开以及当事人诉讼权利的保障都是不利的。

---

① 李平龙、肖鹏：《我国医疗损害鉴定制度研究评述（2002—2012）》，载《证据科学》2013 年第 2 期。

第四节 医疗鉴定机构之不予鉴定

一、不予鉴定与不予受理

（一）医疗鉴定机构不得受理的情形

根据《司法鉴定程序通则》第15条的规定，司法鉴定机构不得受理的情形主要包括：（1）委托鉴定事项超出本机构司法鉴定业务范围的；（2）发现鉴定材料不真实、不完整、不充分或者取得方式不合法的；（3）鉴定用途不合法或者违背社会公德的；（4）鉴定要求不符合司法鉴定执业规则或者相关鉴定技术规范的；（5）鉴定要求超出本机构技术条件或者鉴定能力的；（6）委托人就同一鉴定事项同时委托其他司法鉴定机构进行鉴定的；（7）其他不符合法律、法规、规章规定的情形。根据《医疗事故技术鉴定暂行办法》第13条的规定，医学会不得受理的情形主要包括：有下列情形之一的，医学会不予受理医疗事故技术鉴定：（1）当事人一方直接向医学会提出鉴定申请的；（2）医疗事故争议涉及多个医疗机构，其中一所医疗机构所在地的医学会已经受理的；（3）医疗事故争议已经人民法院调解达成协议或判决的；（4）当事人已向人民法院提起民事诉讼的（司法机关委托的除外）；（5）非法行医造成患者身体健康损害的；（6）卫生部规定的其他情形。

由此可见，概括司法鉴定机构和医学会不得受理的情形，大致包括鉴定机构自身资质问题，鉴定对象本身不合法或者违背社会公德，或者是已有其他鉴定机构获医学会受理等情况，鉴定机构不予受理没有主观上的过错，而不予鉴定则有所不同。

（二）医疗鉴定机构不予鉴定

对于医疗鉴定机构不予鉴定的性质，应当分阶段讨论。当鉴定程序开始前，有上述不予受理的正当理由时，不予鉴定的说法等同于不予受理，在此不再赘述。鉴定程序开始后，无正当理由，对已受理的鉴定委托不予鉴定，则是此处所着重说明的，这时的不予鉴定是违反法律规定的。医疗鉴定机构应当在收案时，就明确审查是否具备受理条件，是否有不得受理的情形。如果存在，应当及时告知双方当事人，视情况补充鉴定材料或不予受理，而不应当在鉴定程序开始后，才通知当事人，甚至是以无法得出确切因果关系为由，不予鉴定。

二、与不予鉴定相关的其他问题

（一）终止鉴定

终止鉴定是发生在鉴定程序进行过程中的行为。根据《司法鉴定程序通则》第 29 条的规定，司法鉴定机构在鉴定过程中，有下列情形之一的，可以终止鉴定：（1）发现有除超出资质外，不得受理情形的；（2）鉴定材料发生耗损，委托人不能补充提供的；（3）委托人拒不履行司法鉴定委托书规定的义务、被鉴定人拒不配合或者鉴定活动受到严重干扰，致使鉴定无法继续进行的；（4）委托人主动撤销鉴定委托，或者委托人、诉讼当事人拒绝支付鉴定费用的；（5）因不可抗力致使鉴定无法继续进行的；（6）其他需要终止鉴定的情形。终止鉴定的，司法鉴定机构应当书面通知委托人，说明理由并退还鉴定材料。《医疗事故技术鉴定暂行办法》第 38 条规定，因当事人拒绝配合，无法进行医疗事故技术鉴定的，应当终止本次鉴定，由医学会告知移交鉴定的卫生行政部门或共同委托鉴定的双方当事人，说明不能鉴定的原因。并且，在受理医患双方共同委托医疗事故技术鉴定后至专家鉴定组作出鉴定结论前，双方当事人或者一方当事人提出停止鉴定的，医疗事故技术鉴定终止。

（二）补充鉴定

进入法庭审理阶段，发现鉴定有瑕疵的，如果可以通过补充鉴定、重新质证或者补充质证等方法解决的，不予重新鉴定，这和一般的瑕疵证据补正原则是一致的。根据《司法鉴定程序通则》第30条的规定，司法鉴定机构在（1）原委托鉴定事项有遗漏的；（2）委托人就原委托鉴定事项提供新的鉴定材料的；（3）其他需要补充鉴定的情形时，可以补充鉴定。补充鉴定是原委托鉴定的组成部分，应当由原司法鉴定人进行。

（三）重新鉴定

关于重新鉴定的一般规则，体现在《证据规定》第27条。当鉴定机构或者鉴定人员不具备相关的鉴定资格的，鉴定程序严重违法的，鉴定结论明显依据不足的和经过质证认定不能作为证据使用的其他情形时，应予重新鉴定。并且，根据《司法鉴定程序通则》第32条的规定，重新鉴定应当委托原司法鉴定机构以外的其他司法鉴定机构进行；因特殊原因，委托人也可以委托原司法鉴定机构进行，但原司法鉴定机构应当指定原司法鉴定人以外的其他符合条件的司法鉴定人进行。接受重新鉴定委托的司法鉴定机构的资质条件应当不低于原司法鉴定机构，进行重新鉴定的司法鉴定人中应当至少有一名具有相关专业高级专业技术职称。

应当说，司法实践中首次鉴定后申请重新鉴定的比例还是很高的，尤其是针对医学会鉴定提出的重新鉴定申请获得法院同意的比例也非常高。虽然很多规范对重新鉴定的条件作了非常细致的规定，但很难落到实处。例如，北京市高级人民法院的指导意见明确指出，[①] 只有在满足《证据规定》第27条第1款的三个条件之一时，才可以申请重新鉴定，笔者认为，这种从严把握重新鉴定条件的做法值得肯定。

---

① 《北京高院指导意见》第26条规定，对有缺陷的医疗损害鉴定结论，可以通过补充鉴定、重新质证或者补充质证等方法解决的，不予重新鉴定。当事人有证据证明医疗损害鉴定结论有《最高人民法院关于民事诉讼证据的若干规定》第27条第1款规定的情形之一的，可以申请重新鉴定。当事人申请重新鉴定的，应当在人民法院指定的期限内提出。

第五节 医疗鉴定报告的司法审查

案例思考

张某怀孕后在某医院建孕检病历并进行产前检查。张某属妊娠合并有干燥综合征，甲状腺功能减低等免疫系统及内分泌系统疾病患者。其在外院治疗基础病。2013 年 9 月 10 日，张某因诉“见红 11 小时伴不规律腹痛 10 余小时”至某医院就诊。该院对张某的初步诊断为：1. 妊娠 40 周，孕 1 产 0，左枕前；2. 妊娠合并甲状腺功能减低；3. 妊娠合并干燥综合征；4. 妊娠合并子宫不全纵隔。翌日，张某因胎儿窘迫（羊水型）等症状由某医院行子宫下段剖宫产术。术后诊断为：1. 妊娠 40 周，孕 1 产 1，左枕前；2. 剖宫产分娩，足月活男婴；3. 妊娠合并甲状腺功能减低；4. 妊娠合并干燥综合征；5. 胎儿窘迫；6. 新生儿重度窒息；7. 胎粪吸入综合征。其后，张某之子转入该院儿科住院治疗，主要诊断为：新生儿窒息（重度）等。当日，张某之子死亡。张某于 2013 年 9 月 20 日出院。

后张某夫妇将某医院诉至法院，称：某医院未对张某生产过程进行监护，诊疗不及时，延误手术的最佳时机，且孩子在出生后，对孩子抢救治疗不及时，最终导致孩子死亡，某医院存在过错。现要求该医院赔偿医疗费、护理费、住院伙食补助费、营养费、误工费、死亡赔偿金、丧葬费、鉴定费、精神损害抚慰金等各项损失。某医院辩称：张某至我院住院治疗的情况属实。我院对张某及其孩子的诊疗行为符合医疗规范，没有过错，不同意原告的诉讼请求。

一审期间，法院委托某司法鉴定中心对某医院是否存在医疗过错及参与度进行鉴定。该鉴定中心经鉴定，出具了司法鉴定意见书，认为：某医院对张某及其子的诊疗过程中存在医疗过错，对于高危孕妇孕检及产程关注不够，该过错与新生儿死亡的最终损害后果之间存在一定因果关系，过错参与度理论系数值建议为：40%—60%。某医院对鉴定结论有异议，并申请鉴定人出庭接受质询，要求鉴定人就其认定的医院对孕妇孕检、产程关注不够，不符合标准等问题回答。鉴定人答复此问题和本次鉴定无关，并仍坚持鉴定意见。

一审法院认为：张某因怀孕在某医院进行产前检查，后因临产至该院住院。张某在住院期间足月生一男婴，后男婴因疾病死亡。经司法鉴定中心鉴定，出具了司法鉴定意见书，鉴定意见为：某医院对张某及其子的诊疗过程中存在医疗过错，该过错与新生儿死亡的最终损害后果之间存在一定因果关系，过错参与度理论系数值建议为：40%—60%。上述鉴定意见合法有效，法院予以采纳。关于张某主张的其子的医疗费9611.39元、住院伙食补助费500元，属合理损失，予以确认。关于张某主张的护理费，该笔费用系母婴陪护，但婴儿在出生当日即死亡，其全额要求某医院赔偿上述费用，显然缺乏依据，具体数额由法院酌定。其主张的死亡赔偿金及丧葬费，属合理的赔偿项目，予以确认。上述的赔偿项目，法院将依据张某的实际情况及某医院的过错程度酌情判处。关于精神损害抚慰金，法院将考虑某医院的医疗过错程度予以判处。关于张某主张的营养费及误工费，缺乏依据，不予支持。据此，判决：某医院赔偿张某夫妇医疗费、住院伙食补助费、护理误工费、死亡赔偿金、丧葬费的40%，共计近40万元。医院不服上诉，认为鉴定结论缺乏科学性，规范要求产检一般9—12次，其在每次检查指标正常的情况下，为张某做了15次检查，怎么还是对孕妇关注不够，至于产程，其一直有记载，何为产程关注不够。二审期间要求鉴定人再次出庭接受质询，针对某医院提出的上述问题，鉴定人未能给予合理解释，对于产检标准也不甚清楚，甚至称其以为从患者入院就叫产程开始，对其作出结论的依据，基本表示是他以为。二审审理后认为鉴定结论确实缺乏科学性，不能作为定案依据，将该案发回重审。

法律评析

关于医疗鉴定报告的司法审查，是医疗鉴定程序的最后一环，也是其重中之重。当事人双方根据举证责任的分配进行了医疗鉴定，而该证据是否能够被法院采纳，作为最后的裁判依据则取决于法院对鉴定报告的司法审查。司法审查是一个动态的过程，无论是司法鉴定机构还是医学会做出的鉴定意见，均应经过质证、认定等环节，结合法官的自由裁量权，才能最终决定是否能够成为定案依据。包括之前司法行政部门对于鉴定机构的资格审查，也不能够代替法院对鉴定人资格的审查。对医疗鉴定报告的司法审查，并不仅限于法庭审理阶段，它贯穿于司法鉴定程序的全过程，包括鉴定程序开始前，鉴定程序进行中和鉴定程序结束后、进入法庭审理这三个阶段。鉴定意见是将医疗行为的过程重塑，而法院对于医疗鉴定报告的审查则是对整个侵权纠纷过程的重塑，并作出最终的裁判。

一、鉴定程序开始前：加强诉前鉴定工作，在鉴定开始前对鉴定材料进行质证

关于鉴定程序开始前这一阶段的司法审查，常常易被忽略。这一阶段虽然还没有形成司法鉴定意见，是否决定受理也尚不可知，但审判机关的及时介入，对于证据的保全，尤其是节约司法资源和鉴定资源的意义重大。现行法律对这一问题尚无统一规定，但各地高级人民法院对于此阶段鉴定意见的司法审查做出了不同的尝试，对于未来统一司法审查规则的设置，具有很强的借鉴意义。

表 2 浙江省、江苏省、北京市三地鉴定程序开始前进行司法审查的做法[①]

浙江省	通过诉前鉴定，在案件审理之前先行掌握涉案全部病历资料，固定案件主要证据材料，待鉴定机构出具鉴定意见后，再由当事人明确诉讼请求，充分发挥鉴定意见对当事人的诉讼指引作用。当事人对医疗损害鉴定所涉证据材料有异议的，法院应当先行组织举证、指正，并进行审查确认
江苏省	法院在委托鉴定前，须对与提交鉴定有关的证据材料组织质证

① 参见《浙江高院促进和谐医患关系意见》第 3 条，《江苏高院若干意见》第 3 条，《北京高院指导意见》第 13 条。

续表

北京市	当事人对鉴定所需鉴定材料有异议的，应当由法院先行组织双方当事人举证、质证。经审查，病历资料存在瑕疵的，人民法院应通过咨询专家、委托文书检验、病历评估或由鉴定专家做初步判断来认定瑕疵病历是否对鉴定机构有实质性影响。如果没有实质性影响，则仍可继续鉴定，但瑕疵病历部分不能作为鉴定依据；如果有实质性影响，造成鉴定无法客观进行的，则应终止鉴定

应当看到，这样的尝试对于节约司法资源和鉴定资源、保全证据的意义之重大，对存疑的鉴定材料先行质证，或者就有争议的鉴定材料先行鉴定，这样既可以减轻后面质证的任务，同时也合理地分配了鉴定资源和司法资源，使得当事人审慎对待鉴定机构所做出的医疗鉴定意见，对于降低申请重新鉴定的比例也是非常有益的。并且，三地高级人民法院的做法也是对于所谓“鉴定依赖”的有利反驳，拨正了鉴定意见和诉讼之间的关系。

二、鉴定程序进行中：法院审判人员列席鉴定会或听证会

鉴定程序进行中，具有法律专业知识的审判人员列席鉴定会或者听证会，使得原来因在此阶段没有法律专业知识的人参加，而导致的法律问题和技术问题混淆的局面得到改善。三地高级人民法院的做法主要是审判人员列席鉴定会或听证会。笔者进一步设想，其实可以将其他具有法律专业知识的人员纳入鉴定人员的范围，如同现有的具有医学知识的专家库一样。除法官和法学教授外，这些人员甚至可以是高校应用法学方向的博士生。这不仅有利于补足这一阶段法律专业知识不足的短板，并且对医疗鉴定活动起到了监督的作用。并且，这些非法官的专业人员可以与法庭审理阶段的质证环节、有专门知识的人出庭以及人民陪审员等制度相衔接。

表3　浙江省、上海市、北京市三地鉴定程序进行中司法审查的做法①

浙江省	法院可以视情况要求鉴定机构举行听证会，审判人员可以视情况列席听证会，并可以就有关问题向鉴定专家询问

① 参见《浙江高院若干意见》第16条，《上海高院暂行规定》第24条，《北京高院指导意见》第23条。

续表

上海市	法院的案件审判人员列席医学会的鉴定会时，可以就案件有关问题向专家咨询，但不得就有关鉴定具体问题发表意见
北京市	审判人员可以参加涉案医疗鉴定会，并可以就有关问题向鉴定专家询问

三、鉴定程序结束后：通过质证、认定等方式，对鉴定报告进行司法审查

这也是最为人所熟知的对医疗鉴定进行司法审查的阶段。当前述活动已经完成，则正式进入法庭质证、辩论和法官形成自由心证的阶段。

（一）对鉴定意见司法审查的主要内容

根据《证据规定》第29条规定，司法审查主要围绕着鉴定意见的证据能力和证明力展开，尤其是关于鉴定意见证据能力的审查。[①] 而一份鉴定意见是否具备证据能力，则应重点审查包括回避、资质（机构和人）、鉴定程序是否符合法律等内容。这里的鉴定程序既包括鉴定的自身程序，也包括鉴定作为民事诉讼法中的程序。[②] 从而得出鉴定意见是否明确，鉴定意见与待证事实之间有无关联等结论。而关于证明力的审查，则是第二步的内容，是在确定该份鉴定意见具有证据能力的情况下展开的进一步的审查，对于有瑕疵的鉴定，则如同其他的瑕疵证据一样，可以通过补充鉴定的方式从而最终作为裁判依据。

（二）对鉴定意见进行司法审查的具体做法

1. 围绕鉴定意见展开质证，鉴定人出庭参与质证

2012年《民事诉讼法》修改以后，对鉴定人出庭的相关规则作了更为细

---

① 参见陈瑞华：《鉴定意见的审查判断问题》，载《中国司法鉴定》2011年第5期。

② 参见卢乐云：《司法鉴定的证据能力及其审查——以“两高三部”、“两个证据规定”为视域》，载《中国刑事法杂志》2011年第9期。

致的规定，尤其是规定了鉴定人不出庭质证的法律后果，即该份鉴定意见不能作为定案的依据。在地方高级人民法院的司法文件中，有的法院进一步规定，鉴定人不出庭质证导致鉴定意见不能作为定案依据的，当事人有权要求鉴定人返还鉴定费用。这可以说，都是规范鉴定人出庭质证的有益尝试。同时，《民事诉讼法》还赋予了当事人申请专家辅助人出庭的权利，帮助当事人质证，使得质证环节能够更为有效地进行。

而在实际操作中，鉴定人出庭质证如同证人出庭作证一样，都有着重重阻力：一方面，从鉴定人的内因来看，医患矛盾日益加剧，医闹屡见不鲜，尤其是患者一方如果对鉴定意见不满就很容易做出比较过激的行为，在当前对鉴定人出庭没有很好的保护措施的情况下，鉴定人出于对自身安全的考虑而不出庭质证，确实有现实的隐忧。并且，许多鉴定人员同时也是某一学科领域的带头人、知名专家，以北京市某医院为例，如果在网上预约挂号，是可以成功预约到一个月后的专家门诊或手术的，而根据我国民事诉讼法的相关规定，通知鉴定人出庭质证是 3 天前才通知，[①] 虽然有鉴定人员以工作繁忙为借口不出庭，但确实有部分鉴定人员是真的难以脱身，如何平衡法院审判和社会病患及时得到有效救治之间的利益冲突，值得思考。

另一方面，有的鉴定人虽然选择出庭接受询问，但提出了较高的出庭要求，包括人身保护的要求，索取较高的出庭费（一人一千元左右），还不能对双方当事人提出的涉及专业技术方面的质疑予以有效的解答。质证过程如果流于形式，导致有明显错误、依据不足的鉴定意见被采信，就会使案件得不到公正的处理，医患矛盾加剧。前文案例涉及的鉴定意见和鉴定人出庭情况就属于比较典型的一个例子。先是司法鉴定中心出具的司法鉴定意见书，明显存在鉴定结论依据不足的情况。鉴定中心认为某医院在对孕妇张某诊疗过程中，就其自身疾病在外院的检查、治疗情况的跟踪记录欠详尽等问题，认为医方在张某妊娠及分娩期存在疏于管理、未进行计划分娩、对产妇分娩期监测评估不充分等过失。就此，某医院认为张某只是在该院进行围产保健，一般产检在 9—12 次，而其为张某做了 15 次产检，且是在各项指标均

---

① 刘鑫著：《医疗损害技术鉴定研究》，中国政法大学出版社 2014 年版，第 89 页。

没有问题的情况下，如此认定依据不足。而就此关键问题鉴定人在出庭接受质询时，针对医方提出的一般产检几次，居然回答与本次鉴定无关。二审法院为了对此予以弥补，再次要求鉴定人出庭接受质询，其认可医方的产检次数及张某产检指标没有问题，针对医方提出的张某原有免疫系统疾病在最权威的某医院进行系统治疗，而要求本案中的鉴定机构对于上述由免疫疾病方面（最）权威专家做出的诊治行为进行评判，显然不太具备现实可能性。鉴定人在回答法官针对鉴定意见提出的数个问题，均以“我认为”为理由，对于其得出结论的依据则表示不清楚具体标准或规范。以如此鉴定意见书作为定案依据，难以得到公正审判。而若鉴定人没有出庭参与质证，发现上述问题的可能性就会大大降低。

2. 审核认定医疗鉴定意见，法官行使自由裁量权

通过一个案例，来了解个案中法官行使自由裁量权的现状。

案例思考

朱某因治疗泌尿系肿瘤，于2010年11月15日至2011年1月29日、2011年3月20日至2011年3月29日两次在某医院住院治疗。当月18日，某医院为朱某行膀胱镜＋双侧输尿管镜检。同年12月6日，朱某在透析过程中上厕所，护士随其到卫生间门口，并在其解大便时呼叫其名字。朱某应答后晕倒，并致头部磕伤、颈椎损伤。当月21日朱某的颈椎MRI显示脊髓型颈椎病（C3/C4椎间盘脱出，对应脊髓节段高信号；C4/C5椎间左旁中央型突出）。12月28日，某医院为朱某行膀胱镜检＋膀胱肿瘤电切术＋右侧输尿管镜检。2011年1月6日，朱某转入骨科，当月18日行颈椎病手术治疗。当日23时出现明显胸闷、气促、呼吸困难、全身大汗、伴有咳粉红色痰。经抢救，体征恢复，1月29日出院。2011年3月20日，朱某为进一步治疗肿瘤再次入院，其家属于3月28日表示暂不手术治疗，要求出院。朱某于2011年3月31日出院。2012年11月19日，外院为朱某出具诊断证明，载明：颈椎外伤术后、慢性肾功能不全、颈髓损伤。现朱某四肢肌力下降，伴麻木，需长期进行康复治疗。

朱某于2012年6月向一审法院起诉称：我在某院住院进行透析时，忍不住要大便。护士给我做了暂停透析的处理后，让另一位护士跟着我去卫生间，护士在门外等。我坐上座便器后排便时，外面的护士不放心，叫了我的名字，我在回答的一瞬间，突然发生昏迷，头朝下栽了下去。疼醒过来后，我发现自己全身已经不能动了，头顶磕了一个大包。后来经过各科室会诊检查，确诊我摔伤的后果为脊髓型颈椎病。现在我四肢麻木略有见轻，但不能走路，拿起五六斤物品都难。某医院给我实行了颈椎手术，但是在治疗过程中不考虑我是尿毒症患者，每日只能进500—800毫升水，在我出现急性心衰后，未及时对我进行抢救。我在住院前到该院门诊治疗时，专家建议我先对肿瘤进行保守治疗，不行再进行根治。我很有信心地于先后两次住某医院治疗泌尿系肿瘤。第二次拖至3月20日才住院，是因为第一次住院已经做了1次泌尿手术和1次颈椎手术，加之摔伤后的症状恢复不好，需要静养。而第二次住院时，某医院告诉我其决定放弃治疗，我只好出院。2011年10月，我去外医院检查，发现肿瘤已经转移。我住院20多天某医院没有进行手术，延误了我的治疗，还增加了医疗费用。如果及时治疗也许不会出现半年后肿瘤转移的问题。由于某医院护理住院病人制度不完善，使我住院期间摔伤致残。最终明确诉讼请求为：要求某医院按照80%的比例赔偿我经济损失医疗费、住院伙食补助费、营养费、继续治疗颈椎费、生活补助费，以及精神损害抚慰金共计40万余元，并承担诉讼费。

某医院辩称：朱某在第一次住院过程中摔伤，护士是在厕所的门口等着，我院已经尽到了护理的义务。朱某摔伤发生在2010年年底，其起诉已经超过了诉讼时效；其提到的第二次住院医生放弃治疗也过了诉讼时效。颈椎病是其疾病发展的最终结果，我院对于其急性心衰的诊治也是符合诊疗常规的。

一审法院审理中，法院委托某鉴定机构对某医院的医疗行为进行司法鉴定。该鉴定中心出具鉴定报告分析说明部分显示：某医院对朱某的措施符合诊疗常规，且不存在延误治疗肿瘤的情况。医院在护理朱某时存在未尽注意义务过失，该过失与颈椎损伤有一定的因果关系。鉴定意见为：某医院在朱某的诊疗过程中存在医疗过失（对病人的护理不到位），与被鉴定人颈部损伤存在一定程度的因果关系，划分等级为C级，参与度系数值为20%—40%；医院无延误肿瘤治疗情况。原审法院还依法委托了其他司法鉴定所对朱某的伤残等级、护理期、营养期进行了鉴定。经原审法院主持双方当事人针对上述鉴定报告进行质证，某医院除对鉴定报告涉及其护理不到位持有异议外，对其余内容予以认可，对伤残鉴定予以认可。朱某对鉴定报告持有异议，对伤残鉴定报告予以认可。

一审法院认为：根据鉴定结论，某医院对朱某肿瘤的治疗行为没有过错，只是对病人的护理不到位，故朱某要求某医院承担其治疗肿瘤方面的赔偿责任，法院不予支持。患者在医疗机构住院期间，医疗机构应当在其职责范围内保障患者的人身安全。朱某在某医院透析过程中如厕，该医院应当知晓透析过程中患者的身体较之其他患者更为虚弱，对于透析过程中如厕的患者更应尽到全面的护理义务。虽然某医院已经尽到了一定的护理职责，但还是发生了朱某摔伤的后果，可以说某医院的护理职责还不够完善，应当在鉴定结论确定的范围内承担其相应的赔偿责任。朱某于2011年12月6日摔伤，此后发生的与治疗颈椎有关的费用及轮椅费应由某医院赔偿，其他赔偿项目酌情按照鉴定结论所确定的比例赔偿。朱某主张的今后护理费、交通费，根据鉴定结论，法院不予支持。朱某主张的今后继续治疗颈椎的费用，可待实际发生后另行主张。关于某医院主张的诉讼时效问题，因朱某受伤后一直持续治疗，故其起诉并未超过诉讼时效。据此，原审法院判决：某医院赔偿朱某骨科医疗费、住院伙食补助费、住院期间护理费、出院后护理费、营养费、轮椅费、交通费、伤残赔偿金及精神抚慰金共计约16万元。

判决后，双方均不服，分别上诉。朱某上诉要求法院改判医院承担全部赔偿责任。某医院认为：原审判决采信的司法鉴定意见是错误的；即便认定我院存在护理过失，相应的责任等级也不应超过B级，至多按照20%的比例确定我院的赔偿比例，现原审判决对于医疗费和轮椅费判令我院全部承担，但对于其他费用按照40%判令我院承担，显然不能令人信服。故请求撤销原判，依法改判驳回朱某的原诉请求。后某医院对一审判决超出朱某请求范围，判令其承担摔伤产生的全部医疗费及轮椅费表示认可。

二审法院认为：双方当事人对鉴定意见书虽持有异议，但都未提供足以推翻该鉴定报告的证据，法院对鉴定机构就某医院针对朱某的医疗行为是否有过错，以及该行为与朱某的损害后果之间是否存在因果关系进行鉴定后出具的司法鉴定意见书的证明效力，应予认定。根据该鉴定报告可以确认，某医院对朱某肿瘤的治疗没有过错，只是对其护理不到位，与朱某颈部损伤存在一定程度的因果关系，责任参与度为C级。某医院应当就此承担相应的赔偿责任。现朱某要求某医院按照80%的比例对其全部经济损失予以赔偿，本院对此认为，一则因鉴定报告并未认定某医院就其治疗肿瘤方面存在过错，朱某治疗肿瘤产生的相关费用，不应由某医院承担赔偿责任；二则朱某要求的赔偿比例不仅远远高于鉴定报告给出的参考数值，且改变了主、次要责任的定性，缺乏合理依据，本院不能支持。某医院认为原审判决确定的赔偿责任比例过高，亦缺乏证据支持，本院不予采信。至于具体损失的确定，原审法院虽判令某医院承担朱某治疗摔伤产生的全部医疗费及轮椅费，超出了朱某的请求范围，但某医院在本院审理中对此表示认可，本院对此不持异议。对于朱某主张的其他赔偿项目，原审法院按照本案实际情况、参考鉴定结论，确定了合理的损失并酌情确定了某医院应当赔偿的各项具体经济损失及精神抚慰金数额，属于人民法院依法行使裁判权的范围，并无不当，本院予以维持。另，朱某主张的颈椎摔伤后的后续治疗费，可待实际发生后另行主张。综上，双方的上诉请求均缺乏充足的证据佐证，本院对其上诉请求均不予支持。本院判决如下：驳回上诉，维持原判。

通过上述案例可以看出，本案的一审法院所作出的判决就有裁量权行使不当之嫌。一审法院委托了司法鉴定，也认定了司法意见书的证明效力，但又超出鉴定意见加重了被诉医疗机构的责任，超出鉴定机构所认定的责任等级，判令某医院对治疗脊椎的医疗费及残疾器具费全部赔偿，对其他费用按照40%的比例赔偿。笔者认为，既然一审法院已经认定了鉴定意见书的效力，就不宜判令某医院承担全部颈椎损伤的费用，这不仅超出了鉴定意见的责任认定范围，同时也超出了当事人的诉请。

被动性之于司法权，能动性之于自由裁量权[①]，这一对矛盾在审判过程中一直存在，在专业性更强的医疗纠纷中则显得尤为突出。鉴定意见书最终是否会成为定案的依据，是经过双方质证、辩论，法官自由心证后综合作用的结果，表面看起来最终裁判权在法官手中，其实质则是多方力量作用后的结果。法官在认定案件事实中享有自由裁量权的基本表现就是自由心证原则。[②]这就要求法官在依法办案的同时，在涉及行使自由裁量权的时候应当慎重。既要说明裁量的依据、减轻或加重责任的理由及其所考虑的因素，还要在具体案件中做到个案衡量。但凡权利必然受到限制，法官的自由裁量权也不例外。

---

① 参见张榕:《事实认定中的法官自由裁量权》，载《法律科学》2009年第4期。

② 程春华:《论法官的自由心证与法官对证据的自由裁量——以民事诉讼为考察范围》，载《比较法研究》2009年第1期。

第九章　医疗损害赔偿的裁判

第一节　医疗损害赔偿的原则

在《侵权责任法》改革医疗损害责任之前，我国医疗损害责任的损害赔偿实行双轨制。即在医疗损害赔偿诉讼领域，存在两套在构成要件、法律后果等方面不同的法律规范，是一个由医疗损害责任诉因、赔偿标准、责任鉴定三个双轨制构成的二元化医疗损害救济制度。《侵权责任法》的出台从立法层面上解决了医疗损害赔偿的二元化法律适用问题，其在第七章对于“医疗损害责任”之确定共 11 个条文，全面规定了新的医疗损害责任规则。本章主要就医疗损害赔偿部分进行探讨。

医疗损害赔偿的原则，不同于医疗损害责任的归责原则，指的是对医疗侵权行为，在已经通过医疗损害责任构成要件确认加害人应当承担赔偿责任的前提下，决定医疗损害赔偿一般性范围和具体项目、额度的指导性准则，其实质是对医疗损害责任中赔偿问题的法律适用之确定。在造成医疗损害的情况下，合理确定医疗机构的赔偿责任，将有利于妥善解决医患双方的利益之争，促进医疗卫生事业的健康发展，减少医疗损害的发生，体现医疗损害赔偿的社会效果。因此，医疗损害赔偿责任原则的确立应建立在损害赔偿的目的和社会实现条件的基础之上，以补偿受害人的损失、抚慰受害人的精神创伤，抑制加害人行为的同时兼顾医疗行为的特殊风险性与医疗机构的利益保护为目的，以现行的经济发展状况、责任分担机制为实现条件进行构建与选择。

一、赔偿统一原则

赔偿统一原则即要求对于所有已经确认为医疗损害责任之案件，其赔偿项目和数额之确定应当适用《侵权责任法》规定的统一的赔偿标准。该原则主要是基于《侵权责任法》出台后，结束了由医疗事故责任与医疗过错责任双轨制构成的二元化的医疗损害救济制度，将所有的医疗侵权行为之救济统归于医疗损害责任之下。不再进行医疗事故与非医疗事故之划分而适用不同的赔偿标准，对于同样的损害，侵权人应承担同样的赔偿责任。

二、全部赔偿原则

全部赔偿原则是近代民法的产物，亦是侵权损害赔偿的基本规则。医疗损害责任的全部赔偿原则，指的是医疗机构作为侵权人承担赔偿责任的大小，应当以违法诊疗行为所造成的受害患者实际损失的大小为依据，全部予以赔偿。[①] 但基于医疗损害责任的特殊性，全部赔偿原则在医疗损害责任中有着特别的地位与适用限制。首先，全部赔偿原则要求对赔偿数额之确定以全部的实际损害为依据。一般情况下，不能以加害人过错程度的轻重作为损害赔偿数额的依据，也不能根据行为的社会危险性大小作为依据，只能以财产的实际损失作为赔偿责任大小的标准。而对于精神损害赔偿部分责任大小的确定，加害人的过错程度起着重要作用，医疗机构及其医务人员故意或者重大过失，是承担较重赔偿责任的依据。[②] 其次，可得利益的丧失和间接损失的赔偿要求通常得不到法律及司法机构的支持，全部赔偿原则在医疗损害责任领域的适用，通常以填平全部直接损失为限。再次，直接损失也应当限于合理损失的部分。对于受害人故意扩大的开支，不属于合理损失的范畴，亦同样不予赔偿。最后，全部赔偿应当包括受害人为实现权利或者减少损害

---

① 杨立新著:《医疗损害责任法》，法律出版社 2012 年版，第 203 页。

② 杨立新著:《医疗损害责任法》，法律出版社 2012 年版，第 203 页。

而支出的必要费用。

三、损益相抵原则

损益相抵原则是指赔偿权利人基于发生损害的同一原因受有利益者，应当在损害额内扣除利益，而由赔偿义务人就差额予以确定赔偿责任范围的规则。[①]损益相抵原则是确定侵权损害赔偿责任范围大小以及如何承担的原则，而不是解决损害赔偿责任应否承担的规则。首先，它是在损害赔偿责任已经确定应当由加害人承担的前提下，确定加害人应当怎样承担民事责任，究竟应当承担多少赔偿责任的规则。因此，损益相抵适用前提即医疗机构的损害责任成立。其次，其所确定的赔偿标的，是损害额内扣除因同一原因而产生的利益额之差额，而不是全部损害额。就其理论依据而言，损害是损害事件发生前后受害人利益状态的差额，即应然之利益状态与实然之利益状态之间的差额。[②]因此，其所确定的扣减部分既不同于全部赔偿原则下间接损失部分的扣除，因为间接损失在医疗损害赔偿责任中本就不属于受害人之“应然利益”状态中的部分；亦不同于过失相抵原则下，基于受害人过失而减轻的侵权人的责任部分，后者则是基于侵权的形态而对加害人责任的限制。而损益相抵规则，本质上是基于目的论依据，从医疗损害责任的填平损失之目的出发，从而确立受害人受有利益时的实际净损失。再次，损害事实须与受害患者受有利益之间具有相当因果关系。即基于同一赔偿原因，其所产生的损害与利益之结果之间为不可分离或者合一关系。最后，损益相抵由法官依职权行使，法官可以不待当事人主张径以职权根据确认的证据适用该原则。

四、过失相抵原则

过失相抵，亦称“与有过失”，是指受害人之过失对损害之发生或扩大

---

① 杨立新著:《医疗损害责任法》，法律出版社2012年版，第204页。

② 参见曾世雄著:《损害赔偿法原理》，中国政法大学出版社2011年版，第237页。

具有因果关系时，可以考虑对加害人之赔偿责任进行相应的减免。我国《侵权责任法》第 26 条规定：“被侵权人对损害的发生也有过错的，可以减轻侵权人的责任。”这是过失相抵原则的一般性规定，原则上适用于各类型侵权行为。在医疗损害责任领域，亦有《人身损害司法解释》第 2 条规定：“受害人对同一损害的发生或者扩大有故意、过失的，依照民法通则第一百三十一条的规定，可以减轻或者免除赔偿义务人的赔偿责任。但侵权人因故意或者重大过失致人损害，受害人只有一般过失的，不减轻赔偿义务人的赔偿责任。适用民法通则第一百零六条第三款规定确定赔偿义务人的赔偿责任时，受害人有重大过失的，可以减轻赔偿义务人的赔偿责任”，由此奠定了过失相抵在医疗损害赔偿中适用之法律基础。通常认为，过失相抵之构成要件包括：受害人必须具有过错、受害人的行为必须是不当的行为、受害人之过错行为与损害结果具有因果关系。需要强调的是，过失相抵中，关注的是受害人之过失认定，其会影响最终加害人承担责任之大小，适用于受害人的行为与医疗机构的违法诊疗行为对损害结果的发生或者扩大均具有原因力的侵权行为形态中，即损害结果的同一和原因力的竞合必须存在。与全部赔偿原则中所确定的加害人之过错程度一般不影响损害赔偿之确定是两个完全不同的方面。首先，对于医疗机构的责任，直接依照侵权损害赔偿责任的构成要件加以确定，只有在医疗机构构成医疗侵权之基础上始有过失相抵适用之可能。其次，判断受害患者过错的标准，是受害人对自己受害的危险应当预见或可能预见。再次，在客观层面上，需要比较医疗机构与受害人行为对于同一损害结果或损害结果之扩大中各自的原因力。从主观层面上，需要比较过错，医疗机构与受害患者过错程度相对大小，决定了最终的责任的承担与承担范围。最后，过失相抵原则的适用，无须待当事人主张，法官亦可以直接依职权确定后减轻医疗机构的赔偿责任。

第二节　医疗损害法定赔偿项目及数额计算

最高人民法院《人身损害司法解释》第 17 条至第 29 条，明确规定了人身损害赔偿的项目及其计算方法。具体而言包含了对人身损害赔偿规定了医疗费、误工费、护理费、交通费、住院伙食补助费和住宿费、营养费、残疾赔偿金、残疾辅助器具费、丧葬费、被扶养人生活费、死亡赔偿金、精神损害抚慰金 12 个项目。尽管如此，在实践中具体确定这些项目的范围以及计算数额仍然存在诸多问题。据此，该部分主要以法定赔偿项目为线索，以实际案例与法律适用情况为依据，就其中的重点疑难问题进行评析总结，结合理论进行分析与思考。

一、医疗费

医疗费是指医疗损害导致患者因此多支出的医疗费用。[①] 根据《人身损害司法解释》第 19 条规定，医疗费根据医疗机构出具的医疗费、住院费等收款凭证，结合病历和诊断证明的相关证据确定。赔偿义务人对治疗的必要性和合理性有异议的，应当承担相应的举证责任。医疗费的赔偿数额，按照一审法庭辩论终结前实际发生的数额确定。器官功能恢复训练所必要的康复费、适当的整容费以及其他后续治疗费，赔偿权利人可以待实际发生后另行起诉。但根据医疗证明或者鉴定结论确定必然发生的费用，可以与已经发生的医疗费一并予以赔偿。

在实际认定和计算中，值得注意以下几个方面的问题：

（一）在存在第三人与医院无意思联络的共同加害情形下，医院的赔偿金额应适用原因力规则，参考鉴定机构所确定之责任比例加以计算

实践中，存在许多违法诊疗行为与第三人侵权行为共同作用，造成患者损失的情形，如何区分责任、区分损失，是这类案件审理的难点问题之一。其审理的关键在于：（1）责任比例的确定。根据司法机构对诊疗行为损害后果的责任比例进行鉴定，适用《侵权责任法》中原因力规则，以确定责任比例。因此，通常情况下，对于其责任比例法院一般采纳鉴定机构的意见；

---

① 陈一凡著：《医患关系法律分析》，人民法院出版社 2013 年版，第 274 页。

在特殊情形下，对于有定残结果的，各项损失赔偿比例应当按照定残时确定的责任参与度加以考虑。（2）合理损失的确定。责任比例仅仅决定了最终赔偿金额的计算系数，另一个重要问题在于合理损失的界定，即最终赔偿金额的计算基数。在本案中，对于合理损失之计算，法院在界定某医院不当医疗行为所造成的损害时，应当区分原有第三人侵权行为与医疗行为不当产生的损失。

（二）医疗费用不限于被诉医疗机构发生之费用

在司法实践中，往往出现患者在多家医院就同一病情进行治疗的情形，那么患者主张的医疗费用，是否应当包括其他非被诉医疗机构发生的费用就成为众多案件争议的焦点之一。

案例思考①

白某于2008年3月与某医院建立产前稽查、安全分娩的医疗关系，2008年8月10日早晨白某有羊水流出，到医院时间为6时25分，后羊水污染程度升级为9时37分孩子出生时的三度，6个小时后孩子出现紧急情况，医生对孩子进行抢救无效后死亡。经对小孩尸体进行解剖，尸检结论为：患儿因羊水吸入致吸入性小叶性肺炎，肺脓肿形成，引发呼吸功能衰竭而死亡。

原告主张：白某认为医院在抢救孩子过程中存在过错，故起诉至法院，要求医院支付医疗费7000元并承担诉讼费。法院审理后认为，就医疗费一项，白某主张医院应当赔偿其医疗费，其提交了医疗费票据、收据等予以佐证，显示白某已实际支付费用7000元，其中有2000元系白某在其他医院产检费用。被告抗辩：某医院认为该笔费用与其无关无须支付，但未提交证据证明关联性。法院判决：法院经审理认为，白某所主张的医疗费用中，虽然有其他医院的诊疗费用，但在整体产检过程

① 鲁为主编：《医疗损害责任纠纷诉讼指引与实务解答》，法律出版社2014年版，第221页。

中，系因某医院医疗行为存在过失才另行发生，而某医院对医疗费的关联性应承担相应的举证责任，该医院未提交相应证据排除上述费用的合理性，故依法判决某医院须赔偿白某在其他医院就诊的费用。上述判决一审生效。

1. 有关医疗费用之计算，应当以相关票据为依据。其中，对于已发生医疗费用（不涉及后续治疗费用）的计算，必须以能证明支出发生的相关票据、收据予以佐证。此类票据，应当为合法医疗机构出具的医疗收费单据。如患者擅自购买与损害无关的药品或者治疗其他疾病的费用，则不予赔偿。[①]

2. 医疗费用应当不限于被诉医疗机构发生的费用。案中最重要的问题在于，对于其他医院的产检费用 2000 元是否应当由被告承担。本案中，法院基于在其他医院的诊疗费用系整体产检过程中的一部分，是由于某医院医疗行为存在过失才另行发生，而判定属于赔偿范围内。其实际上是基于其他医院的医疗费用与过失医疗行为的因果关系。即如若其他医疗机构的费用与被诉医疗机构的医疗行为有一定的因果关系，则在合理赔偿范围内，当事人可以一并主张。这实际上是原因力规则的适用，同样也是全部赔偿原则的体现。原因力规则不仅可以用于判定各个共同原因之间对于一个共同损害结果的比例分担，同样对于确立合理的赔偿范围至关重要。只有在实质上适用原因力规则，对侵权行为具有原因力的损害结果进行确认、赔偿，而不囿于简略的法律规定本身，才能真正实现医疗损害责任对于当事人之权益保护。

3. 关于医疗费用之认定，由原告承担举证责任。本案中，对于其他医院的诊疗费用损失与被告诊疗行为的因果关系，由医疗机构对其无关联性承担举证责任。法院最后由于医院未能提交证据证明关联性，认定了二者的因果关系。这是举证责任的一个方面，即对于举证不明的事项，由承担举证责任者负担由此带来的不利后果。由于对于举证责任问题，在本书前一部分已有专章进行探讨，笔者在此不再赘述。

---

① 余永明著:《医疗损害赔偿纠纷》，法律出版社 2009 年版，第 50 页。

（三）医疗费不包括原发病的诊疗费用

依据原因力规则对医疗损害责任予以确认，并确立损害赔偿的范围，要求在对医疗费予以认定时，虽不限于在被诉机构发生之费用，但应当排除为治疗患者原发疾病的费用，即非此次医疗事故所导致的，患者用于治疗本身所患原有疾病的费用。而由于原发疾病的程度认定实际上属于专业医疗鉴定的范畴，但笔者通过查阅相关资料，认为法院在以医疗鉴定机构对于疾病原发性与否鉴定的基础上，对于费用的计算可以考虑以下因素予以划分：

1. 时间基准。通常来说，医疗侵权行为的发生时点是明晰易确认的，因此，可以以该时点为界限，宜将之前的医疗费用认定为原发疾病费用，不属于医疗侵权行为具有原因力的损害赔偿范围。

2. 以处方、药品、治疗方案为基准。时间结点虽然是客观的评判标准，但由于诊疗行为的特殊性与复杂性，在实际判定医疗费用范畴时，还应当进行实质性审查。应考虑治疗本次医疗事故所指向疾病，与之不相符的用于治疗本着自身原有疾病的费用应当不在赔偿之列。

（四）全部损失应以全部实际支出而非全部损失发生额为依据

对于已经以医保报销的医疗费，患方是否有权向被诉医疗机构主张？此类问题在司法实践中大量出现，一直是理论界与实务界争论的问题之一。笔者通过查阅司法案例，发现要么是受害人在进行主张之时，自动将已报销部分予以扣除，以实际支出额为基准计算，得到法院支持；如若原告主张不扣除，则法院依此而做出的判决不一致。支持的法院即基于报销行为与被告基于侵权行为承担的民事赔偿责任并非同一法律关系，认为该单位报销的医疗费不应在被告予以赔偿的医疗费计算基数中予以扣除；反对的则基于填平原则认定由于医疗报销部分已经不属于患者实际损失部分（固有利益之损失），故不属于赔偿之列。

对此，理论界则从更多的视角提出了争论。笔者在查阅各项相关资料之后，对此进行了归类总结，并试着在此基础上进行分析探讨。

一种观点认为患者有权向被诉医疗机构主张因该医疗机构不当医疗行为

造成的全部损失，即以损失发生额为依据进行计算，报销部分不予扣除。

1. 医保与侵权责任属于两种不同的法律关系。患者因伤获得医保报销是基于其与医保机构订立的医疗报销合同，属于合同之债；患者基于医疗侵权行为要求赔偿医疗费用则是患者与医疗机构之间的侵权之债。此二者之债的发生原因、主体关系均存在本质差异，即使二者所指向的标的物可能出现重合，并不存在债务相互抵扣的法律理由。

2. 目前有关处理人身损害赔偿导致医疗费用纠纷的法律依据主要有两条：一是依据《人身损害司法解释》第 19 条第 2 款规定，医疗费用的数额，按照一审法庭辩论终结前实际发生的数额确定。二是依据《侵权责任法》第 16 条的规定，侵害他人造成人身损害的，应当赔偿医疗费、护理费、交通费等为治疗和康复支出的合理费用。《侵权责任法》与最高人民法院司法解释中均未强调必须是受害人实际支出的费用，只是说明了应以一审法庭辩论终结前实际发生的数额确定。

3. 民事责任具有预防、复原、惩罚三种功能，虽然其中以复原功能最具代表性，但是从侵权责任法的理论和实务来看，侵权责任仅仅发挥复原即矫正的正义是远远不够的。有学者指出，补偿只是满足受害人利益的最低目的，抑制才是侵权责任法为维护社会整体利益的最高目标。人身损害案件中，受害人及其亲属的很多损失是无法估量的。如果患者已从医疗保险中报销的医疗费从被告的赔偿数额中予以扣除，不仅无法发挥侵权责任法应有的些许惩罚功能，甚至还直接减轻了侵权人的赔偿责任，换言之即由全社会为侵权人的行为埋单，这在一定程度上是对侵权行为的一种纵容。

4.《中华人民共和国社会保险法》（本书以下简称《社会保险法》）第 30 条规定，应当由第三人负担的医疗费用不纳入基本医疗保险基金支付范围。医疗费用依法应当由第三人负担，第三人不支付或无法确定第三人的，由基本医疗保险基金先行支付。医疗保险基金先行支付后，有权向第三人追偿。此外，依据《中华人民共和国保险法》（本书以下简称《保险法》）第 46 条的规定，被保险人因第三者的行为而发生死亡、伤残或者疾病等保险事故的，保险人向被保险人或者受益人给付保险金后，不享有向第三人追偿的权利，但被保险人或者受益人仍有权向第三者请求赔偿。可见被保险人从保险人处获得赔偿后，不影响其向第三者请求赔偿。关于保险人能否追偿的问题，在社会保险领域，《社会保险法》作为特别法具有优先效力，同时该法关于先行赔付医疗保险基金的规定是附条件的。法院在判决中不应将原告已通过医保报销的医疗费从被告应承担的赔偿数额中予以扣除。关于社保已经报销的部分，可在法院生效判决作出后，侵权人履行完赔付义务后，由社保部门以不具备《社会保险法》第30条规定的“第三人不支付”这一前提条件为由向受害人直接追偿。

另一种观点则认为，应当从赔偿数额中扣除已报销部分。笔者赞同此观点，理由如下：

1. 从医疗损害赔偿原则的角度。医疗损害责任作为一种特殊类型的侵权责任，其损害赔偿自然应当贯彻民事责任之功能。如前述所言，民事责任之功能包含了预防、复原、惩罚三大功能。如果从惩罚之角度来看，自然不扣除对于医疗机构更具有惩戒效果，从长远来看，有预防违法医疗行为之作用。但不容忽视的是，首先，尽管民事责任之功能广泛，但侵权责任毋庸置疑其首要目的在于填补损害。因此，与其说医疗损害责任需要贯彻民事责任之功能而不如说其更需要体现侵权责任这一特殊责任形式自己的特点，即以填补损害为首要功能。其次，医疗损害责任又有别于一般侵权责任，具有特殊的归责机制与责任确定机制，其原因正是在于医疗侵权行为本身的特殊性。医疗行为由于病患自身情况的各异性、诊疗过程的极大变动性，其本身相较于一般侵权行为，就具有客观的更高的风险性与意外出现的可能性。因此，医疗损害责任之设置在功能考量上，填补损害始终是第一性的，而不是一句凭民事责任还应当具有惩罚预防功能就论证对实际损失的确定应当不扣除已报销部分。因此，结合法律规定来看，依据最高人民法院《人身损害司法解释》第19条第2款规定，医疗费用的赔偿数额，按照一审法庭辩论终结前实际发生的数额确定。其中的“实际发生”强调的正是对于患者而言的实际支出。对于已报销部分，其对于患者来说，已经不属于实际损失的范畴，其自然无权再获得一份赔偿。

2. 从法律规定出发，能否如前所述适用《社会保险法》之规定，由医保单位以不满足“第三人不支付”为基础向患者追偿以解决重复赔偿问题？依据《社会保险法》之相关规定，由医保单位向患方追偿已报销的医疗费，但实际医保单位根本无力追偿。目前情况下，一旦准予患方就已经医保报销的医疗费向被诉医疗机构主张，结果只能是患方获得不当利益。而更重要的一点，笔者认为，结合医疗行为特有的风险性和社会公益性，考虑医疗机构当前在我国的生存状况，对于实际解答这个问题至关重要。医保部门与医疗机构的相关关系不同于在普通侵权案件中二者的医保部门与第三人之关系。笔者认为，在此二类案件中，医保部门的角色显然不同。虽然深究保险本质而言，都是为了分散风险。但相较于普通侵权案件中侧重分散被保险人之风险，医保部门在医疗损害中应当承担另外一个重要角色，即实现对医疗机构之风险分散功能，尤其是在当前我国没有足够的其他医疗责任分担机制的现实下，如果还让医疗机构承担很重的医疗损害赔偿费用，排除仅有的医保制度能够提供的部分分散功能，对于医疗机构无疑是雪上加霜。一方面，医疗机构的特殊风险性与医疗行为的社会公益性就是其区分普通侵权中医疗机构作用的重要基础；另一方面，按照医疗体制，我国的大部分医疗机构都属于盈利机构，自负盈亏，医疗机构需要负担价格高昂的医疗器械，及时更新医疗设备与设施，雇用高素质的医护人员，保证高质量的诊疗水平，本身资金需求与经费就是一笔巨大的负担。在可能超额的赔偿下去发挥所谓的惩罚或者预防功能，势必影响整个医疗卫生事业与医疗技术的进步，也难说在可能造成患者“不当得利”的情形下实现了公平，更不能说从长远的角度真正保障了患者的利益。

3. 是否应当适用《保险法》第46条的规定？根据其规定，“被保险人因第三者的行为而发生死亡、伤残或者疾病等保险事故的，保险人向被保险人或者受益人给付保险金后，不享有向第三者追偿的权利，但被保险人或者受益人仍有权向第三者请求赔偿”。本条是对于保险人求偿权的规定，无论如何，由于前述作为特别法的《社会保险法》已经有相关规定，在此没必要再去讨论。主要争议在于本条赋予的被保险人之求偿权。虽然从文字来看，条文似乎是肯定了被保险人在死亡、伤残或者疾病等保险事故中的不论保险公司的赔偿超额与否都具有“求偿权”。但结合相关制度可知，本条实际上适用情形本身就是保险法领域的一个争议问题。笔者在这个问题上也认为，该条的适用情形应当限于人寿保险，因为基于其定额给付的特性，实质上它就不具有补偿的性质，没有超额与否的计量，也并非出于全部填补实际损害目的之考量。医保显然从性质上就与此不同，故不应当适用。

综上，从赔偿原则的角度、从法律规定之解释与适用与否、从责任分担机制之考虑各个角度来看，笔者认为，剔除已报销部分，将实际损失解释为实际支出，不仅符合全部赔偿原则的要求，同时更能体现医疗损害责任填补损害之目的，更重要的是，通过保险机制既可以合理地分散医疗机构的风险，有利于医疗机构之长远发展，同时也足以保障病患的合法权益。

二、误工费

误工费是指医疗损害导致患者不能工作或者延误工作而发生的收入部分的减少。《人身损害司法解释》第20条规定，误工费根据受害人的误工时间和收入状况确定。误工时间根据受害人接受治疗的医疗机构出具的证明确定。受害人因伤致残持续误工的，误工时间可以计算至定残日前一天。受害人有固定收入的，误工费按照实际减少的收入计算。受害人无固定收入的，按照其最近三年的平均收入计算；受害人不能举证证明其最近三年的平均收入状况的，可以参照受诉法院所在地相同或者相近行业上一年度职工的平均工资计算。其中，误工费的计算及其认定中应当注意如下问题：（1）高收入者实行合理限制；低收入者，特别是没有固定收入者按照社会平均收入水平计算。其中，高收入者应当提交单位出具的工资收入证明、工资单、完税证明。（2）部分患者无权主张误工费，举证不能者不应支持其请求。（3）误工时间根据医疗机构出具的证明或者法医鉴定结论确定。[①]

值得注意的是，与交通费、住宿费项目中规定的费用发生主体不同，后者包括受害人自身及其必要的陪护人员，而误工费的计算主体限于患者本人。其原因在于，因必要的陪护人员发生的误工收入（通常是患者的家属，专业陪护人员自当纳入护理费之列，不存在误工费一说），已经在护理费中得以计算，因此此处的误工费不应扩大主体范围，否则有重复计算之嫌。

---

① 陈一凡著：《医患关系法律分析》，人民法院出版社2013年版，第276页。

三、护理费

护理费是指医疗损害导致患者因为必要的陪护事宜支出的费用。其中，值得注意的是：

（一）护理的性质

《人身损害司法解释》中所称的“护理”与医疗服务中所称的“护理”有所不同。前者主要是指生活中的护理，后者则主要是指诊疗上的护理，但也包括一定范围的生活护理。

（二）费用的计算

护理费根据护理人员的收入状况和护理人数、护理期限确定。护理人员有收入的，参照误工费的规定计算；护理人员没有收入或者雇用护工的，参照当地护工从事同等级别护理的劳务报酬标准计算。护理人员收入过高时，应当提供单位出具的工资收入证明、工资单、完税证明等。

（三）人员的确定

护理人员原则上为同一人，但医疗机构或者鉴定结论有明确意见而增加护理人数的，可以参照确定护理人员人数。

（四）期限的界定

护理期限原则上应计算至受害人恢复生活自理能力或死亡之时止。即一般情形下，未构成残疾或者死亡的，主要是住院期间的护理，但并不限于住院这一形式，未住院但需要其他人护理或因长期护理依赖而需要他人的长期护理所产生的费用应在赔偿之列；对于受害人因残疾不能恢复生活自理能力的，可以根据其年龄、健康状况等因素确定合理的护理期限，但《人身损害司法解释》规定了最长期限不得超过 20 年；此外，《人身损害司法解释》第 32 条之规定确定了在特殊情形下，费用的支付期限仍可以延长。即对于权利人确需继续护理的，人民法院应当判令继续支付相关费用 5 年至 10 年。

四、交通费

交通费特指医疗损害导致患者因就医、转院治疗而往返交通发生的实际费用。根据《人身损害司法解释》第 22 条规定，交通费根据受害人及其必要的陪护人员因就医或者转院治疗实际发生的费用计算。其应当以正式票据为凭据；有关凭据应当与就医地点、时间、人数、次数相符合。交通费合理性的举证责任在患方，患方应当对每一笔交通费用的支付做出说明或者举证加以证明，对于虚假交通发票、异地交通发票、连号交通发票、关键信息不清晰的交通发票、大额交通发票、出租车和雇车发票，诉讼中应当作为重点审查对象。[①]

五、住院伙食补助费和住宿费

住院伙食补助费和住宿费是指医疗侵权行为导致患者住院治疗，因此发生的膳食补助费和外出住宿费。《人身损害司法解释》第 23 条规定，住院伙食补助费可以参照当地国家机关一般工作人员的出差伙食补助标准予以确定。受害人确有必要到外地治疗，因客观原因不能住院，受害人本人及其陪护人员实际发生的住宿费和伙食费，其合理部分应予赔偿。由于对此项费用的计算，已经规定了计算标准，实践中当事人往往争议不大。

六、营养费

营养费是指医疗损害导致患者需要补充营养而应予赔付的费用。《人身损害司法解释》第 24 条规定，营养费根据受害人伤残情况参照医疗机构的

---

① 刘鑫、张宝珠、陈特护理主编:《侵权责任法“医疗损害责任”条文深度解读与案例剖析》，人民军医出版社 2010 年版，第 238 页。

意见确定。然而，医疗不当造成伤残的情况毕竟少数，实践中的医疗机构很少为患者出具此类书面意见，以致患者主张营养费并得到支持的不多。造成这一结果的主要原因是受制于伤残情况和医疗机构的意见。对此，理论上颇有争议，司法实践中大多也没有完全按照文义解释操作；一般按每天 10 元以内的标准计算，最长计赔时间不超过六个月。[①]

七、残疾赔偿金和残疾辅助器具费

在医疗侵权行为造成受害者伤残和劳动能力丧失时，医疗机构还需要赔偿残疾赔偿金和残疾辅助器具费。[②] 其中，残疾辅助器具费的确定，直接以《人身损害赔偿解释》第 26 条为依据，并无太大争议。残疾赔偿金根据受害人丧失劳动能力程度或者伤残等级，按照受诉法院所在地上一年城镇居民人均可支配收入或者农村居民人均纯收入标准，自定残之日起按照 20 年计算。但 60 周岁以上的，年龄每增加 1 岁减少 1 年；75 周岁以上的，按 5 年计算。受害患者因伤致残但实际收入没有减少，或者伤残等级较轻但造成职业妨害严重影响其劳动就业的，可以对残疾赔偿金做相应调整。笔者在此就实践中对最终造成残疾的医疗侵权行为之损害赔偿计算中的疑难问题，结合简化的案例与资料，进行分析探讨。

（一）医疗行为造成多个同种损害后果时，尤其是多处残疾时，损害赔偿的计算按照就高不就低原则

一般情形下，残疾赔偿金的计算公式与后续的死亡赔偿金计算公式并无本质区别，仅仅是责任系数的不同。但医疗行为导致多处伤残时，残疾赔偿金的计算方法有了特殊的计算规则，其主要是指在无评残等级以及同时存在多项有评残等级的损害时，如何综合确定受害人的残疾等级以确定赔偿数额的计算比例。

---

① 陈一凡著：《医患关系法律分析》，人民法院出版社 2013 年版，第 277 页。

② 杨立新著：《医疗损害责任法》，法律出版社 2012 年版，第 208 页。

在司法实践中，一般情形按照“就高不就低”原则，按照较高伤残部位确定伤残等级计算伤残赔偿金，而不是分别计算予以求和。在特殊情况下可合并提升一级残疾等级，作为赔偿依据的伤残等级予以计算。具体而言，伤残等级分为十级，按照伤残程度由低到高为十级至一级，伤残程度最轻为十级，对应的赔偿系数是十级为10%，九级为20%……二级为90%，一级为100%。因为伤残评级之后，比例客观量化，法官需要自由裁量的空间不大，需要考量的专业医学因素简单，理论上说对于残疾赔偿金之计算只需要以专业的评残结果为依据进行判定即可。但是在司法实践中，有时出现患者坚持不评残的情形。对此，笔者认为，遇到这种情形，首先尽量向当事人进行解释、说服工作，动员其评残；患方坚持不同意评残的，对其主张的各项费用，应严格审查相关法律依据、请求的合理性和证据的充分性，对于不合理、非法定赔偿项目应严格控制，避免造成不评残的模糊处理使患方获得更大利益的结果，这样有利于后续当事人的主动配合，提高诉讼效率，保障诉讼公平，减少诉讼资源的浪费。

（二）患者原有残疾因不当医疗行为加重残疾等级或造成其他残疾，残疾补偿金的处理

医疗纠纷有时会涉及医疗机构不当的医疗行为加重患者原有病情、伤情或残疾程度的情况。侵权责任法基本原则是侵权责任人只对其侵权行为造成的损害承担赔偿责任，如何区分侵权造成的损害和患者原有损害，一般有赖于鉴定，但鉴定结论基本不会明确给出“如果原有残疾，现残疾程度加重”等相关结论。对于怎么计算医院应当承担的此项损失，司法实践中，需要法院与鉴定机构沟通，让其给出建议。在某案例中，患者原有评残等级为六级，当时基本能正常工作，娶妻生子，日常生活并无大碍，但后因某医疗机构的不当医疗行为，加重了患者残疾程度。后经鉴定，患者除构成四级伤残外（一级至四级为重残），还包括丧失性生活能力等十种没有给出残疾等级的各类损害结果。法官最终裁量医院按照40%的损失计算比例予以赔偿。笔者经过分析发现，司法实践中的处理并非简单地按照现有等级对应相应的比例加以确定。

笔者根据自己的理解，进行了如下思考：

1. 在医疗行为导致多处伤残时，残疾等级的评定以“就高不就低”的原则，此处目前的残疾评定程度为四级。但是，在特殊情况下综合考虑其他因素后，可以提升一级评残。对于十种暂时未纳入类型化的标准化损害结果，从原因力上看，如若存在相当的关联性，法院应当是在考虑多项损害结果的情况下，对鉴定机构给出的意见中提示的最高等级四级提升一级到三级进行确认，也就是比例为 80%。

2. 在确定目前残疾等级之后，下一个问题即直接适用现有残疾等级三级（80%）还是考虑原有残疾程度六级（50%）后计算差额？首先，原因力规则的适用于最终赔偿金额确定的作用。一方面，按照原因力规则，凡是与造成损害的违法诊疗行为没有原因力的损害后果，医疗机构都不负担赔偿责任，这就决定了赔偿金额计算之基数。另一方面，在司法实践中，法院在确定责任比例时除了基于违法诊疗行为自身，往往考虑可能与之共同发生作用的其他因素，包括受害患者疾病、自身特殊体质、医疗意外等。需要筛选出与损害后果具有因果关系的原因力，并就各原因力之间的作用进行比较分析，初步确定诊疗行为之原因力即计算系数。其次，由于医疗侵权之特征，在医疗损害赔偿责任中，违法诊疗行为的归责原则主要是过错责任原则。因此，过错往往是确定责任比例最终计算赔偿金额至关重要的考量因素。原因力比较与过错比较实际上不是同一个规则。在一般情况下，原因力与过错具有相互影响的关系，且二者往往大小相适应。因此，在确定最终责任比例时往往会结合过错和原因力进行综合比较。但由于主要的共同原因力诸如患者自身体质、患者疾病等无关过错，因此往往通过原因力大小之比较即可完成责任比例之确定。但如果医疗机构的过失程度特别重大或者特别轻微，则应当依据对过失程度的判断，适当加重或者减轻医疗机构的赔偿责任，可以不完全按照原因力的程度确定；如果在医疗损害后果中介入受害患者及其近亲属的过错，则原因力比较与过错比较应当综合进行，最终确定医疗机构的赔偿责任。[①] 后者实际上也是过失相抵原则之适用。

---

① 杨立新著：《医疗损害责任法》，法律出版社 2012 年版，第 235 页。

因此，笔者认为，医疗机构对于残疾等级之加重部分才具有原因力，故应当在其差额基础上，综合考量其他因素进行计算。因此，对于前述案例，责任比例确认在30%左右笔者认为是合理的。最终，法官酌定为40%，应当是出于考虑在本案所涉医疗行为发生之结果中，存在十种并未类型化的被规定为评残因素的损害后果，但笔者认为，既然在评定伤残等级时提升一级就是考虑其他损害结果，在这类案例中，则不应当再在比例上进行大幅提升，至少应当在10%的范围内，否则有重复考虑不可量化的损害部分之嫌疑，也同样荒废了采用等级量化损害赔偿、限制自由裁量空间的效果。因此考虑到法律适用的层面，笔者认为，可以在30%—40%区间内酌定提升，但是不应达到40%，因为其已经到达另一残障级别，实质上已经是对于在特殊情形下提高一等级评残的超越。如若一定要对于特殊损害结果予以考虑，法官可以考虑适当提高精神抚慰金，以期更好地给予患者合理保护，以平衡利益。

八、丧葬费和死亡赔偿金

（一）丧葬费

丧葬费是指患者因医疗损害死亡时，其家属因安葬患者而支出的费用。根据《人身损害司法解释》第27条之规定，丧葬费按照受诉法院所在地上一年度职工月平均工资标准，以六个月总额计算。司法实践中，由于各地的经济发展水平、文化习俗、家庭及生活情况等差异，丧葬费用赔偿的最终确定，法院一般可以在上述标准的计算基础上，依据费用的实际支出予以调整。但实践中对此争议并不大，可能是由于该笔费用的数额本身不高，所以差额也不会太大。

（二）死亡赔偿金

当下，我国医疗损害中死亡赔偿金的计算适用《人身损害司法解释》第29条之规定，即死亡赔偿金按照受诉法院所在地上一年度城镇居民人均可支配收入或者农村居民人均纯收入标准，按20年计算。其中凡是60周岁以上的，年龄每增加 1 岁减少 1 年；75 周岁以上的，按照 5 年计算。换言之，其现行计算步骤为：确定户籍—确定适用地的上年度居民人均收入—确定计算年限。最后结合责任系数计算最终金额。赔偿金额计算公式即为：

1. 患者年龄在 60 周岁以下的，死亡赔偿金 = 受诉法院所在地上一年度城镇居民人均可支配收入或者农村居民人均纯收入标准（根据患者户口是城镇户口或农村户口选择）× 20 年 × 医疗机构的责任系数；

2. 患者年龄在 60 周岁以上不满 75 周岁的，死亡赔偿金 = 受诉法院所在地上一年度城镇居民人均可支配收入或者农村居民人均纯收入标准（根据患者户口是城镇户口或农村户口选择）×［20 年 –（患者实际年龄 –60 岁）］× 医疗机构的责任系数；

3. 患者年龄在 75 周岁以上的，死亡赔偿金 = 受诉法院所在地上一年度城镇居民人均可支配收入或者农村居民人均纯收入标准（根据患者户口是城镇户口或农村户口选择）× 5 年 × 医疗机构的责任系数[①]。

其中，在司法实践中，有几个值得注意的问题是：（1）对于收入标准之确定，存在不以户籍为唯一依据的变通规则。即对于患者虽为农村户口但工作地或者生活地为城镇的，可以按照城镇居民的人均可支配收入认定。（2）若赔偿权利人举证证明其住所地或者经常居住地城镇居民人均可支配收入或者农村居民人均纯收入高于受诉法院所在地标准的，残疾赔偿金或者死亡赔偿金可以按照其住所地或者经常居住地的相关标准计算。

在理论界，对于死亡赔偿金的覆盖范围、计算标准一直存在争议，各国也存在许多不同做法。就死亡赔偿金之覆盖范围而言，其实质上取决于对于死亡赔偿金性质的界定。由于我国存在单独的精神损害赔偿，因此死亡赔偿金就不应当含有精神抚慰的性质，而单纯是对财产损失的赔偿，就这一点理论上争议不大，且也有立法予以确认。但理论界曾就死亡赔偿金是对生命的赔偿还是对因生命消失而造成的财产损害的赔偿发生过许多争议。笔者认为，一方面，如果死亡赔偿金是对逝去生命在抽象意义上的补偿，那么对任何生命的赔偿数额都应当是一样的，否则将出现类似于前几年“同命不同价”

---

① 鲁为主编：《医疗损害责任纠纷诉讼指引与实务解答》，法律出版社 2014 年版，第 238 页。

之热议，此种法理显然与现行规定所体现之意旨并不相符。而即使对每个生命都规定相同数额的死亡赔偿金，不但体现不了公平，反而恰恰导致了不公平。每个人的社会价值和对社会的贡献的确有高低多少的差别，如果忽略这些因素而规定相同数额的赔偿金，并不利于实现医疗损害赔偿填补损害之目的，同样也有违实质意义上的公平。另一方面，如果将死亡赔偿金界定为对于生命的赔偿，由于生命的价值是无法用金钱来衡量的，很难确立一个合理的赔偿数额。因此，笔者赞同，死亡赔偿金应是对死者个体收入损失的赔偿。

而即便在承认死亡赔偿金属于财产赔偿而非精神损害赔偿的基础上，对于如何界定财产损失的范围仍然存在不同的学说。抚养丧失说认为，由于侵权人的侵权行为导致受害人的死亡，又因受害人死亡这一结果的发生，导致之前依靠受害人抚养的被抚养人丧失了抚养费来源，该种损害因侵权人的侵权行为所致，所以这种损害就必须由侵权人予以赔偿，由侵权人支付受害人生前依法承担抚养义务人的抚养费。按照该学说，侵权人赔偿的范围是被抚养人本应该从受害人那里获得的抚养费。至于那些享有法定继承权的人，因受害人的死亡而导致其应继承财产减少的损失，则不在赔偿之列。继承丧失说则认为，侵权行为不仅造成受害人生命的丧失，而且造成受害人余命年岁内的收入的逸失，这必将给受害人共同生活的家庭成员造成财产收入上的减少。因侵权人的侵权行为导致受害人提早死亡，使受害人的未来收入完全丧失，从而导致受害人的继承人也相应地减少了本应从受害人那里继承的财产。笔者更赞同继承丧失说。因为如果采用抚养丧失说，就其结果而言，由此计算的赔偿的数额较低，对被害人家属的救济相对来说很弱；究其性质而言，按通常的理解，一个正常人的大部分财产价值并不在于支付扶养费，因此采纳该说，似乎将受害人将来的财产价值或者说由于侵权行为而带来的财产损失限制在一个不合理的范围内。

（二）死亡赔偿金的计算标准

在此基础上，笔者拟对我国现行法律所规定的死亡赔偿金的计算标准进行探讨。毋庸置疑，在确立了死亡赔偿金之性质之后，死亡赔偿金之计算应以死者收入作为赔偿标准。但是又不能以每一个死者真实的收入来确定赔偿数额，否则可能会造成医疗机构的选择性治疗，为收入较高的患者提供优质治疗服务而忽视对低收入患者的治疗。立法者也正是出于这个原因，规定以城镇居民或者农村居民的平均收入来作为赔偿标准，其具有一定的合理性。但这样的规定问题在于，在我国目前社会贫富差距较大的现状之下，居民平均收入水平并不能真正反映患者死亡所产生的个体收入损失。死亡赔偿金既然是对死者可得利益损失的赔偿，由于前述的个体差异性，笔者认为可以参考国外相关立法体例对于可得利益的计算方式并加以改进，考虑受害人之间的合理差别，尤其可以合理借鉴日本对于个别化的死亡损害赔偿金的计算方式，对我国目前死亡赔偿金之计算方法加以完善。

通过查阅相关资料，归纳总结并作出如下思考，具体而言：（1）对于被伤害前就有稳定的收入的被害者，把被害者的死亡时收入作为基准同被害者的剩余可劳动年限相乘计算出其如果生存可能获得的总收入。在得出总收入后，根据相关的支出数据乘以年限得出支出总额，最后予以扣除。此外，亦可以对高龄被害人的计算标准在此基础上予以调整。在计算其剩余可劳动年限时，以平均寿命减去死亡时的年龄的一半和上述方法算得的剩余可劳动年限，把其中的长者作为高龄被害人的剩余可劳动年限。对于养老金是否属于固定收入，笔者认为，由于养老金本身就相当于生活费的性质，并不应当归入固定收入而计算可得利益。否则有养老金之生活费用补偿与死亡赔偿金之补偿部分重复计算之嫌。（2）对于尚未达到劳动年龄的小孩的可得利益，可以从第一次雇佣劳动者的平均收入算起，预期收入顺序提高，而且可以依据劳动期间划分年龄阶段，计算各个阶段的雇佣劳动者的平均收入，最后计算总利益。[①] 按照以上所说的收入基数与可劳动年限算出总收入之后，应该像成年人一样扣掉一定比例的生活费。（3）无收入者的可得利益，对于失业者、家庭主妇等，因家庭服务也可通过金钱评价，因此，其可得利益按照社会雇佣劳动者的平均价格计算其总收入，然后扣除一定比例的生活费用。对于劳动能力存在重大缺陷的障碍者，以其所拥有的劳动能力计算相应劳动能力可获取的收入为基准，计算其可得利益。（4）还有两种特别的受害者，即

---

① ［日］吉崎直弥：《幼儿、儿童的可得利益》，载《判例时报》第268期。

高收入者与收入过低或无劳动能力者。如果对高收入者按照其实际收入进行计算，无疑对赔偿义务人来说负担太过沉重，远远超出了因其过错而应当承担的责任。而与此同时，对于收入过低者或无劳动能力者，对其的救济如果仅依照其收入或匹配其劳动能力的收入为标准计算，无疑太过不公平。因此，平衡双方当事人的利益，法律应当设定死亡赔偿金的最高限额和最低限额，对高收入者的剩余可得利益损失，只能通过保险制度来加以完善，对收入过低及无劳动能力者直接以最低限额固定数额赔偿，不计算其可得利益。

九、被扶养人生活费

《侵权责任法》实施前，根据《人身损害司法解释》的规定，死亡赔偿金、残疾赔偿金与被扶养人生活费系单独列项的赔偿项目，在司法实践中，也按照不同项目予以计算和判决，而患者方亦需要对上述项目分别予以主张。而在《侵权责任法》实施后，就上述赔偿项目的关系，《最高人民法院关于适用〈中华人民共和国侵权责任法〉若干问题的通知》第 4 条明确规定：人民法院适用侵权责任法审理民事纠纷案件，如受害人有被抚养人的，应当依据《最高人民法院关于审理人身损害赔偿案件适用法律若干问题的解释》第 28 条的规定，将被扶养人生活费计入残疾赔偿金或者死亡赔偿金。换言之，《侵权责任法》实施后，对于死亡赔偿金和残疾赔偿金的范围进行了扩大解释，除包括《侵权责任法》实施前狭义的内涵外，将被扶养人的生活费也划入了该范畴内。但是，实践中在计算时，仍然是单独计算狭义的死亡赔偿金和被抚养人费用，只是一并纳入死亡赔偿金之范畴，冠之以更广义的名称。笔者在此处无意讨论其具体的计算标准，而是认为，在现行司法实践中，狭义的死亡赔偿金与被抚养人生活费部分是否存在重复计算问题。

如前所述，建立在继承丧失说前提下的死亡赔偿金以填补死者的收入损失为目的，计算基础亦是死者的生前净收入按正常剩余年限的累积，该计算方法决定了其结果即对收入损失的全部赔偿，试想，即使死者没有遭受损害，收入的作用之一就是用来扶养劳动者需要扶养的人，被扶养人的扶养费用也是从死者的收入中支出。实际上被抚养人之抚养费用是死者收入使用的一个方面。因此，如果在死亡赔偿金的计算中，仅仅是按照一定标准来进行计算，其中未扣除收入使用部分，则笔者认为，不应当再对被扶养人的抚养费用进行计算而纳入赔偿之列（不论其最后是否合并冠之以死亡赔偿金之名义，笔者在此旨在关注其最终实质上的赔偿数额）；如果在按照确定的收入标准进行了收入部分的计算后，还比照其通常的支出情况（可以是支出的相对比例或者绝对数额）进行了扣除的情况下，则再对被扶养人的抚养费用进行计算，最终纳入赔偿范围内，就并无重复的可能。

而就我国目前所建立的死亡赔偿金之计算标准，且不讨论城镇、农村居民两分法的收入划分标准，仅仅究其计算公式上看，城镇居民以人均可支配收入（即被调查的城镇居民家庭在支付个人所得税、财产税及其他经常性转移支出后所余下的实际收入）为标准，农村居民以人均纯收入（农民的总收入扣除相应的各项费用性支出后，归农民所有的收入。其反映的是农民实际收入水平和农民扩大再生产能力及改善生活的能力）为标准，笔者认为其中并无扶养费这一支出部分的扣除，似乎已经是对死者全部预计收入加以计算，因此，此时死亡赔偿金与扶养费这两项赔偿项目的共存就有重复之嫌。

十、精神损害赔偿

精神损害赔偿是指民事主体因其人身权益受到不法侵害，使其人格利益和身份利益受到损害或者遭受精神痛苦，要求侵权人通过财产赔偿等方法进行救济和保护的民事法律制度。医疗损害责任的精神损害赔偿包括三部分：一是违法诊疗行为侵害物质型人格权，可以请求精神损害抚慰金赔偿；二是违法诊疗行为侵害精神型人格权，可以请求精神损害赔偿；三是违法诊疗行为侵犯身份权及身份利益，可以请求精神损害赔偿。

（一）确立原则[①]

精神损害赔偿的确立原则，杨立新教授在其著作《医疗损害责任法》中

① 杨立新著:《医疗损害责任法》，法律出版社 2012 年版，第 211—212 页。

总结归纳为三个：“法官自由酌量原则，区别对待原则，适当限制原则。”具体来说：

1. 法官自由酌量原则。法官自由酌量原则是确定精神损害赔偿金的基本原则，它赋予了法官在审理精神损害赔偿案件时运用自由裁量原则确定精神损害赔偿金具体金额的权利。

2. 区别对待原则。即在自由酌量原则的基础上，必须区分不同案件所侵犯的人格利益和身份利益的不同，予以区别对待。

3. 适当限制原则。这是对法官自由裁量的限制，目的是克服自由酌量原则的不利因素。

（二）计算方式与标准

对于精神损害赔偿的具体计算，法院应当考虑如下几个因素：（1）受害人的精神痛苦与损害程度。（2）侵权行为人的过错程度。在全部赔偿原则中，笔者提到过，对于精神损害赔偿责任的大小，加害人的过错程度是重要考量标准。（3）侵权情节，即在治疗方法、措施等。（4）侵权者与受害者双方的经济状况。在司法实践中，该项数额的计算均由法院予以酌定，较少出现对于精神损害抚慰金数额的计算过程与分析论证。笔者认为：首先，对于精神痛苦程度的衡量至少应当排除考量死者创造财富多少这一因素。因为任何患者的死亡对于亲属造成的痛苦程度并不因其能力的大小而有所差异，因此给予一个统一化的数额或者标准也许更能体现精神抚慰金对于生命平等的价值取向。其次，尽管法院很少给出具体的论证规则与过程，但仍应当遵循一定的规则。比如，对于目前立法中那些对精神损害赔偿金有明确规定的，法院应当比照相关规定进行数额的计算。最后，为了防止自由裁量的滥用，应当至少针对各个地区或者更细化地针对某些类型化的医疗侵权案件设置损害赔偿的上限或者梯度。如此基于医疗行为具有救死扶伤的福利性质，既可以防止因法院自由裁量不当加重医疗机构的负担，又可以防止当事人一味地为获取赔偿而诉讼，减少讼累。

第三节 非法定赔偿项目的赔偿问题

案例思考1

2010年4月3日，宋某因右踝扭伤6小时，至甲医院急诊治疗。根据该院骨科急（门）诊病历记载：查：右踝关节肿胀，外踝及腓骨小头压痛活动（+），受限，右拇趾活动及背伸肌力可。拍X线片显示（右小腿全长）未见明显骨折。初诊：右踝扭伤；骨伤待查。处置：1.右踝制动，禁立走；2.青鹏膏剂；3.3日复查，不适随诊，休1周；4.症状不缓解两周内复查X线片。宋某于2010年4月9日再次至甲医院骨科门诊就诊，当日病历记载：右踝扭伤复查。局部稍肿，活动受限，压痛明显。处：上药软固定（如痒清洗药），3天复查，不适随诊。2010年4月20日，宋某第三次至甲医院骨科门诊就诊，病历载：前症就诊，仍痛，左腕陈伤，上药过敏，复查X片，未见明显骨折。处理：正骨水，复方南星止痛膏。左腕注意护腕口部。后，宋某多次至乙医院就诊。经CT检查报告被诊断为：右后踝陈旧骨折。该院给予相应治疗。2011年4月，宋某数次在丙医院检查治疗。当月12日，该院骨科门诊病历记载：右踝骨折后创伤性关节炎。

2011年8月，宋某以甲医院对其误诊、误治为由起诉至原审法院，要求甲医院赔偿医疗费、精神损害抚慰金、就医交通费、护理费、通信费、营养费、复印费、误工费、被扶养人生活费及伤残赔偿金等各项损失，并承担本案诉讼费及鉴定费；且保留向甲医院追究后续治疗费的权利。

甲医院辩称：宋某提出我院在第一时间处理时未给予制动与事实不符。在其出示的病历中，2010年4月3日就诊记录明确写明“右踝制动，禁负重”。宋某在外院CT检查结果显示右胫骨远端考虑骨折，提示自2010年5月5日至2011年4月9日，宋某有新的损伤存在，故其创伤性关节炎，是其自身损伤所致，与我院的医疗行为无关。我院不同意其诉讼请求。

一审审理期间，法院委托司法鉴定中心进行上述司法鉴定。司法鉴定中心出具了《司法鉴定意见书》，其鉴定结论为宋某目前状况主要与自身损伤本身有关，甲医院在对其诊疗行为中存在过错，可能与其目前状况有一定因果关系，建议承担轻微责任。宋某目前构成10级伤残。鉴定人出庭质证时当庭陈述：宋某目前损害后果与损伤和医疗这两个因素均有关，还有一定的自身原因（创伤性关节炎，有自身免疫反应参与其中，不受医疗和创伤的影响），其目前创伤性关节炎的诊断是客观存在的，但与医方过错无关。

一审法院认为，法院经法定程序委托具有相关资质的鉴定机构进行了司法鉴定，鉴定意见书的证明效力应予确认。鉴定意见确认了甲医院的诊疗行为存在过错，可能会影响宋某骨折的愈合，造成病程的延长，不利于关节功能的早期恢复。但对于宋某存在的创伤性关节炎等后果，不应属于医源性损害，主要与其右踝关节骨折损伤本身有关。法院对于宋某基于此提出的反驳意见进行了审查后，认为宋某提出的理由及证据，尚不足以推翻鉴定意见。另根据鉴定意见，宋某现遗留的右踝关节活动受限已构成10级伤残，其中既包含踝关节骨折的因素，同时也有医方过错对关节活动度影响的因素，是上述两个因素共同作用的结果。应认定甲医院应当对宋某遗留的右踝关节活动受限之损害结果承担轻微的民事责任，责任程度本院确定为20%。甲医院应当按照此比例，赔偿宋某相关合理损失。一审法院审核确定了各项合理损失数额并判决：甲医院赔偿宋某医疗费、交通费、通信费、营养费、复印费、误工费、护理费、残疾赔偿金、被扶养人生活费及精神损害抚慰金近5万元。

案例思考2

患者走路时被电动自行车撞倒，头部着地。于受伤当日19时02分被送到某医院就诊，头颅 CT 示：左侧硬膜下血肿，左颞部脑挫伤，蛛网膜下腔出血，上颌骨骨折；患者神志昏迷，双侧瞳孔不等大。该院为患者全麻下行左额颞顶开颅硬膜下血肿消除术，取骨瓣减压术，左小腿前侧皮裂伤清创缝合术。确诊为：脑疝，开放性颅脑损伤，左额颞顶硬膜下血肿，左颞部脑挫裂伤，蛛网膜下腔出血，颅底骨折，上颌骨骨折，右枕部头皮血肿，左小腿前侧皮裂伤，高血压病3级（极高危），吸入性肺炎。2014 年 1 月 6 日，患者经抢救无效死亡。

患者家属起诉至原审法院称：患者入院时情况紧急、状况差，某医院未给予积极有效的治疗，入院 2 小时后才对患者手术治疗，术中血站无人接听电话，导致输血晚、手术时间长，术后又未全面监测，导致患者死亡，给我们的身心造成极大伤害。现我们要求某医院就医疗费、护理费、交通费、住院伙食补助费、营养费、死亡赔偿金、丧葬费、被扶养人生活费、日用品费、复印费，各项合计 117 万余元，按照 30%比例赔偿35万余元，赔偿精神损害赔偿金5万元并承担鉴定费用及诉讼费用。

某医院辩称：患者死于严重的车祸脑外伤，我院已尽最大努力给予了抢救和治疗，医疗行为没有任何过错，患者的死亡与我院的医疗行为之间不存在因果关系。患者家属要求我院承担民事责任无事实和法律依据，请求法院驳回其全部诉讼请求。

一审法院审理中，曾委托司法鉴定机构进行司法鉴定。该鉴定机构出具的《法医学鉴定意见书》，认定了某医院对患者的医疗行为存在一定过错，该过错与其损害后果之间存在一定因果关系，责任程度为轻微。

法院判决及其理由：法院认为，某医院对患者医疗行为存在一定过错，该过错与其损害后果之间存在一定因果关系，责任程度为轻微。对由此给患者家属造成的合理损失应承担相应的赔偿责任。根据本案证据及相关法律规定，其合理损失为医疗费、护理费、营养液、住院伙食补助费、死亡赔偿金、丧葬费、精神抚慰金合计为 105 万元。营养费、交通费、日用品费、复印费等没有事实和法律依据，法院不予支持。据此，原审法院判决：某医院赔偿患者家属医疗费、护理费、住院伙食补助费、死亡赔偿金、丧葬费、精神抚慰金等经济损失人民币 105 万元。

法律评析

从上述案件的共性而言，首先，两个案件的原告所主张赔偿项目，基本都是基于《人身损害司法解释》所规定的法定项目类别。可见，在实践中，计算赔偿数额的基准一般以法定赔偿项目为基准。其次，前两案法官对于患方主张的复印费等不属于法定赔偿项目的费用，完全持两种态度，前者支持，后者未予支持。此外，笔者还查阅了其他存在非法定赔偿项目主张的司法案例，发现司法实践中对于非法定项目之赔偿问题做法不一。笔者认为，对于非法定项目，不应一刀切地不予考虑赔偿，目前我国赔偿法定项目的规定是《人身损害司法解释》第 17 条。

从法律规定本身看，一方面，上述规定采用的是列举式的规定方法，看似封闭式，但是如果完全将赔偿范围限制于此，难免有挂一漏万之嫌。另一方面，该解释只能作为《民法通则》和《侵权责任法》的细化和补充，对于在该解释中没有规定的赔偿项目，笔者认为应当回归法律的规定，《民法通则》第 119 条规定："侵害公民身体造成伤害的，应当赔偿医疗费、因误工减少的收入、残疾者生活补助费等费用；造成死亡的，并应当支付丧葬费、死者生前扶养的人必要的生活费等费用。"因此，从法律适用的角度来看，此处所列示的"等费用"就是为了防止出现未列举但需要赔偿的项目之含义。因此，在《人身损害司法解释》的范围之外适当扩大赔偿范围有法律依据可循。而更重要的是，不论赔偿项目列举与否，如何列举，其根本都是填补全部实际损害，因此，从全部赔偿原则的角度出发，亦应当通过考虑非法定赔偿项目的相关性、合理性进行判定是否应当予以赔偿。正如前述判决理由中所陈述，对于不相关的费用，即使属于法定赔偿项目，法院也不会予以支持；对于相关费用，依据相关性原则，确定在合理损失范围内的应当予以赔偿。相关性要求损害与医疗行为之因果关系，合理性检查该费用的发生原因和数额多少的适当性，排除那些患者故意扩大损失、不正当地增加花费部分的赔偿。笔者认为，法定项目如何称谓、包含哪些，则是立法者给法院提出一套可考量的类型化的因素，便于司法裁决的统一也提高了诉讼效率，但是更多的在于提示效果而非限制。赔偿与否的关键在于考量当事人主张之费用的实质。对于任何赔偿项目，只有遵循相关性和合理性的筛选标准去进行判断，而非依据名称而定。

医学点评

重型颅脑损伤在颅脑损伤中约占20%，在美国每年约有7500人因此致死，125000人致残。颅脑外伤已成为发达国家青少年伤病致死的首位病因，随着国民经济和交通等发展，我国颅脑伤发生率和因颅脑伤致死残的伤员也在逐年增加。在过去的10—20年神经外科有了飞速的发展，对重型颅脑损伤也有了许多新的认识，对其处理也相应更加科学合理，对提高重型颅脑损伤的救治水平起到了促进作用。近二十年来，我国神经外科逐步重视颅脑外伤的基础研究和临床防治应用研究，取得了一定进展，使得颅脑创伤病人残死率有所降低。但颅脑创伤的实验研究和临床救治仍存在一些问题和不足，特别是实验研究条件与国际先进水平仍有较大差距。

加强和提高现场抢救和急诊室早期诊治水平：重型颅脑伤病人的现场和急诊室抢救十分重要，是提高救治水平的第一步。国外统计表明，专业的或区域的颅脑损伤救治中心抢救成功率远高于其他医疗机构，在美国有许多个颅脑损伤救治中心，负责颅脑损伤救治和研究，并总结撰写了《颅脑损伤救治指南》，国内在这方面尚缺少比较完善的体系，现场急救、转运和紧急开颅手术的专业直通服务还有很大的潜力可挖。我国目前从事现场和急诊室抢救的人员素质和设备与国外发达国家差距较大，尤其是中小城市和广大农村地区。加强和提高第一线医生的颅脑伤诊治水平，特别是提高对颅脑伤病人现场抢救和急诊室早期诊治能力十分重要。及时有效的现场抢救和正确的急诊室诊治将为重型颅脑伤病人后续治疗创造有利条件。

加强颅脑损伤患者救治的正规化、规范化和科学化是各国神经外科医师共同关注的问题。20世纪90年代，美国神经外科医师协会和脑外伤基金会组织多名专家，在收集了大量文献资料和临床经验的基础上，编写成《重型颅脑伤救治指南》；欧洲颅脑损伤协会制定了《成人重型颅脑伤诊治指南》；澳大利亚神经外科学会出版了《头部和脊髓损伤诊治指南》。我国在2002年

3 月出版的《颅脑创伤临床救治指南》在参阅了大量国内外文献的基础上，结合我国的具体国情，引进和吸收了国外颅脑创伤救治新概念、新方法和新技术，列举了当前国内外主要临床研究结果，数据客观详细，资料来源清楚，论点科学公正，方法具体实用，对我国临床神经外科医护人员在临床实践中具有积极的指导作用。

急性颅内血肿早诊治仍是提高颅脑伤病人治疗效果的重要环节。及早发现和清除急性颅内血肿能尽快解除脑受压、防止继发性脑缺血和脑疝形成。不可否认头颅 CT 动态扫描是确诊急性颅内血肿的首选辅助措施，但临床医生对急性颅内血肿的诊断不能仅依赖头颅 CT 扫描，更要重视病人的外伤史、临床表现、神经系统体征等进行综合分析，作出正确的诊断，以免漏诊。一旦发现有占位效应的颅内血肿，应立即行开颅手术清除血肿，以免延误抢救时机。

重视伤后抑制内源性脑损伤因子的发生和发展。（1）脑递质受体：主要包括乙酰胆碱及其受体、单胺类及其受体、兴奋性氨基酸及其受体、内源性阿片肽及其受体。脑递质及其受体系统的病理改变会导致脑血流异常、脑组织代谢异常和脑水肿，甚至直接杀伤神经元和神经胶质细胞。动物实验研究结果表明，伤后早期阻断或协调脑递质和受体异常变化，对脑外伤有明显的治疗效果。但目前受体拮抗剂治疗脑创伤仍处于动物实验阶段和初步临床研究应用阶段。所以，研制安全有效的内源性损害因子清除剂或受体拮抗剂是今后研究方向之一。（2）自由基清除剂：大量实验研究氧自由基清除剂具有减轻颅脑伤后继发性脑损害、保护血脑屏障、减轻脑水肿、防治神经元膜结构损害等效能。在众多已知的氧自由基清除剂中，目前已在临床使用的药物主要包括维生素 C、维生素 E、甘露醇、巴比妥类、超氧歧化酶、激素和 21- 氨基类固醇等。其中维生素 C、维生素 E、甘露醇、巴比妥类已在临床广泛应用，但仍缺少十分明确的临床疗效。有关大剂量糖皮质激素治疗重度脑损伤患者的临床疗效至今仍有较大争议。问题的关键是进行更有说服力的多中心随机双盲前瞻性临床应用研究，以确定疗效。

重视和加强内源性脑保护因子的临床应用研究。目前研究已发现的内源性脑保护因子主要包括：神经营养因子、神经节苷脂、热休克蛋白、腺苷、镁等。体外细胞培养和动物实验研究证明上述内源性脑保护因子有助于减轻继发性神经元损害、促进受损神经元及轴索修复再生。镁制剂和神经节苷脂已经应用于临床治疗重型颅脑伤伤员，并且已经取得初步疗效，无毒副作用。而目前发现多种神经营养因子属于肽类，大多数难以通过血脑屏障，无法发挥其脑保护作用。如何设法使它们能够透过血脑屏障、发挥其脑保护作用是今后重点研究课题之一。

点评专家

阚志生

首都医科大学附属北京安贞医院神经外科主任，主任医师、外科学博士

先后在北京天坛医院神经外科、香港大学玛丽医院、澳大利亚皇家墨尔本医院神经中心、美国田纳西大学健康中心研修，在显微神经外科、颅底外科及神经内窥镜技术等理论、技术方面接受系统的强化学习及严格的临床训练，在颅内肿瘤、脑血管病和颅脑损伤等神经外科常见疾病的诊治方面具有丰富经验，熟练掌握显微神经外科技术和神经内窥镜技术，熟悉经显微镜下口鼻蝶窦入路和经神经内镜下的垂体腺瘤切除术，熟练掌握脊柱脊髓肿瘤的手术切除相关技术，近年来每年主刀神经外科手术数百例，是国内神经外科知名专家，发表论文60余篇（SCI论文3篇），撰写出版专业书籍五部。

第十章　医疗损害赔偿与商业保险

案例思考

患者张某在家跌伤右脚，由家属送往A医院医治，对骨折处施行手术治疗，不久张某的伤口发生感染。之后张某在法院起诉A医院要求赔偿，经鉴定，认定A医院对张某的手术治疗不到位，未达到手术治疗标准，与其损伤后果存在因果关系，确认存在医疗过错。因此，法院判决A医院向张某赔偿126114.10元。

A医院曾向人寿保险公司投保了病员安康保险，双方在签订的《保险合同》中约定：A医院为投保人，人寿保险公司为保险人，在A医院处门诊、住院治疗的患者为被保险人；每一被保险人的住院医疗意外或者住院医疗事故保险金额最高为10万元；每一被保险人在住院就诊、治疗期间因医疗意外或者医疗事故最高赔偿10万元。因此，人寿保险公司应赔付保险金10万元给A医院，但人寿保险公司拒绝理赔。为此，A医院向原审法院提起诉讼，请求法院判令人寿保险公司立即支付保险金10万元给A医院。

双方当事人主张：A医院要求人寿保险公司按照保险合同约定支付保险金10万元。

人寿保险公司认为，保险合同约定保险公司仅对医疗事故和医疗意外承担保险责任，对医疗过错不承担保险责任，而A医院对张某的治疗属于医疗过错，人寿保险公司对A医院不应承担赔偿责任。

法院认为：A医院购买保险的目的是在向患者提供医疗服务过程中，因自身的过错造成患者损害时，其在向患者赔偿损失后可以据保险合同向保险公司索赔全部或者部分损失。根据司法鉴定意见，可以认定A医院在医疗活动中存在违反治疗护理规范、常规的行为，过失造成患者张某的人身损害，违反了承保协议的约定，人寿保险公司理应按合同约定在保险责任限额内赔偿A医院的损失。

判决结果：判决人寿保险公司支付保险金10万元给A医院。

法律评析

本案的争议焦点是A医院在对患者张某的医疗活动中造成张某损害，人寿保险公司应否对A医院理赔保险金。本案中，人寿保险公司称，保险合同约定只对医疗事故和医疗意外承担保险责任，没有约定对医疗过错承担保险责任。对于因医疗过错造成的患者损害是否属于医疗责任保险承保范围，是本案实质上的争议焦点。

近年来，我国医疗纠纷日渐增多，运用传统的侵权损害赔偿方式对受害人进行救济，患者一方不仅会面临举证困难的困境，而且难以获得充分补偿，同时医疗机构负担加重，影响正常的诊疗活动的进行，严重的情况甚至会导致医患双方矛盾加剧，引发“医闹”等暴力性事件。在实践中经常出现医疗机构在没有分清责任的情况下进行“人道补偿”，好似暂时处理了医疗纠纷，但实质上一方面造成国家财产的流失，另一方面造成不良的社会影响，为以后医疗纠纷的公平公正处理带来更多的障碍。

在这种情况下，亟须采取一种更为合理的医疗损害风险分担机制，对医疗行为中的医疗风险予以分散和规避，降低医疗机构和医生的从业风险，将集中于一个医疗机构的侵权赔偿责任分散于整个社会，增强医疗风险发生时患者的受偿能力。商业保险是各国采取的最为普遍的医疗损害风险分担机制，通过保险在医患之间形成一个缓冲地带，医务人员可以避免与患者进行直接的对抗。

完整的医疗风险保险体系应包括医疗保险、医疗责任保险、医疗意外保险、医务人员意外险等。而目前我国医疗领域的保险中只建立了医疗责任保险制度，医疗意外保险也只是处于自发试验阶段[①]。以北京安贞医院为例，其购买的保险主要有四类：医疗责任保险、手术意外险、公众责任险以及执业医师的人身损害保险。因为后两类险种与本书所述医疗侵权并无直接关联，因此，本章主要就医疗责任保险和手术意外险进行介绍。

从上述案例可以看出，医疗责任保险和手术意外险在我国的发展仍不成熟，在保险合同各方主体的界定、承保范围、免责事由、责任限额、索赔与理赔程序等方面仍有完善空间，由此带来的纠纷亦不少见。笔者将在后文中结合相关理论、学说与案例，对医疗责任保险和手术意外险的相关理论和实践问题进行系统的梳理和说明。

第一节　商业保险在医疗风险分担中的意义

一、运用商业保险解决医疗纠纷的必要性

（一）医疗风险的客观存在

在现代化进程中，生产力的指数式增长使危险和潜在威胁的释放达到前所未有的程度。在纯粹的物质层面上，人力和技术生产力的发展以及法律的规范和保护，使得风险在客观上被降低，并且在社会中被隔离。[②]随着现代科技的发展和生产效率的提高，财富分配和不平等问题得到了有效改善，但是人类面临着新出现的技术性风险。因此，风险社会的核心问题从工业社会时期的财富分配以及不平等的改善与合法化，转变为如何缓解

---

① 手术意外险实质上是医疗意外险的一种。据不完全统计，医疗实践中因手术及术后并发症导致患者损害占总体医疗纠纷数量80%以上，因此，为突出重点，本书主要讨论手术意外险。但为行文方便，力求表达准确，在本章若干处仍然使用“医疗意外”或“医疗意外险”这两个术语。

② 参见［德］乌尔里希·贝克：《风险社会》，何博闻译，译林出版社2004年版，第15页。

伤害和分配风险。[①]

在现代风险社会，疾病的复杂性、不可预见性、患者个体差异性以及医学科学的局限性决定了医疗行业的高风险性、高技术性、高实践性，潜在的风险存在于医院各种诊疗活动。由于医疗直接关系人体健康，对社会公众和个体而言不可或缺，因此，医疗活动所引发的风险也就难以回避。“医疗风险无处不在”已成为当前全球医疗界的共识。

另外，随着民众生活水平的提高和法律意识的增强，其在面对医疗损害时往往会质疑医疗行为的正当性，诉诸法律以求对自己的受损权益进行保护，甚至通过“医闹”等极端方式迫使医疗机构或者医务人员满足其要求。[②]根据北京市社会科学院、社会科学文献出版社共同发布的《北京社会治理发展报告（2015—2016）》，北京进入诉讼程序的医疗纠纷逐年上升，7 年间增长了近 2.4 倍。2007 年北京市法院一审受理的医疗纠纷案件仅有 468 件，2008 年为 715 件，2009 年为 885 件，2010 年为 1004 件，2011 年为 1040 件，2012 年为 1097 件，2013 年这一数量增长到 1152 件，7 年间增长了近 2.4 倍。至于各种各样的医疗纠纷事件更是时常见诸报端。

由于患方要求赔偿的心理预期高，医院或法院在处理过程中稍有不慎，就可能引起患方情绪激烈，甚至引发群体性的社会矛盾。医方“息事宁人”的心态和患方“有闹有赔、大闹大赔”的经验助长了“医闹”的增多和升级。据卫生部资料显示，2006 年全国医疗暴力事件共发生 10248 起，到 2010 年陡增至 17243 起。[③]医疗机构在没有分清责任的情况下进行“人道补偿”，好似暂时处理了医疗纠纷，但实质上一方面造成国家财产的流失，另一方面造成不良的社会影响，为以后医疗纠纷的公平公正处理带来更多的障碍。

（二）侵权责任法的局限性

医疗活动的专业性、风险性和不可控性远高于一般活动，这要求医务工作

---

① 参见［德］乌尔里希·贝克：《风险社会》，何博闻译，译林出版社 2004 年版，第 36—39 页。

② 参见王欢著：《医师责任保险基本法律问题研究》，武汉大学出版社 2015 年版，第 20 页。

③ 参见王海容：《试析我国医药卫生法制的主要缺失》，载《医学与法学》2011 年第 1 期。

者必须以高于一般人的注意程度从事医疗工作。而且，医疗侵权行为给患者造成的损害直接关系到患者的切身利益，很多情况下受损结果难以估量。按照传统民法，在发生医疗纠纷的情况下，患者及其亲属既可以要求医疗机构依据医疗服务合同承担违约责任，也可以要求医疗机构承担医疗损害赔偿责任，由当事人择一行使。由于医生必须时刻不忘需要无过失的证据，那么必然会使医生将从“尽力救治病人”转为“努力保护自己”，尽量少冒风险，由此导致医生普遍采取“防御性医疗”（Defensive Medicine）①。“拉大网”式地对每一个病人作尽可能的全面检查，用各种客观的检查证据以保证自己无过失，这将必然增加患方的经济负担，造成社会资源的浪费，医疗行为的这种变化最终将不利于患方。②

更为重要的是，因医疗活动具有专业性和复杂性，患者及其家属对医疗行为的正当性及其固有风险无法认知，对于遭受的损害更是无法判断医疗机构及医务人员是否存在过错，这给医疗责任的认定带来极大的困难。医疗行为涉及相关的医学知识，虽然对医疗侵权损害的技术鉴定有较为明确的规定，在程序上弥补了患方在专业知识上的欠缺所导致的不利，但是鉴定程序的启动有时会欠缺如病例等相关证据材料，同时在经济上对患方来说也是一种负担。此外，很多医疗侵权纠纷属于现行医学知识都无法解释的难题，即使依靠鉴定依然无法得出结论，尤其对于一些医疗侵权诉讼的因果关系，以及一些技术处理的过错，鉴定常常无法得出确切的结论。相对于其他案件，医疗侵权案件最后事实真伪不明的发生率会更高。③

传统侵权责任法遵循矫正正义，对医疗行为所致损害按过错原则追究责任，医务人员只就医疗过失负责，不就过失以外的原因负责。但医疗行为的固有侵袭性和高风险性客观存在，无论医务人员如何善尽谨慎、注意义务，依然无法

---

① “防御性医疗”（Defensive Medicine）又称自卫性医疗，是指医生在诊治疾病过程中为避免医疗风险和医疗诉讼而采取的防范性医疗措施。积极的防御是有益和必要的，消极和过度防御则危害严重，表现为避重就轻、避难就易、宁高勿低、小病大治以防止未来因疏忽而被指责。参见华长江：《防御性医疗行为的分类和管理》，载《中国医院》2005 年第 2 期。

② 参见胡学军：《解读无人领会的语言——医疗侵权诉讼举证责任分配规则评析》，载《法律科学（西北政法大学学报）》2011 年第 3 期。

③ 参见洪冬英：《论医疗侵权诉讼证明责任》，载《政治与法律》2012 年第 11 期。

克服对疾病认识的有限性以及患者的个体差异性，医疗损害的发生因而难以避免。但在我国现有侵权责任法调整模式之下，患者无法获得补偿和社会救济。[①]因此，通过传统侵权责任法运用损害赔偿的方式解决医疗侵权纠纷已然无法达到预期效果，而必须借助于商业保险的风险分担功能实现医患双方的利益平衡。

在现代风险社会中，民法的价值取向由权利本位向权利本位兼顾社会本位发展，作为弥补传统侵权责任法过错归责的僵硬而出现的保险制度，当然也是民法价值取向发展的必然产物。[②]通过商业保险，可以将医疗风险转移给保险公司，从而分散医疗保险，同时对受损的患者进行救济。侵权责任法和保险法相互补充，在化解医疗纠纷、缓和医患矛盾方面各自发挥着不可替代的作用。[③]

二、医疗商业保险的积极功能

商业保险尤其是医疗责任保险是各国采取的最为普遍的医疗损害风险分担机制，其中以美国、法国、德国等国家最具代表性。保险在医患之间形成一个缓冲地带，医务人员可以避免与患者进行直接的对抗。通过商业保险，可以对医疗行为中的医疗风险予以分散和规避，降低医疗机构和医生的从业风险，将集中于一个医疗机构的侵权赔偿责任分散于整个社会，增强医疗风险发生时患者的受偿能力。

首先，医疗责任保险和手术意外险可以转嫁执业风险，实现医疗损害赔偿风险的分散与化解。具体而言，通过商业保险将集中于医疗机构的赔偿风险分散于社会，实现风险分担的社会化。

其次，就保险公司而言，开办医疗责任保险和手术意外险有利于拓宽业务领域，增加经济效益。

---

① 参见吕群蓉：《论我国强制医疗责任保险制度的构建——以无过错补偿责任为分析进路》，载《法学评论》2014 年第 4 期。

② 参见［英］卡罗尔·哈洛：《国家责任——以侵权法为中心展开》，涂永前等译，北京大学出版社 2009 年版，第 26 页。

③ 参见王欢著：《医师责任保险基本法律问题研究》，武汉大学出版社 2015 年版，第 20—21 页。

再次，医疗责任保险和手术意外险有利于缓解社会矛盾，维护社会稳定。医疗责任保险可以填补医疗服务提供者因承担民事赔偿所遭受的损失，而手术意外险可以弥补受害人非因医疗过失遭受的损失，具有稳定社会秩序的功能。[①]

最后，医疗责任保险和手术意外险可以让医务人员从执业压力、医疗机构疲于医疗纠纷的调解和诉讼中解脱出来，从而对医疗服务质量的改善与医疗技术水平的提高产生积极的促进作用。医疗责任保险和手术意外险的引入可以使医疗机构或医务人员从不得不对抗因医疗行为遭受损害的患者提出的索赔，甚或无理要求而可能造成的紧张感（strain）、不方便（inconvenience）和疲乏与困顿（harassment）中解脱出来。在医疗损害赔偿诉讼中，保险公司的介入使医疗机构及其医务人员在举证、抗辩和赔偿方面的压力大为减轻，可以使医院和医务人员专于医疗服务。[②]

第二节　医疗责任保险

一、医疗责任保险概述

（一）我国医疗责任保险的发展现状

我国从20世纪80年代末开始，在深圳、云南、青岛、广州、黑龙江、内蒙古等省市先后建立了医疗责任保险制度，但收效甚微。为了改变这一状况，维护医患双方的正当权益，及时妥善处理医疗纠纷，确保医疗机构正常的医疗秩序，减少医疗纠纷对医院工作的干扰，国务院印发《国务院关于保险业改革发展的若干意见》（国发〔2006〕23号）。在该文件中，国务院首次

---

① 参见王海容、陈绍辉主编：《医疗损害赔偿分担机制研究》，浙江工商大学出版社2014年版，第30页。

② 参见吕群蓉著：《医疗责任保险制度法理基础与制度构建》，中国政法大学出版社2014年版，第67页。

提出通过试点，建立统一的医疗责任保险。国务院要求保险业采取市场运作、政策引导、政府推动、立法强制等方式，利用保险事前防范与事后补偿相统一的机制，推动医疗服务质量的提高，缓解医患矛盾。2007年6月，卫生部、国家中医药管理局、中国保监会三部门联合下发了《关于推动医疗责任保险有关问题的通知》(卫医发〔2007〕204号)，以推广医疗责任保险制度的实施。北京市和深圳市分别从2005年和2007年开始，要求国有非营利性医疗机构及其取得相应资格的各级各类医务人员，实施强制医疗责任保险，其他医疗机构自愿投保，并鼓励医疗机构参加其他医疗责任保险。

目前全国各地医疗责任保险事业总体上呈上升趋势，但由于其强制性不足、医疗责任保险服务不完善、投保和承保的法律条件不成熟等原因，该制度的推行仍存在较大困难。个别地方的医疗责任保险运行不稳定甚至有失败的可能，各地均存在应投保而不投保、投保后又退保的现象。[①]究其原因，医疗责任保险的风险有其独有的特性，风险控制难度大、专业技术要求高，在精算、风险控制、核保、核赔和医疗协调管理等方面均有其特殊性。目前在国内由于缺乏相应的政策调控和法制措施，医疗责任保险进展较慢，覆盖率较低，远未发挥其规模效应。[②]一方面，这是由于目前市场上医疗责任保险的险种单一，没有起到分散风险、将医院和医疗机构从医疗风险中解脱出来的作用，反而使医方需要投入大量的时间和精力参与保险事故的专业化鉴定工作。另一方面，由于参保的医院少，保险公司难以保证其运营成本和合理利润，因此只能通过增加保险费和限制赔付范围来维持经营，这进一步导致投保率的降低。

（二）医疗责任保险与医疗损害赔偿的关系

虽然医疗损害赔偿与医疗责任保险所属的领域不同，但二者却存在密切的关系：医疗损害赔偿责任是医疗责任保险发展的前提和基础；医疗责任保

---

① 参见董文勇：《我国医疗责任保险法律制度构建的问题与方案》，载《河北法学》2014年第6期。

② 参见古津贤、强美英主编：《医事法学》，北京大学出版社2011年版，第334页。

险为医疗损害赔偿责任的发展提供补充和保障。

传统侵权责任法追求的是矫正正义而非分配正义[①]。医疗责任保险与侵权损害之间毫无关系，但随着民事责任体系的正义观向分配正义的转化，即不再仅着眼于归责与否的问题（在实践中，受害人即使在诉讼中胜诉，也可能因加害人的赔偿能力问题而难以获得真正赔偿），而是看重实质意义上的公平与正义，医疗责任保险可以为受害人获得实际赔偿提供保证，弥补医疗损害赔偿责任的不足。同时，医疗责任保险承保的是医疗赔偿责任，对侵权的认定、对责任范围的确定以及对保险费率的厘定等均以医疗损害赔偿责任制度的健全和完善为基础。由此可见，医疗损害责任是医疗责任保险发展的前提条件和基础，而医疗责任保险制度是现代侵权责任法的一项重要配套制度，没有责任保险，也就没有完整意义上的现代侵权责任法。同样，医疗损害责任也弥补了医疗责任保险的不足。医疗责任保险虽然可以分散医疗风险，但只对部分医疗风险进行承保，且只是对受害者提供最基本的赔偿，不可能对所有的赔偿进行支付。在这时，患者就可从医疗损害责任的相关规定中获得救济而得到全部的赔偿。[②]

二、医疗责任保险的概念、特征及立体

（一）医疗责任保险的概念

医疗过错包括故意和过失两种形态。《侵权责任法》要求医疗机构及医务人员必须存在过错才承担责任，不论此种过错是故意还是过失。《医疗事故处理条例》所规定的事故必须是因过失造成的，如果是故意造成患者人身损害，则构成犯罪，不属于其调整范围。《侵权责任法》颁布后，应当适用《侵

---

① 古希腊哲学家亚里士多德将正义分为“矫正正义”和“分配正义”，后者关注的是在社会成员和群体成员之间进行权利、权力、义务和责任如何符合比例的配置，前者则着眼于人与人之间的社会交换和经济交换，对交换过程中出现的不公正予以矫正。

② 参见王海容、陈绍辉主编:《医疗损害赔偿分担机制研究》，浙江工商大学出版社2014年版，第76—77页。

权责任法》第七章关于医疗损害责任的规定，但因为《医疗事故处理条例》并未被明确废止，在实践中仍然被作为处理医疗纠纷的法律依据。

通常认为，医疗责任保险的承保范围不包括故意的医疗侵权行为，仅包括医疗过失侵权行为，同时，对于因医疗意外、医疗器械问题等情况导致的医疗责任不予承保。医疗责任保险的承保范围过窄导致其无法满足医患矛盾日益激烈的现状，医院对医疗责任保险的购买意愿不强。

根据《中国人民财产保险股份有限公司医疗责任保险条款》第 2 条规定，医疗过失责任险是指在保险合同约定的保险期限或追溯期内，根据承保范围，当被保险人投保的医务人员在进行医疗行为的活动中，因医疗过失使患者造成人身损害，并且在保险期限内，由患者或其近亲属首次向医疗机构，即被保险人提出索赔申请，所诉民事赔偿责任依法应由被保险人承担的时候，保险人按照保险合同的约定负责赔偿的医疗责任保险。其责任构成要件包括以下几点：

1. 患者的医疗损害是由医务人员的医疗过失行为所造成的。

2. 承保对象是医疗机构及其医务人员所实施的医疗行为。《医疗事故处理条例》第 2 条规定："本条例所称医疗事故，是指医疗机构及其医务人员在医疗活动中，违反医疗卫生管理法律、行政法规、部门规章和诊疗护理规范、常规，过失造成患者人身损害的事故。"因此，医疗责任保险所承保的医疗行为应当是医疗机构的医务人员所实施的医疗行为。具体而言：

（1）医疗行为必须是医疗机构的医务人员针对患者所实施的行为。

（2）医疗行为应当是医务人员应用医学专业知识和技术的行为。

（3）医疗行为应当是遵守法定医疗程序的行为。

3. 医疗过失责任保险规定责任的承担须是保险单明细表中列明的保险期限或追溯期及承保区域范围内出现的保险事故。

4. 医疗过失责任险须由患者或其近亲属向被保险人提出索赔申请，且依法应由被保险人承担民事赔偿责任时，保险人才根据保险合同的约定负责赔偿。医疗过失责任险索赔程序的启动只能由患者或其近亲属首次提起，被保险人并不能主动提起。当患者或其近亲属向被保险人提起医疗责任损害赔偿，被保险人按照法律的要求向其承担责任后，依照保险人和被保险人签订的保险合同，保险人承担赔偿责任。

医疗责任保险与医疗保险不同。第一，医疗责任保险承保的是被保险人的损害赔偿责任，属于职业责任保险范畴。医疗保险承保的是被保险人的身体和健康，属于人身保险范畴。第二，医疗责任保险的风险责任是被保险人的医务人员工作中的失职或过失行为。医疗保险的风险责任则主要取决于被保险人的年龄及投保前的身体健康状况。第三，医疗责任保险必须由医院等各种医疗机构集体投保（个体诊所只能投保个人医疗责任保险），以在投保单位任职的工作人员为保障对象。医疗保险允许任何自然人投保，保障的也是被保险人自己。第四，医疗责任保险的赔偿须经受害方向被保险方索赔并通过医疗机构才能获得赔偿金，保险人的赔款实质上是对被保险人利益损失的相应补偿；医疗保险的赔偿却由被保险人直接索赔并归其所有。[①]

（二）医疗责任保险的特征

就我国的医疗责任保险而言，其特征主要表现在以下方面[②]：

1. 医疗责任保险的标的是医方依法应负的民事责任，而不是患者的生命或健康。也就是说，医疗责任保险不是医方针对患者的生命或健康投保，而是为医方在执业过程中的过失造成患者的伤害，此时医方所承担的是民事责任。

2. 医疗责任保险的限额性。由于医疗责任保险是对第三人的赔偿责任，在订立合同时，保险公司不可能确切地知道保险赔偿情况。保险公司从自己的利益来讲，不可能承诺无限度的赔偿，保险公司在签订合同时，要限定个案和年度赔偿额。

3. 医疗责任保险与我国的医事法律制度密不可分。伴随着我国医事法律法规的不断完善，医疗责任保险自身的条款设计和运作程序也发生着相应的改变。这些医事法律法规所确定的医疗损害责任范围和赔偿标准始终是医疗

---

① 参见古津贤、强美英主编：《医事法学》，北京大学出版社 2011 年版，第 332 页。

② 参见古津贤、强美英主编：《医事法学》，北京大学出版社 2011 年版，第 332—333 页。

责任保险存在和发展的基础。

4. 医疗责任保险是医疗职业风险的防范和化解机制。它将集中于一个医院的赔偿责任分散于社会，消化于无形，既降低了医疗机构的赔偿压力，又将医疗机构在运营过程中遭遇的不确定的赔偿风险用保费的形式固定下来，利于经济核算。它既是我国医疗服务体制改革的组成部分，又在一定程度上促进改革，在现实中与医疗体制改革形成有效互动。

5. 医疗责任保险有利于对患者补偿。医疗损害结果发生之后，对于肉体、精神上均遭受痛苦的患者来说，最重要的莫过于能够迅速得到合理的经济补偿。面对越来越高的损害赔偿数额，如果医院不能尽快地补偿患者及患者家属的经济损失，势必会激化双方之间的矛盾，因此，医疗责任保险能够及时补偿患者及家属的经济损失。

（三）医疗责任保险的各方主体

医疗责任保险是基于医疗活动的特殊险种，有别于一般责任保险。厘清医疗责任保险的各方主体，对于保险合同的成立生效及当事人合法权益的维护具有重要的理论意义和实践价值。

1. 保险人

因为保险人责任重大，其经营业绩不仅关涉保险合同当事人的权益，而且影响整个社会的安全与福祉，因此各国法律对保险组织的形态施加相当严格的限制，我国亦不例外。我国《保险法》第 6 条规定："保险业务由依照本法设立的保险公司以及法律、行政法规规定的其他保险组织经营，其他单位和个人不得经营保险业务。"第 10 条第 3 款规定："保险人是指与投保人订立保险合同，并按照合同约定承担赔偿或者给付保险金责任的保险公司。"因此在我国的医疗责任保险法律关系中，保险人只能是依法设立的保险公司，而不能是其他未依法设立保险公司的组织、团体和个人。

从比较法上来看，在日本和澳大利亚，仅限于股份公司与相互公司始得经营保险业务；德国对于人寿、伤害、火灾、雹灾等保险，亦有相同之限制；法国则规定股份公司、两合公司、相互组织及 Tontine 组织，始有经营人寿保险之资格。[①]

2. 投保人

根据我国《保险法》第 10 条第 2 款规定："投保人是指与保险人订立保险合同，并按照合同约定负有支付保险费义务的人。"在我国，医疗损害的责任主体具有二元性。《侵权责任法》第 54 条规定："患者在诊疗活动中受到损害，医疗机构及其医务人员有过错的，由医疗机构承担赔偿责任。"第 57 条规定："医务人员在诊疗活动中未尽到与当时的医疗水平相应的诊疗义务，造成患者损害的，医疗机构应当承担赔偿责任。"因此，尽管医务人员是医疗行为的具体实施者，也不应认定为责任的承担者，医疗损害责任的责任主体应为医疗机构，而非医务人员。由此可见，医疗损害责任的基本形态是替代责任，其责任人与行为人相分离。造成医疗损害的行为人是医务人员，但其并不直接承担赔偿责任，而是由其所属的医疗机构承担损害赔偿责任。医疗机构承担责任之后，可以向有过失的医务人员追偿。[②] 因此，医疗机构作为医疗损害责任的承担者，应当作为医疗责任保险的投保人。比如，《上海市医疗事故责任保险实施方案（试行）》第 5 条明确规定医疗责任保险的投保人为医疗机构，由医疗机构向保险人办理投保手续；第 6 条规定，事故险保险费包括医疗机构保险费和医务人员保险费，由医疗机构统一按年缴纳。其中，医疗机构保险费从医疗机构业务收入中提取，计入医疗机构成本；医务人员保险费原则上由医务人员负担。

3. 被保险人

我国《保险法》第 12 条第 5 款规定："被保险人是指其财产或者人身受保险合同保障，享有保险金请求权的人。投保人可以为被保险人。"被保险人具有两个基本特征：一是保险事故发生时遭受损害，二是享有损害赔偿请求权。医师责任保险的被保险人以其对第三人依法应当承担的赔偿责任受保险保障，对保险人享有保险金给付请求权。被保险人因保险责任范围内的意

---

① 参见袁宗蔚：《保险学——危险与保险》，首都经济贸易大学出版社 2000 年版，第 204 页。

② 参见王欢：《医师责任保险基本法律问题研究》，武汉大学出版社 2015 年版，第 54—56 页。

外事故而应当承担赔偿责任时，有权请求保险人承担赔偿责任。[①]

在医疗责任保险法律关系中，享有保险金请求权的人一般是医疗机构，医师个人与保险合同实则并无直接法律关系，医师个人既无赔偿的义务也无请求保险金的权利。因此，被保险人为投保的依法设立、有固定场所并取得《医疗机构执业许可证》的医疗机构。在我国台湾地区，医师责任保险相当普及，在英、美、日等国也均有较为完善的医师责任保险制度，医师责任保险的投保人和被保险人是医师个人。这种差别主要源于不同地区、不同国家医疗服务体制的差异。在大陆地区，为公众提供医疗服务的主要是各级医疗机构，医师必须在其固定的医疗机构执业，其行为属于职权行为，最终对患方进行赔偿的是医疗机构而非医师个人。因此，被保险人为医疗机构。[②]比如，《上海市医疗事故责任保险实施方案（试行）》第5条明确规定被保险人为医疗机构。

4. 第三人

责任保险，又称“第三人责任保险”，即被保险人依法应对第三人负赔偿责任时，由保险人承担合同约定的赔偿责任的保险。医疗责任保险是责任保险的一类险种，也称“第三人医疗责任保险”。医疗责任保险以被保险人对在医疗活动中因过失行为、错误、疏漏或业务错失所造成的患者伤残或死亡而承担的民事赔偿责任为标的。在保险期间内受赔偿请求时，由承保该业务的保险公司对被保险人承担赔偿责任。

医疗责任保险包含三方主体——医疗机构及其医务人员、保险公司和第三人。三方主体构成一系列的保险关系：医疗机构与第三人之间的侵权法律关系；医疗机构及其医务人员与保险公司之间的债权债务法律关系；保险公司与医疗机构之间的货币给付关系，有时也可能是保险公司与第三人之间的货币给付关系。从保险法律关系分析，保险公司与第三人之间实际并不存在法律关系，因为根据保险合同关系两者之间不存在相应的权利与义务。保险公司给付货币给第三方乃是履行与医疗机构或者医务人员之间的法定或约定

---

① 参见邹海林：《责任保险论》，法律出版社1999年版，第123—124页。

② 参见古津贤、强美英主编：《医事法学》，北京大学出版社2011年版，第335页。

的义务，接受给付的第三人仅仅是保险合同的关系人。所以，医疗责任保险法律关系仅有两种，即医疗机构与第三人的侵权法律关系以及医疗机构或者医务人员与保险公司之间的债权债务法律关系。[①]

责任保险的第三人，是责任保险合同约定的当事人和关系人以外的，对被保险人享有赔偿请求权的人。[②] 医疗责任保险合同中所指的第三人，是指与被保险人即医疗机构存在契约关系，同时对医疗机构享有赔偿请求权的人。由此可见，医疗责任保险中的第三人是指享有赔偿请求权的患方。

第三人为患者本人或其家属以及有民事利害关系的其他人。过失医疗行为造成患者或其家属财产或身体上的损害时，由保险公司向患者本人或其近亲属以及有其他利害关系的人支付保险金，替代被投保人进行损害赔偿。[③]

（四）医疗责任保险的投保范围

医疗责任保险的保险范围通常有以下几个方面：（1）因医疗机构及其工作人员的医疗过失造成患者人身伤亡而对患者应承担的损害赔偿责任。包括医疗费、误工费、住院伙食补助费、陪护费、残疾生活补助费、残疾用具费、丧葬费、被抚养人生活费、交通费、住宿费、精神损害抚慰金和参加医疗事故处理的患者近亲属所需交通费、误工费、住宿费。值得注意的是：只有那些在保险单上提到了的医疗手段才属于医疗责任保险的责任范围。（2）因被保险人供应的药物、医疗器械或仪器有问题并造成患者的伤害而应承担的损害赔偿责任，但只限于与医疗服务有直接关系的，并且只是使患者受到伤害。（3）因赔偿引起纠纷的仲裁或诉讼费用（案件受理费、勘验费、鉴定费、律师费等）及其他事先经保险人同意支付的费用。（4）被保险人为缩小或减少对患者人身伤亡的赔偿责任所支付的必要的、合理的费用，保险人也负责

---

① 参见刘庆元、邓利强、刘凯：《医疗责任保险原理及适用》，载《中华医院管理杂志》2005 年第 8 期。

② 参见覃有土、樊启荣：《保险法学》，高等教育出版社 2003 年版，第 263 页。

③ 参见古津贤、强美英主编：《医事法学》，北京大学出版社 2011 年版，第 335 页。

赔偿。[①]

医疗责任保险承保的危险，以被保险人因其工作疏忽或者医师业务过失行为而应承担的损害赔偿责任为限。故医师所为不属于其医师业务范围内的行为所造成的损害，以及为犯罪行为而造成他人的损害，不属于医疗责任保险的范围。所以，被保险人的赔偿责任如果系其医务人员的犯罪行为或者其他不诚实的行为（如不构成犯罪的故意）所导致的，则“医疗责任保险不能服务于这样的目的”。[②]

（五）医疗责任保险的免责条款

医疗责任保险的除外责任，除不予承保的法定情形外，主要取决于保险单的明确约定。以《中国人民财产保险股份有限公司医疗责任保险条款》为例[③]，关于保险责任免除的情形主要包括：

1. 下列原因造成的损失、费用和责任，保险人不负责赔偿：（1）被保险人或其医务人员的故意行为、犯罪行为和非执业行为。（2）战争、敌对行为、军事行动、武装冲突、恐怖活动、罢工、骚乱、暴动、盗窃、抢劫。（3）核反应、核子辐射和放射性污染。但使用放射器材治疗发生的赔偿责任，不在此限。（4）地震、海啸、雷击、暴雨、洪水等自然灾害及火灾、爆炸等意外事故。[④]

2. 下列情形造成的损失、费用和责任，保险人不负责赔偿：（1）未经国家有关部门认定合格的医务人员进行的诊疗工作；（2）临床试验性检查、治疗以及其他不以治疗为目的的诊疗活动造成患者的人身损害，包括但不限于整形美容、体检；（3）被保险人或其投保医务人员从事未经国家有关部门许可的诊疗工作；（4）被保险人或其投保医务人员被吊销执业许可或被取消执

---

① 具体内容参见《中国人民财产保险股份有限公司医疗责任保险条款》第3—4条、《上海市医疗事故责任保险实施方案（试行）》第7条、《广东省深圳市医疗执业责任保险条款》第7—11条、《广东省医疗机构医疗责任保险条款》第3—4条。

② 参见古津贤、强美英主编:《医事法学》，北京大学出版社2011年版，第335—336页。

③ 除此之外，还可参见《广东省深圳市医疗执业责任保险条款》第12—14条、《广东省医疗机构医疗责任保险条款》第5—8条、《太平洋医疗责任保险条款》第10条、《中华保险医疗责任保险条款》第5—8条。

④《中国人民财产保险股份有限公司医疗责任保险条款》第5条。

业资格以及受停业、停职处分后仍继续进行诊疗工作；（5）被保险人投保医务人员在饮酒、吸毒或药剂麻醉状态下进行诊疗工作；（6）被保险人或其投保医务人员使用伪劣药品、医疗器械或被感染的血液制品；（7）被保险人或其投保医务人员使用未经国家有关部门批准使用的药品、消毒药剂和医疗器械，但经国家有关部门批准进行临床实验所使用的药品、消毒药剂、医疗器械不在此限；（8）被保险人或其投保医务人员在正当的诊断、治疗范围外使用麻醉药品、医疗用毒性药品、精神药品和放射性药品。[①]

3. 下列损失、费用和责任，保险人不负责赔偿：（1）被保险人的医务人员或其代表的人身伤亡；（2）直接或间接由于计算机 2000 年问题引起的损失；（3）罚款、罚金或惩罚性赔款；（4）本保险单明细表或有关条款中规定的应由被保险人自行负担的免赔额；（5）被保险人及其医务人员对患者在诊疗护理期间的人身损害无过失，但由于发生医疗意外造成患者人身损害而承担的民事赔偿责任；（6）被保险人与患者或其近亲属签订的协议所特别约定的责任，但不包括没有该协议被保险人仍应承担的赔偿责任；（7）自被保险人的医务人员终止在被保险人的营业处所内工作之日起，所发生的任何损失、费用和责任。[②]

4. 其他不属于本保险责任范围的损失、费用和责任，保险人不负责赔偿。[③]

三、保险责任承担方式

（一）追溯期

追溯期，是指保险期间开始前的与保险期间相连续的一段时期，在这段时期内发生事故，患者或其代理人在保险期内首次向被保险人提出索赔，保险人按保险合同约定承担赔偿责任。如果这种事故发生在追溯期之前，保险

---

① 《中国人民财产保险股份有限公司医疗责任保险条款》第 6 条。

② 《中国人民财产保险股份有限公司医疗责任保险条款》第 7 条。

③ 《中国人民财产保险股份有限公司医疗责任保险条款》第 8 条。

人不承担赔偿责任。[①]

依据保险人承担的保险责任为标准，分为“索赔型责任保险”和“事故型责任保险”。“索赔型责任保险”以第三者向被保险人请求损害赔偿的事实发生在保单有效期内为条件，而不论被保险人的损害行为是否发生在保单的有效期间，因此也称为“期内索赔制”[②]；“事故型责任保险”是以被保险人的损害事故发生在保单有效期内，而不论第三者是否在保单有效期内向被保险人提出索赔，因此也称为“期内发生制”[③]。“索赔型责任保险”与“事故型责任保险”相比，前者所承担的保险责任有无限的溯及力，因此在责任保险上称为“长尾巴险”，保险人要承担相对较高的风险，而后者不具有任何追溯期。目前我国采用的是“事故型责任保险”，但是严格意义上来说则是附“追溯期”的不完全的事故型医疗责任保险，如《中国人民财产保险股份有限公司医疗责任保险条款》第 3 条第 1 款规定：“在保险单列明的保险期间或追溯期及承保区域范围内，在保险单中载明的被保险人的医务人员（以下简称投保医务人员）在诊疗活动中，因执业过失造成患者人身损害，在本保险期限内，由患者或其近亲属首次向被保险人提出索赔申请，依法应由被保险人承担民事赔偿责任时，保险人按照本保险合同的约定负责赔偿。”从该条款来看带有“追溯期”的要求，扩大了保险人的承保范围，对保险人较为不利，而且由于该条款对追溯期没作明确约定，将使保险公司承担很大的赔偿责任，但《中国人民财产保险股份有限公司医疗责任保险条款》仅是格式合同，更多的医疗保险合同会在特别约定中对追溯期给予明确约定，以期合理确定赔偿范围。

在各地制定的医疗责任保险条款中，也明确承认医疗责任保险适用有一定追溯期的期内索赔制。例如，《上海市医疗事故责任保险实施方案（试行）》第 8 条规定：事故险实行有一定追溯期的期内索赔制。（1）有一定追溯期的期内索赔制是指保险责任的承担以索赔发生为基础，且索赔必须在保险期内

---

① 《中华保险医疗责任保险条款》第 39 条第 2 项。

② 参见郝演苏编著：《保险学教程》，清华大学出版社 2004 年版，第 161 页。

③ 参见李华：《我国医疗责任保险制度的构建研究》，中国海洋大学 2012 年硕士学位论文。

提出，但事故发生可以在以前的追溯期内，即对保险期以前、追溯期内的行为也予以负责。（2）追溯期为2年，投保第1年也有。（3）在追溯期内发生的事故必须是受害人在保险期内首次提出索赔。对于起保日以前受害人已经向被保险人提出索赔的，保险人不予负责。《广东省医疗机构医疗责任保险条款》第25条规定：本保险合同采用期内索赔制。（1）期内索赔制是指保险责任的承担以索赔发生为基础；凡在保险期间及追溯期内发生诊疗活动引起保险事故，并在保险期间内提出索赔的，本保险予以负责。（2）本保险追溯期从首次投保合同生效之日起计算，连续投保最长不超过3年。（3）凡患方提出索赔请求，必须为在保险期间及追溯期内接受诊疗且在保险期间内首次提出。诊疗发生在追溯期之前，保险公司不予负责。首次投保合同生效之日前患方已提出过的索赔，保险公司也不负责赔偿。

（二）索赔期

对于索赔期限，根据《保险法》第26条第1款规定："人寿保险以外的其他保险的被保险人或者受益人，向保险人请求赔偿或者给付保险金的诉讼时效期间为二年，自其知道或者应当知道保险事故发生之日起计算。"《中国人民财产保险股份有限公司医疗责任保险条款》第3条规定："在保险单列明的保险期间或追溯期及承保区域范围内，在保险单中载明的被保险人的医务人员（以下简称投保医务人员）在诊疗活动中，因执业过失造成患者人身损害，在本保险期限内，由患者或其近亲属首次向被保险人提出索赔申请，依法应由被保险人承担民事赔偿责任时，保险人按照本保险合同的约定负责赔偿。"显然，保险人为了降低自身风险，将首次理赔之后第三人新发现的在保险期限内发生的医疗损害责任以及可能增加的护理费、辅助器具费以及残疾赔偿金排除在外，因而违反了《民法通则》有关诉讼时效及《人身损害司法解释》第32条的规定，即"超过确定的护理期限、辅助器具费给付年限或者残疾赔偿金给付年限，赔偿权利人向人民法院起诉请求继续给付护理费、辅助器具费或者残疾赔偿金的，人民法院应予受理。赔偿权利人确需继续护理、配制辅助器具，或者没有劳动能力和生活来源的，人民法院应当判令赔偿义务人继续给付相关费用五至十年"。另外，实践中对于索赔的形式和索赔期的起算点条款也没有约定，仅以被保险人履行告知义务来实现，由于没有进一步明确规定，往往导致保险当事人之间的理赔纠纷，因此有需要对《中国人民财产保险股份有限公司医疗责任保险条款》进行完善，或在特别约定中明确。[①]

（三）责任范围：是否包括精神损害赔偿

案例思考

王某因病到B医院就医，后患者因病情加重，抢救无效死亡。王某的亲属起诉B医院，提出因医院对王某诊疗行为存在过错，要求其承担赔偿责任。法院判决认为，B医院对王某的诊疗行为存在过错，医疗过错与王某的死亡之间存在一定因果关系。确定B医院承担30%的赔偿责任。

B医院曾向某保险公司投保“医疗责任保险”。事故发生后，保险公司拒绝B医院的索赔要求，因此诉至法院。经查，保险合同约定，经保险人与投保人商议，本保险扩展承保被保险人的医务人员在医疗活动中造成患者的人身损害，受害人据此提出精神损害赔偿请求，被保险人在保险期限内被首次提出索赔，保险人按照如下约定进行赔偿：本附加险每次事故赔偿限额为3万元（承保前协商确定）。

法院经审理后认为，关于本案诉请金额中含有的精神抚慰金5000元，不超过保险单中精神抚慰金不超过3万元的约定，因此，判决保险公司应当予以理赔。

在本案中，法院认为如果医疗责任保险合同约定保险责任范围包括精神损害赔偿，保险公司对医疗机构向患者支付的精神抚慰金应当在责任限额内予以理赔。但是，如果保险合同未对精神损害赔偿是否属于承保范围作出约定，应当认为，保险人应仅就医疗过失行为造成的财产损害进行赔偿。精神

---

① 参见王海容、陈绍辉主编：《医疗损害赔偿分担机制研究》，浙江工商大学出版社2014年版，第125页。

损害赔偿受到多种因素影响而具有不确定性，无法进行准确衡量，不利于医疗风险的控制，因此，虽然实践中医疗损害赔偿要考虑精神损害赔偿的问题，但在保险合同未作约定的情况下，医疗责任保险的责任范围不应包括精神损害赔偿。[①]

在财产损害赔偿中，医师责任保险的责任范围通常包括以下几个方面：（1）医师的过失行为造成患者人身伤害而应对患者承担的损害赔偿责任，包括医疗费、误工费、住院伙食补助费、陪护费、残疾生活补助费、残疾用具费、丧葬费、被扶养人生活费、交通费、住宿费等。（2）因赔偿引起纠纷的仲裁或诉讼费用（案件受理费、勘验费、鉴定费、律师费等）及其他事先经保险人同意支付的费用。（3）被保险人为缩小或减少对患者人身伤亡的赔偿责任所支付的必要的、合理的费用，保险人也负责赔偿。[②]

（四）责任限额

医疗责任保险一般会设定责任限额。因为在医疗活动中，医疗风险客观存在，不可能完全消除，一旦发生医疗损害，赔偿数额通常较大。若完全由保险人对患者进行全额赔付，难免会令保险人陷入入不敷出的境地，导致其营利目的不能实现。另外，在责任保险中，保险标的为对第三人的责任。若将该责任完全转移给保险人，则有可能导致被保险人产生道德风险，从而放任自己的行为，不顾对第三人造成的损害。当然，保险人可以通过提高保费等手段将此潜在的负担再度转移至投保人身上，但这种做法明显对恪守道德底线的投保人和被保险人不公平。而且会造成越来越多的被保险人放任自己行为的恶性后果。故在医师责任保险中必须规定保险人的责任限额，保险人仅在责任限额之内对患者承担赔付责任。

一般来说，保险公司承担赔偿的依据标准有两种：医疗损害赔偿和非医疗损害赔偿。“医疗损害赔偿”要求被保险人与患方就医疗损害争议进行司

---

① 参见王欢著：《医师责任保险基本法律问题研究》，武汉大学出版社 2015 年版，第 83 页。

② 参见曾言、李祖全著：《医疗责任强制保险制度研究》，湖南师范大学出版社 2009 年版，第 137 页。

法诉讼，或进行医疗损害技术鉴定，抑或进行司法鉴定，取得法院的判决书、裁定书或调解书，也可以是医疗损害技术鉴定或司法鉴定出具的报告，根据司法文书或鉴定报告参照法律规定进行的赔偿，保险公司根据被保险人的赔偿，按照保险合同对被保险人的申请进行赔偿。“非医疗损害赔偿”则是被保险人与患方经过双方协商或是在第三方调解组织调解下达成的协议进行的赔偿，保险公司根据和解协议对被保险人的申请进行赔偿。目前我国医疗责任保险发展较为成熟的地区对“医疗损害赔偿”和“非医疗损害赔偿”进行了赔偿限额的不同规定，因为通过司法途径进行的赔偿往往比协商的赔偿数额高，因此保险公司对“医疗损害赔偿”的限额比“非医疗损害赔偿”数额高。除此以外，赔偿限额还包括：每次医疗责任每人赔偿限额、每次医疗责任赔偿限额、每次医疗责任每人法律费用限额、每次医疗责任法律费用限额、每次医疗责任每人精神损害赔偿限额、每次医疗责任精神损害赔偿限额、总赔偿限额、总法律费用限额、总精神损害赔偿限额，当然还包括免赔额等。

《上海市医疗事故责任保险实施方案（试行）》第 9 条第 1 项规定：“保险限额分为 10 万、20 万两档，由医疗机构自主选择。”《广东省医疗机构医疗责任保险条款》第 9 条规定：“责任限额包括每人每次事故赔偿限额及累计赔偿限额，在保险合同中载明。”第 26 条规定，在任何情况下，保险公司实际赔偿金额都不应超过保险合同中所约定的各项赔偿限额。《中华保险医疗责任保险条款》第 9 条规定：“责任限额包括每次事故每人责任限额、每次事故责任限额、累计责任限额，由投保人与保险人协商确定，并在保险合同中载明。”《中国人民财产保险股份有限公司医疗责任保险条款》第 24 条和第 25 条便是对赔偿限额的一个原则性规定，其中不仅有对每位患者的赔偿总额进行了原则性限定，也有对被保险人在保险期限内多次索赔的总额限定，还有对单个责任事故中精神损害赔偿项目的比例做的原则规定，也对责任事故中花费的法律费用进行了限定。尽管如此，《中国人民财产保险股份有限公司医疗责任保险条款》仅是一个格式合同，具体的赔偿限额还需根据投保人缴纳的保费与保险人协商列明在保险合同中或在“特别约定”中列明。

第三节　手术意外险

一、手术意外险概述

（一）手术意外险的意义和性质

在医疗实践中，相当比例的医疗损害纠纷不是由于医疗机构存在医疗过错或者过失导致。患者在遭受非医疗过失导致的医疗损害后，如果医院方无过错，而要患者自行承担风险，这无疑极大地增加了患者的负担。患方为了得到赔偿，就只能强调医院医疗行为存在过错，纠缠于医院，恶化医患关系，激化医患矛盾。强制推行的医疗责任险是针对医疗机构在诊疗活动中存在过失、过错或者医院发生医疗事故给予患者补偿或者赔偿的一种医疗纠纷解决方式。无过错医疗损害中约半数以上由手术风险引起，通过推行手术意外险，既能够实现补偿患者、分担损失的目的，又能够提高全社会人员的医疗意外风险意识，从根本上缓和甚至消除因医疗意外导致的医患纠纷的产生。[①]

所谓手术意外险，是指在保险合同约定的保险期限内，患者因医疗意外遭受人身损害，保险人按照保险合同约定承担给付保险金责任的保险。手术意外险除了承保的责任事故是手术意外，其构成要件与医疗责任保险并无太大区别。

因手术意外险多以“意外身故、特约残疾”为标的，所以手术意外险首先属于人身保险。但是，由于手术意外险标的中还含有特约并发症的情况，虽然并发症不一定引起身故或残疾的结果，但一定会造成患方的财产损失，手术意外险有时更多体现的是对患方财产损失的保险。因此，手术意外险还兼具财产保险的功能。[②]

---

① 袁江帆等:《试论我国手术意外保险的完善》，载《解放军医院管理杂志》2013 年第 12 期。

② 鲁蓓等:《手术意外险的基本性质辨析》，载《中国医院》2014 年第 11 期。

（二）手术意外险的特征[①]

1. 无须经过责任认定、无须鉴定

只要出现医疗意外患者就可以获得补偿。与医疗责任保险由医院和医师投保不同，手术意外险同时向医院、手术医师和患者三方承保，保险责任则包含所有因手术意外造成的死亡、残疾和手术并发症。作为医疗责任保险的补充，手术意外险在补偿程序上绕过“医疗责任”的认定，即一旦手术出现意外并造成患者出现死亡、残疾或并发症，患者不认为是医师或医院的责任，即持公安局出具的死亡鉴定或伤残鉴定，或医师开具的手术并发症证明，投保的患者或家属均可以直接申请从保险公司得到补偿。

2. 并发症、手术意外等高风险不良后果被纳入补偿内容

以平安财险为例，“手术意外保险”的保险项目按手术科室和项目设置，共分颅脑外科、眼科、耳鼻喉科、心胸外科、妇产科等 9 个科，选择各科常见的、风险较大的手术项目为主，分为 100 多个保险项目。目前，手术意外险共 100 多个保险项目。项目费率的设置则根据手术的风险高低细分为 12 级，各保险项目按不同的手术风险情况归到不同的费率级别。例如，风险性较高的胰头癌切除手术定为 12 级，费率也较高。风险性较低的扁桃体切除手术定为 1 级，费率相应低很多。在手术意外险中，患者因手术意外而发生的并发症也被明确列入保险责任并纳入补偿内容。临床统计显示，手术患者并发症的发生率常常是死亡发生率的几倍甚至是十几倍。手术意外险规定，死亡赔付按保额全额给付，伤残及并发症按相应等级比例赔付。出于实际考虑，手术意外险特别提出，对四肢瘫痪但意识清楚的患者将给予高额（3 倍）赔付。

（三）手术意外险与医疗责任保险

手术意外险与医疗责任保险均是借助于第三方机制分担医疗风险的有效方式，通过购买商业保险将医疗风险转移给保险公司。与医疗责任保险相比，

---

① 袁江帆等：《试论我国手术意外保险的完善》，载《解放军医院管理杂志》2013 年第 12 期。

手术意外险对医疗风险的分担所带来的医患关系的缓和与改善效果更为显著。手术意外险的投保可以使医患双方更加全面认识医疗的风险，从而提高患者的医疗风险意识。医疗意外发生后保险的理赔，患方可以得到经济上的补偿，这在极大程度上消除了发生医疗意外时患方的尖锐对立情绪，促使其理性对待和处理相关事宜，缓解医患矛盾，减少了不必要的投诉、纠纷和医疗诉讼。[①] 二者的主要区别如下：

1. 性质不同。手术意外险虽然兼具财产保险的功能，但其在性质上主要属于人身保险。医疗责任保险以被保险人对在医疗活动中因过失行为、错误、疏漏或业务过失所造成的患者伤残或死亡而承担的民事赔偿责任为标的，医疗责任保险属于财产保险。

2. 承保范围不同。手术意外险主要针对医疗过程中发生的非因医疗过失造成的损害，该损害后果是由于意外情况造成的。而医疗责任保险不是医方针对患者的生命或健康投保，而是为医方在执业过程中的过失造成患者的伤害投保。

3. 投保人不同。如前所述，医疗损害责任的基本形态是替代责任，其责任人与行为人相分离。造成医疗损害的行为人是医务人员，但其并不直接承担赔偿责任，而是由其所属的医疗机构承担损害赔偿责任。医疗机构承担责任之后，可以向有过失的医务人员追偿。[②] 因此，医疗机构作为医疗损害责任的承担者，应当作为医疗责任保险的投保人。而在手术意外险中，医疗机构或医务人员对患者不存在保险利益，且可能与医疗结果之间存在因果关系，所以医疗机构不能作为手术意外险的投保人，医院只能为患者购买获得医疗意外保险产品提供方便（如允许保险公司在门诊设立医疗意外保险销售窗口），但手术意外险的投保人只能是患方。[③] 因此，二者的缴费主体也不相同。

---

① 李志远：《建立医疗风险的社会分担机制》，载《中国卫生人才》2014 年第 5 期。

② 参见王欢著：《医师责任保险基本法律问题研究》，武汉大学出版社 2015 年版，第 54—56 页。

③ 邱蓬鹭：《医疗执业责任保险，给医疗执业提供保护》，载《中国卫生人才》2014 年第 5 期。

4. 法律关系不同。手术意外险的赔付是基于保险合同关系，患方自愿投保，索赔和理赔均应按照保险合同的约定进行。而医疗责任保险中，由于损害后果的发生是由于医疗过失的存在，医方应当按照《侵权责任法》的规定承担医疗侵权责任，该责任属于法定责任，保险合同的约定不能违反法律的强制性规定。

除此之外，手术意外险的理赔手续较为简单，所花费的时间也相对较短，以使患方及时得到赔付，避免医疗纠纷的发生。

二、手术意外险的实施现状

从目前的情况来看，手术意外险的推行并不顺畅，其覆盖范围仍然有限。首先，患者的投保意识不强。通常，骨科等手术风险相对较小，患者的购买积极性不高，通常患者仅仅会对风险较大的手术进行投保。由此一来，保险公司出于成本方面的考虑，很可能选择放弃这一险种。其次，之前存在部分医疗机构的医务人员利用工作便利，帮助保险公司宣传、推销和代售麻醉意外险并从中获利的情况，严重损害了医疗机构的形象。2008 年 12 月 2 日卫生部下发《关于医疗机构不得宣传、推销和代售麻醉意外险等保险产品的通知》，严禁在医疗机构内推销保险，医疗机构及医务人员不得通过医疗服务宣传、推销和代售保险产品，这使得手术意外险等保险在我国的推广举步维艰。

当前，推进手术意外险的最大障碍是保险费率问题。手术意外险能够有效提高患者的风险意识，医院管理者和医务人员对此具有很高的积极性，但尚未获得患者的广泛认可和接受。① 从医院方面来看，手术意外险保费较高、赔付流程复杂、赔付周期长，发生医疗纠纷后，患者习惯性地要求医院理赔，如果要求不被满足则会选择“医闹”方式处理问题，而很多情况下医院不得不通过赔偿金钱的方式以求息事宁人，保险并未起到减轻医院负担的作用。从保险公司方面看，由于手术意外险赔付数额过高，保险公司盈利较少甚至处于亏损状态，这导致保险公司主观上不愿涉足手术意外险领域，客观上也缺乏能力。

---

① 王宁:《手术意外险推广堪忧》，载《中国医院院长》2014 年第 7 期。

三、手术意外险的投保

（一）自愿投保

如前所述，手术意外险属于人身保险，在没有法律法规要求强制购买的前提下，该险种只能自愿购买。在实践中，由于大多数患者及其家属保险意识不强，手术意外险主要是由医院的医生向患者推荐，这种销售方法，一方面患者有可能认为医生和保险公司会形成利益共同体，医生销售意外医疗保险，保险公司可能有“返点”；另一方面保险公司也担心医生和患者可能“合谋”，索取不合理的保费。但如果患者直接到保险公司购买手术意外险，在患者和保险人员对手术难度、手术方法和可能存在的风险尚不知情的情况下，又无法确定准确的保险类型和保费。因此，到底是医生向患者或家属直接销售保险，患者到保险公司购买保险，还是医生和保险公司共同向患者或家属销售保险，值得深入研究和探索。[①]

（二）保险费的承担

如前所述，手术意外险主要针对医疗过程中发生的非因医疗过失造成的损害，该损害后果是由于意外情况造成的。在手术意外险中，医疗机构或医务人员对患者不存在保险利益，且可能与医疗结果之间存在因果关系，所以医疗机构不能作为手术意外险的投保人，医院只能为患者购买获得医疗意外保险产品提供方便（如允许保险公司在门诊设立医疗意外保险销售窗口），但手术意外险的投保人只能是患方。[②]而且手术意外险的赔付是基于保险合同关系，患方既然是自愿投保，其保险费理应由患方负担。

---

① 张英：《手术意外险的全面推行需要多方达成共识》，载《中国卫生人才》2014年第5期。

② 邱蓬鹭：《医疗执业责任保险，给医疗执业提供保护》，载《中国卫生人才》2014年第5期。

（三）保费和保额的确定

由于手术意外险承保的手术类别以及保险公司不同，其具体的保费和保额并不相同。以中国人民财产保险股份有限公司所设“心脏外科手术安心保险”为例，其保障内容如下：

表 1　中国人民财产保险股份有限公司心脏外科手术安心保险

责任保险	保险金额 / 责任限额				
	适用于未满 18 周岁的未成年人			适用于年满 18 周岁的成年人	
	□方案 A1	□方案 A2	□方案 A3	□方案 B1	□方案 B2
手术或麻醉意外身故	30000 元	40000 元	50000 元	50000 元	60000 元
特约手术并发症（并发症内容详见附表）	90000 元	90000 元	90000 元	75000 元	75000 元
保险费	□ 1, 400 元	□ 1, 700 元	□ 2, 000 元	□ 1, 600 元	□ 1, 900 元
适用条款	《中国人民财产保险股份有限公司北京市分公司手术意外保险条款（2012 年版）》				
保险期间	自被保险人实际进入手术室之时开始，至被保险人当次住院根据医嘱规定出院日期的 24 时自动终止，若被保险人不按照医嘱继续留院，保险责任将在医嘱认为被保险人可以出院日期的 24 时终止				

表 2　心脏外科手术安心保险责任内容列表（未满 18 周岁）

适用于未满 18 周岁未成年人的方案			
保险责任	分项保额（元）		
	方案 A1	方案 A2	方案 A3
接受心脏手术导致意外身故	30000	40000	50000
非预见性的当次住院执行第二次体外循环开胸手术	15000	15000	15000
非预见性的当次住院术后安装心脏永久起搏器	20000	20000	20000
非预见性的当次住院术后由于严重的心功能问题或严重缺氧等原因执行体外循环膜肺支持（Extracorporeal Membrane Oxygenation, 缩写为 ECMO）	30000	30000	30000

续表

非预见性的当次住院术后执行气管切开操作	10000	10000	10000
非预见性的当次住院术后二次或多次使用气管插管辅助呼吸	5000	5000	5000
非预见性的当次住院术后执行膈肌折叠手术	10000	10000	10000
每人累计保险金额	120000	130000	140000
保险费	1400	1700	2000

表 3　心脏外科手术安心保险责任内容列表（年满 18 周岁）

适用于年满 18 周岁成年人的方案		
保险责任	分项保险金额（元）	
	方案 B1	方案 B2
接受心脏手术导致意外身故	50000	60000
非预见性的当次住院执行第二次体外循环开胸手术	15000	15000
由于非预见性的急性肾功能衰竭或心功能衰竭导致的血液透析治疗（持续静脉血液滤过）	10000	10000
非预见性的当次住院术后安装心脏永久起搏器	20000	20000
非预见性的当次住院术后由于严重的心功能问题或严重缺氧等原因执行体外循环膜肺支持（Extracorporeal Membrane Oxygenation，缩写为 ECMO）	20000	20000
非预见性术后使用主动脉内球囊返搏（IABP）	10000	10000
每人累计保险金额	125000	135000
保险费	1600	1900

从上述保险方案可以看出，手术意外险一般是专门针对医院的手术量、手术类型以及患者的病种情况来设计。对于不同的医疗意外所引起的损害后果，手术意外险确定了不同的保额和保险费数额。

四、实践中的问题

（一）“手术意外”的界定

“手术意外”如何界定，对于手术意外险的推行和作用的有效发挥具有至关重要的作用。如果不能准确界定“手术意外”，对于手术意外险的赔付将无法顺利进行。手术意外需要排除医疗过失及患方因素，而对于医疗过失的界定本身就存在困难。如果无法准确认定保险责任的存在，投保人无法获得应有的赔付，将会导致手术意外险的推行面临更多障碍。而如果“医疗意外”的范围过大，将导致保险公司承担的责任过重，最终导致保险公司不愿承保的局面。在实践中，具有可操作性的方式是通过列举手术意外的种类来限定手术意外的范畴，以保证保险公司的责任不会漫无边际。如前文中中国人民财产保险股份有限公司所设“心脏外科手术安心保险”为例，其投保方案按照被保险人年龄分为“适用于未满18周岁未成年人的方案”和“适用于年满18周岁成年人的方案”，并针对二者列举规定了不同的“医疗意外”的种类。通过明确列举的方式，能够准确界定手术意外险的保险责任范围，避免索赔时产生纠纷，同时也能限制保险公司的责任范围，在缓和医患矛盾的同时促进手术意外险的推广和普及。

（二）保险公司的积极性有待提高

由于手术意外险短期内难以形成投保规模，这势必影响保险公司积极性。手术意外险属于商业保险，该保险产品的运营需要符合保险“大数法则”，从而降低运营风险，增加保险公司盈利空间。那么，在手术意外险开展早期，投保数量有限，如果无法在短期内形成投保规模，保险公司的积极性会逐渐冷淡，直至该保险退出市场。[①] 为了提高保险公司承保的积极性，切实发挥手术意外险应有的功能，有专家提出，应当明确患者在医疗需求中必须参保；采取患者、政府、社会团体多渠道筹资的方式，由政府牵头设立医疗意外风险保障基金，鼓励并推行医疗风险社会化分担的机制。根据我国的现实情况，对医疗意外保险实行“基本医疗意外保险”和“医疗意外补充保险”相结合的实施方式。其中，“基本医疗意外保险”采用低保费、低补偿、广覆盖的原则，让更多的投保者得到补偿，让更多的患者在经济和心理上求得一定的平衡；“医疗意外补充保险”则由患者自愿选择投保，保费由患者负

---

① 肖明朝：《手术意外险，想说爱你不容易》，载《中国卫生人才》2014年第5期。

担，主要适用于手术、创伤性检查等高风险医疗行为。[①]

（三）利用多方力量推动手术意外险的发展

手术意外险作为构建和谐医患关系的重要手段，在实践中取得了较好的效果，但手术意外险的作用有其局限性。引发医患纠纷的原因复杂，涉及医院、患者和社会等各方面问题。手术意外险虽然通过给予患者一定的经济补偿而分担部分医疗风险，但对其作用不能预期过高。要想真正解决医患纠纷，远非保险所能承受之重。

因此，在当前医患双方对医疗责任认识不足、投保积极性不高的环境下，仅仅依靠市场自发力量还不足以推动医疗意外险的快速发展。利用行政力量推动其发展是必不可少的措施，尤其是利用政府部门的权威性和指导性，医患双方才更加容易接受医疗意外险。政府部门应制定政策，采取措施，引导、培育和发展医疗保险市场。医患双方一旦通过商业保险转移了风险，化解了矛盾，就会把投保转化为自觉的行动。[②]

第四节　保险责任的承担

一、索赔与理赔的意义[③]

索赔，是指被保险人或者受益人在保险标的因发生保险事故而遭受损失，或者在保险合同的期限届满之时，依据保险人签发的保险单和有关规定向保险人要求赔偿损失或给付保险金的行为。被保险人或者受益人享有的索赔权，性质上是一种债权，其内容是要求作为债务人的保险人赔偿损失或者

---

① 洪奕宜:《推广医疗意外险让患者及时获赔》，载《南方日报》2015 年 3 月 11 日第 A05 版。

② 宋科、李志远:《医疗意外险仅靠市场还不够》，载《健康报》2016 年 9 月 19 日第 005 版。

③ 参见贾林青:《保险法》，中国人民大学出版社 2014 年版，第 159—160 页。

给付保险金。

理赔与索赔相对应，是指保险人根据被保险人或者受益人的索赔请求，核实损失，审定责任归属，进行保险赔付的活动过程。与保险合同中的索赔权相对应，保险人承担赔偿保险标的的损失或者给付保险金的义务，在保险合同上称为保险责任，保险人的理赔过程，就是其履行保险责任的行为。该行为具有特定的法律性质，不同于各类民事赔偿责任。

索赔和理赔作为履行保险合同的具体过程，涉及被保险人或受益人行使索赔权的行为和保险人进行理赔的行为。因此，索赔和理赔必须遵循严格的程序。

二、索赔程序①

（一）通知出险、提出索赔请求

被保险人一旦知道或应当知道可能引起索赔的患者人身损害事故发生时，应当立即通知保险人，并书面说明事故发生的原因、经过和损失情况；故意或者因重大过失未及时通知，致使保险事故的性质、原因、损失程度等难以确定的，保险人对无法确定的部分，不承担赔偿责任，但保险人通过其他途径已经及时知道或者应当及时知道保险事故发生的除外。②

保险事故发生后，被保险人可以向保险人请求支付保险金，对此并无异议。所需讨论的是，在情况危急或被保险人怠于行使请求权时，第三人可否直接请求保险人支付保险金？我国《保险法》对此予以承认，于第 65 条第 1 款至第 3 款规定："保险人对责任保险的被保险人给第三者造成的损害，可以依照法律的规定或者合同的约定，直接向该第三者赔偿保险金。责任保险的被保险人给第三者造成损害，被保险人对第三者应负的赔偿责任确定的，根据被保险人的请求，保险人应当直接向该第三者赔偿保险金。被保险人怠

① 参见贾林青:《保险法》，中国人民大学出版社 2014 年版，第 167—169 页。

② 《中国人民财产保险股份有限公司医疗责任保险条款》第 21 条。

于请求的，第三者有权就其应获赔偿部分直接向保险人请求赔偿保险金。责任保险的被保险人给第三者造成损害，被保险人未向该第三者赔偿的，保险人不得向被保险人赔偿保险金。”

直接赋予第三人给付请求权，从而让保险机构介入医疗损害赔偿，能够为发生纠纷的医患双方提供缓冲和隔离的空间，促进医疗纠纷的理性解决；同时为患者提供了获得损害赔偿的快速通道，加速了医疗纠纷的解决。遭受损害的患者能够及时获得合理的经济补偿，有利于避免矛盾激化。[①]

（二）合理施救，保护事故现场

被保险人应尽力采取必要、合理的措施，防止或减少损失，否则，对因此扩大的损失，保险人不承担赔偿责任。被保险人按照规定向有关部门报告，并按照规定的程序申请或进行调查、分析、鉴定。被保险人应妥善保管有关的原始资料，并对引起不良后果的药品、医疗器械等现场实物按照有关规定进行封存并妥善保管，以备查验。[②]

（三）接受保险人的检验

被保险人应当允许并且协助保险人进行事故调查；对于拒绝或者妨碍保险人进行事故调查导致无法确定事故原因或核实损失情况的，保险人对无法确定或核实的部分不承担赔偿责任。[③]

（四）提供索赔单证

案例思考

患者韩某因病到该地妇幼保健院医治并发生医疗纠纷，后因病情恶

---

① 参见吕群蓉：《医疗责任保险制度法理基础与制度构建》，中国政法大学出版社 2014 年版，第 208—209 页。

② 《中国人民财产保险股份有限公司医疗责任保险条款》第 21 条，《广东省医疗机构医疗责任保险条款》第 21 条。

③ 《中国人民财产保险股份有限公司医疗责任保险条款》第 21 条。

化死亡，妇幼保健院在为韩某的疾病诊疗过程中因存在医疗过失，原审法院判决妇幼保健院赔偿韩某的近亲属刘某等人的损失，妇幼保健院已按照该判决书确定的内容履行了赔付义务。上述事实，有《司法鉴定意见书》、原审法院对韩某的近亲属刘某等人诉妇幼保健院医疗损害赔偿纠纷一案所作出的民事判决，以及妇幼保健院履行该判决向刘某等人支付赔偿款的付款凭证等证据予以证实。

妇幼保健院曾向保险公司购买医疗责任保险，但因保险公司拒绝理赔，双方发生纠纷，诉至法院。法院认为，保险公司主张司法鉴定结论无效，没有法律依据，其主张妇幼保健院未提供证据证明诉求金额的合法性及真实性，亦与事实不符。因此，法院判决保险公司承担保险责任。

从本案可以看出，医疗机构在索赔时向保险公司提交索赔单证的重要性。如果索赔单证无效，保险公司据此可以拒绝理赔。通常，被保险人向保险人请求赔偿时，应提交下列单证材料：（1）保险单正本和被保险人已经向第三者支付赔偿金的书面证明材料；（2）有关责任人的资格和执业证明、医疗机构与责任人的劳动关系证明；（3）患者完整的病例资料；（4）患者伤残的，应当提供权威部门出具的伤残程度证明；患者死亡的，应当提供死亡证明书；（5）患者或其近亲属的书面索赔申请；（6）事故情况说明、赔偿项目清单；（7）经法院、仲裁机构或卫生行政部门依法判决、裁决、裁定或调解的，应当提供判决、裁定文件或调解书；（8）投保人、被保险人所能提供的其他与确认保险事故的性质、原因、损失程度等有关的证明和资料。投保人、被保险人未履行前款约定的单证提供义务，导致保险人无法核实损失情况的，保险人对无法核实部分不承担赔偿责任。①

（五）领取保险赔偿金

索赔程序的终点是享有索赔权的被保险人或者受益人接受保险人的赔

① 《中国人民财产保险股份有限公司医疗责任保险条款》第24条，《太平洋医疗责任保险条款》第15条。

付，领取保险赔款或保险金。医疗责任保险因其无责任限额，故原则上在保险人赔付后继续有效至保险期限届满，若该类保险单规定了累计限额的，则在扣除赔款额后的余额范围内继续有效。手术意外险保险合同一般会明确规定责任限额，因此，被保险人或者受益人获得的保险赔偿金额不能超过约定的责任限额。

三、理赔程序

医疗责任保险属于财产保险，手术意外险属于人身保险，二者的理赔程序不同，主要表现在人身保险金的给付上。下文将分别论述二者的理赔程序。

（一）医疗责任保险的理赔程序[①]

1. 理赔立案

保险人接到被保险人提交的出险通知书后，应当立即查明保险单底单，按照现有材料建立赔案，在赔案登记簿内登记：赔案编号、保险单号码、保险标的、保险金额、事故情况、损失估计、施救情况等。同时，向被保险人或者受益人索取必要的索赔单证作为理赔依据。根据事故情况指示被保险人或者受益人采取必要的施救措施。

2. 赔案审核

《保险法》第23条第1款规定："保险人收到被保险人或者受益人的赔偿或者给付保险金的请求后，应当及时作出核定；情形复杂的，应当在三十日内作出核定，但合同另有约定的除外。"

在保险赔案立案之后，保险人审查赔案中的各种索赔单证和有关材料，确定下列事项：（1）保险单是否有效，有无已经解除或失效的情况，若曾经失效，在出险之时是否已复效；（2）被保险人或受益人提供的索赔单证是否齐全、真实；（3）审查索赔申请人是否具有保险权益；（4）审核投保人或被保险人有无违反告知义务或通知义务的行为；（5）审核出险时间是否在保险

① 参见贾林青著：《保险法》，中国人民大学出版社2014年版，第169—172页。

有效期内，若保险合同约定承保地区的，则还要审核出险地点是否处于约定承保的地区之内；（6）审核出险事故是否属于保险单承保的保险事故，是否由其造成保险标的的损失；（7）审核被保险人是否违反了保险合同约定的保证条款；（8）审核赔案中是否存在第三人应当承担的赔偿责任的情形，索赔的被保险人是否向第三人行使了索赔权或向第三人实施了索赔手续，是否从第三人处获取了赔偿。

如果经审核后，初步认定可能要赔付，则继续进行理赔工作，对于不清楚的情况要继续查明。

3. 损失调查

在收到投保人、被保险人发生保险事故的通知时，保险人应在接到通知当天，组织被保险人的医疗争议协调处理小组，按照有关规定进行调查、取证，组织评估和协调处理，并尽力配合被保险人采取必要措施缩小或减少损失。[①]

保险人接到被保险人的索赔申请后，有权聘请专业技术人员参与调查、处理。[②]

因财产保险合同的理赔是以保险财产的实际损失作为计算赔偿数额的根据，故保险人在初步认定可能要赔付后，应当及时着手进行损失调查。损失调查的主要方法是现场查勘检验。为此，保险人可以直接派人或委托其代理人到出险现场进行查勘检验工作。

4. 责任审核

保险人收到被保险人的赔偿请求后，应当及时就是否属于保险责任作出核定，并将核定结果通知被保险人。情形复杂的，保险人在收到被保险人的赔偿请求后30日内未能核定保险责任的，保险人与被保险人根据实际情形商议合理期间，保险人在商定的期间内作出核定结果并通知被保险人。对属于保险责任的，在与被保险人达成有关赔偿金额的协议后10日内，履行赔偿义务。保险人依照前款的规定作出核定后，对不属于保险责任的，应当

---

① 《广东省深圳市医疗执业责任保险条款》第18条。

② 《中国人民财产保险股份有限公司医疗责任保险条款》第26条。

自作出核定之日起 3 日内向被保险人发出拒绝赔偿保险金通知书，并说明理由。[①]

5. 赔付计算和支付

保险人在保险责任确定后，应当根据责任审核和核实损失清单，计算所需支付的赔偿金的数额，编制《赔款计算书》，并且在法定时间内履行赔偿义务。同时，保险人要填制赔付收据，交付给索赔的被保险人。如果赔案涉及向第三人追偿的，还需交给该责任方。因为赔款收据是与权益转让证书合并在一起的，它不仅证明被保险人已收到保险赔款，而且表示保险人已经从被保险人处取得追偿权，得以进行追偿。

保险赔偿或保险金的数额确定后，保险人可直接交付给索赔的被保险人，也可以交给保险代理人转交。除保险合同另有约定外，保险人应当一次性全额给付。接受了保险赔偿或保险金的被保险人或受益人应当出具赔偿收据。被保险人给患者造成损害，被保险人未向该患者或其近亲属赔偿的，保险人不负责向被保险人赔偿保险金。

根据《中国人民财产保险股份有限公司医疗责任保险条款》第 29 条至第 31 条的规定，发生保险责任范围内的损失，保险人按以下方式计算赔偿：（1）对于被保险人对每位患者造成的人身伤害，保险人在医疗责任每人责任限额内计算赔偿；对于被保险人对每位患者依法应当承担的精神损害赔偿责任，保险人的赔偿金额以本保险单列明的精神损害每人责任限额为限，并计算在医疗责任每人责任限额之内。对于被保险人对每位患者人身伤害的赔偿责任和精神损害的赔偿责任，保险人在扣除保险合同列明的每次事故免赔额或按每次事故免赔率计算的免赔额后，在医疗责任每人责任限额之内进行赔偿。（2）在保险期间内，保险人对被保险人多次索赔的各项赔偿金额之和不超过本保险合同载明的医疗责任累计责任限额。

对于法律费用，保险人在上述计算的赔偿金额以外按以下约定另行计算赔偿：（1）保险人对法律费用的每次事故赔偿金额以实际发生的费用金额为

---

① 《中国人民财产保险股份有限公司医疗责任保险条款》第 15 条，《广东省医疗机构医疗责任保险条款》第 14 条。

准，但不得超过本保险单列明的法律费用每次事故责任限额；（2）在保险期间内，保险人对被保险人多次索赔的法律费用累计赔偿金额不得超过本保险单列明的法律费用累计责任限额。

发生保险事故时，如果被保险人的损失能够从其他相同保障的保险项下也获得赔偿，则本保险人按照本保险合同的责任限额与所有有关保险合同的责任限额总和的比例承担赔偿责任。其他保险人应承担的赔偿金额，本保险人不负责垫付。若被保险人未如实告知导致保险人多支付赔偿金的，保险人有权向被保险人追回多支付的部分。

6. 先予给付

先予给付在保险实务中也被称为"预付赔款"，是指经过保险人审查核定，属于保险责任范围内应予赔偿或者给付保险金的，在最终确定赔付金额之前，保险人预先向被保险人或者受益人给付可以确定的货币数额。

《保险法》第25条确立了先予给付制度，各地医疗责任保险条款对此也予以确认：保险人自收到赔偿或者给付保险金的请求和有关证明、资料之日起六十日内，对其赔偿或者给付保险金的数额不能确定的，应当根据已有证明和资料可以确定的数额先予支付；保险人最终确定赔偿或者给付保险金的数额后，应当支付相应的差额。①

当然，根据《保险法》第25条的规定，适用先予给付所应具备的条件包括：（1）保险人经过核定，已经确认造成保险标的损失的危险事故属于保险责任范围。否则，不应适用先予给付。（2）保险人自收到赔偿或者给付保险金的请求和有关证明、资料之日起60日内，对其赔偿或者给付保险金的数额不能确定。不具备此条件的，不得适用先予给付。（3）先予给付的金额应当是根据已有证明和资料可以确定的数额。从保险实务角度讲，对于先予给付的金额应当把握为可以确定的最低数额，以免将来确定的最终给付金额低于预付金额时，增加返还多付金额的成本。（4）预先给付的金额应当从最终赔付金额中抵销。待最终确定了保险人所应赔付的保险金数额，保险人在履行该赔付义务时，应当将

---

① 《中国人民财产保险股份有限公司医疗责任保险条款》第16条，《广东省医疗机构医疗责任保险条款》第15条。

先前预付的金额部分予以扣减，以保证财产保险的补偿性质。

保险人依法应当先予给付而未及时履行的，构成违约，应当依据《保险法》第23条第2款的规定，“除支付保险金外，应当赔偿被保险人或者受益人因此受到的损失”。

7. 赔案归档

已经赔付或作拒赔处理结案的赔案卷宗，应当归档保存。归档之前，保险人应当核查案件材料是否齐全。赔案归档的保存时间取决于案件的性质。

（二）手术意外险的理赔程序[①]

手术意外险作为人身保险的一种，其理赔在保险实务中分为申请和给付两大部分。

1. 保险金的申请

这是指人身保险合同的被保险人或者受益人依法行使保险金请求权，要求保险人依保险合同约定给付保险金的行为，相当于财产保险范围内的索赔。

人身保险合同的被保险人或受益人为了获取保险金给付，其申请应当符合法律或保险合同的规定。一般做法是被保险人或受益人应当在约定的期限内向保险人提出申请。具体应当注意以下各点：

第一，申请人应当向保险人递交保险金给付申请书。一般要求享有保险金请求权的人，或是人身保险合同的被保险人，或是被保险人指定的受益人。

第二，申请人在向保险人提出给付保险金申请时，应当按法律或人身保险合同的规定，提交有关文件，为保险人确定给付保险金责任提供客观根据。因手术意外申请给付保险金时，一般应当提交保险单证，有关部门的事故证明，区、县以上公立医院出具的伤残程度证明或死亡证明等。

第三，人身保险金给付申请应当在法律或人身保险合同规定的期限内提出。

2. 人身保险金的给付

人身保险金的给付就是保险人根据被保险人或受益人的申请，确定应当

---

① 参见贾林青著：《保险法》，中国人民大学出版社2014年版，第175—176页。

承担人身保险金给付责任，并予以给付的行为。这是人身保险合同理赔的核心部分，也是实现人身保险保障职能的直接表现。

保险人在保险金给付过程中，一般应当做如下工作：

第一，审核被保险人或者受益人提交的给付申请书及有关文件，填写《报案登记簿》。

第二，核对保险单副本、投保单及被保险人、受益人名单。

第三，对于保险事故进行调查核实和现场查勘，填制《人身保险出事调查报告单》。

第四，对于确定应当承担保险金给付责任的，保险人向申请人出具《人身保险给付通知书》《给付批单》《给付收据》，填入所审定的给付金额。

第五，对于确定不应承担保险金给付责任的案件，保险人应当向申请人出具《人身保险拒付通知书》，并填写《拒付案件登记簿》。

第六，保险人应在法律或人身保险合同规定的时间内支付人身保险金。

根据我国《保险法》第 23 条第 1 款的规定，保险人收到被保险人或者受益人的赔偿或者给付保险金的请求后，应当及时作出核定；情形复杂的，应当在三十日内作出核定，但合同另有约定的除外。保险人应当将核定结果通知被保险人或者受益人；对属于保险责任的，在与被保险人或者受益人达成赔偿或者给付保险金的协议后十日内，履行赔偿或者给付保险金义务。保险合同对赔偿或者给付保险金的期限有约定的，保险人应当按照约定履行赔偿或者给付保险金义务。

给付保险金的数额不能确定的（如被保险人是否永久丧失劳动能力一时难以认定），根据我国《保险法》第 25 条的规定，保险人自收到赔偿或者给付保险金的请求和有关证明、资料之日起六十日内，对其赔偿或者给付保险金的数额不能确定的，应当根据已有证明和资料可以确定的数额先予支付；保险人最终确定赔偿或者给付保险金的数额后，应当支付相应的差额。

第十一章　医疗风险管理与手术意外险

2007 年 3 月，53 岁的北京市民刘先生在某医院接受了脑部肿瘤手术，术后刘先生出现了神志不清和肢体肌能差的情况，需要进行后续治疗，但是患方为了动手术已经花费大量金钱，再无能力缴纳后续的治疗费用。于是，患方找到医院要求对患者病情的恶化进行赔偿，医院解释说由于手术过程和麻醉均符合医疗科学的操作原理，医院和医师并不存在任何过错，亦即刘先生的病情恶化属于因病人特殊体质而引发手术意外产生的并发症，院方并不存在过错，不会进行赔偿。但医院告诉患者家属，这种情况属于手术意外，由于刘先生在手术前购买了一份手术意外险，可以向保险公司提出索赔申请。保险公司理赔专员根据刘先生接受脑部手术后的损害后果和治疗预后等情况，界定刘先生为一级伤残，按照手术意外险的赔付标准，保险公司支付了刘先生 4.5 万元的赔款。[①] 无独有偶，近日人保财险张家口市分公司在 72 小时内完成了河北省首例手术意外保险心脏外科手术安心保险的赔付工作，共向死者家属支付赔款 6 万元。人保财险张家口市分公司接到河北北方学院附属第一医院报案，称一名来自内蒙古太仆寺旗的患者因心脏外科手术发生意外导致死亡。接到报案后，该公司指定专人协助医院及死者家属收集理赔资料，开通理赔应急通道完成后续理赔相关环节工作，并在三日后由公司理赔中心负责人率队亲赴当地将赔款送到死者家属手中。[②] 手术意外险可以填

---

① http://www.xiangrikui.com/jiankang/zhuanjia/20170220/502244.html，最后访问时间：2018 年 10 月 30 日。

② http://szbk.zjkrbsnews.com/shtml/zjkrb/20180608/409465.shtml，最后访问时间：2018 年 10 月 30 日。

补普通意外险产品的保障空白，因为意外险产品一般都将医疗意外事件作为除外责任，手术意外险则可保障因医疗意外导致的身故、残疾及手术并发症等。

随着人民群众健康需求的日益增长，我国医疗服务质量稳步上升，医疗技术和医疗质量也发展迅速。但医学科学自身特征决定了医疗风险的客观存在性、复杂性和损害性，患者高期望值与医学科学的局限性之间形成矛盾，医疗纠纷时有发生，部分医疗纠纷矛盾激化甚至引发激烈冲突，不仅损害了医患双方合法权益，而且扰乱了正常医疗秩序，影响社会和谐稳定。世界上许多国家，对于医疗纠纷的解决主要是借助医疗保险机构，建立社会化的经济分担机制来处理的。如目前已日趋成熟的医疗责任险，医疗责任险主要是针对医疗过程中医院或医生过错而设计的险种，即在医疗过程中只要是由于医方的过错造成的对患方身体健康权益的侵害而产生的侵权赔偿责任，都由保险公司按照事先约定的比例承担赔偿责任。该险种的投保人是医疗机构，目的是减轻医疗机构因赔偿责任而产生的经济负担，但只有在医方确有过错的情况下保险公司才承担保险责任，对于医方无过错的意外情况，医疗责任保险并不予以赔偿，这就使医方无过错的医疗意外成为理赔盲区，而手术意外险的作用就在于填补这一盲区。

第一节　医疗风险管理中的手术意外险

一、医院管理中的医疗风险：医患纠纷

大量研究已表明，疾病的自然转归（即因疾病死亡）、医疗意外及并发症是造成死亡的主要原因，医疗风险造成的死亡是引发医疗纠纷的主要矛盾，医疗风险并不是医务人员的过错及过失所造成的，但患者家属却认为是医务人员的过错或过失造成患者死亡，从而引起非医疗过失性医疗纠纷。据统计，2007—2010 年，我国北京市医疗纠纷投诉案件数量基本稳定在 1400 件左右，未见明显增幅，每百万居民医疗纠纷发生率与每千名医师纠纷发生

率基本保持稳定，除2010年稍有下降外，均呈现缓慢增长趋势。英国同一时间医疗纠纷发生率，无论是每年投诉件数，抑或每百万居民医疗纠纷发生率，还是每千名医师纠纷发生率都保持较为稳定的增长。[①] 鉴于我国卫生条件限制，百万居民发生医疗纠纷的数量远低于英国、德国等发达国家。随着经济发展、居民受教育程度的提高，医疗纠纷发生的总量将日益增多。就目前而言，我国每千名医师中发生医疗纠纷的水平，包括东部经济发达地区和中西部地区，虽然低于发达国家，但正逐渐接近发达国家平均水平。

表1 我国北京市2007—2010年医疗纠纷发生率

年　　度	医疗纠纷投诉（件）	医疗纠纷发生比率	
		居民（件/百万）	医师（件/千名）
2007年	1237	71	21
2008年	1403	80	24
2009年	1484	85	25
2010年	1335	76	22

表2 英国2007—2010年医疗纠纷发生率

年　　度	医疗纠纷投诉（件）	医疗纠纷发生比率	
		居民（件/百万）	医师（件/千名）
2007年	5470	91	37.7
2008年	6088	101	41.9
2009年	6652	110	45.8
2010年	8655	144	59.6

医疗纠纷是指基于医疗行为，在医方（医疗机构）与患方（患者或者患者近亲属）之间产生的因对治疗方案与治疗结果有不同的认知而导致的纠纷等。[②] 根据中国医师协会2018年1月发布的《中国医师执业状况白皮书》

① 范贞、张云林、韩学军、卢光明：《北京市、山西省、英国和德国医疗纠纷发生水平比较》，载《中国医院》2012年第12期。

② https://baike.baidu.com/item/%E5%8C%BB%E7%96%97%E7%BA%A0%E7%BA%B7/547934?fr=aladdin，最后访问时间：2018年10月30日。

（以下简称《白皮书》）的数据显示，2016 年比 2015 年，医疗纠纷减少 6.7%，涉医违法犯罪减少 14.1%。但是，根据 2016 年到 2017 年对全国 4.46 万家医疗机构、14.62 万医务人员的调查结果显示，仍有 62% 的医师认为执业环境没有得到改善，50% 的医师认为所做的工作没有得到社会认可，62% 的医师发生过不同程度的医疗纠纷，66% 的医师经历过不同程度的医患冲突。

医疗纠纷被有心人利用则会升级为医闹，医闹是指受雇于医疗纠纷的患者方，与患者家属一起，采取各种途径以严重妨碍医疗秩序、扩大事态、给医院造成负面影响的形式给医院施加压力并从中牟利的行为。[①] 常表现为在医院设灵堂、打砸财物、设置障碍阻挡患者就医，或者殴打医务人员、跟随医务人员，或者在诊室、医师办公室、领导办公室内滞留等。2006 年 7 月 10 日，卫生部新闻发言人毛群安就“医闹”行为发表评论说，“医闹”是一种违法行为。2012 年 4 月 30 日，卫生部、公安部联合发出《关于维护医疗机构秩序的通告》，明确警方将依据《治安管理处罚法》，对医闹等予以处罚，乃至追究刑责。

二、医疗风险管理的理念：应当建立何种理念？

（一）负资产管理

依据医院净资产 + 负债 = 医院的资产公式可知，净资产是指除去负债后剩余的资产，而负资产就是指净资产变为负值，实质上指的是负债，负资产的管理主要是对流动负债和长期债务的管理。[②] 医院的净资产包括事业基金、待冲基金、专用基金、财政专项补助结转、科教项目结转、本期结余和结余分配，其中医疗风险资金属于专用资金范畴。医院属于公益性事业单位，不以营利为目的，但是也应当考虑到经济效益。依据我国《侵权责任法》规定，

---

① https://baike.baidu.com/item/%E5%8C%BB%E9%97%B9/37124?fr=aladdin，最后访问时间：2018 年 10 月 30 日。

② 翟敏：《医院负资产与净资产管理问题研究》，载《财经界学术版》2014 年第 21 期。

发生损害后果后，医师和医院不存在故意或过失的，无须承担责任，但通常情况并非如此。医院往往疲于应对患者的纠缠，为尽快解决纠纷，会承担部分无过错责任，这一无过错责任就在医院与患者之间产生了债的关系。在没有手术意外险的情况下，这部分债的清偿势必要求从医院的资产中支出，即医疗风险资金。无法解释的是，医院本无责任却承担了赔偿之债，如不能及时偿还，就会形成负债。虽然医院属于公益事业单位，不以营利为目的，但也应当考虑经济效益，控制负债的规模，尤其是应当避免无过错之债的承担。在目前现有机制来看，保险是不错的一个选择。

（二）中国医院的属性

我国医院并非单一属性，从医疗保健服务产品的生产与交换过程来看，它具有生产性与经营性，从社会医疗保健消费基金的筹集与分配来看，它又具有福利性。由于医院具有双重属性，医院才有预算补偿和不纳税的特殊待遇，同时，经营不以营利为目的，执行医疗收费低于医疗成本的规定，这是医院经营的鲜明特征。因此，医院既不能采用事业型的经营模式，又不能采用企业型的经营模式。医院的经营模式必须把握医院的双重属性，并重视由它所决定的预算补偿与经营补偿的双重补偿形式。[①]

（三）医疗风险

19 世纪上半叶，工业革命的发展使工伤事故剧增，美国《侵权法》为了不使企业背上沉重的经济赔偿责任，放弃了英国《普通法》的绝对责任，引入了“自愿承担风险”这一概念[②]，以原告事先知道风险的发生并自愿承担风险作为被告承担风险的抗辩事由[③]。这刚好与医疗过程中的知情同意环节异曲

---

① 李绍东:《医院经营必须把握医院属性》，载《中国卫生经济》1990 年第 8 期。

② 方洁:《中国侵权法免责事由的完善——从美国侵权法自愿承担风险原则角度》，载《法制博览》2015 年第 19 期。

③ 黄立嵘 .:《论美国侵权法“行为人自担风险”规则——兼论我国侵权责任原则的完善》，载《中国社会科学院研究生院学报》2014 年第 6 期。原告在事实发生以前，明知危险存在，仍向被告表示自愿承担风险，因该危险导致原告受到损害，由原告承担损害的后果。

同工。例如，外科手术前，医师会向患者及家属告知手术中可能存在的某些风险，并且医师明知即便在患方积极配合医疗工作、医疗中无过错及过失的情况下，这些风险也不可预料，医师会向患者及家属明确告知，签字表示知情同意。虽然我国的法律并没有“自愿承担风险”这一概念，但医患双方实际履行了“明示的自愿承担风险”过程，但患者仍会把医疗风险当成医疗事故而引起医疗纠纷。

医患纠纷所涉及的医疗风险是客观存在的，这一风险一般分为医疗事故和医疗意外。通常，医疗事故带有“人为”因素，即医疗机构及其医务人员在医疗活动中，违反医疗卫生管理的法律法规，过失造成患者人身损害的事故。很显然，如果发生医疗事故，院方作为责任方难辞其咎。但如果院方无责任呢？那就可能涉及医疗意外，这种“意外”从保险的角度来说是“非人为、不可控”的因素。从定义上来说，是指医务人员在从事诊疗或护理工作过程中，由于患者的病情或患者体质的特殊性而发生难以预料和防范的患者死亡、残疾或者功能障碍等不良后果的行为。全国政协委员高春芳说，中华医学会的统计显示，全国医疗事故的平均构成率为50%，“也就是说，一半的医疗事故中医方并无过错”。①

表3　医疗风险的基本特点②

分类	主观	预见性	占比	造成损失占比	法律保障	保险措施	保险对象	赔偿对象
可避免	无故意 有过失	可	80%	20%	医疗事故赔偿 侵权责任赔偿	医疗责任险	医方	医方
不可避免	无故意 无过失	否	20%	80%	无	手术意外险	患方	患方

医疗风险从规避的可能性上分为可避免和不可避免两种，其中可避免

① http://www.nhfpc.gov.cn/zhuz/mtbd/201703/601a6edcff5d41c69ee9f1b35d736f42.shtml，最后访问时间：2018年10月30日。

② 鲁蓓、王卫东、袁晋青、李志远：《手术意外险的基本性质辨析》，载《中国医院》2014年第11期。

的医疗风险占风险总数的 80%，但其造成的损失仅为风险损失的 20%，并且已经建立了健全的保护与救济机制。例如，《医疗事故处理条例》规定了医疗事故的各种级别和赔偿标准，《侵权责任法》规定了医疗过错发生后人身与精神损害赔偿的标准，社会保险范畴医疗责任险机制已基本健全；不可避免的风险占比仅 20%，但造成的损失占比却高达 80%，也就是说一定意义上，医疗风险损失大部分来自不可避免的风险。但对于这部分风险而言，《侵权责任法》规定由患者自己承担，故而法律救济难以找到，只能在社会保险范畴寻觅。在医疗风险中，80% 是可以避免的风险，20% 是不可避免的医疗风险，但正是这 20% 不可避免的风险为患方带来的人身、财产损失却占到 80%。所以，从经济学的角度而言，对这 20% 不可避免的医疗风险进行保险，给患方的经济补偿作用和效果显著，于是医疗意外险应运而生。

三、医疗风险分担机制：手术意外险

在医疗实践中，相当比例的医疗损害纠纷不是由于医疗机构存在医疗过错或者过失导致。患者在遭受非医疗过失导致的医疗损害后，如果医院方无过错，而要患者自行承担风险，为患者不能接受。目前我国对无医疗过失导致医疗损害没有相应的救济途径。患方为了得到赔偿，就只能强调医院医疗行为存在过错，纠缠于医院，恶化医患关系，激化医患矛盾。强制推行的医疗责任险是针对医疗机构在诊疗活动中存在过失、过错或者医院发生医疗事故给予患者补偿或者赔偿的一种医疗纠纷解决方式。无过错医疗损害中约半数以上由手术风险引起，针对手术风险没有成熟的分担机制，构建契合我国实际的、有效的、科学合理的无过错所致的医疗损害补偿机制，是一项非常重要和迫切的任务。一方面，其能达到一般保险制度对风险、事故所致损失进行补偿的目的；另一方面，通过推行手术意外险，全方位提高全社会人员的医疗意外风险意识，从根本上极大程度转移医疗风险和医疗执业风险。

对不可避免的医疗风险，由于它表现形式多样、可预见性差的特点，不论是出于医方的自信还是患方的侥幸心理，在共同不希望发生的情感层面上，常常被医患双方共同选择性地不谈（现在规定知情同意书上必须谈，但有时也面临无法穷举各种现象或症状的窘态），直至不可避免的风险发生时，再告诉患方及家属这种情况就是医疗意外。然而，即便医方事先以其经验不厌其烦谈了各种不可避免的风险现象，在法律和社会保险范畴上也没有更好的方法来保护患方利益。法律实务中多次强调的知情同意制度只是将古老的“医疗过程主动选择”的常识再次以书面的形式提醒患方，以此来规避医疗意外发生后可能给医方带来的麻烦与法律责任。那么患方的损失谁来保障？有的学者提出医患双方共同承担，有的学者提出国家赔偿，[①] 但这两种方式尚处于学术探讨阶段。

（一）国外无过错行为损害补偿方式

国外许多国家都建立了无过错医疗损害的补偿模式。因政治制度、经济水平、传统文化、医疗水平等方面的差异，各国的无过错医疗损害救济制度具有不同特点。美国、瑞典及新西兰对于“患者医疗损害保险赔偿机制”进行立法，司法实践均采用无过错责任替代传统的侵权责任法，解决医疗损害赔偿问题。

新西兰将医疗意外救济纳入国家补偿机制之中，用纳税人缴纳的税款作为医疗意外的资金来源，其 1972 年颁布的《意外事故补偿法》规定，无论因医疗缺陷、产品缺陷或者医疗意外受损，都可从国家设立的意外事故委员会直接获得一笔补偿，而无须适用侵权法诉讼。起初瑞典采用侵权责任法认定医疗意外的责任，需证明损害结果与损害行为之间的因果关系，形成了救济不利的局面，为改善这一局面，瑞典政府于 1975 年推行自愿性医疗伤害保险支付“患者赔偿保险”，将公立医院医疗意外纳入保险范围，用保险的手段转嫁无过错医疗意外造成的损害。

美国医疗意外救济制度的发展直接源于医疗责任保险的发展，20 世纪

① 李祖全:《医疗意外损害赔偿中的国家责任》，载《时代法学》2010 年第 4 期；吴岗:《医疗损害社会化分担机制研究》，2013 年华东政法大学硕士学位论文。

70 年代至 80 年代的医疗责任险危机——保险费上涨对保险业的冲击，让社会各界认识到以传统的侵权责任法和医疗责任险应对医疗风险的局限性，开始探求用无过错责任代替传统的侵权责任法解决医疗损害赔偿的问题，即认定医疗责任不应以患者证明医务人员的过失为要件，其只需证明存在受到医疗损害的事实、受到医疗损害达到法定的程度，即应获得赔偿。2002 年 3 月 4 日法国出台《患者权利和卫生系统质量法》，该法将医疗损害事件区分为不同的救济方式。对于医务人员或者医疗过错导致的医疗损害事件，采取过错责任原则，患者只有在证明医方存在过失的情况下才能追究责任，并主要借助医疗责任保险进行赔偿，对于非因医疗机构或者医务人员的过失导致，而是由于单纯的医疗风险的医疗事故如院内感染、无过错输血、麻醉意外等，建立以国家赔偿为基础的医疗事故损害赔偿基金，授权特定组织——医疗事故国家赔偿办公室在医疗民事责任不成立的基础，对受害人单纯因医疗风险引起的损害进行赔偿。

（二）我国手术意外险发展历程

无过错的医疗行为所致患者医疗损害具有客观性、普遍性、损害严重性、无可归责性等特点。鉴于这些特点，我国各地区政府部门在无过错医疗损害救济上曾经做出过初步试点。最具特色的就是各地出台的医疗意外险、手术意外险、麻醉意外险。手术意外险最早的试点始于 2005 年 4 月，北京阜外医院推出了第一份手术医疗意外伤害保险，该院每位手术患者在办理住院手续时，投保手术意外伤害保险，医院和患者作为共同投保人，1200 元的保费，患者出资占大头，为 1180 元，院方则出资 20 元。出现医疗意外后，患者将获得 4 万元经济补偿。随后，这一险种开始在北京的一些三甲医院销售。但好景不长，这一险种推广到外地后变了味，外地一些民营医院和私营医院开始和保险公司一起搞创收。结果,2008 年 12 月 12 日，原卫生部下发通知，禁止各级各类医疗机构及其医务人员通过医疗服务宣传、推销和代售保险产品，禁止接受保险产品经营单位为推销产品而给予的馈赠。手术意外险一度停滞。

表 4　手术意外险发展历程

阶段	时　间		内　容
研究阶段	2011 年 12 月	全国医患纠纷调处工作经验交流会	“……研究探索建立针对高风险医疗操作的医疗意外保险制度……”
鼓励阶段	2013 年 12 月	国家卫计委等 11 个部门《关于印发维护医疗秩序打击涉医违法犯罪专项行动方案的通知》	“鼓励开展医疗意外险，提高风险分担的覆盖面”
加快发展	2014 年 5 月	国务院办公厅关于深化医药卫生体制改革 2014 年重点工作任务的通知	“加快发展医疗责任保险、医疗意外保险……”
大力推动	2014 年 7 月	五部委下发的国卫医发（2014）42 号《关于加强医疗责任保险工作的意见》	大力推动医疗意外保险等有关险种的发展，逐步完善我国医疗风险分担机制
鼓励落实	2017 年 5 月	国务院下发（2017）10665 号《医疗纠纷预防和处理条例（草案）》（第二次征求意见稿）	国家建立完善医疗风险分担机制……鼓励医疗机构参加医疗责任保险，鼓励患者参加医疗意外保险
引导开展	2017 年 9 月	北京市卫计委和保监会联合下发京卫医《关于加强医疗责任保险的通知》	公立医疗机构在引进医疗意外险时，除向保险机构提供必要的办公场地与特定的宣传位置外……不得在任何环节诱导或强迫患者投保医疗意外险
合化法	2018 年 10 月	《医疗纠纷预防和处理条例》	国家建立完善医疗风险分担机制，发挥保险机制在医疗纠纷处理中的第三方赔付和医疗风险社会化分担的作用，鼓励医疗机构参加医疗责任保险，鼓励患者参加医疗意外保险

在 2013 年 10 月召开的中国医院协会医疗法制专业委员会第六届学术年会上，中国医院协会宣布将会同保监会、保险公司，在全国范围内推广手术意外险。据悉，除了中国医学科学院阜外心血管病医院（以下简称阜外医院）与佑安医院以外，积水潭医院、协和医院、安贞医院等多家医院都在试点推行手术意外险。这一试点并非来自主管部门的行政指令，而是各医院自发采

取的。之后开始了手术意外险法制化的阶段，2014 年五部委下发的国卫医发（2014）42 号《关于加强医疗责任保险工作的意见》，意见强调："大力推动医疗意外保险等有关险种的发展，逐步完善我国医疗风险分担机制。"2017 年在《医疗纠纷预防和处理条例》征集意见的同时，北京市卫计委和保监会联合下发京卫医《关于加强医疗责任保险的通知》，明确规定公立医疗机构在推广手术意外险时的角色定位。2018 年 10 月 1 日实施的《医疗纠纷预防和处理条例》第 7 条[①]认可了手术意外险的合法性，采取鼓励态度推动手术意外险在患者中的普及，可以说这是手术意外险这一险种在 2003 年出现以后曲折发展的春天。《医疗纠纷预防和处理条例》的出台，有利于平衡医患双方的权利和义务，维护双方的合法权益；有利于关口前移，通过加强医疗质量安全管理，畅通医患沟通渠道，从源头预防和减少纠纷；有利于充分发挥人民调解在解决医疗纠纷中的主渠道作用，倡导以柔性方式化解医疗纠纷，促进医患和谐。

据国家卫生健康委员会医政医管局副局长郭燕红在国家卫生健康委员会 2018 年 9 月 7 日例行新闻发布会介绍《医疗纠纷预防和处理条例》有关情况时指出："十八大以来，在全国诊疗服务量持续增长的情况下，医疗纠纷数量和涉医违法犯罪案件数量实现连续 5 年'双下降'的良好势头，医疗执业环境和患者就诊秩序得到持续有效改善。总的来看，我国医疗纠纷发生率低，医患关系主流是好的。医疗纠纷和涉医违法犯罪持续下降。2013 年以来，全国医疗纠纷总量累计下降 20.1%；涉医案件累计下降 41.1%。2018 年 1—8 月仍保持持续下降的趋势。2017 年全国门诊人次 81.8 亿，住院人次 2.4 亿，同诊疗服务量相比，医疗纠纷发生率较低。"[②]其中，2017 年与 2013 年相比，江西省医疗纠纷总量下降了 44.2%、扰乱医疗秩序事件下降了 95.3%、信访

---

① 《医疗纠纷预防和处理条例》第 7 条规定："国家建立完善医疗风险分担机制，发挥保险机制在医疗纠纷处理中的第三方赔付和医疗风险社会化分担的作用，鼓励医疗机构参加医疗责任保险，鼓励患者参加医疗意外保险。"

② http://www.nhc.gov.cn/xwzb/webcontroller.do?titleSeq=11130&gecstype=1，最后访问时间：2018 年 10 月 30 日。

总量下降了 87%，呈现逐年下降趋势。[①]

第二节　手术意外险的法律分析

一、手术意外险属性及类型

（一）人身险属性

手术意外险是针对非预见性的手术意外而设立的险种。非预见性指的是手术之前未确定的、仅具有可能性的事件，包括但不限于手术知情同意书所列举的可能发生的不利后果，亦即针对该不利后果在术前已经确定的手术计划。手术意外指的是术中、术后患者所发生的一系列病理性改变，可能会造成患者死亡、残疾或费用的增加等后果。[②] 手术意外险可以承担一部分无过错行为损害的补偿责任，缓和日趋紧张的医患关系。手术意外保险多以“意外身故、特约残疾”为标的，属于人身保险范畴。但有学者认为，由于手术意外险标的中含有特约并发症的情况，类比帕累托“2/8”法则，在保险标的含有“并发症”的手术意外险中，因特约并发症出险的例数在占比上达到 80%，只有 20% 是对“意外身故、特约残疾”的赔偿，因此手术意外险兼有人身保险和财产保险的双重功能。[③] 笔者并不这样认为，无论是意外身故，抑或特约残疾均是以人身健康而非财产为保险标的，特约残疾的出险是以身体受损为前提而非以医疗费用的支出为提前，体现的是对身体健康的补偿，而非对财产的补偿，并不能归入财产险范围。而且，一旦归属到财产险范围，势必意味着投保人范围的扩大，难免引发赌博行为。

---

① http://www.nhc.gov.cn/xwzb/webcontroller.do?titleSeq=11130&gecstype=1，最后访问时间：2018 年 10 月 30 日。

② 王卫东、宋科、李志远：《我国手术意外险与医疗责任的区别》，载《中国卫生法制》2017 年第 3 期。

③ 鲁蓓：《手术意外险的基本性质辨析》，载《中国医院》2014 年第 11 期。

（二）单一型和附加型[①]

目前医疗意外保险有两种模式，以高危手术、病种治疗为主的单一型医疗意外险和附加型医疗意外险。单一型意外险以手术、麻醉意外险为主要代表险种，但手术意外险只是一个统称，细分险种的条款都是根据不同手术类型而定的。如北京某医院联手某保险公司试点的手术意外险，承保项目以心胸外、颅脑外、妇产科等 9 个科室常见的风险较大的手术项目为主；保费有 900 元、1200 元、1500 元，分别对应保额 3 万元、4 万元、5 万元；保费支付由患者与医院按比例分担，如 1200 元的手术意外险，患方出资 1180 元，医院出资 20 元。以该医院心血管介入诊疗手术为例，目前该科室患者投保手术意外险的比例已接近 90%，在化解医疗纠纷、和谐医患关系等方面取得了显著效果[②]。

附加型医疗意外险作为医疗责任险的附加险种而存在，如厦门等地就采用了这种模式。保费由医院全额支付，赔付流程为出险后保险公司将保险金支付给医院，再由医院支付给患方。以某三级医院的投保为例，自 2011 年向某保险公司投保，险种为医疗责任险及附加医疗意外险，保险条款规定医疗责任险保额 180 万元，每例限额 20 万元；医疗意外险保额 54 万元，每例限额 6 万元[③]。统计 2011—2014 年投保及理赔情况，投保总额为 335 万元，保险公司对医疗纠纷总赔付 376.2 万元。医疗责任纠纷 42 例总赔付 229.6 万元；医疗意外纠纷 60 例总赔付 146.6 万元。依保险赔付结果，医疗责任纠纷占 41.2%，保险赔付金额占 61.1%；医疗意外纠纷占 58.8%，保险赔付金额占 38.9%。医疗意外在医疗纠纷数量中占的比重大，然而获得的保险赔付金额却非常少。

---

① 目前以单一型为主，后续研究主要围绕单一型展开。

② 李晓波：《广州启动手术意外保险试点》，载《中国保险报》2015 年 8 月 5 日第 3 版。

③ 李家鑫，杨静：《浅议医疗责任险和医疗意外险》，载《中华全科医学》2016 年第 14 期。

二、手术意外险责任框架

（一）保险关系

手术意外险的人身险属性要求形成保险法律关系的前提是投保人、受益人与被保险人之间存在保险利益，即投保人或受益人对于被保险人的继续生存、死亡或残疾具有一定的利害关系[①]，当保险事故发生后投保人或受益人会丧失经济的利益，若投保人投保时对保险标的不存在保险利益，则其订立的保险合同会被认定为无效。我国《保险法》第31条规定了人身保险合同中对被保险人享有保险利益的投保人的具体范围[②]，值得留心的是，该条在明确列举了一般的亲属及企业等身份关系外，还承认被保险人的同意可以在投保人与被保险人之间形成保险利益。具体到手术意外险的投保人范围，一般包括患者本人，配偶、子女、父母等近亲属及经患者本人同意的投保人。

在手术意外险试点的2005年，两篇新闻报道引人注目，《阜外医院不投保不能做手术？医院称为病人着想》[③]《手术意外险遭遇“意外”》[④]，在两篇报道中，院方是手术意外险的投保人及第一受益人。院方是否可以成为手术意外险的投保人和受益人呢？笔者认为不可以，首先，院方与患者之间并不存在亲属关系，院方与患者之间是手术医疗合同关系，该关系并不属于《保险法》第31条第1款第4项规定的劳动关系，院方若想成为合格的投保人则必须获得患者的同意。但在医疗过程中，院方的医疗方案对患者人身和健康

---

① 赵中孚:《试析人身保险合同》，载《法学家》1987年第4期。

② 《中华人民共和国保险法》第31条规定:“投保人对下列人员具有保险利益:（一）本人;（二）配偶、子女、父母;（三）前项以外与投保人有抚养、赡养或者扶养关系的家庭其他成员、近亲属;（四）与投保人有劳动关系的劳动者。除前款规定外，被保险人同意投保人为其订立合同的，视为投保人对被保险人具有保险利益。订立合同时，投保人对被保险人不具有保险利益的，合同无效。”

③ 《北京娱乐信报》2005年4月18日。

④ 周文杰:《手术意外险遭遇“意外”》，载《世界医学杂志》2005年第4期。

意义重大，且院方的诊疗结果直接影响着患者是否能够认定为手术意外，如果让院方进入保险合同，难免会产生裁判和运动员同为一人的尴尬处境。其次，笔者也不认为院方可以成为受益人，医院之所以想成为受益人是为了用保险金支付住院费，消灭与患者之间的债务关系。但是，人身险的人身依附性决定了其保险金不可代位求偿，且当被保险人死后，保险金不得视为被保险人的遗产，而应由受益人享有。[①] 故而，院方并没有正当理由成为手术意外险的受益人。

（二）保险责任

手术意外险以患者的生命安全和人体健康为保险标的，基本的保险责任包括身故、特约残疾、特约并发症。与其他险种不同，手术意外险是针对特定医院特定科室特定手术设计的，不同科室的保单保险范围大类是相同的，但细分项目是有所区别的，这是因为不同手术引发的残疾和并发症也是不同的。值得留心的是，与传统的人身险不同，除包含死亡和残疾外，为了最大限度地分担患者手术意外带来的风险，手术意外险将并发症纳入保险范围，针对性设计并发症类型和保险费率，为患者提供最大限度的保障，这也是近几年来手术意外保险能够取得快速发展并得到医院方面高度认可的重要因素之一。

1. 身故（保险金额 10 万元）

在保险期间内，被保险人在保险单载明的医院接受保险单载明的介入诊疗项目，该介入诊疗意外或麻醉意外在保险期间内导致身故的，保险人给付身故保险金，被保险人的保险责任终止。如保险期间届满，但在介入诊疗实施之日起 30 日内，被保险人因该介入诊疗意外或麻醉意外导致心源性猝死，保险人按条款约定给付身故保险金。介入诊疗意外是指实施介入诊疗过程中发生的由于患者的病情或患者体质的特殊性而发生难以预料和防范的不良后果；麻醉意外是指正常施行继而诊疗麻醉时出现的由于该麻醉造成的意外反应。

---

① 赵中孚:《试析人身保险合同》, 载《法学家》1987 年第 4 期。

2. 特约残疾（保险金额 10 万元）

在保险期间内，被保险人在保险单载明的医院接受保险单载明的介入诊疗项目，自介入诊疗实施之日起 180 日内，因该介入诊疗意外或麻醉意外造成保险合同所附《给付表》所列残疾之一，并被临床判定不能恢复的，保险人按该表所列给付比例乘以保险金额给付残疾保险金，对被保险人的残疾保障责任中止。如果第 180 日临床判定不能恢复或仍无法判定是否可以恢复的，按照第 180 日当日的身体情况进行伤残评定，并据此给付残疾保险金。如被保险人因同一介入诊疗意外或麻醉意外导致一项以上（不含一项）残疾时，保险人仅给付比例最高一项的残疾保险金。

表 5　手术意外险特约残疾项目及赔付比例

<table>
<tr><th>序号</th><th>特约残疾项目</th><th>赔付比例</th><th>赔付金额（万元）</th></tr>
<tr><td>1</td><td>临床判定不能恢复昏迷</td><td rowspan="3">90%</td><td rowspan="3">9</td></tr>
<tr><td>2</td><td>四肢瘫，肌力 0，临床判定不能恢复</td></tr>
<tr><td>3</td><td>呼吸功能完全丧失，不能恢复，靠呼吸机维持</td></tr>
<tr><td>4</td><td>急性脑卒中，发生四肢瘫，肌力 1 级，住院期间不能恢复的</td><td>50%</td><td>5</td></tr>
<tr><td>5</td><td>急性脑卒中，发生四肢瘫，肌力 11 级，或偏瘫，肌力 1 级以下（含 1 级），住院期间不能恢复的</td><td>40%</td><td>4</td></tr>
<tr><td>6</td><td>急性脑卒中，发生四肢瘫，肌力 111 级，或偏瘫，肌力 11 级以下（含 11 级），住院期间不能恢复的</td><td>30%</td><td>3</td></tr>
</table>

3. 特约并发症

在保险期间内，被保险人在保险单载明的医院接受保险单载明的介入治疗项目，因介入治疗意外或麻醉意外在保险期间内造成保险合同所附《给付表》所列的并发症之一的，保险人按照该表所列给付比例乘以并发症保险金额给付并发症保险金。若保险期间届满，但在介入诊疗实施之日起 90 日内，被保险人因该介入治疗意外或麻醉意外造成《给付表》中所列并发症之一的，保险人按条款约定给付并发症保险金。被保险人因同一介入诊疗意外或麻醉意外导致一项以上（不含一项）并发症的，保险人给付各项并发症保险金之和，但累计给付不超过保险单载明的并发症保险金额。

表 6　手术意外并发症项目及赔付比例

序号	项目	最高给付比例	分项保险金额
1	并发心脏破裂或穿孔	30%	3 万元
2	心动过速进行射频消融治疗时并发严重心律失常需要安装起搏器		
3	并发动脉穿孔、严重夹层或急性闭塞需要急诊外科搭桥手术或介入治疗	20%	2 万元
4	并发胸腔或腹腔脏器损伤需要外科手术治疗的（心脏破裂或穿孔除外）		
5	并发瓣膜损伤需外科手术治疗或介入治疗的		
6	并发封堵器或支架脱落、脱载的；导丝、导线断裂，需外科手术或介入治疗的		
7	因介入穿刺部位出血导致骨筋膜室综合征		
8	并发假性动脉瘤、动静脉漏、肺静脉狭窄或动脉夹层需外科手术或介入治疗的		
9	并发急性脑卒中需转神经专科治疗与康复的		
10	并发肺栓塞或下肢静脉血栓，需介入治疗的		
11	并发起搏器系统感染需住院治疗的	10%	1 万元
12	并发起搏器植入导线、电极脱落或调整需要复位治疗的		
13	并发膈肌麻痹，住院期间不能恢复的		
14	并发心包填塞需要穿刺引流治疗的		
15	并发血气胸需要闭式引流治疗的		
16	起搏系统囊袋血肿行手术切开的		
17	并发肺栓塞行抗凝治疗的		

（三）操作流程

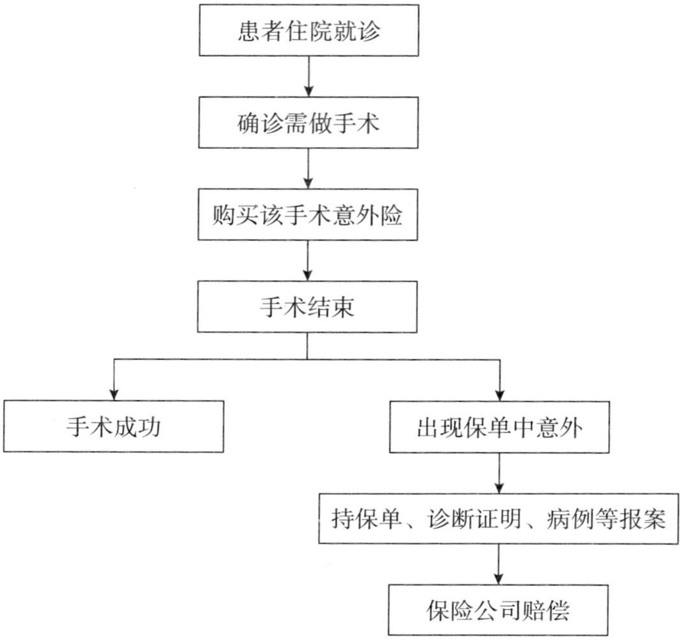

图 1　手术意外险操作流程

医务人员利用“手术保险温馨提示”通过术前谈话提示患方购买保险，患方到保险办理处投保并缴费；保险公司驻场人员解答患方咨询，指导填写投保单并完成现场出单，将保单发票交给患者保管；患者如需理赔，直接到现场咨询点咨询具体流程并提交有关资料，专人跟进理赔工作；保险公司定期将患者投保情况，反馈院方有关部门登记留底。由患方自愿投保，自主购买，承保患者在保险期间接受诊疗护理过程中，因发生医疗意外（如手术意外、麻醉意外等）导致的死亡、残疾和并发症等不良后果，保险公司按照条款的约定给付保险金。手术意外险不会额外增加医疗机构的经济成本；产品按病种设计，无须经过漫长的责任认定过程，理赔手续简便、赔偿迅速。只要核定发生保单列明的情形，在几个工作日内，保险公司即可直接向患方支付赔偿，可以在第一时间为患方提供一定的经济补偿，从而起到安抚患方情绪、分担患方医疗费用压力的积极作用。

与医疗责任险相比，手术意外险的投保和理赔较为简单。由于手术意外险的销售点设在医院，因此投保人在投保时只要携带患者病例及身份信息材料，告知保险公司简单的住院和手术情况即可投保，并不需对患者进行二次确认。在理赔中，手术意外险绕开医疗执业责任认定环节，只要发生保单所列明的后果，即进行理赔，并不需要医调委或者法院先认定责任比例，再由医院先行垫付，而后找保险公司理赔的复杂手续，相对快捷简便。如此简单的投保和理赔流程，一方面是因为患者的投保和理赔所需的患者病例，记录了患者的整个诊疗信息，是对患者身体情况的准确、专业且权威的判断，一定程度上可以替代第三方的专业判断；另一方面也是考虑到患方所处情景，体现保险的人文关怀。

三、手术意外险与医疗责任险辨析

表 7　手术意外险与医疗责任险比较

险　　种	投保人	受益人	保险范围	费率调整	理赔程序	解决问题
手术意外险	患方	患方	非预见性手术意外[①]	固定	简单	转嫁院方风险
医疗责任险	医方	医方	医疗过失[②]	变化	复杂	转嫁患方风险

实践中，手术意外险容易与医疗责任险混淆，这一方面是因为在寻求赔偿的过程中患方并未清晰区分院方是否存在过错，另一方面是因为手术意外险的设计初衷就是填补医疗责任险不保障手术意外的空白，两者本就相辅相成。但事实上，两者差别明显。手术意外险以术中、术后出险的手

① 非预见性是指手术之前未确定的，仅具有可能性的事件，包括但不限于手术知情同意书所列举的可能发生的不利后果，以及针对该不利后果在术前已经确定的手术计划。手术意外指的是术中、术后患者所发生的一系列病理改变，可能会造成患者死亡、残疾或费用的增加等后果。

② 医疗责任险是指医疗机构和医师在医疗活动中因过失给患者人身造成损害而以其所承担的赔偿责任为保险标的的一种责任险。

术意外为保险范围，无论是死亡还是各种并发症，只要出现保单所列明的事项均可获得理赔，故而手术意外险会根据不同的手术设计不同的具体保险范围，极具专业性，侧重对患方风险的分担和损害的补偿。手术意外险主要解决患者出现手术并发症后对患方造成的经济压力问题，可有效避免出现手术并发症后患方因经济压力而引发的医疗争议。医疗责任险以医疗过程中医方过失造成的患方损害为保险范围，在医方先行垫付后理赔，需要借助专业机构认定医疗责任，只有在医方存在过错的前提下才进行赔偿，侧重对医方风险的分担和损害的补偿。医疗责任险主要解决的是医院在出现医疗争议后所面临的经济压力问题，可有效地解决医院的经济压力，保证临床的正常工作。

（一）投保人与受益人不同

保险范围及责任的不同决定了两险种在投保人和受益人上的差别。手术意外险的投保人为患者或其家属，受益人为患者或其家属，有些保险须明确约定在患者存活的前提下，受益人只能为患者，只有在患者死亡时受益人才为患者家属，此种规定一方面是为了符合人身险对保险利益的要求，另一方面更多的是避免赌博心理，忽视患者生命健康。亦即在手术意外险场合，患者或其家属在手术前为患者投保相应手术意外险，当出现手术意外时，可通过保险条款中所列举的并发症进行理赔，只要出了该类并发症，患方便可提出索赔。以阜外医院心脏外科手术保险为例，保险责任中有接受心脏手术导致意外身亡、非预见性的当次住院执行第二次体外循环开胸手术、非预见性的术后使用主动脉内球囊返博等 6 种情形，一旦患者在术后使用了主动脉内球囊返博，即可获得 2 万元的保险理赔，可极大地减轻患方由于出现并发症而导致的经济压力。医疗责任险的投保人为医师或医院，受益人为医院或者当事医师。当医疗争议发生后，通过责任认定并确定赔偿后，由保险公司对医院或当事医师进行理赔，以减少医疗争议给医院或当事医师带来的经济损失。

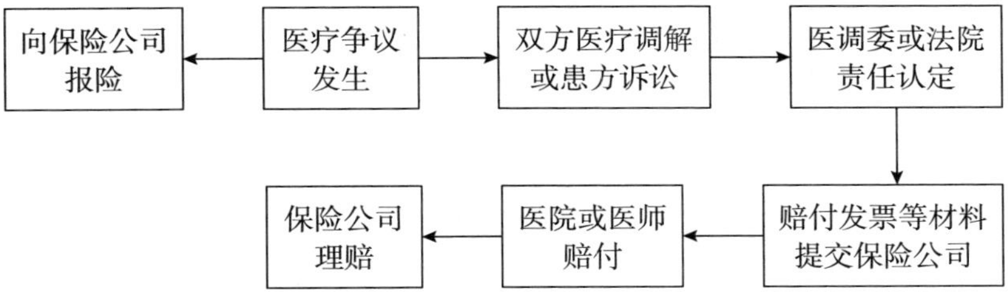

图 2　医疗责任险理赔流程

（二）理赔程序不同

手术意外险的理赔相当简单，一般 7 个工作日可以直接理赔完毕。以阜外心脏外科手术安心险为例，患者投保意外险后，只要出现保单中列明的保险责任，如死亡或者特约并发症，患者即可携带医疗病例、患者材料等报险，保险公司与院方核实患者情况后，只要拿到公安局出具的死亡鉴定或伤残鉴定，或医生开具的手术并发症证明，就可以得到保险公司的赔付，无须对医疗责任进行鉴定。医疗意外险相对复杂，在出现后，首先院方需要向保险公司提交出险通知书启动保险程序，其次医院需要与患方或借助于调节程序或借助于诉讼程序确定医方责任承担比例，在医方对患者进行赔偿后，持赔偿凭证及责任认定相关法定文件向保险公司理赔。该过程中，医方需要处理与保险公司的保险关系，也需要处理与患方之间的侵权关系，且与患方之间侵权责任的确定直接影响着保险公司的理赔数额。由此可以看出，手术意外险理赔程序非常简单，患方所需准备的材料也较少，因此理赔时间较短。而医疗责任险需要医疗纠纷调解委员会或者法院等责任认定机构认定后形成赔付，且取得支付凭证后方能获得理赔款，故而理赔时间较长。

（三）保险费率不同

手术意外险保险费率相对固定。手术意外险根据特定医院的特定手术设计，主要根据手术中的并发症设立保费及保额，医院的医疗水平是显而易见的，故而根据大数原则，当投保数据及赔付数据累计量越大时，特定医院的特定手术并发症的出现概率便可以统计出来，而且这个数据是相对固定的。保险公司对这些数据进行精算时便可以相对轻松地预估风险及赔付情况，从而设定较为准确的费率并将之固定下来，以利于保险公司的具体运作。医疗责任险费率调整较为频繁，目前医疗责任险的费率调整主要是参照医院上一年度的赔付总额度及平均赔付额，以此测评并调整下一年度的费率。但由于医疗争议的责任认定较为复杂，专业性太强，导致其过程相对于其他案件来说时间较长，使得有些医疗争议不能在发生年度完成责任认定，这给费率的调整带来麻烦，不仅让医院对费率调整颇有微词，也让保险公司有苦难言，造成续保时双方出现无谓争执。

第三节　医院的医疗风险管理措施

一、充分利用保险的风险分担机制

（一）手术意外险的积极作用

医疗纠纷发生率明显降低。以北京部分已开办医疗意外保险的医院为例（数据来源：2015 年 1 月北京西城区卫计局“手术意外保险对医疗风险分担作用”座谈会，部分医疗机构分享数据）：安贞医院：2014 年 1—12 月外科死亡例数共 129 起，其中投保 85 起，未投保 44 起，投保组发生纠纷 7 例，纠纷发生率 8%，未投保组发生纠纷 19 例，纠纷发生率 43%，两组数据差异明显。阜外医院：根据 2014 年的 2 万例心脑血管外科手术统计，投保意外险 1.6 万余例，纠纷发生率 3.75 件 / 万；未投保 0.3 万余例，纠纷发生率 70.3 件 / 万，两者相差明显。

根据某医院通过 SPSS20.0 软件进行的可行性研究显示，投保组死亡患者医疗纠纷发生率显著低于未投保组，差异具有统计学显著性（表 8）。连续观察 12 个月随着投保率的增加，死亡致纠纷发生率下降（表 9）。月投保率与死亡纠纷发生率 Pearson 相关分析：相关系数为 r=-0.633（P=0.027），线性回归拟合方程：纠纷发生率 =0.008-0.011 × 投保率，理论推算投保率达到 73% 时，纠纷发生率趋于零。

表 8 手术死亡病例投保组与未投保组纠纷发生率差异

	投保组（n=104）	未投保组（n=79）	合计（n=183）	X^2	P
纠纷例数	9	22	31		
未发生纠纷例数	95	57	152		
纠纷发生率	8.65%	27.85%	20.39%	11.76	0.001

表 9 投保率与手术死亡患者纠纷发生率关系

月 份	手术例数	投保例数	纠纷例数	投保率	纠纷发生率
1	623	167	4	26.81%	0.64%
2	706	215	5	30.45%	0.71%
3	966	315	7	32.61%	0.72%
4	963	284	3	29.49%	0.31%
5	1030	338	1	32.82%	0.10%
6	922	497	2	53.90%	0.22%
7	964	513	0	53.22%	0.00%
8	722	417	2	57.76%	0.28%
9	837	486	2	58.06%	0.24%
10	787	502	0	63.79%	0.00%
11	793	471	3	59.39%	0.38%
12	954	556	2	52.28%	0.21%
合 计	10267	4761	31	46.37%	0.30%

之所以可以降低医患纠纷数量，是因为手术出现并发症之后，势必会导致治疗并发症的费用增加，有可能远远超出在手术之前的费用预算，引起患方的经济拮据和不满，而手术意外险则可以通过迅速理赔而平复患方的经济困难和不良情绪。手术意外保险无须责任认定，赔付简单迅速，患方在第一时间获得一定的经济补偿后，其再向医院提出不当诉求的动机也相应大幅降低；手术意外险对并发症的保障项目，可以部分地分担患者医疗费用，尤其是二次治疗手术费用方面的压力；通过自主投保购买的过程，引导患方对医疗风险的科学认知，明确自身应承担的风险，有意识地进行风

险教育，有助于医患双方互相沟通和理解。此外，手术意外险还可以为临床医师创建一个更好的行医环境，帮助其降低心理压力、解除顾虑，大胆尝试一些新的医治手段；医疗欠费情况的减少间接降低医院在医险上的成本支出。

（二）与医疗责任险的协调

分析医疗责任保险条款可知，该保险的保险责任是在保险期间内，保险人将根据《医疗事故处理条例》，对确认构成的医疗事故负责进行赔偿，其主要分担的是医疗事故风险，而非医疗意外风险。对比一般的意外险，如个人综合意外伤害保险条款，其对“意外伤害”的释义为“遭受外来的、突发的、非本意的、非疾病的使身体受到伤害的客观事件”。也就是说，普通的意外险是不保障“因疾病住院做手术发生医疗意外”的情况。所以说手术意外险弥补了“医疗责任险”的保障空白。

手术意外险和医疗责任险在承保范围、保障对象、投保方式以及赔付标准等方面存在着本质的不同，但两者不是一个替代的关系，而是可以互相补充的关系：手术意外保险使患者遭受医疗意外导致的不良后果时，通过保险赔偿金得到救济；医疗责任保险承担因医务人员执业过错所引起的损害赔偿。通过“手术意外险 + 医疗责任险”的合理搭配，可以实现对医院过失责任以及患者无责赔偿的整体涵盖，共同组成医疗风险多元化分担机制。

二、准确界定医院角色

（一）对保险公司：合作开发险种，提供专业意见

与其他险种不同，由于医学本身的复杂性、不可预见性和探索性，手术意外险的开发完善需要医学专家的介入；手术意外险针对不同医院不同手术研发，其保费的确定依赖各个医院的医疗数据。故而，对保险公司来说，医院承担着医疗专家的责任。

美国医学人文教授 E.D.Pellegrino 认为，医学是艺术与科学之间的中间学

科，是极强的“经验性”[①]与“技术性”[②]辩证一体的专门特殊学科。医生的个人经验丰富与否，直接决定着诊疗的质量和效果，同样的患者和技术环境条件，由于接诊医生的“综合掌控”能力和水平的不同，其诊疗效果会不一样。这是因为现代医学对生命与健康的内在“密码”远没有完全揭示与掌握，对很多诸如高血压、糖尿病、肿瘤等慢性疾病以及一些怪病的临床症状，还不清楚致病原因。与此同时，很多患者在药物、技术使用后导致的药源性疾患、医源性疾患，同样成为当下临床的“灰色”地带。换一句话讲，无论医学检测技术如何先进，医生的临床经验永远是制约临床诊疗质量的极其关键的充分必要因素。首先，手术意外险是面向高危手术发生的意外开发的险种，其保险范围包括特约并发症，而各种并发症的产生需要借助医院和医师的专业能力确定；其次，调查各医院手术意外险的保费可知，每个医院每个科室的保费都是不一样的，这是因为不同医院的医疗水平是不一样的。

（二）对患方：告知保险事宜，帮助理赔

与其他险种相比，手术意外险销售的地域范围和潜在购买者是确定的，即医院中确定手术的患者，地域范围的限制在医院与该险种销售之间建立了密切的关系，而潜在购买者的限制在医师与该险种销售之间建立了密切的联系。

首先，需要解决的问题是，保险公司是否可以在医院中销售保险，医师是否可以直接给患者推荐保险。从我国目前情况来看，考虑到病人的隐私和医师的工作环境，一般情况下，医院是谢绝相关的销售行为的。但手术意外险又必须在医院中销售，这就导致当下手术意外险的推出主要通过与医院合作的方式，医院允许保险公司进驻，并为其提供销售保险的场所。在这个合作关系中，医院出租房屋于保险公司，保险公司使用该房屋销售保险，医院与保险公司之间仅是出租人与承租人之间的关系。

其次，医师是否可以向患者推荐手术意外险？需要明确的是，对患者来

---

① 所谓“经验”，主要是指个别事物的零散知识。

② 所谓医学的“技术性”，更多地指医生个人形成的一套具有自己独到的思维方式、行动做事方式于相关临床技巧、技能、技艺、技法等的“综合掌控”能力与本领。

说，医师的角色性质为何？开放手术意外险的手术一般为心脏外科、心脑血管等高危手术，需要进行此种手术的患者多数情况下健康状况比较差，无论是患者还是家属都会将希望放在医院和医师身上，而医师是最了解患者身体状况的人，其在医疗过程中对患者所言是专业的判断，更甚者患者及其家属会对医师的话言听计从，因为在这种情况下，除了相信医师没有其他的选择。故而，如果在这种情况下，医师向患者推荐手术意外险，即便不含有推销的意思，也带有了此种意味。

（三）科室协调开展手术意外险

保险公司与医院合作开发险种，保险于医院中销售，医师工作于医院，直接与患者相接触，医院与医师可谓手术意外险绕不开的一环。但我国保险法明令禁止“搭售、代售保险的行为”，在手术意外险的推广过程，医院为保险公司提供销售保险必需的场地和理赔过程中需要的相关材料，医师让患者了解保险，让保险险种为患者知晓，但除此之外，医院与医师并不承担其他的义务，他们不是保险代理人，也不是保险经纪人，只是便民服务、友情推荐，不得从中牟利。

这就要求，首先，在该险种的推广过程中，医院要有风险意识，做好消费者教育，明确告知患者医院与保险公司的关系，让医院独立于保险公司，独立于手术意外险，保持中立的角色定位。其次，秉承患者自己寻找和医师告知的购买原则，为患者和保险公司建立沟通的渠道，但让保险公司与患者自行交涉，由患者自己判断风险；签订保险合同，秉持自愿原则，不得强制与变相强制。最后，在发生保险事故时，及时向患者和保险公司提供相关信息，在索赔环节协助保险公司和患者处理索赔事务。

在手术意外险推广的方案与流程上，前期医院社工部协助保险公司入科宣传、张贴展板使医务人员及患者对于手术意外险的开展予以认可。在保单采用上，医院开展手术意外险，其保单设计和说明内容应当与类似医院手术意外险方案相同。在购买原则上，医院仅为承接保单及理赔提供便民服务点。医院不参与保险公司运营及管理，仅起提供便民服务点的作用，除提供场所外，与保险公司及患方均无经济往来。

三、强化信息化管理

医院属于医疗综合类机构，每天都会与不同的患者打交道，药品和物资的出入库频繁，入账出纳等资金流动较大。因此，与一般医疗性质的营业网点不同，医院管理更加系统和精细。而信息化管理可以在一定程度上缓解医院管理压力，通过建立完整的患者档案、分析患者阶段医疗数据，为不同层级的管理者提供及时、准确、精细的数据，作为日常管理和决策的依据；实现医院的人、财、物运行有序、规范、可知、可控；通过目标引领、预算管控、绩效杠杆等工具，采用沟通、评价、奖惩等手段，调动、激励各个层级、各个团队的积极性，使医院的人和资产都处于最佳匹配状态，从而提高医院的运行效率和运行质量；也可以便利医疗临床数据，支持医疗技术进步。

安贞医院借助于信息管理系统将线下获取的信息与电子病例系统对接，借助于线上系统，对相关数据进行分析比对，指导线下医疗活动的实施和医疗研究推进。以该院手术意外险风险管理为例，将从保险公司获取的患者投保情况对接 HIS 系统[①]，通过导入 HIS 系统手术排班表获取手术信息，提取投保者手术信息，形成投保患者病例库；线下监测病房、投保及理赔情况，选择其中一项或多项指标，实现累计、环比、同比统计；线上对接保险公司运行情况，通过投保例数、投保率、理赔隶属、理赔率保险总金额及理赔总金额，统计特定科室特定手术出险概率及出险原因；而后结合保险公司台账、保单，导出病房患者的手术并发症发生率、死亡率，对阶段数据展开分析，以此作为手术意外险险种设计，各科室、各医师的督促及评价依据，以及根据相关分析报表找出手术意外高发环节，探索医学的进步。

---

① HIS 系统是包括门诊信息管理系统、住院信息管理系统、医技管理系统、检查检验管理系统、药品管理系统、影像信息管理系统、远程医疗系统、医疗保险系统、医院综合管理统计分析系统、放射信息管理系统、后勤管理系统等子系统在内的医院管理系统。

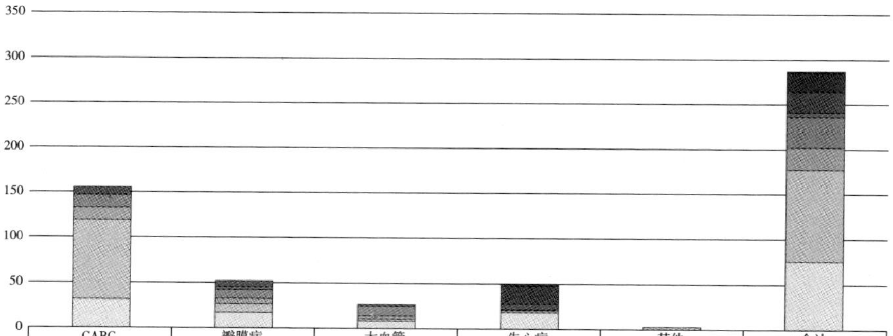

	CABG	瓣膜病	大血管	先心病	其他	合计
■膈肌折叠手术	0	0	0	0	0	0
■气管切开	0	0	0	2	0	2
■二次插管	0	0	0	20	0	20
■二次开胸	9	6	2	6	0	23
■安装起搏器	0	4	0	2	0	6
■血液透析	14	9	11	0	0	34
■ECMO	14	6	3	2	0	25
■IABP	88	10	2	0	1	101
□身故	31	17	9	18	1	76

图 3　心外系统万例手术意外险分类理赔情况

从心外系统万例手术意外险分类理赔情况可以看出，五种心外系统手术，CABG[①]的意外死亡数量和并发症都是较多的，尤其是 IABP[②]并发症，高达 88 例。继续分析其他数据，就会进一步得出特定手术特定并发症的发病情况，提醒医师在设计治疗方案时多多关注，在进行手术时尝试避免，并且为医学的发展指明道路，明确需要研究的方向和内容。同时，对于保险公司来说，这个数据可以为其设计医疗意外险的赔付金额和保险费用提供数据支撑。

另外，通过数据的比对我们可以明显地看到，手术意外险的推行可以有效地降低医院在医疗纠纷中的赔偿金额，起到分担风险的作用。以某医院为例，分析该院 4 年间开展手术意外险情况和医疗纠纷赔偿额与手术意外险赔偿金额比可知，随着手术意外险的投保数量和赔付金额的逐年增多，医疗纠纷赔偿金额显著降低。2012 年时，该院医疗纠纷赔偿额高达 1955 万元，而该部分全部由医院支付，无疑增加了医院的负担。在 2014 年时，两者平分

① CABG：冠状动脉旁路移植术，也称作冠脉搭桥术。

② IABP：即主动脉内球囊反搏（Intra-aortic Balloon Pump 或 Intraaortic Balloon Counter-pulsation），是最早以氧供氧耗理论为基础的辅助循环方式。

秋色，手术意外险有效地分担了手术意外的风险赔偿责任。2015—2016年，意外险赔偿达到峰顶，之后明显下降，但在手术意外险赔付金额下降的同时，医院支付的赔偿金额也在下降。

表13　某医院4年间开展手术意外险情况如下

年　份	2014年	2015年	2016年	2017年	合计
理赔人数（人）	281	478	580	536	1875
理赔项目例数（项）	366	594	728	658	2346
理赔金额（万元）	893	1703.3	1648.5	1613.8	5858.6

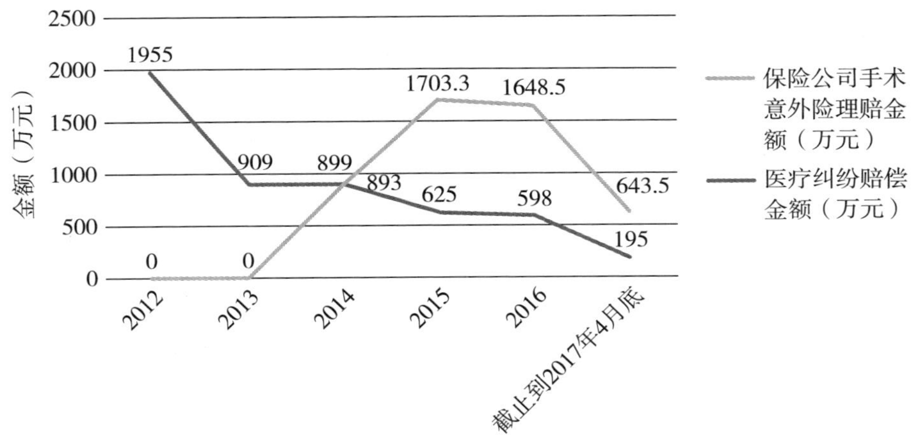

四、总结

手术意外险作为有效的风险分担机制，以死亡、特约并发症等手术意外为保险范围，对保险公司来说能有效弥补医疗责任险的不保无过错情况的空白，对患者来说能有效分担患者因手术意外带来的损失，对医院来说能有效降低医疗纠纷发生率。手术意外险采取单病种设计，每一手术或诊疗项目类型，其对应的保险保障范围及赔付比例标准，尤其是特约并发症的类型，都会有所差别；其产品定价，与手术/诊疗项目复杂程度和风险程度、所在地区整体医疗水平，特别是具体开办该医疗意外险的医院相关科室具体情况有较强的关联关系。医院及医师在手术意外险的设计和投保理赔的过程中，起着至关重要的作用。一方面作为专家为其提供专业意见，另一方面作为中立的非保险机构，在患者和保险公司之间做好便民服务工作，让保险产品真正触达潜在消费者。因此，医院在推行手术意外险的过程中，要做好风险管理。一方面，医院及医师可以借助手术意外消减医疗纠纷，但是也要清晰界定自己的定位，医院仅为承接保单及理赔提供便民服务点，并不参与保险公司运营及管理，仅起提供便民服务点的作用，除提供场所外，与保险公司及患方均无经济往来。另一方面，充分利用好保险数据，加强自身信息化建设。

图书在版编目（CIP）数据

医疗纠纷法理与实务 / 白松，许学敏编著. —北京：中国法制出版社，2019.8

ISBN 978-7-5216-0361-3

Ⅰ. ①医…　Ⅱ. ①白… ②许…　Ⅲ. ①医疗纠纷—处理—研究—中国
Ⅳ. ①D922.164

中国版本图书馆CIP数据核字（2019）第144652号

策划/责任编辑：薛强（editor_xue@163.com）　　封面设计：周黎明

医疗纠纷法理与实务

YILIAO JIUFEN FALI YU SHIWU

编著 / 白　松　许学敏

经销 / 新华书店

印刷 / 三河市国英印务有限公司

开本/ 710毫米 × 1000毫米　16开　　印张/ 24.25　字数/ 371千

版次/ 2019年8月第1版　　2019年8月第1次印刷

中国法制出版社出版

书号ISBN 978-7-5216-0361-3　　定价：79.00元

北京西单横二条2号　邮政编码100031　　传真：010-66031119

网址：http://www.zgfzs.com　　**编辑部电话：010-66054900**

市场营销部电话：010-66033393　　**邮购部电话：010-66033288**

（如有印装质量问题，请与本社印务部联系调换。电话：010-66032926）